陝西師範大學中國語言文學"世界一流學科建設"成果

王又旦年譜

王作良 ——————— 著

中華書局

圖書在版編目(CIP)數據

王又旦年譜/王作良著. —北京:中華書局,2024.1
(陝西師範大學中國語言文學"世界一流學科建設"成果)
ISBN 978-7-101-16444-2

Ⅰ.王… Ⅱ.王… Ⅲ.王又旦(1636~1686)-年譜
Ⅳ.K825.6

中國國家版本館CIP數據核字(2023)第222726號

書　　　名	王又旦年譜
著　　　者	王作良
叢 書 名	陝西師範大學中國語言文學"世界一流學科建設"成果
責任編輯	葛洪春
責任印製	陳麗娜
出版發行	中華書局
	(北京市豐臺區太平橋西里38號　100073)
	http://www.zhbc.com.cn
	E-mail:zhbc@zhbc.com.cn
印　　　刷	三河市中晟雅豪印務有限公司
版　　　次	2024年1月第1版
	2024年1月第1次印刷
規　　　格	開本/920×1250毫米　1/32
	印張13⅛　插頁2　字數300千字
國際書號	ISBN 978-7-101-16444-2
定　　　價	98.00元

總　序

　　陝西師範大學中國語言文學學科至今已經走過了 70 多年的發展歷程。數代學人培桃育李、滋蘭樹蕙，在學科建設、人才培養、科學研究以及社會服務等方面取得了令人矚目的成就，湧現出了一批蜚聲海內外的碩學鴻儒，形成了"守正創新、嚴謹求實、尊重個性、相容並包"的學術傳統和"重基礎訓練、重理論素質、重學術規範、重人文教養、重社會實踐、重能力提高"的人才培養特色，鑄就了"揚葩振藻、繡虎雕龍"的學院精神。數十年來，全體師生篳路藍縷、弦歌不輟，獲得中國語言文學一級學科博士授予權、中國語言文學一級學科博士後科研流動站，中國古代文學學科也躋身於國家重點學科；建成"國家文科（中文）基礎學科人才培養和科學研究基地"，教育部、國家外國專家局"長安與絲路文化傳播學科創新引智基地"，教育部"2019 年全國普通高校中華優秀傳統文化傳承基地"，"陝西師範大學語言資源開發研究中心"，"陝西文化資源開發協同創新中心"等多個省部級科學研究平臺；漢語言文學專業爲教育部特色建設專業、陝西省名牌專業，入選陝西省"一流專業"建設項目，秘書學專業和漢語國際教育專業也入選陝西省"一流專業"培育項目；形成了從本科、碩士、博士到博士後完整的人才培養和科學研究體系，中國語言文學學科走上了穩健、持續發展的道路。

　　2017 年，中國語言文學學科被教育部列入"世界一流學科"建設學科，迎來了難得的發展機遇。中國語言文學學科全體師生深知“一流學科”建設不僅決定著我校中國語言文學學科能否在新時代開創新局面、取得新成就、達到新高度，更關乎陝西師範大學的整體發展。在學校的正確領導下，各有關部門同心協力，兄弟院校及合作機構鼎力支援，文學院同仁更是嘔心瀝血、發憤圖強，學科建設取得了顯著成效。爲了及時匯總建設成果，展示學術力量，擴大學術影響，更爲了請益於大方之家，與學界同仁加强交流，實現自我提高，我們彙集本學科師生的學術著作（譯作）、教材等，策劃出版“陝西師範大學中國語言文學‘世界一流學科建設’成果”叢書和“長安與絲路文化研究”叢書，從不同的方面體現我們的研究特色。

叢書的出版得到了陝西師範大學學科建設處、社會科學處以及有關出版機構的大力支持，在此一併致謝！

作爲陸路絲綢之路的起點與絲路文化中心城市高校，我們既承載著歷史文化的傳統與重托，又承擔著新時代的使命與責任。作爲新時代的中國語言文學學科，既古老又年輕，既傳統又現代，包容廣博，涵蓋古今中外的語言與文學之學。即使是傳統的學術學科，也是一個當下命題，始終要融入時代的内涵。用一種人人參與、人人分享的形式，借助於具體可感的學術載體，傳播中華優秀傳統文化，發揚中華優秀傳統文化，彰顯中華現代文明，這是新時代人文社會科學工作者的重要使命。“士不可以不弘毅，任重而道遠。”“一流學科”建設永遠在路上，中華優秀文化的發揚光大永遠在路上。我們將不忘初心，不辱使命，努力前行！

陝西師範大學文學院院長張新科
2019 年 10 月 30 日

目　録

凡　例

　　一、本年譜以《黃湄詩選》及譜主其他散佚作品爲經，廣搜同時代與譜主有交遊唱和的作家作品，旁及地方志、碑刻等資料記載，對其一生行跡、交遊情況進行了嚴謹而細緻的勾勒，對其現存作品進行具體入微的繫時繫地探究。

　　二、本譜紀事，若有具體的季節、月份、日期可考者，概以時間先後排序；若無任何有關季節、月、日綫索者，或以大致推定的作年，置於年末。所標月份和日期，皆爲農曆紀年，若非必要，不以公曆換算。

　　三、本譜以條目體編纂而成，每一條目由以下三個部分組成：(一)譜主行跡。除此之外，兼及其近系親屬之生卒年及其行跡。(二)徵引文獻。不同出處的材料分段加以排列。(三)按語。或述及繫時、繫地依據，或述及徵引文獻的作者(除譜主外)生平，或補充、考辨相關材料，或對徵引文獻中的有關典故等加以考釋。

　　四、爲方便讀者瞭解譜主所處之時代背景，如必要，年譜按照時間順序擇要列舉歷年時事於逐年譜末。

　　五、譜中涉及譜主交遊人物，皆於適當之處提供人物生平盡可能詳細之資料，以期對譜主生平與交遊的後續研究提供可能的幫助。

　　六、引用文獻，凡原文空缺或者漫漶不清處，一律以“□”代之。譜中引用文獻，爲保證資料的準確，必詳細標明其出處。核心文獻的版本、版次詳情，見譜後附錄之《參考文獻》。

七、譜主《黃湄詩選》及其佚詩（詞）、佚文，除刻本以外，僅有影印本傳世，流傳較少，譜中引用，皆引以全篇，以資查考。

八、與譜主交遊之對象所撰與譜主相關的詩文、書信等，一般皆全文加以引録，或者以按語的形式對譜主生平行跡加以補充、説明或考辨。

傳　略

王又旦,字幼華,號黃湄,郃陽(今陝西合陽)人。

　　朱彝尊《曝書亭集》卷七十五《儒林郎户科給事中郃陽王君墓誌銘》:"君諱又旦,字幼華,別字黃湄。"

　　《(雍正)陝西通志》卷五十七下《人物三·廉能下》"本朝":"王又旦,字幼華,郃陽人。"

　　《(乾隆)郃陽縣全志》卷三《人物·國朝》:"王又旦,字幼華,號黃湄。"

　　張開東《白菼詩集》卷十四《讀黃湄詩有序》:"黃湄王又旦,郃陽百良人。"

少好學,重名節,言行舉止皆以古人爲榜樣。順治十四年(丁酉)中舉,十六年(己亥)殿試成進士。

　　《(雍正)陝西通志》卷三十二《選舉三·舉人下》:"本朝順治十四年丁酉科":"王又旦,郃陽人,舉人。"

　　《(雍正)陝西通志》卷三十《選舉一·進士》"本朝順治十六年己亥徐元文榜":"王又旦,郃陽人,給事。"

　　姜宸英《户科掌印給事中黃湄王公墓表》:"順治十四年以經魁其鄉,明年戊戌舉禮部,己亥殿試成進士,需次選人。"(《湛園未定稿》卷六"墓表")

康熙七年,授湖廣潛江知縣。在任七年,有治績。

　　《(康熙)潛江縣志》卷十一《秩官志上》"知縣題名　本朝":"王又旦,康熙七年任,進士,以推官改授。陝西郃陽人。"

　　按："以推官改授"云云，王又旦任推官事不見其他記載。朱彝尊《儒林郎戶科給事中郃陽王君墓誌銘》中云："明年殿試，賜進士出身，當授推官，未除，改知安陸潛江縣事。"姜宸英《戶科掌印給事中黃湄王公墓志》載："君（王又旦）初筮仕，當得推官，後例改爲縣。始至潛江，親履畝定賦……。"錢林《文獻徵存錄》卷十載："（又旦）當授推官，未除，改知潛江縣。"則《潛江縣志》記載有誤。

康熙十四年，因治行卓越，行取給諫。

　　《（雍正）陝西通志》卷五十七："（康熙）十四年，行取給諫，外艱歸。"

康熙二十年，授吏科給事中。

　　《（雍正）陝西通志》卷五十七："（康熙）二十年，授吏科給事中。"

康熙二十一年，上疏言湖北堤防之事。

　　《（雍正）陝西通志》卷五十七："初，漢水多決屯營灣，屯營爲荊州保障。決則直沖郡治，而害及鍾祥、荊門、竟陵、京山、潛江諸邑，故堤必諸邑合修。事權不一，官吏國以高下，弊叢生，築巢旋潰，成勞盡棄。公乃首陳其弊，請令各堅所轄，罷協濟，以杜諉卸，而專考成，上從之。由是，湖北免漢水之患。"

康熙二十三年，轉戶科給事中，奉旨典試廣東。事罷，過南海花山，奏請於其地設縣，帝允之。

　　《（乾隆）郃陽縣全志》卷三："二十三年，（王又旦）擢戶科都給事中，典試廣東。花山者，界接番禺、清遠、從化三縣，崇山密箐，鳥道深阻，中通四省。賊窟盤占十八峒諸險，時時出沒，剽劫爲患滋蔓，將不可圖。公復命白其事，請建縣治，設官吏，奪蠻荒防遠之恃，使姦宄有所彈壓，而不敢爲亂。上允其請，粵人賴之。"

康熙二十五年三月,病逝於京師寓所。

曾祖結,生平不詳,生卒無考。

　　朱彝尊《儒林郎户科給事中郃陽王君墓誌銘》:"自曾祖結以上,爲農百良村。"

祖必昌,生平不詳,似卒於康熙八年。祖母房氏,生平亦不詳。

　　朱彝尊《儒林郎户科給事中郃陽王君墓誌銘》:"祖必昌,始讀書,補學官弟子,多善行,鄉人私諡爲孝惠先生者也。"

　　按:王又旦祖必昌,字化之,又字襟黄,私諡孝惠,平生急人緩急,周濟鄉里,善待族人,頗有美譽。約康熙己酉(八年)卒。

　　汪懋麟《百尺梧桐閣集》卷三《王氏祠堂記》:"郃陽有篤行君子曰孝惠先生,其生也,無少長親疏,咸德而敬禮之;及其殁,哀思不忘,私諡曰孝惠。……先生姓王氏,諱必昌,字化之,又字襟黄……其鄉之人曰:'先生當兇歲,嘗出粟百石活餓人;又立廛通貿易,居以成市;又築堡禦暴,鄉人以安。'其鄰邑之人曰:'先生喜儲藥爲人療疾,造門而求者達於晉、豫。'其族之人曰:'先生厚吾宗貧不能完官税者,代爲償。'其他焚券減租、急人緩急者,比比也。……先生既殁,其冢嗣贈吏科給事中南溟公率其子謀立祠專祀,經始於康熙八年己酉,斷於壬子。"

　　李楷《王母康太君墓誌銘》:"(康太孺人)翁曰襟黄公,姑曰房氏。"(《河濱文選》卷九"墓誌")

　　王又旦《重修聖壽寺浮屠記》:"歲戊戌,吾祖思固厥聖壽寺基。"

父圖南,字南溟。生平不詳,卒於康熙十六年。

　　朱彝尊《儒林郎户科給事中郃陽王君墓誌銘》:"考圖南,以君仕,封文林郎。……需次除給事中。俄聞父喪,奔歸里,讀書中條山之陰芝川之上。服除,補吏科給事中。"

　　姜宸英《湛園未定稿》卷六《戶科掌印給事中黃湄王公墓表》：“父圖南，誥封文林郎。”

　　《（乾隆）郃陽縣全志》卷三《人物》“國朝”：“王又旦，字幼華，號黃湄。父圖南，字南溟。”

　　按：上引三條資料均未提到又旦父卒於何年，據汪懋麟《（黃湄詩選）序》言“丁巳曰《芝陽集》”（《〈黃湄詩選〉卷首》），《芝陽集》爲王又旦讀書中條山下時所作，其父應卒於康熙十六年丁巳。

母康氏，生於萬曆四十二年，卒於康熙三年，享年五十一歲，封孺人。

　　姜宸英《戶科掌印給事中黃湄王公墓表》：“母康氏，封孺人。”

　　王又旦《黃湄詩選》卷一《山中集》有《述哀詩四首》，爲其母康氏卒後痛悼之作。《山中集》作於康熙三年甲辰。

　　李楷《王母康太君墓誌銘》：“（康太君）生於萬曆甲寅（四十二年）五月二十日午時，歿於康熙甲辰（三年）六月十一日寅時，壽五十有一。”

二叔斗南、三叔命南。斗南妻孫氏、雷氏，命南妻管氏。

　　斗南，字南瞻，生年不詳，康熙九年六月卒，考證見《年譜》“康熙庚戌”中。

　　朱彝尊《儒林郎戶科給事中郃陽王君墓誌銘》：“君少學于仲父斗南，博通六經。”

　　按：斗南當字南瞻，汪懋麟《王氏祠堂記》：“（圖南）公抱異才，爲名諸生……而仲弟南瞻課諸子弟學。南瞻，儒者，倡明聖賢之道，立教關中，從遊者各有所成就；其子弟得其傳而表見於時者，則季鴻孝廉、黃湄都諫也。”（《百尺梧桐閣集》卷三）此處南瞻亦稱“仲弟”並“課子弟”，則其爲斗南無疑。

命南，字南仲，號季鴻，生卒年不詳。

按：王又旦有詩《送家叔季鴻先生遊脽上后土祠三首》《墨江寄家叔季鴻》《寄家叔南仲》等。吴嘉紀、孫枝蔚、汪楫、施閏章等皆與季鴻有交往，其遊蹤遠涉無錫、浙中一帶。

李楷《郃陽王烈女列傳》：“同死者，爲王斗南妻孫氏、命南妻管氏。”（《河濱文選》卷五）

李楷《王母康太君墓誌銘》：“叔弟斗南，納室曰雷。先後友于，克諧以孝。”

按：孫氏、管氏於順治戊子，與侄女王玉同遭寇亂而罹難。李楷《王母康太君墓誌銘》載：“蓋同時而死於眢井者，太君之弟婦，太君之長女。”孫氏、雷氏，皆斗南妻，依李楷文所記孫氏死難情形，似乎孫氏在先。“叔弟斗南”，説有誤，汪懋麟《王氏祠堂記》中稱其爲圖南之仲弟，朱彝尊《儒林郎户科給事中郃陽王君墓誌銘》謂其曰王又旦之仲父，皆可證之。

妻范氏，文學范惟楷女，康熙八年卒。封孺人。育子鶡。

王又旦有詩《悼亡詩二首》《潛江縣重悼亡内》。

姜宸英《户科掌印給事中黄湄王公墓表》：“娶范氏、繼張氏，俱封孺人。”

李楷《王母康太君墓誌銘》：“（康太君生）子三人，長曰又旦，進士，候選司理，娶文學惟楷范氏女。”

按：陳維崧《王母張孺人哀辭》中有云：“時一稚子，循於衣畔。蘭芽玉茁，冰膚雪肌；君言亡者，僅育此兒。”依“君言亡者，僅育此兒”推論，似乎“循於衣畔”的“稚子”爲張孺人所育，事實並非如此。據毛奇齡《王給事孺人張氏墓誌銘》載：“（孺人張氏）四年而生子以死。”“生子以死”云云，可證“循於衣畔”的“稚子”非張孺人子。王鶴於康熙甲寅（十三年）三月以疾殤，時年八歲。張孺人先一年始歸王又旦，則鶴爲范氏子。王又旦詩《悼亡詩二首》《潛江縣重悼亡内》，皆爲悼范氏作。

繼妻張氏，生於順治九年，康熙十二年歸王又旦，十九年卒。封孺人。育子鰷。

> 毛奇齡《王給事孺人張氏墓誌銘》：“孺人張氏，西安人，其父興由大同來遷，生孺人，即以官柳州城守都司，攜孺人柳州有年。逮歸，道荆南，會郘陽今給事王君，知潛江有聲而亡其雌。荆南道使君知孺人賢，謂兩家同鄉，請合好爲婚姻，孺人遂歸君。……既而君應取赴京，天子嘉之，命給事門下，隨以丁外艱西歸；且承重先王母，與孺人共執三年喪有年。……既而產一子，越七日孺人死。死之日，孺人所手藝秋花，參差雜列於盆盎間者，繞帷幔几榻扈扈然，一夕死。時康熙十九年九月一十三日。”（《西河合集》卷九十七）

側室崔氏，生卒年不詳。育子鳩。

> 姜宸英《户科掌印給事中黄湄王公墓表》：“子鳩，側室崔氏出。……鳩今纔五歲，君没年亦止五十有一。”

> 朱彝尊《儒林郎户科給事中郘陽王君墓誌銘》：“子二人，長鶴殤，存者鳩也。”

仲弟又維，明經，生平不詳，生卒無考。妻喬氏。

> 姜宸英《户科掌印給事中黄湄王公墓表》：“越月，而其仲弟明經又維自關中奔喪，將以其孤奉柩還葬於郘陽之某原。”

> 朱彝尊《儒林郎户科給事中郘陽王君墓誌銘》：“其弟又維聞君喪，重趼至京師，將扶君之柩以行。”

> 李楷《王母康太君墓誌銘》：“次曰又維，邑諸生，娶文學如嶽喬氏女。”

按：又維似乎字綱紀。王士禎《粵遊三志》之《南來志》"康
熙二十三年"條載："十月二十二日，遇都諫黃湄弟綱紀之僕，知
以十月望日發廣州。"

三弟又喬，字竺來，似一字稺喬(見《黃湄詩選》卷九《嶺海集》)。

李楷《王母康太君墓誌銘》："三曰又喬，娶於韓城薛文學琛
之女。"

孫枝蔚《溉堂續集》卷二《王幼華明府署中送令弟竺來歸里
應試》。

王又旦有詩《途中遇舍弟稺喬賦爲此別》(見《黃湄詩選》卷九
《嶺海集》)。

按：又喬字稺喬，未見明確記載，依二者之間命名聯繫推斷。

**姐王玉(又名新玉)，生於崇禎六年；順治五年因寇亂，投井死，時
年十六。**

王又旦《黃湄詩選》卷七有《書先姊墓表後二首》，其序謂：
"先姊于順治戊子十月因寇亂，死於井，初葬莊西南，後改葬先
夫人兆側。"

李楷《王母康太君墓誌銘》："其爲女子子者四人，長字於韓
之諸生張鼎鍠之子，未嫁而死於井，以烈稱。"

顧景星《邰陽王烈女墓表歌有序》中有云："王家女子名新
玉，十六未嫁深閨藏。百良堡西百尺井，鑒光照心徹骨冷。一
顆珠還龍女宮，半泓泉浸姮娥影。"(《白茅堂集》卷二十三"癸
亥康熙二十二年")

**另有姐妹三人，名皆不詳。一嫁韓城吳生烇，一嫁房工謀，一嫁孫
岱如。**

李楷《王母康太君墓誌銘》："其爲女子子者四人……次適
韓城吳生烇，是爲象州公從栻之婦；三適房工謀；四字孫岱如，

是爲必達公之孫婦。"

　　按：吴生焈、房工謀，生平皆不詳。王玉生於崇禎六年（1633），王又旦生於崇禎九年，則康太君四女爲王又旦妹無疑；疑爲戊子年百良遭受寇亂時，康太君年尚幼之"稚女"；孫岱如，生平不詳。其子孫龍竹，字渭川，雍正庚戌科進士，授官刑部主事，因親老家貧授官弋陽令；工書，楷法能臻其妙；生平見《（乾隆）韓城縣志》卷六《聞人‧文學》"本朝"。孫龍竹雍正八年（1730）進士（三甲第二百零八名，見《明清進士題名録索引》"雍正八年庚戌科"，亦見《清秘述聞》卷五）。孫龍竹亦曾知山東朝城縣（見《曹州府志》卷十一"職官志"），其名下注："韓城縣人，進士。"著有《芝漁詩稿》一卷、《芝漁遺草》四卷（《同州府續志》卷九《經籍志》著録）。

斗南與雷氏所生堂妹二人，一早殤。其餘情況不詳。

　　李楷《王母康太君墓誌銘》："雷（氏）之遺孤二女，殤其一，爲之保有，以及其外孫。"

子三人：鶨、鯈、鳩。

　　鶨，康熙六年生；十三甲寅年三月，以疾殤，時八歲。王又旦有詩《哭鶨兒四首》。

　　鯈，康熙十九年九月七日生，二十三年（甲子）年殤，時六歲。姜宸英《户科掌印給事中黄湄王公墓表》："君前年自嶺南歸，喪其七歲子鯈，以此積傷致損。"

　　按：鯈之生卒年及夭亡年齡，後文有考辨，可參。

　　鳩，康熙二十一年生。候選縣丞。

　　按：姜宸英《户科掌印給事中黄湄王公墓表》："子鳩，側室崔氏出。……鳩今纔五歲，君没年亦止五十有一。"

　　《（乾隆）郃陽縣全志》卷四《選舉第六》："王鳩，又旦子，候選縣丞。"

按：王鳩，字用拙，號莘農，太學生，著有《松栢後詞》一卷，事見《郃陽縣全志》卷三《人物》"國朝　王又旦"條。

女三人。

一女嫁潼關衛楊端本之子、歲貢生楊楫。

楊鸞《廣文家叔合葬墓誌銘代》："公諱名鱣，字季顯，號八水，陝西潼關人。考怡園公，歲進士，銓三原司訓，未赴任卒。怡園公元配曰王孺人，郃陽黃湄先生女。"（《遰雲樓集六種·文集》卷四）

李楷《王母康太君墓誌銘》："（又）旦之女字於潼關楊楫，是爲臨淄令端本之婦。"

按："怡園公"當指楊楫，"以子名鱣職贈修職郎"（清王森文纂《續修潼關廳志》卷中"選舉　封蔭"）。楊鸞爲楊楫兄楊樞之孫，瑞鱣子。

一女名織素，許韓城賈締芳，未嫁卒。另一女王又旦卒時尚幼，或爲姬人崔氏所生，餘不詳。

朱彝尊《儒林郎户科給事中郃陽王君墓誌銘》："女三人，一嫁潼關衛楊楫，一許韓城賈締芳，未嫁卒，一尚幼。"

按：王又旦有詩《過方山哭亡女墓二首》："命名織素見家風，惆悵吟詩擬太沖。思子傷心霜雪夜，此身垂老亂離中。重泉地僻無兵火，五匹機殘剩女紅。欲捨哀思歸遠道，渭川烟樹恨無窮。"（《黃湄詩選》卷五《芝陽集》）

賈締芳，字懷伯，韓城人。父賈宏祚爲順治間進士。締芳讀書勵行，少從周至李顒遊學，康熙四十一年拔貢，著有《思誠錄》，生平見《（乾隆）韓城縣志》卷六《聞人·賢良》"本朝"。

侄二人蠪、鸝。王又旦有詩《寄蠪鸝二侄》。

又維女一，康孺人離世時，尚未字人，餘皆不詳。

李楷《王母康太君墓誌銘》："（又）維之女未字。"

年　　譜

明思宗崇禎九年　清太宗崇德元年　丙子（1636）

一歲

某月庚寅日，生於陝西郃陽縣百良村。

《黃湄詩選》卷四《甯克振同年推余禄命獻呈一首》："偶與東坡同丙子，曾官南楚怕庚寅。"詩注云："余生丙子年庚寅日也。"再據《黃湄詩選》卷八《壬戌七月醉歌柬顧黃公》："異代風流不可追，我亦行年四十七。"後注曰"余丙子生"，可知其生年爲崇禎丙子（九年）。

按：《壬戌七月醉歌顧黃公》中的"壬戌"，指康熙二十一年（1682），依中國傳統舊曆紀年法，王又旦正好四十七歲，與《甯克振同年推余禄命獻呈一首》詩中"偶與東坡同丙子"契合；蘇軾生於北宋景祐三年（丙子年，1036）臘月十九日，公曆爲1037年1月8日。王又旦的生日，爲明崇禎九年（1636）十月十九日（康熙四年十月十九日，王又旦三十初度，友朋頗有爲其事贈詩者，如方文《十月十九日爲郃陽王幼華初度孫豹人房興公吳賓賢郝羽吉汪舟次咸集其寓予後至因贈二詩》等），公曆爲1636年11月7日。

是年，親友年歲可靠者：

胡承諾三十歲

雷士俊二十六歲

毛會建二十六歲

冒襄二十六歲

方文二十五歲

曹爾堪二十歲

吳嘉紀十九歲

李瀅十九歲

宗元鼎十七歲

陸嘉淑十七歲

孫枝蔚十七歲

顧景星十六歲

毛奇齡十四歲

劉元勛十四歲

汪琬十三歲

沈荃十三歲

劉體仁十三歲

陳維崧十二歲

曾燦十二歲

汪楫十一歲

丁煒十歲

姜宸英九歲

楊端本九歲

王曰高九歲

朱彝尊八歲

梁佩蘭八歲

葉方藹八歲

林堯英八歲

屈大均七歲

金德嘉七歲

彭孫遹六歲

陳恭尹六歲

蔣伊六歲

徐乾學六歲

郝羽吉五歲

孫蕙五歲

蔡毓榮四歲

王士禛三歲

徐元文三歲

宋犖三歲

李天馥兩歲

本年,胡承諾中舉。冒襄與張明弼結盟,參加復社;因與同時代文士陳貞慧、方以智、侯朝宗過從甚密,人稱"明末四公子"。三月,發生大饑荒,尤以山西、河南南陽爲甚。同月,闖王高迎祥、李自成起義軍一支進入陝西。四月十四日,後金國大汗愛新覺羅·皇太極稱帝,改元崇德,國號大清,改族名爲"滿洲",定都奉天盛京。五月三十日,皇太極派多羅武英郡王阿濟格等統八旗兵十萬攻明。六、七月之間,清軍接連攻下喜峰口(在今河北遷西縣境內)、良鄉(今北京房山區一帶)、順義(今北京順義區附近)。

明思宗崇禎十年　清太宗崇德二年　丁丑(1637) 二歲

張貞生。

正月,張獻忠率部攻陷今安徽安慶、桐城一代。閏四月,張獻忠部入湖廣(今湖北、湖南一帶)。五月,高迎祥、李自成被陝西巡撫孫傳庭擊敗,高迎祥被俘,李自成被推爲新闖王。進入夏天,兩畿(明之兩京北京、南京)、山西、江西大旱,浙江發生嚴重饑荒。七月,山東、河南遭蝗災。九月,洪承疇數敗民軍,李自成被迫南走,破寧羌(今陝西漢中寧强縣)。十月,分道入川,數攻成都,不克而去。

明思宗崇禎十一年　清太宗崇德三年　戊寅 (1638)　三歲

陳廷敬生。

　　陳廷敬《食榆關驛有老卒語世父侍卿公令樂亭時事》詩云: "戊寅吾以降,老大凛百慮。"(《午亭文編》卷三"古體詩")

正月,李自成部與明軍洪承疇部作戰不利,率餘部敗走陝西。本月三十日,皇太極第九子福臨降生,即日後的清世祖。五月二十一日,張獻忠在今湖北襄陽穀城向明軍熊文燦部僞裝投降。九月二十日,清軍再次南下,連克數城,長驅直入,駐扎於牛欄山(今北京順義區北部一帶),京師戒嚴。十月,陝西三邊總督洪承疇大破李自成軍於潼關南原,多路起義軍先後降明,李自成僅與劉宗敏等七騎突圍,匿於商洛山中。

明思宗崇禎十二年　清太宗崇德四年　己卯 (1639)　四歲

本年,周亮工鄉試中舉。顧景星中副榜。劉體仁中河南鄉試第十二名。正月二十六日,汪懋麟生。

同月十九日,崇禎從楊嗣昌議,進洪承疇爲兵部尚書兼右副都御史總督薊、遼軍務,孫傳庭總督保定、山東、河北軍務。正月,清軍攻破山東濟南,進行了六日的屠城後始退兵。二月,清軍在多爾袞率領下入關長達半年後,從山東北返至天津衛,出青山口(位於今河北撫寧縣城北),退回遼東,所過之處,多有擄掠,明失陷城鎮六十餘處。張獻忠在穀城東山再起。

明思宗崇禎十三年　　清太宗崇德五年　　庚辰（1640）　　五歲

顏光敏生。吳之振生。王士禎始入小學。本年春,周亮工考中進士。

二月七日,總兵官左良玉、總督陝西三邊侍郎鄭崇儉等大敗張獻忠於安徽太平縣之瑪瑙山。九月,李自成從鄖、均(今湖北十堰一帶)進入河南。初,李自成被圍於魚腹山中(今重慶奉節縣東),軍中人多出降於官軍,自成欲自盡,爲養子雙喜勸止。李部下劉宗敏狠心殺妻以表忠心,要誓死跟從。軍中壯士聞之,也多殺妻子誓從李自成。李遂盡焚輜重,輕騎進入河南。

明思宗崇禎十四年　　清太宗崇德六年　　辛巳（1641）　　六歲

周亮工被任命爲山東濰縣縣令。

正月,李自成部起義軍攻破洛陽,殺福王朱常洵。二月,張獻忠部起義軍攻破襄陽、光州。七月,清兵攻錦州,圍松山(今遼寧錦州市松山區一帶)。八月,陷錦州。

明思宗崇禎十五年　　清太宗崇德七年　　壬午（1642）　　七歲

本年,始從學于仲父斗南。

　　王又旦《痛哭》詩中有云:"弱植媿薄劣,七歲受訓誥。哀哀我仲父,引我入閫奧。"(《黃湄詩選》卷三《漢渚集》)

　　朱彝尊《儒林郎户科給事中郃陽王君墓誌銘》中亦記載:"君少學于仲父斗南,博通六經。"

　　按:同時從斗南公學者,除了王又旦,還有又旦之季父王命南(號季鴻)。據汪懋麟《王氏祠堂記》載:"(圖南)仲弟南瞻課諸子弟學。南瞻,儒者,倡明聖賢之道,立教關中,從遊者各有所成就;其子弟得其傳而表見於時者,則季鴻孝廉、黃湄都諫也。"(《百尺梧桐閣文集》卷三)《周禮·保氏篇》載:"古者八歲入小學。"後世則不盡然。王又旦之同時代人,其好友王士禎發蒙亦始於六、七歲時,《池北偶談》卷十六對此記載曰:"予六、七歲始入鄉塾,受《詩》,誦至《燕燕》《綠衣》等篇,便覺根觸欲涕,亦不自知其所以然。稍長,遂頗悟興、觀、群、怨之旨。"汪懋麟則更早一些,其《見山樓詩集序》中云:"余兄弟五、六歲時,戲弄先人膝下。輒教頌唐人五、七言斷句,上口不忘。"(《百尺梧桐閣文集》卷二)

施閏章在南京,與邢昉結交。周亮工撰著《全濰紀略》,述其任職濰縣時抵禦清兵之事。

二月,松山副將夏成德開城納清兵,薊遼總督洪承疇被俘投降。崇禎下令以孫傳庭總督三遼軍務。三月,清兵攻陷錦州,守將祖大壽降清。四月二十九日,清兵攻克塔山(今遼寧錦州西南一帶)。五月,張獻忠克廬州(今安徽合肥)。九月,李自成部起義軍決黃河灌開封,城陷。十一月,清兵分道進入關內,連下數十州縣。京師戒嚴。

明思宗崇禎十六年　　清太宗崇德八年　　癸未
（1643）　　八歲

本年，居家蘄州的顧景星因避張獻忠之亂，逃至祖籍江蘇崑山，依族人居。明朝廷下詔舉天下廉卓，取十人，周亮工名列其中，遂入京師（載周亮工《因樹屋書影》卷二；亦見周在浚《行述》，《賴古堂集》"附録"）。王士禛因避兵亂，依外家鄒平孫氏，居長白山之魯泉。沈荃與夏完淳、王澐、杜同春等在松江組織西南得朋會，師事徐孚遠。孫枝蔚作《築城曲》，述説官府抽丁之事。施閏章訪邢昉於石臼湖（今江蘇南京溧水區、高淳區和安徽馬鞍山博望區、當塗縣四區縣間的界湖）。

正月初二，李自成攻陷承天（今湖北鍾祥），建立政權。二月，清軍第三次北征索倫各部。五月，索倫各部均被擊敗。至此，整個黑龍江流域納入清王朝版圖。本月，張獻忠部先後攻陷漢陽、武昌，於武昌立國。八月九日，皇太極猝死於盛京（今遼寧瀋陽），禮親王代善等奉其子福臨即位，即清世祖，睿親王多爾袞、鄭親王濟爾哈朗輔政，以明年爲順治元年。十月十二日，李自成部攻克西安。

明思宗崇禎十七年　　清世祖順治元年　　甲申
（1644）　　九歲

吳雯生。屈大均與鄉友結西園詩社，從陳恭尹之父邦彥學詩。周亮工授職浙江道監察御史。顧景星至南京，作《秣陵謡》《花鳥使》，譏諷弘光帝朱由崧之好色。

一月，李自成在西安稱帝，以李繼遷爲太祖，建國號"大順"，以本年爲永昌元年。三月,李自成攻陷北京,崇禎帝自縊於煤山(今景山)。五月,明福王朱由崧在南京即位;本月二十七日,李自成軍與清軍在山海關決戰,李軍大敗。六月四日,李自成退出北京。七八月間,清軍攻下嘉定(今上海嘉定區一帶),因城内民衆的反抗與不屈,進行了長達三天的大屠殺,史稱"嘉定三屠"。十月三十日,清世祖自盛京遷北京,定都於此,以盛京爲陪都。清廷恢復科舉取士制度,會試定於辰、戌、丑、未年;各直省鄉試,定於子、午、卯、酉年。

清世祖順治二年　乙酉(1645)　　　十歲

七月一日,洪昇生。高士奇生。李天馥隨其父始入籍永城(今河南永城市)。清兵南下,多爾衮徵召周亮工,官復原職,招撫兩淮;尋授兩淮鹽運使,改鹽法道。吴嘉紀雙親在清軍攻打揚州時亡故,吴出走他方。顧景星未受朱由崧之授職,遊走黄山,作《抵休寧》詩;聞變,旋赴崑山澱湖。

四月,清軍攻陷揚州,史可法殉難。揚州城破後,清軍殘酷屠殺城内軍民,史稱"揚州十日"。五月,清軍渡江,福王逃奔,弘光政權瓦解。六月間,因降清官員孫之獬之請,朝廷下達剃髮令,規定凡清軍所到之處,以十天爲限,"文武軍民一律剃髮如滿族式樣,不從者治以軍法",開啓了"留頭不留髮,留髮不留頭"的歷史。本年,清朝廷尊奉孔子爲"大成至聖文宣先師",以京師國子監爲太學,立文廟,於山東曲阜大成殿奉祀孔子。清廷下詔纂修《明史》,以内三院大學士洪承疇、馮銓、范文程、剛林等爲總裁官,弘光降清官員、禮部侍郎錢謙益等爲副總裁官。

清世祖順治三年　丙戌（1646）　　十一歲

潘耒生。林麟焻生。周亮工升任淮揚海防兵備道，駐泰州（今江蘇泰州一帶）。施閏章鄉試獲捷，後赴吳地漫遊。周燦撰著《乙丙時事》。除夕，顧景星作《虞園除夕燈宴》；其作《吳易擒》諷吳易太湖之戰，亦在本年。

四月三十日，清廷舉行開國後首次殿試，山東聊城籍文士傅以漸被取爲首科狀元。十月十四日，南明兩廣總督丁魁楚、廣西巡撫瞿式耜等擁立明神宗之孫、桂王朱由榔監國於肇慶，十一月十八日正式即位，以明年爲永曆元年。十一月十五日，執掌南明隆武朝軍政大權的鄭芝龍至福州，與清軍統帥、貝勒博洛折箭爲誓，遂剃髮降清。

清世祖順治四年　丁亥（1647）　　十二歲

王士禛自鄒平之長白山歸新城（今山東桓臺縣）。周亮工擢升福建按察使。禹之鼎生。顧景星遊歷吳門後作《光福山絕句》。劉體仁作無錫之遊。

一月，鄭成功率施琅等到閩、粵交界的南澳島招兵買馬，結盟復明。四月，任職南明右僉都御史的張煌言，奉監國魯王朱以海命，率戰艦浮海至崇明，欲監軍張名振；曾一度登陸，後不幸遭遇颶風襲擊失敗，全軍覆沒，張煌言被俘後復逃出。

清世祖順治五年　戊子（1648）　　十三歲

十月十六，百良突遭寇亂，姐王玉義不受辱而死，同時罹難者尚有孀母斗南妻孫氏、命南妻管氏。時人多有歌詠王玉死難事者。

　　王又旦有詩《書先姊墓表後二首》，其序云："先姊于順治戊子十月因寇亂死于井，初葬莊西南，後改葬先夫人兆側，遵遺命也。"（《黃湄詩選》卷七《續山中集》）

　　按：當日情狀，王又旦《痛哭》詩有云："維時遭喪亂，羽書日夜報。里人何囂囂，視之同蟬噪。攜我避谿谷，危坐端風操。有如淋滲鳥，産毻煩覆苞。"（《黃湄詩選》卷七《續山中集》）蓋當時天下動亂初定，盜匪四起，百姓深受其害，命如草芥，不免流離失所，郃陽一帶盜匪猖獗。王玉在盜匪突至百良村之際，倉皇之間不及躲避，雖爲盜匪擄掠；後智勇全節，投井而死。穆彰阿等纂修《大清一統志》卷二百四十五《史部地理類·同州府三》"列女　本朝　王氏女"條載："郃陽人，名玉，王又旦之妹，字韓城張氏子未婚，順治五年爲盜所掠，乘間投道旁井中死。"

　　李楷《郃陽王烈女傳》（節錄）："予自江南歸，鄰邑節烈事隨勒之，俟爲史者。郃得三人，蓋有莘之墟，太姒之遺化也。爲作傳。傳曰：王烈女新玉，郃陽人，文學圖南之女，進士文昌之妹也，字於少梁張生生員鼎鍠之子，未嫁而卒。順治戊子，寇至，女于井死之。時則十月十六日。同死者爲王斗南妻孫氏、命南妻管氏。君子稱之。河濱野史曰：家學詎，惟男子子哉？古云：女士匪教，何士有以烈著者，笄乃弁矣。王故天性之不渝，抑亦其父母之訓也。乃其諸母同時取義，又足多焉。"（《河濱文選》卷五"傳"）

　　按：李楷文作年不詳，其《郃陽王烈女傳》中有"予自江南歸"云云，應作於歸鄉之後。康熙二年，賈漢復任陝西巡撫，即着手編修《陝西通志》，李楷被聘爲主纂，上引《傳》文或作於其前後。"進士文昌之妹"云云，"進士文昌"似指王又旦，爲何稱其爲"文昌"，原因不詳；王玉爲王又旦之姐，抑或二者年歲相差不大，或者係傳聞之誤，冒襄詩中也稱王玉爲王又旦妹。

王玉生平，以汪琬《王烈女傳》所記最爲翔實，流傳亦最爲廣泛，兹錄如下：

王烈女者，小名玉，陝西郃陽之世族也。父圖南，母康氏。烈女生始數歲，孝謹聰慧，其祖母尤愛異之，指示家人曰："若男也，必興王氏宗矣。"稍長，許聘韓城張某。會梁山以北盜起，晝夜侵掠，死傷者載道。諸劫帥又好竊取婦女爲質，以邀厚利，多者償至千金。由是郃陽、韓城皆苦盜。

順治五年，盜攻百良堡，一夕破之。烈女家在堡中，家人聞盜且至，悉散走。烈女知不免，亟起告母康曰："兒必死之！必不以身受污爲王氏恥也。"言未竟，母子相顧泣下。俄而盜入其室，牽烈女以去。既入山，烈女陽陽如平時，顧反用好語紿盜曰："某一羸弱女子耳，執不能遁；且家已破敗，遁將焉往？盍少見寬乎？"盜意憐烈女，且然其言，守衛者稍解。烈女竊出營外，顧見道上眢井，遂投入以死。冬十一月某日也，年十有六。當烈女死時，諸繫纍婦女在旁具見其狀，争嘖嘖驚異，有爲盜所辱者，或更俯首太息用以自媿云。數日堡中稍定，王氏四出購求烈女，或指示屍處，始得歸殯。其後十一年，烈女母弟又旦中己亥進士，在京師述其事命予爲之傳。

汪子曰：予讀"野有死麕"之詩，喟然歎古之婦女，抑何柔順貞正；雖至於捍禦彊暴而猶婉曲其辭如此也。今觀烈女之紿賊，與其所以赴死者，豈不有詩人之遺邪？郃陽本有莘氏故地，爲周后妃太姒所生，洽水經焉，所謂在洽之陽、在渭之涘是也。蓋其風教由來者久矣。（《堯峰文鈔》卷三十五）

友程可則、同年鄭日奎作詩詠其姐王玉死節事。

程可則《枯井行輓王烈女進士幼華之姊》："郃陽城外有枯井，
轆轤汲斷青絲冷。石甃何年瘞玉釵，至今颭颭飛寒影。可憐白
馬亂西川，可憐髼髮望韓原。好風不散離亂恨，孤月難招寡鵠
魂。里人吊此心骨驚，里婦猶傳罵賊名。井邊芳草年年綠，誰
聽銀床絡索聲。"(《海日堂集》卷二"七言古體")

按：詩題中有"進士幼華"云云，應是在進士中式不久尚未
授職時，姑繫於此。

程可則(1624—1673)，字周量，一字彥揆、湟溱、玉虬，小字
佛壯，號石臞，廣東南海鼎安大同里(今佛山南海區西樵鎮大同
堡)人，明末清初嶺南名僧天然大師俗家弟子，山名今一。五歲
讀書，十歲能文，時有神童之目。年輕時曾隨"嶺南三忠"之一
的陳邦彥習古文詞。順治八年，以《詩經》薦。壬辰(九年)禮部
會試第一，以磨勘被剝奪殿試資格，遂專力爲古文辭。十七年
春應閣試，授內閣中書，尋改入內秘書院，爲清代廣東第一位翰
林。康熙八年累晉戶部主事員外，十年任兵部職方郎中，十二
年官終桂林知府，因操勞過度，年僅五十卒於廣西全州。以詩
文名世，與劉體仁、汪琬、王士禎齊名。嗜弈，頗有時名。清初
吳之振曾刻印《八家詩選》，《湟溱詩選》入選其中，程可則亦因
與其他入選諸家宋琬、施閏章、沈荃、王士禛、王士禄、汪琬、曹
爾堪等詩酒唱和，世稱"海內八家"。著有《海日堂集》七卷(詩五
卷、文兩卷)《補遺》一卷、《遥集樓草》、《萍花草》等。生平見陳恭
尹《海日樓集序》(《海日樓集》卷首)、施閏章《程周量詩序》(《學餘堂
文集》卷四)、陳炎宗纂《(乾隆)佛山忠義鄉志》卷八《人物·文
苑》、溫汝能《粵東詩海》卷五十六、鄧士憲纂《(道光)南海縣志》
卷三十九《列傳八》、《國朝詩人徵略》卷二、《廣東文獻》卷十九
《國初七子集·姓氏》、《國朝耆獻類徵》卷二一七"守令三"(引自

張維屏《廣東通志》)、《國朝先正事略》卷三十八《文苑·陳先生元孝》附、吳道鎔纂《廣東文徵作者考》卷七、《文獻徵存錄》卷六、《清史稿》卷四八四《列傳二百七十一·文苑一·陳恭尹傳》"附"、《清詩紀事初編》卷八《丁編廣東》等記載。

鄭日奎《邠陽王氏爲進士黃湄年兄姊也罹寇難卒以智全其節聞者莫不奇而壯之以故鉅公名流挽章雲集余雖不文然義感所形亦不能不嘿一歌續貂焉》："白頭鵬鳥黑頭烏，依人閨畔啾啾呼。蘭摧玉隕今何處，腸斷斜陽吊小姑。塵飛渭南寇氛惡，紅顏誤墮將軍幕。智計全身解用奇，談笑安知刃與鑊？直從股掌玩豺虎，百結貞心運獨苦。香艷俄驚伏井波，始知智節兩無比。陰風震怒天日昏，轆轤夜夜啼鬼神。回看華嶽五千仞，大節與之同嶙峋。君不見華陽節烈多女士，昔有季兒今王氏。應譜遺行附國書，千秋合傳光彤史。"(《鄭靜庵先生詩集》卷二"七言古")

按：詩題中有"邠陽王氏，爲進士黃湄年兄姊也"云云。稱"進士""年兄"云云，應是在進士中式不久尚未授職時，姑繫於此。

鄭日奎(1631—1673)，字次公，號靜庵、梅墩居士，曾以"真寒""醉書"爲齋名，江西貴溪人。早慧，十歲能文，跌宕而多奇。清順治四年補弟子員，十四年中鄉試，十六年成進士。歷任庶吉士、工部屯田司主事，督寶源局。未幾任湖北荊州關稅監督，時正值川楚用兵之際，當地旱災、水災相仍；日奎乘坐小舟各處巡視，但見廬舍蕭然，災民漂泊流離，遂停止徵稅，轉而全力營救，賑濟災民，"民賴以安"；離任之日，兩袖清風。歷虞衡清吏司、都水清吏司員外郎，禮部主客司郎中。康熙十一年，與王士禛一同主持四川鄉試，任副考官，因勞累過度回京後不久病逝。多善政。王士禛《送鄭郎赴粵西幕府故郎中次公子》中，評其人格魅力和詩文學識有云:"當時紅旆向西川,水部風流似鄭虔。
被酒共眠金雁驛,分題多在浣花箋。故人一別成千載,公子重
逢又十年。"(《帶經堂集》卷三十四《漁洋續詩十二》)其中的"水部風流
似鄭虔""故人"皆指鄭日奎。參與編纂《大清會典》等。有《靜
庵集》十二卷(《詩》五卷、《別集·詩》一卷、《別集·文》五卷、《別集·談牘》
一卷)等。生平見《(同治)貴溪縣志》卷五、卷六、《國朝詩人徵
略》卷六的相關記載。

本年夏,王士禛應童子試,落榜。徐乾學、徐元文兄弟赴金陵(今
江蘇南京),參加鄉試。方文僑居鎮江,自述依賣卜維持生計。
顧景星至揚州,結識郭磃,旋返回吳地,作《無錫舟中大風雨聽張
燕筑歌》。冒襄在揚州與杜濬相會,請其定己作《樸巢詩文集》。
七月十四日,清廷始設六部漢尚書、都察院漢左都御史各一員。
八月,南明政權由桂林遷回肇慶後,統治集團內部黨爭傾軋日趨
激化。十月六日,清廷下令許滿漢通婚。

清世祖順治六年　　己丑(1649)　　　十四歲

馮廷櫆生。施閏章中進士,授官刑部主事。王士禛與諸兄弟從祖
父王象晉讀書家塾。汪琬與吳兆騫、尤侗、計東、唐孫華、侯玄汸、
侯玄涵、陸圻、王抃等結成慎交社。葉方藹、孫暘、戴滃、陸慶曾結
成同聲社,與慎交社抗衡。顧景星在蘇州,取毛晉汲古閣刻本《六
十種曲》及坊刻曲本,刪存至三十四種,編爲《傳奇麗則》;又與陶
季同遊浙江。朱彝尊、王翃等在嘉興梅里研討詩歌創作之事。
清兵攻打四川,多有屠殺之舉,很多地方到了"彌望千里,絕無人
煙"的地步。這種局面的形成,是張獻忠和清軍的大肆殺戮共同
造成的。

清世祖順治七年　　庚寅（1650）　　　十五歲

王士禛再應童子試，郡、邑、提學三試中皆名列榜首；是年讀書於
山東大明湖東北之月禪寺，冬，與兄王士禄同上公車。吴偉業、朱
彝尊、徐乾學、計東、毛奇齡、鄒祇謨、陸圻等在浙江嘉興舉行十郡
大社。周燦、顧炎武、歸莊加入驚隱詩社。查慎行生。
七月，鄭成功在福建厦門建立抗清基地，繼續抗清事業。本年，清
軍攻陷廣州。

清世祖順治八年　　辛卯（1651）　　　十六歲

王士禛舉於鄉，名列第六。屈大均參加南明桂王抗清隊伍，失敗
後在家鄉番禺雷峰海雲寺削髮爲僧，拜清初"嶺南三大遺民僧"
之一的天然函昰爲師，取法名今種。毛奇齡因避禍怨家自浙江
遠走江蘇無錫，作客秦鏞家；後易居泰州，又至淮安，改名王彦，
閻修齡等迎居其家。顧景星在崑山，自序其《續文獻通考删
定》。

清世祖順治九年　　壬辰（1652）　　　十七歲

孺人張氏生。

　　毛奇齡《王給事孺人張氏墓誌銘》中載："死之日，孺人所手
　　藝秋花，參差雜列于盆盎間者，繞帷幔几榻扈扈然，一夕死，時
　　康熙十九年九月一十三日。嗚呼！孺人生二十二年而歸君，一
　　年還鄗陽，越二年而相繼服三年喪，四年而生子以死，死二年君
　　始再赴京補給事門下。"

　　按："王給事孺人張氏"，爲王又旦繼妻，康熙十二年卒，考訂見後。康熙十二年（1673）適王又旦，時年二十二歲；逆推二十二年，可知張孺人生於本年。

汪懋麟始學爲詩。

　　《百尺梧桐閣文集》卷首"自序"云："余生十三四年，背塾師學韻語，謬爲詩。見人家屏幛紙素間跡，輒善者記之，否者掩鼻走笑，先生長者目爲'妄童子'。"

王士禛會試落榜。春，汪琬、曹爾堪、湯斌、王士禄等登進士第。五月，周燦、顧樵等在潘檉章處度端午節，分別作《投詩贈汨羅》，紀念屈原。吳嘉紀、孫枝蔚作《流民船》，反映百姓流離失所之慘狀。劉體仁致書友人批評錢謙益輯録之《列朝詩集》。因感於歲時饑荒，顧景星作《野菜讚》。朱彝尊在蘇州作《楓橋夜泊》詩。施閏章赴廣西傳朝廷大赦令，作詩《銅井行》；適逢李定國桂林起兵，遂逃歸家鄉安徽，《牽船夫行》即途中所作，反映船夫遭受官府奴役的情形。

正月，鄭成功收復廣東澄海。五月，順治帝下令禁"淫詞小説"。七月，南明永歷朝將領李定國攻陷桂林，清定南王孔有德兵敗自殺。十一月，李定國收復湖南衡州。其後清將領尼堪意欲奪回，雙方大戰，追擊過程中尼堪被李定國伏兵殺死，引起清廷的强烈震動。

清世祖順治十年　癸巳（1653）　　十八歲

汪懋麟始從舉子業。朱彝尊客居松江。

四月，清廷嚴科歲考。十月二十六日，清廷遣禮部右侍郎高珩祭奠明末"殉難"諸臣，多位並給予謚號。十一月，清廷封鄭成功爲

澄海公,鄭拒不接受。十二月,南明魯王將領張名振、張煌言入長
江,敗清軍於崇明。

清世祖順治十一年　　甲午(1654)　　　十九歲

臘月十二日,納蘭成德生。劉沛先中舉。彭孫遹中浙江鄉試舉
人。洪昇始從陸繁弨授業。周亮工刊刻孫承宗《高陽集》。顧景
星遊福建,作《延平山寺月》。

正月,張名振、張煌言等率師抵江寧(今江蘇南京)近郊,望祭明孝
陵,旋退師。二月十五日,順治帝行耕籍禮,親祭先農壇,爲清入
關後首次籍田。五月四日,愛新覺羅・玄燁出生,即日後之康熙
帝。六月,順治下詔令滿族宗室停習漢字書。八月,清廷派使臣
與南明延平王鄭成功議和,再次被拒。十月,李定國收復肇慶府
羅定、新興等縣。十二月,鄭成功攻打漳州。本月,李定國被清兵
擊敗。

清世祖順治十二年　　乙未(1655)　　　二十歲

王士禛會試中式第五十六名,未殿試而歸,五月歸家。劉體仁、汪
琬、秦松齡等中進士。劉元勛中舉。丁煒恩貢名列第一。胡承諾
部銓縣職。徐元文至永平看望尤侗,刻其《西堂雜俎一集》。

清世祖順治十三年　　丙申(1656)　　　二十一歲

王士禛編年詩始於本年。毛奇齡到蘇州,寓衡山草堂(明著名書
畫家文徵明書齋)。端午節前後,朱彝尊至蘇州,有《午日吳門觀

渡》詩；後取道金陵赴廣東。

清世祖順治十四年　丁酉（1657）　　二十二歲

參加鄉試中式，經、傳、策三者俱佳。

　　朱彝尊《儒林郎户科給事中鄜陽王君墓誌銘》："順治十四年，以《易》舉於鄉。"

　　《（乾隆）鄜陽縣全志》卷四《選舉第六》云："王又旦，順治十四年三名。"卷五《人物》"國朝"載："順治丁酉，魁於鄉。"

　　宗元鼎《木蘭院訪王幼華進士二首》（其二）"經傳真名策，生平最賞心"兩句下注曰："幼華丁酉鄉試，經、傳、策最佳。"（《芙蓉集》卷六"五律下"）

　　李楷《王母康太君墓誌銘》："（太君之長君）鄉書於丁酉。"

　　按："鄉書"，亦稱鄉有書，後成爲鄉試的代稱。《周禮·地官·鄉大夫》中云："三年則大比，考其德行道藝而興賢者、能者。鄉老及鄉大夫，帥其吏與其衆寡，以禮禮賓之。"清陶福履《常談·鄉試》中有云："三年，則鄉大夫大比，考其德行道藝而興賢者、能者，獻其書于王，此鄉試所由昉也。唐之鄉貢、宋之漕試，即今鄉試也。"

梁佩蘭鄉試第一。朱彝尊遊廣州，留居布政使曹溶所；赴東宫，作《菩薩蠻》詞。汪琬集早年所作詩歌爲《玉遮山樵詩稿》。劉體仁爲孫汧如《頌橘堂集》作序。顧景星在南京，友人杜岕爲其《顧子詩鈔》作序。王士禛八月遊歷下，集諸名士於明湖，舉秋柳社；賦《秋柳》詩四章，遠播四方，和者數百人。

正月，朝廷禁投拜門生。同月，鄭成功攻打浙江溫州。十月，江南鄉試科場案發。十二月，河南鄉闈事發。

清世祖順治十五年　戊戌（1658）　　二十三歲

會試中式。本年未參加殿試或殿試未中，待考。

朱彝尊《儒林郎户科給事中郎陽王君墓誌銘》："順治十四年，以《易》舉於鄉。明年會試中式。"

李楷《王母康太君墓誌銘》："（太君之長君）禮闈録薦於戊戌。"

按：古代科舉考試中的會試，由禮部主辦，故稱禮闈。

本年，與王士禎、曹玉珂（字禹疏）、劉體仁（字公戭）、汪懋麟、程可則（字周量）等開始交往。

汪懋麟《王氏祠堂記》："初，懋麟識都諫於甫成進士時，布衣革帶，抱書南遊，無異寒士。"（《百尺梧桐閣文集》卷三）

按：楊積慶箋校《吳嘉紀詩箋校》卷一中云："幼華初至揚州，在順治十五年戊戌（1658），此詩（按：指吳嘉紀《答贈王幼華》）當作於是年。"其繫年或有失。

王又旦江南之遊應該在順治十六年考中進士尚未授職時，因而本年似乎依然在京師。《漁洋詩集》卷六存詩《答別御史大夫龔公兼呈苕文公勇禹疏秋厓周量聖秋石潭紫來黄湄諸君》，蔣寅《王漁洋事跡徵略》繫於下一年，言爲二人交往的最早記載。王漁洋任揚州推官，亦有記載事在本年，見王士禎《黄湄詩選序》："順治己亥歲，予以選人在京師，始與幼華相見。其年冬，予之官揚州，諸詞人賦詩祖道，聯爲巨軸，推幼華詩最工，然予實未與深言詩也。"兩相比較，《王漁洋事跡徵略》引詩繫年不誤，言"係二人交往的最早記載"也很客觀，"最早記載"並不意味二人的交往自賦時開始；王士禎《黄湄詩選序》中言及二人結識的時間無誤，而將自身"之官揚州"的時間繫於"其年（順治己

亥)冬",則失之過早。說詳下列按語。《漁洋山人自撰年譜》卷
上"順治十五年戊戌"條載:"夏秋,與汪琬、南海程可則以詩相倡
和。"而"順治十六年己亥"條載:"謁選得揚州推官。""順治十七年
庚子"條載:"赴揚州,匡廬公就養偕行。三月到官。"因而《劉體仁
年譜》(王秋生校點《七頌堂集》"附錄")中將《送王貽上之揚州》的寫作
時間定在順治十六年,可謂持之有據。

本年,祖王必昌議募欲重修邑之古聖壽寺塔,得到郃陽縣令徐起
霖的支持。

> 《重修聖壽寺浮屠記》:"歲戊戌,吾祖思固厥(聖壽寺)基,
> 進莖苾芻而議募,邑令徐公嚴叟序其簿,捐金助之。"(輯自杜光前
> 編《郃陽詩文英華》)

春,王士禛、陳廷敬、毛際可等登進士第;王士禛居二甲,館選不得
與。曹爾堪作《隔浦蓮》(載《藻玉軒晚集》)。朱彝尊自廣東北歸。
正月,南明魯王監國朝廷封鄭成功爲延平郡王,賜尚方寶劍,便宜
行事。四月,吳兆騫因丁酉科場案,流放寧古塔(今黑龍江牡丹江
海林市舊街鎮)。本月辛未,賜殿試貢士孫承恩等進士及第出身
有差。五月,清廷攻陷貴州、開州(今重慶開州區)。本月,鄭成功
進攻澄海等地。六月,吳三桂攻陷遵義。九月,鄭成功收復浙江
象山(今浙江寧波象山縣)。

清世祖順治十六年　　己亥(1659)　　二十四歲

留居京師參加殿試,中進士,與徐元文(狀元)、葉方藹(探花)、彭
孫遹、姚締虞、鄭日奎、葉封、姚文燮、黃與堅、周燦、楊風苞、房廷
楨、曹玉珂、甯爾講(三甲)等爲同年(參《明清進士題名碑錄索引》"順治
十六年己亥科")。始識王士禛。

姜宸英《户科掌印給事中黄湄王公墓表》：“（順治）己亥，殿試成進士，需次選人。”

朱彝尊《儒林郎户科給事中郃陽王君墓誌銘》：“順治十四年，以《易》舉於鄉。明年會試中式，又明年殿試賜進士出身。”

《（雍正）陝西通志》卷三十《選舉一》“順治十六年己亥徐元文榜”：“王又旦，郃陽人，給事。”

《（乾隆）郃陽縣全志》卷四《選舉第六》“王又旦”：“順治十六年二甲進士，有傳。”

王士禛《黄湄詩選序》：“順治己亥歲，予以選人在京師，始與幼華相見。”

爲汪琬述其姊王玉死難情形，並希望汪爲其作傳。

汪琬因王又旦之請，作《與王進士書》，其中云：“然所示事實，不免太簡。如尊大人官諱、氏族俱不書；賢姊既亡於井，何時購得其尸以殯又不書，此皆其大者，得更賜教爲幸。”後汪琬據王又旦所述著《王烈女傳》表彰王玉節烈之狀，言其本末曰：“堡中稍定，王氏四出購求烈女，或指示尸處，始得歸殯。其後十一年，烈女母弟又旦中己亥進士，在京師述其事命予爲之傳。”（《堯峰文鈔》卷三十五）

按：汪琬（1624—1691），字苕文，號鈍庵，初號玉遮山樵，晚號堯峰，小字液仙，長洲（今江蘇蘇州）人，清初學者、散文家，與侯方域、魏禧合稱明末清初“散文三大家”，清代樸學隆興的關鍵人物之一。順治十二年進士，康熙八年辭官歸里，歷官户部主事、刑部郎中，降職北城兵馬司副指揮，再遷户部主事。十八年舉博學鴻詞，授翰林院編修，預修《明史》，在館六十餘日，撰史稿一百七十五篇，後以病乞歸，晚年隱居太湖堯峰山，專心著述，學者稱“堯峰先生”。汪琬與王士禛同爲閩籍文人林佶之師。著有《鈍翁類稿》六十二卷《續稿》五十六卷附《姑蘇楊柳枝詞》一卷、《鈍翁遺稿》一卷《別稿》一卷《詞》一卷《外集》一卷、《鈍翁類稿遺選》一卷；晚年自刪爲《堯峰文鈔》五十卷（其中"詩鈔"十卷、"文鈔"四十卷）。另著《喪服或問》一卷、《詩問》一卷、《古今五服考異》八卷、《重訂歸先生詩集考異》一卷、《批杜工部集》六十六卷、《東都事略跋》三卷、《說鈴》一卷、《歸震川先生年譜》等。與陳廷敬等同撰《清名人傳》。生平見陳廷敬《翰林編修汪鈍翁墓誌銘》（《午亭文編》卷四十四）、計東《鈍翁生壙誌》（《改亭詩文集·文集》卷十四）、宋犖《汪鈍翁本傳》（康熙三十三年刻本《國朝三家文鈔·鈍翁文鈔》"附錄"，後收入李聖華箋校《汪鈍翁全集箋校》"附錄一 碑傳誌銘"；收入《續修文清公年譜》題作《文清公本傳》）、汪筠編《鈍翁年譜》（載《清初名儒年譜》第八冊）、張維屏《國朝詩人徵略》卷四"汪琬"條、《文獻徵存錄》卷十、《碑傳集》卷四十五、《清史稿》卷四八四《列傳二百七十一·文苑一》、《清儒學案小傳》卷一《顧炎武亭林學案下》"附 汪琬"條、汪敬源續編《續修文清公年譜》四卷《附錄》一卷（載《清初名儒年譜》第八冊）、顧希喆《汪堯峰先生行狀》（稿本，收入1944年2月《江蘇文獻·續編》第1、2期）、近人趙經達編《汪堯峰先生年譜》（民國趙詒琛輯刻《又滿樓叢書》本，後載入《清初名儒年譜》第八冊）、《清代學者象傳》（第一集）、《清史列傳》卷七十《文苑傳一》、《清代七百名人傳》（第五編）"藝事 文學"、《清詩紀事初編》卷三《甲編上江南》等記載。

四月，王士禛抵京師，常與汪琬、程周量、劉體仁、梁熙、葉方藹、彭孫遹、陳廷敬唱和。（《漁洋山人自撰年譜注補》卷上）

春，朱彝尊遊山陰，七月，曹溶來會。（見清楊謙編撰《朱竹垞年譜》"順治十六年己亥三十一歲"條）

八月十五日，王士禛與吳綺、韓詩、陳祚明、周容等集梁園賦詩。

（參《阮亭詩選》卷九）

九月初九，王士禛與曹爾堪、彭孫遹等於黑窯廠登高賦詩。（參《古夫于亭雜錄》卷二、《阮亭詩選》卷九、《廣陵唱和詞·炊聞詞》）十一月，王士禛謁選得揚州推官。以事務繁多廢詩，心情不快，汪琬慰之。十二月，王士禛將赴揚州推官任，將本年所作詩篇，屬友人汪琬與魏學渠序之；汪琬作序爲之送行（《鈍翁類稿》卷二十四）。

王士禛本年居京師期間，與友人汪楫、程康莊及潁川劉體仁、鄢陵梁熙、崑山葉方藹、海鹽彭孫遹唱和最多。與龔鼎孳、吳綺、梁清標亦頗有唱和之作。顧景星聞清廷平定雲南，作詩《二月七日邸報》。

洪昇始從毛先舒學，受其影響，少作已隱含興亡之感。

孫枝蔚作《水歎》。汪琬著《説鈴》。

清世祖順治十七年　庚子（1660）　　二十五歲

二三月之際，王又旦、汪琬、朱克生等在京師賦詩，爲即將赴任揚州推官的王士禛送行；王又旦詩頗受王士禛推崇，此亦爲其作詩的最早記載，惜乎不存。王士禛到任後，汪懋麟從其受業。本年，懋麟補博士弟子第一。

王士禛《黄湄詩選序》：“其年（按：指順治己亥）冬，予之官揚州，諸詞人賦詩祖道，聯爲巨軸，推幼華詩最工，然予實未與深言詩也。”

按：王士禛文中“其年冬”云云，屬誤記，其《庚子詩自序》中有云：“己亥冬，予謁選人，得揚州法曹。庚子三月赴官。”（《阮亭詩選》卷十三“庚子詩”，後亦收入《王士禛全集》“詩文集之三　漁洋集外詩之三”）“三月赴官”云云，所言不虛，“庚子詩”中《將赴廣陵留别家

兄禮吉子側》一詩有云"桐花朝已發，桃葉復春殘"；禮吉，指其
仲兄王士禧，字禮吉；子側，指其叔兄王士祜，字叔子，又字虞
山、子側；詩中亦有"別後高堂思"，則士禧、士祜皆居家故里，王
士禛南下至故里時，時已春殘。又同卷《高郵道中》中有句曰：
"千家流水合，四月稻秧齊。"至高郵，時至四月。王士禛即將離
別京師之際，有詩《答別御史大夫龔公兼呈茗文公勇禹疏秋厓
周量聖秋石潭紫來黃湄諸君》："北府新軍領上遊，蕪城歌吹咽
寒流。浮湛京洛人將老，蕭瑟江關戰未收。河朔清樽初送遠，
竹西明月獨登樓。春來無限隋堤柳，攀折何因寄別愁。"(《帶經堂
集》卷六《漁洋詩六》"己亥稿")其中有"蕪城歌吹咽寒流""蕭瑟江關"
云云，則詩應作於康熙己亥歲末，也是現存王士禛與王又旦交
往的最早記錄。"御史大夫龔公"指龔鼎孳，曾官左都御史；"茗
文"，指汪琬，字茗文；"公勇"，指劉體仁，字公戭；"禹疏"，指曹
玉珂，字禹疏；"秋厓"，指朱克生，字秋厓；"周量"，指程可則，字
周量；"聖秋"，指韓詩，字聖秋；"紫來"，指米漢雯，字紫來。"石
潭"指劉良玉，字小石，一字石潭，江西南昌人(熊文舉《劉小石近詩
序》："余乙酉棄官歸榻里，俯仰丘墟，棲遲破廟，小石援□。"載《雪堂先生文
集》卷二十四。熊文舉為江西南昌人，文中"歸榻里"云云，言其歸鄉)，清初
秋水軒唱和的參與者，與龔鼎孳(《賀新郎·青藜將南行招同檗子方虎
維則石潭穀梁集雪客秋水軒即席和顧庵韻》，載《定山堂始餘》卷四)、王士
禛(《劉石潭舍人爲書古詩十九首作歌》，載《帶經堂集》卷四《漁洋詩四》，其中
有云："唐宋元明歷千載，吾子突起雄豫章。")、曾燦(《答劉石潭》，載《六松堂
尺牘》卷十四)、施閏章(《豫章劉小石見示登岱諸作》，載《學餘堂詩集》卷三
十四"七言律")、王岱(《仲夏社集賈氏園分得冬字同施愚山吳歸□許天玉黃
響先而淑子朱周望劉小石張雪對》，載《了庵詩集》卷三"五言古"；《接劉小石
札》，載《了庵詩集》卷八"五言律"；《劉小石》，載《了庵文集》卷十五)、吳綺等

有交遊;吳綺《送石潭歸里》中有云"東門一送飛旌遠,莊舄淒涼
有越吟"。曾廷枚《西江詩話》卷十"劉良玉"條載:"新城詩又
云:'韓詩已掛朝冠去,吳綺仍聞貫索來。兼使南昌消息斷,蕪
城懷抱幾時開。'注:南昌劉石潭良玉三君,同自中翰爲兵曹。
良玉字小石,辛卯鄉舉,官駕部郎。'詩'即關中韓聖秋,'綺'即
江都吳園次也。"《西江詩話》所引"新城詩",見《王士禛全集》
"詩文集之三　漁洋集外詩"卷三。

蓋本年三月後,始作江南之遊,於揚州結識汪懋麟、宗元鼎等人。

汪懋麟《〈黃湄詩選〉序》:"初,君戊戌釋褐,涉江遊吳越間,
蓋予識君之始。"

按:"初,君戊戌釋褐",記載恐有誤,王又旦成進士在己亥
年,非戊戌年。汪懋麟亦有《王氏祠堂記》,其中載:"初,懋麟識
都諫於甫成進士時,布衣革帶,抱書南遊,無異寒士。"

汪懋麟(1639—1688),字季用,號蛟門,又號十二硯齋主
人,晚號覺堂(參張雲章《樸村詩集》卷七《題汪民叔書齋》),亦稱覺堂居
士,安徽休寧人,祖上以鹽業占籍揚州。少與兄耀麟從宿儒王
巖(築夫)學古文,得益頗多。順治十八年,王士禛任揚州推官,
汪懋麟因《秋柳詩和王阮亭先生韻四首》頗得原作意趣,大獲見
賞,遂入王氏門下。同年補博士弟子第一,兩年後舉於鄉。康
熙六年考中進士,考授內閣中書。至京師後,每宴集,諸人分韻
賦詩,汪懋麟屢屢先成,受到馮溥、梁清標等的稱譽。因作《辨
道論》力辟楚人朱方旦術數邪説,受到國史院學士熊賜履的極
力稱賞,二人遂訂交。康熙十二年丁母憂期間,捐資修復平山
堂。十八年舉鴻博,持服不與試。服除,復以徐乾學薦舉,以刑
部主事入史館爲纂修官。二十三年,遭康熙"好生事"之惡評罷
官歸鄉,遂號覺堂。與孫枝蔚、吳嘉紀、汪楫、施閏章、陳維崧、

田雯、杜濬、宋犖、湯右曾、汪琬、宗元鼎、張貞、喬萊、吳之振、計東、方象瑛、嚴我斯、張英、徐釚、顧圖河、梁允植、喬萊等交遊唱和。從王士禛學詩，而才氣橫逸，視士禛爲別格。與同里汪楫並有詩名，時稱"二汪"。詩歌創作亦與吳嘉紀（野人）齊名，"野人詩清而泠，悔齋則清而脱，所謂同工而異曲者也"（汪文著《百尺梧桐閣遺稿序》）。時人車萬育《挽汪蛟門》中，評其人其詩曰"淮海維揚一俊人，清詞麗句必爲鄰"（《車都諫集》卷一）。費錫璜《百尺梧桐閣遺稿序》言其詩"斟酌於唐、宋之間，用唐而不失之膠固，用宋而不失之頹放，淵情微致，攬之有餘，即之不見，迥乎異於今之學宋者"（《百尺梧桐閣遺稿》卷首）。汪懋麟亦擅詞，爲《秋水軒唱和詞》的主要參與者。著有《百尺梧桐閣集》三十四卷（《文集》八卷《詩集》十六卷《遺稿》十卷）、《明史擬稿》二卷、《琉球國紀事》一卷、《錦瑟詞》三卷、《通志閑編》、《四聲古葉録》等。與兄耀麟合作輯選《汪氏家集》三種十九卷附《崇禮堂詩》一卷。其生平見王士禛《汪比部傳》（《帶經堂集》卷六十六《蠶尾文二》）、宋犖《百尺梧桐閣遺稿序》（《百尺梧桐閣遺稿》卷首）、徐乾學《刑部主事季用汪君墓誌銘》（《憺園文集》卷二十一）、方象瑛《汪蛟門墓誌銘》（《健松齋續集》卷八"墓誌銘"）、張貞《汪君蛟門傳代》（《杞田集》卷六）、汪懋麟《見山樓詩集序》（《百尺梧桐閣文集》卷二）、《（乾隆）江南通志》卷一百六十六、《（乾隆）江都縣志》卷二十三、《己未詞科録》卷四、《（嘉慶）重修揚州府志》卷五十一、《國朝詩人徵略》卷七、《國朝先正事略》卷三十九"文苑　汪先生楫"附"汪懋麟"、《文獻徵存録》卷十、《清史稿》卷四八四《列傳二百七十一·文苑一·喬萊傳》"附"、《清史列傳》卷七十一《文苑傳二·汪楫傳》附、《清詩紀事初編》卷四《甲編中江南》、胡春麗《汪懋麟年譜》等記載。

　　汪懋麟與王又旦結識於王又旦初遊江南時，二人保持了終

生友誼。汪懋麟曾爲《黃湄詩選》作序,《王氏祠堂記》《幼華給
事招同諸公飲祝園亭子限山莊二韻》等亦是二人交遊的明證。

宗元鼎《木蘭院訪王幼華進士二首》:(其一)“寺是木蘭院,
人如王播才。聲明超玉笋,孤潔迥江梅。窗與書分靜,門因客
偶開。長安多學者,君如更龍媒。瑗度曰:《漢武歌》:‘天馬徠,龍之
媒。’”(其二)“經傳真名策,生平最賞心。幼華丁酉鄉試,經、傳、策最
佳。常攜茅屋下,朗讀落花陰。未面神先注,初談道已深。相逢
如不棄,鍾子聽琴音。”(《芙蓉集》卷六)

按:宗元鼎《木蘭院訪王幼華進士二首》題下注云:“木蘭院
即今揚州石塔寺。”“王幼華進士”云云,稱“進士”者,言其進士
及第尚未授職。

宗元鼎(1620—1689),字定九,一字鼎九,號梅岑,又號香
齋、芙蓉齋、小香居士、東原居士、梅溪居士、賣花老人等,江蘇
江都(今揚州)人,王士禛弟子,詩人黃泰來(黃雲之子)之岳丈。
省試十一次未中,爲廩生二十三年。康熙十八年貢太學,參加
吏部試,名列第一,候選六品州同知,未就,回到揚州東原,醉心
於隱居著述。幼聰穎,七歲詠梅,遠近傳誦,與從弟宗元豫、元
觀,侄宗之瑾、之瑜皆工詩,譽爲“廣陵五宗”。性狷而孝,釜甑
屢空,時人周亮工、曹溶、鄒祇謨、王士祿士禛兄弟等皆重其名,
遠道造訪其廬,歎爲南陽高士。交接當時知名文士,如龔鼎孳、
董以寧、孫枝蔚、孔尚任等,酬倡亦夥。與吳綺、許虯、汪懋麟、
黃雲、趙而汴等交遊唱和。宗元鼎以詩馳名於江、淮之間,王士
禛評“其詩本《才調集》,風華婉媚,自成一家”(《分甘餘話》卷二),
又評“梅岑《芙蓉集》緣情綺靡,不減西崑、丁卯”(鄒祇謨《倚聲初
集》卷三“小令三”引阮亭語)。有《芙蓉集》十七卷(《樂府》一卷,《古體
詩》三卷《律詩》四卷《徘律》二卷《絶句》二卷《詞》一卷《賦》一卷《雜文》三卷);

《新柳堂集》十六卷、《小香詞》兩卷等。又選編《詩餘花鈿集》（一名《花鈿集選》），保存揚州詞人作品，並繫小傳評述，彌足珍貴。亦有《批杜工部集箋注》二十卷（見周采泉《杜集書録》卷九《輯評考訂類二》）。其生平見汪懋麟《新柳堂集序》（《百尺梧桐閣文集》卷二）、孔尚任《詩人宗梅岑小像》（焦循《揚州足徵録》卷十九引《宗氏族譜》）、《文獻徵存録》卷十"陳恭尹"附"宗元鼎"、《清史稿》卷四八四《列傳第二百七十一》、《清史列傳》卷七十《文苑傳一·馮班傳》"附"、《清詩紀事初編》卷四《甲編中江南》等記載。

清世祖順治十八年　辛丑（1661）　　二十六歲

繼續江南之遊。

春，程臨滄歸徽州，有詩贈之。

《送程臨滄歸徽州二首》：（其一）"漠漠輕陰散曉寒，攜琴解纜去新安。勞歌未罷遥揮手，十尺風帆霧裏看。"（其二）"春夙弗弗鳥關關，羈馬城邊草色殷。偏恨花時身作客，送君歸去紫陽山。"（《黄湄詩選》卷二《涉江集》）

按：程臨滄（？—1664），名湄，號在湄，臨滄爲其號，安徽歙縣人，寓居江都，汪楫妹夫。崇禎甲戌（1634）進士及第（許承堯《歙事閒譚》卷十一）。與其弟程澎皆工詩，尤與孫枝蔚、吴嘉紀相善，嘉紀有詩《哭程在湄歙縣人諱湄甲辰十月六日歿於揚州》（《吴嘉紀詩集箋校》卷一）、孫枝蔚有《哭程在湄》詩（《溉堂前集》卷二"甲辰"）。吴嘉紀《程寡婦歌》（《陋軒詩》卷十二）中的"程寡婦"，即其妻。生平見王巖《祭程在湄文》（《白田文集》卷十九"祭文誄"）等記載。甲辰十月程湄歿，則王又旦《送程臨滄歸徽州二首》作年應在順治十七年（1660）至康熙元年（1662）冬天之間，姑繫於此。

正月,順治帝駕崩,其子愛新覺羅·玄燁即位,是爲康熙帝。二月,鄭成功收復臺灣。

清廷以江南士紳抗徵錢糧爲名,大興"奏銷案",尤以蘇州、松江、常州等府爲甚,士紳被褫革多達一萬三千餘人。王又旦友人汪琬、曹爾堪、徐乾學、徐元文等皆入此案。七月,蘇州發生著名的文人"哭廟案",金人瑞(聖歎)因故被殺。十二月,吳三桂率清軍攻陷昆明,南明永曆帝被執於緬甸。

清聖祖康熙元年　壬寅(1662)　　二十七歲

趙執信生。

留居揚州時期,結識汪懋麟等人,與汪楫、孫枝蔚、吳嘉紀、郝士儀成"五友"。畫家戴蒼(生涵)、江遠(天際)以五人賦詩飲酒之狀繪成《樽酒論文圖》(又有《五子論文圖》等名稱)。

> 汪楫《題五子樽酒論文圖渭北王幼華來江東與吳野人孫豹人郝羽吉汪舟次交命曰五友繪圖以歸分賦》:"汪子無才負傲骨,尋常出門少親暱。僻壤相逢吳野人,風塵意氣膠投漆。野人之友亦落落,論詩共許孫與郝。幾處歌聲向一燈,吳陵新安與焦穫。焦穫自昔多名家,孫郎動向人前誇。眼中難見李叔則,户外忽來王幼華。王生結交殊不苟,屈指素心惟五友。預愁他日走長安,不似於今時聚首。西湖戴蒼能寫真,遊子不顧囊中貧。却將渭北江東意,圖成樽酒共論文。更有黄山江天際,畫水畫石多生氣。援筆添寫兩株松,百尺寒岡接蒼翠。裝來卷軸喜同看,皓首孫郎酒不乾。郝子撚鬚時欲笑,吳生抱膝動長嘆。汪子把卷苦抑鬱,王生惜別何辛酸。王生王生勸爾且盡尊前歡,明日徒從紙上觀。"(《悔齋詩》"七古",阮元《淮海英靈集·甲集》卷三)

　　按："吳野人""野人""吳生"，指吳嘉紀，"吳陵"係其祖居之地泰州別稱，以其地近海高阜、舊屬吳國得名。"汪子"，指汪楫，原籍安徽新安（今安徽黃山市休寧縣）。"孫（孫郎）"指孫枝蔚，"焦穫"爲其家鄉陝西三原縣境內的古代澤藪，"郝（郝子）"指郝士儀。"幼華""王生"，指王又旦。戴蒼，字葭湄，武陵（今湖南常德）人，清初畫家，擅長畫肖像、人物以及山水。"江天際"，指江遠，江南歙縣（今安徽歙縣）人，約生於明天啓辛酉（1621）至甲子（1624）間，工畫人物，與汪家珍（字璧人）齊名。與孫枝蔚、吳嘉紀多有交往，身後吳有詩作《題江天際畫》。

　　汪楫（1626—1689），字舟次，又字恥人，號悔齋，原籍安徽徽州休寧。生父汝藩，字生伯，揚州鹽商，明末占籍江蘇儀徵；嗣父汝萃，字仲超。性伉直，意氣偉然。幼補學官弟子，既而屢試而不遇。順治己亥始識吳嘉紀，二人因詩"成相知"。因喜其峭拔冷峻，第二年，汪楫將吳嘉紀《陋軒集》推薦給周亮工，周譽其"近代第一"。汪楫協助周亮工使《陋軒集》得以付梓，並將嘉紀薦於王士禛，嘉紀由是得盛名。吳有《管鮑呈汪舟次》讚其高義："上言今人吳與汪，下言古人管與鮑。"康熙十六年，以歲貢生署贛榆訓導。十八年，博學鴻詞科試名列一等第十五名，與李因篤等同授翰林院檢討，參與續修《明史》。康熙二十三年，以才幹被薦充出使琉球國正使，充冊封琉球正使，宣佈威德，言行得體，應對自如，不辱使命，頗受稱賞；瀕行，不受例饋，國人建却金亭志之。歸撰《使琉球雜録》，載禮儀暨山川景物。又因諭祭故王，入其廟，默識所立主，兼得《琉球世纘圖》，參之明代事實，詮次爲《中山沿革志》。二十八年出知河南府，置學田嵩陽書院，聘詹事耿介主講席，治行爲中州最。三十二年擢福建按察使，三十四年任布政使，五載後蒙帝召見，返京途中卒。楫

少工詩，與三原孫枝蔚、泰州吳嘉紀齊名。曾以買山之資助潘
耒刊刻顧炎武遺著。與劉體仁、宗元鼎、湯右曾、程邃、孫默、陸
荣、嚴我斯等交遊唱和。汪楫詩，王士禛評其"以古爲宗，以潔
爲體，務去陳言，以清冷峭舊爲之致，然不墮澀體"（《悔齋詩集
序》）。其"旗亭連畫舫，樹笛雜黃鸝"，爲人所稱，與同里汪懋麟
同有詩名，時稱"二汪"。汪楫亦以書法著稱，"書法以骨勝，有
楊凝式、米芾之神"（《揚州畫舫錄》卷二《草河錄下》）。著有《悔齋集》
六卷、《山聞詩》一卷、《山聞續集》一卷、《京華詩》一卷、《觀海
集》一卷、《册封疏鈔》、《崇禎長編》、《使琉球雜錄》五卷附《敕撰
奉使錄》一卷、《中山沿革志》兩卷附"中山詩文"等。生平見周
亮工《汪舟次詩序》（《賴古堂文集》卷十四）、施閏章《汪舟次詩序》
（《學餘堂文集》卷六）、王士禛《悔齋詩集序》（《帶經堂集》卷四十《漁洋文
二》）、朱彝尊《通奉大夫福建布政司使内陞汪公墓表》（《曝書亭集》
卷七十三"墓表"）、潘耒《祭汪悔齋文》（《遂初堂集·文集》卷二十）、唐
紹祖《通奉大夫内陞福建布政使加二級汪公墓誌銘》（《改堂文集》
卷下）、趙宏恩等纂《（雍正）江南通志》卷一百九十四、李斗《揚州
畫舫錄》卷二、阮元輯選《淮海英靈集·甲集》卷三、李元度《國
朝先正事略》卷三十九"文苑　汪先生楫"條、張維屏《國朝詩人
徵略》卷十一"汪楫"條、《國朝書人輯略》卷二、《清代學者象傳》
（第二集）、《清史稿》卷四八四《列傳二百七十一·文苑一·喬
萊傳》"附"、《清史列傳》卷七十一《文苑傳二》、《清代名人傳略》
"汪楫"條、《書林藻鑑》卷十二"清　汪楫"、《書林紀事》卷二"公
卿士庶　汪楫"、胡春麗《汪楫年譜簡編》（載《明清文學與文獻》第5
輯）等相關記載。王又旦進士及第南遊，於廣陵結識汪楫，二人
與孫枝蔚等結成"五友"，影響一時。

　　時人多有題《五子論文圖》者，如王士禛《爲幼華題五子論

文圖》(《帶經堂集》卷三十七《漁洋續詩十五》"壬戌稿")、潘耒《爲王幼華給諫題五詩人圖》(《遂初堂詩集》卷五《夢遊草》卷下)、屈大均《題五詩人圖秦人孫豹人王幼華吳人吳賓賢郝山漁汪舟次》(《翁山詩外》卷十四)、高士奇《題王黄湄給諫五子論文圖即以爲贈》(《高士奇集・苑西集》卷五)、孫枝蔚《題樽酒論文圖送別王幼華歸秦中》(《溉堂前集》卷九"七言絶句　癸卯")、孫枝蔚《王幼華明府出同人舊題五子論文圖示予因再有此作》(《溉堂續集》卷三"七言絶句　己酉")、李天馥《題王黄湄五詩人圖》(《容齋千首詩》"七言絶")等。

　　王士禛《爲幼華題五子論文圖》:"馳情渭北樹,注目江東雲。不是顔光禄,誰當詠五君。"

　　按:王士禛(1634—1711),過世後因避清雍正帝胤禛諱,追改名爲"士正",乾隆四十二年改名"士禛",字子真,一字貽上,小字豫孫,號阮亭,又號漁洋居士、詩亭逸老等,謚文簡,原籍山東諸城,祖上遷居新城。明末贈刑部尚書王象晉孫,其父王與敕清順治年間拔貢,累封國子監祭酒,贈刑部尚書。士禛早慧,崇禎十三年入小學,幼有"聖童"之目,曾手抄唐人王維、孟浩然、王昌齡、韋應物、柳宗元數家詩,其好尚已初露端倪。順治五年應童子詩落選。七年,再應童子試,縣試、郡邑、提學三試皆第一。年十八,舉於鄉。九年會試落選。十四年遊歷濟南大明湖,於水面亭上賦《秋柳詩》四首,造語含蓄典麗,美妙絶倫,一時文人和作甚衆,也因此獲得詩名。十五年赴京再次參加會試中式,殿試居二甲。十八年冬,始自號漁洋山人。康熙三年十月,内遷禮部主客司主事。累遷户部郎中。七年遷儀制司員外郎。八年榷清江浦。十年遷户部福建司郎中。十一年,典四川鄉試,歸丁母憂,服闋,起復故官。十二年,編輯《感舊集》八卷成。十五年五月,補户部四川司郎中。上留意文學,嘗從容

問大學士李霨："今世博學善詩文者孰最？"《清史稿》卷二六六《王
士禛本傳》）霨以士禛對。復問馮溥、陳廷敬、張英，皆如霨言。上
遂召士禛入對懋勤殿，賦詩稱旨，入翰林。十七年正月，以翰林
官用，改侍講，未任改侍讀，入直南書房。漢臣以部曹改詞臣，
自士禛始。上徵其詩，録入三百篇，曰《御覽集》。十八年充《明
史》纂修官。二十六年，編訂《十種唐詩選》十七卷。第二年，編
選《唐賢三昧集》三卷。二十九年三月，任都察院左副都御史，
充經筵講官，《三朝國史》副總裁，九月遷兵部督捕侍郎。次年
任會試副主考。三十二年八月，調户部右侍郎。翌年二月，署
兵部事，六月充《淵鑒類函》總裁官，轉左侍郎。三十四年，編成
《蠶尾集》十卷、《漁洋文略》十四卷。第二年奉命祭告西嶽西鎮
江瀆，著《雍益集》一卷、《秦蜀驛程後記》二卷、《隴蜀餘聞》二
卷。三十八年撰《古懽録》八卷。四十年任武會試讀卷官。四
十五年，撰《古夫于亭稿》。四十七年，編訂《蠶尾後集》。王士
禛勤於著述，至老不倦，門生衆多，影響深遠，可謂一代文宗，爲
康熙一朝當之無愧的文壇盟主，時人比擬爲宋之蘇軾、黃庭堅，
金(元)之元好問、元之虞集："先生在本朝卓然爲一大家，如東
坡、山谷之在宋，遺山、道園之在元。"（宋犖《〈蠶尾集〉序》,《西陂類
稿》卷二十四）詩與朱彝尊齊名，號稱"南朱北王"。王士禛兄弟與
蒲松齡保持着深厚的友誼。最初，蒲松齡將寫成的詩文小説呈
請王提出意見，以后兩人互相傳閲作品，爲後世所稱道。著《帶
經堂全集》九十二卷、《漁洋山人精華録》十卷、《漁洋山人集外
詩》二卷、《衍波詞》二卷、《漁洋詩話》三卷、《五代詩話》十二卷、
《池北偶談》二十六卷、《居易録》三十四卷、《香祖筆記》十二卷、
《古夫于亭雜録》六卷、《分甘餘話》四卷、《粵行三志》三卷、《皇
華紀聞》四卷、《蜀道驛程記》二卷、《花草蒙拾》一卷、《手鏡》一

卷等。編選《古詩選》三十二卷、《唐人萬首絶句選》七卷等。其
生平見《漁洋山人自撰年譜》、惠棟編《漁洋山人年譜補》、金榮
《漁洋先生年譜》(清刻《漁洋山人精華録箋注》附)、黄淑琳《漁洋山人
本傳》(《漁洋山人精華録訓纂補》)、宋犖《誥授資政大夫經筵講官刑
部尚書阮亭王公暨元配誥贈夫人張夫人合葬墓誌銘》(《漁洋山人
精華録箋注》卷首)、王掞《誥授資政大夫經筵講官刑部尚書王公神
道碑銘》(《漁洋山人精華録箋注》卷首)、張象津《王文簡公傳》(《白雲
山房文集》卷四)、李元度《王文簡公事略》(《國朝先正事略》卷六"名
臣")、錢林《文獻徵存録》卷二"王士正"條、《國朝詩人徵略》卷四
"王士正"、《清史列傳》卷九《王士禛傳》、《清史稿》卷二六六《列
傳五十三·王士禛》、《清代大學士部院大臣總督巡撫全録》"部
院大臣　刑部　刑部尚書"、今人蔣寅《王漁洋事跡徵略》、伊丕
聰《王漁洋先生年譜》、黄景進《王漁洋小傳》等。

　　王士禛作品中,除了《黄湄詩選序》外,涉及王又旦的還有
《使院懷幼華都諫項以典試使粤亦居此院》《甲子暮春邀修來幼華升
六千仞伸符天章悔人過善果寺看桃花二絶句》《幼華給事招同
愚山健庵大可舟次季用集祝氏別墅》等。

　　高士奇《題王黄湄給諫五子論文圖即以爲贈》:"西莊給事
人共推,文章交道匹者誰? 平生願交二十載,朝夕愛讀《黄湄
詩》。友朋膠漆本投分,傾蓋已自成相知。君住城南我西苑,直
廬日日身羈縻。床頭一尊話促膝,迢遥此會良難期。五人論交
儼疇昔,五人者,王黄湄、孫豹人、吳賓賢、郝士儀、汪舟次。戴蒼畫手真
能爲。兩松秀挺石犖确,古錦藉地醋酴釃。披圖頓使看指畫,
龍門華岳君鬚眉。凌轢漢魏薄晉宋,衍漫流爛侈陸離。就中汪
子我最識,接茵何異連瑰姿。豹人孫老今詞伯,吳、郝奕奕多風
儀。細諷新題滿卷尾,澤州老辣容齋奇。長安紅塵十萬斛,櫻

厨笋社皆非宜。安得從容事還往，春遊韋曲秋渼陂。側聞青瑣
重讞論，給事豈獨雄文辭？他年乞閒恣泉石，奚囊款段將從
之。"(《高士奇集·苑西集》卷五)

　　按：高士奇(1645—1704)，字澹人，號江村，又號瓶廬，賜號
竹窗，祖籍浙江餘姚(今慈溪樟樹鎮)，幼居杭城，遂爲錢塘人，
晚居浙江平湖。康熙五年順天府鄉試落第，同年父親病逝，以
鬻字畫爲生。八年就讀於國子監，因納蘭明珠舉薦，以諸生受
知於康熙，召對三試皆第一，擔任經筵講義的謄寫事務，入内廷
供奉，十四年官至詹事府少詹事，十六年，入值南書房，擢中書
舍人。次年被特賜同博學鴻儒科出身，擢爲翰林院侍講，頗得
聖寵。康熙巡視東北、江南，高士奇均侍帝側。因文思敏捷，十
九年陞侍讀學士，充《大清一統志》副總裁。二十七年，因黨爭
遭彈劾，留任南書房管理修書事宜。不久休致回鄉。三十三
年，奉詔修書，入值南書房。三十五年，隨帝西征，平定噶爾丹
叛亂，此後主持《平定朔漠方略》的編撰。第二年以母老乞歸。
四十一年授禮部侍郎，以母年邁卸任。卒後賜謚文恪。與梁佩
蘭、張英、徐乾學、邵長蘅等交遊唱和。高士奇富收藏，善書法，
通鑒賞，精於考證。著有《高士奇集》六十八卷(《苑西古今體詩》五
卷、《扈從古今體詩》四卷、《城北集》八卷、《苑西集》十二卷、《獨旦集》八卷、
《隨輦集》十卷《續集》一卷、《經進文稿》六卷、《歸田集》十四卷)、《左傳紀事
本末》五十三卷、《春秋地名考略》十四卷、《春秋左傳姓名同異
考四卷》四卷、《江村銷夏録》三卷、《江村書畫目》一卷、《北墅抱
甕録》一卷"附"《北墅詩紀》一卷、《清吟堂集》九卷"附"《神功聖
德詩》一卷《皇帝親平漠北頌》一卷《恭奏漠北蕩平凱歌》一卷、
《扈從東巡日録》二卷"附録"一卷、《扈從西巡日録》一卷、《江村
草堂記》一卷"附詩"、《蓬山密記》一卷、《塞北小鈔》一卷、《松亭

行紀》二卷、《竹窗詞》一卷、《蔬香詞》一卷、《續編珠》二卷、《天禄識餘》兩卷、《金鼇退食筆記》兩卷等。編選《續唐三體詩》八卷、《唐詩掞藻》八卷等。其生平見《國朝先正事略》卷六"名臣葉文敏公方藹"附"高文恪公士奇"、《國朝詩人徵略》卷十三、《清史稿》卷二七一、《清代學者象傳》"第一集　高士奇"、《清代名人傳略》"高士奇"、《書林藻鑑》卷十二"清"、《清史列傳》卷十《大臣畫一傳檔正編六》、《清畫家詩史·乙上》、王樹林《高士奇年譜》等。

李天馥《題王黃湄五詩人圖》：（其一）"半類神仙半隱淪，一丘一壑任天真。松風雜坐披襟好，都是羲皇以上人。"（其二）"知否刀圭解駐顏，茶鐺酒具有餘閒。窮源莫誤桃花路，只在紅橋左右間。"（其三）"偶爾論詩擅品題，江東渭北羨名齊。竹林遺事真堪擬，酷似山、劉、向、阮、嵇。"

屈大均《題五詩人圖秦人孫豹人王幼華吳人吳賓賢郝山漁汪舟次》："詩人復有五君賢，渭北江東嘯詠傳。一片丹青爭畫出，風流誰復羨淩煙。"

按：屈大均（1630—1696），初名紹龍（一作"紹隆"），字介子，一字騷餘，號翁山，又號泠君、華夫、菜圃、非池南海遺民、羅浮山人、春山草堂、九歌草堂、二史草堂、古丈夫洞草堂、四百三十二峰草堂等，廣東番禺沙亭（今廣州番禺區新造鎮思賢村）人，明末諸生。十五歲與鄉友結西園詩社，從陳恭尹之父邦彥學詩。順治七年（1650）清兵攻陷廣州，次年參加南明桂王抗清隊伍，失敗後在家鄉海雲寺（位於今廣州番禺區南村鎮陳邊村附近的雷峰山上）削髮爲僧，拜清初嶺南三大遺民僧之一的天然函昰爲師，取法名今種，字一靈，一字騷餘，自稱屈道人，居所命名爲"死庵"。順治十六年，至金陵與魏畊、祁班孫參與引導鄭成功水師進攻金陵的謀劃，事敗洩露，遭清廷追捕。王士禎《寄廬山靈道人越中》、朱彝尊《寄屈五留金陵》即作於屈大均寓居金陵靈谷寺及廬山時期。進攻金陵計劃失敗后，與友人魏畊嘗讀書祁氏寓山園，不下樓者長達五月。康熙元年還俗，更今名。中年後南遊吳地，北秦隴，與顧炎武、李因篤等爲友。又從固原攜妻至代州上谷，走馬射生，縱博飲酒，不顧流俗之嘲譏，有"廣東徐霞客"之稱。十二年參加吳三桂反清軍事行動，監軍廣西桂林孫延齡部，旋察三桂有稱帝之心，兩年後失望辭歸，隱居讀書。十七年，清廷開博學鴻詞科，開列應徵詣闕下名流清單，屈大均與顧炎武、顧祖禹、閻若璩同列其中。兩廣總督吳興祚、朝廷使臣王士禎欲薦舉屈大均，屈以家有老母及著述未竟謝絶。與王士禎、徐嘉炎等交遊唱和。其詩高渾兀巉，各體俱佳，才氣縱橫，與陳恭尹、梁佩蘭並稱"嶺南三大家"，尤爲擅長五律，盛名遠播江南，有"名因錫鬯起詞埸，未出梅關人已香"（屈大均《屢得友朋書札感賦》其四，《翁山詩外》卷十四"七言絶句"）之評。其中多故國之思，寄寓着深沉的歷史感慨，亦多慷慨悲壯之語，誠如費錫璜《屈翁山先生以四詩寄我論詩大旨與鄙意符合先生没後乃見其詩於集中作此寄吊》（其一）中所評："一代聲名出至公，詩人原自屬英雄。笑他江左耽吟客，盡落元和變調中。"（《掣鯨堂詩集》卷十三"七言絶句"）其著述，因强烈的民族意識，在康、雍、乾三朝遭禁燬。著有《翁山詩外》二十卷"附"《騷屑詞》、《道援堂詩集》十二卷《詞》一卷、《翁山詩略》四卷、《九歌草堂集》、《寅卯軍中集》、《翁山文鈔》十卷、《翁山詩鈔》十八卷、《廣東新語》二十八卷、《翁山易外》七十一卷、《（皇明）四朝成仁録》十二卷等，編纂《嶺南詩選》（未竟稿）、《廣東文集》三百餘卷（未竟稿，現存十六卷）、《廣東文選》四十卷、《（康熙）永安縣次志》十七卷、《四書補注兼考》五卷等，詳參黄蔭普《廣東文獻書目知見録》。其生平見屈大均《生壙自志》(《翁山文外》卷八)、毛奇齡《嶺南屈翁山詩集序》(乾隆十年刊本《西河合集·文集》卷五)、陳恭尹《屈翁山文抄序》(《獨漉堂文集》"文序")、屈新《南宗屈氏族譜》卷十一、錢林《文獻徵存録》卷十"屈大均"條、《國朝先正事略》卷三十八《文苑·陳先生元孝》附、《小腆紀傳》卷五十五《列傳第四十八·文苑》、《清史稿》卷四八四《列傳二百七十一·文苑一·陳恭尹傳》附、葉衍蘭等《清代學者象傳》(第一集)、梁鼎芬等修《(民國)番禺縣續志》卷十八"人物志一　屈大均傳"、陳伯陶《勝朝粤東遺民録》卷一"屈大均"條、汪兆鏞編撰《番禺縣續志》卷十《屈大均傳》、黄節《屈翁山先生年譜》(未竟稿)、丁仁長等編纂《續修番禺縣志》卷十八《屈大均傳》、孫靜庵編輯《明遺民録》卷十三、陳衍《感舊集小傳拾遺》卷四、朱希祖《屈翁山先生年譜》及《屈大均傳》(朱希祖稿本，朱偰抄本，後收入區初等主編《屈大均全集》)、鄧之誠《清詩紀事初編》卷二《前編下》、鄔慶時《屈大均年譜》、吳道鎔《屈翁山先生墓誌》(拓本，收入區初等主編《屈大均全集》)等。

　　潘耒《爲王幼華給諫題五詩人圖》："維揚城中十萬户，銅山峩峩守群賈。何來索寞三四公，抱樹秋蟬獨吟苦。詩翁髯孫推老蒼，汪生後出何堂堂。異軍特起吳與郝，清詞秀句相低昂。關中王郎太奇崛，成名不肯事干謁。獨身負笈遊江淮，把臂入林稱快絶。紅橋齒齒楓斑斑，五君擁鼻吟其間。豪情欲瀉一泓海，幽夢迥落千層山。竹西箾鼓紛無數，走覓王郎不知處。時時山寺見題名，往往城東有聯句。江花催人客將歸，主人彷徨客徘徊。畫得容顏作卷子，一日相思開一回。嗚呼交道今如綫，陳、雷、張、范不復見。風從雨散合復難，勢利之交古所賤。何意風塵有五人，性情不薄肝膽真。到今未覺山濤

貴，當時豈厭黔婁貧。我披此圖三歎息，白雪丹砂好顏色。黄
塵冥冥天路仄，十步五步愁荆棘。紫芝翩翩松幹直，置身圖中
老亦得。"

　　按：潘耒（1646—1708），原名棟吳，字次耕，號稼堂，晚號止
止居士，吳江平望人。父凱列名復社。兄檉章博學多才，長於
《明史》研究。潘耒少孤，依兄生活，天資聰穎，有"聖童"之譽。
十八歲時，檉章因高名而賈禍，冤死莊氏《明史》之獄；耒避地山
西太原，改名吳開奇。曾從顧炎武、戴笠、徐枋、王錫闡等人遊，
於經史、音韻、算數、宗乘之學，無不精通，尤善詩古文。康熙十
三年，佐徐乾學主持江南鄉試，得許汝霖（原名許汝龍）等人。
十八年，以布衣召試博學宏詞，得二等第二名，授檢討，參與《明
史》纂修工作，主纂《食貨志》。不久，與朱彝尊、嚴繩孫同時充
日講起居注官，纂修《世祖實錄》《世祖聖訓》。二十一年任會試
考官，號稱得士。二十三年，因博學敢言，以"浮躁"爲忌者所中
降調，不久歸鄉。四十二年康熙南巡，下詔復職原官，堅辭不
受。三年後，康熙二次南巡，大學士陳廷敬極力舉薦，潘耒再次
婉言謝絕。其爲人篤於友誼，檉章遘禍，子戍尚陽堡，潘耒募金
贖之歸；徐枋卒後，周恤其孤孫，數十年如一日；籌資刻印其師
顧炎武《日知録》三十二卷及《亭林遺書》十種二十七卷，皆爲人
所稱。著有《遂初堂集》四十卷（《文集》二十卷《詩集》十六卷《別集》四
卷）、《類音》八卷、《明五朝史稿》若干卷、《溯字學源流辨》等。李
光地曾從其修習算學。康熙十八年夏，曾參與徐乾學、宋德宜、
納蘭成德、顧貞觀等人營救其表兄吳兆騫的活動。與屈大均、
陳恭尹、梁佩蘭、梅文鼎、徐善等交遊唱和，與僧徒往來頻繁。
其"史才"，與朱彝尊、汪琬、吳任臣并稱，特出於詞科同輩。其
生平見姜宸英《遂初堂詩集序》（《西溟文鈔》卷一）、沈彤《皇清敕徵

士郎日講官起居注翰林院檢討潘先生傳》、《徵士郎翰林院檢討
潘先生未行狀》(皆載錢吉儀《碑傳集》卷四十五)、錢林《文獻徵存録》
卷四"潘未"條、鄭方坤《本朝名家詩鈔小傳》"《遂初堂詩鈔》小
傳"條、《(乾隆)江南通志》卷一百六十五、《(同治)蘇州府志》卷
一百六、《國朝詩人徵略》卷十一、《國朝先正事略》卷三十八《文
苑·計先生東》附、《清史稿》卷四八四《列傳二百七十一·文苑
一》、葉衍蘭等《清代學者象傳》"潘未"條、徐世昌纂《清儒學案
小傳》卷一《顧炎武亭林學案下》"附　潘未"條、《清詩紀事初
編》卷三《甲編上江南》"潘未"條、吕英凡《潘未》(載王思冶、李鴻彬
《清代人物傳稿》第八卷)等記載。

**本年季夏望日(六月十五),王又旦有詞《浣溪沙紅橋懷古次阮亭
韻》。**

　　《浣溪沙紅橋懷古次阮亭韻》:"幾點漁航映碧流,群鳧野浦叫
清秋。隋家宫闕是揚州。山外寒烟封舊恨,亭前暮雨滴新愁。
何人吹笛酒家樓。"(《倚聲初集》卷三"小令")

　　按:王士禎《浣溪沙紅橋同籜庵茶村伯璣其年秋崖賦》詞共三首,
作於其任揚州司理期間,王又旦所和爲第一首。王士禎《紅橋
遊記》中云:"壬寅季夏之望,與籜庵、茶村、伯璣諸子,偶然漾
舟,酒闌興極,援筆成小詞二章,諸子倚而和之,籜庵繼成一章,
予亦屬和。"依此推斷,詞應作於本年。王士禎詞,"一時傳爲絶
調"(阮葵生《茶餘客話》卷十一);大江南北,和者甚衆,除王又旦外,
今存詞作者尚有袁于令(籜庵)、杜濬(茶村)、陳允衡(伯璣)、朱
克生(秋崖)、陳維崧(其年)、納蘭成德(詞作於康熙二十四年)、
周在浚、張養重、丁煒、劉梁嵩、蔣階、邱象隨、黄生、金鎮、余
懷等。

暮秋,有詩贈吴嘉紀,今不存。吴嘉紀作詩回贈。

　　吳嘉紀《答贈王幼華》:"邰陽王伯子,真樸世罕儔。名成不出仕,擔簦來揚州。非無薦紳交,樂與漁樵遊。殷勤問道路,訪我城南樓。攜手出邗關,喟然登古丘。翩翩雲際鶴,何事隨海鷗?寒原落日下,木脱風颼颼。與君共無衣,歲暮豈不愁!"(《陋軒詩》卷一)

　　　按:詩中有"寒原落日下,木脱風颼颼",時當深秋。

約在本年,汪楫有詩贈王又旦,對其懷才不遇深表同情。

　　《贈王幼華》:"好花不在艷,好玉不待琢。花艷難與久,琢玉傷其樸。恂恂少年來何方,王子幼華家邰陽。二十成名心未已,策馬天涯覓知己。真率常爲縉紳笑,形容只恐漁樵鄙。幾度招尋未識面,相逢中道顏色喜。懷中展轉出新詩,自説生平無所師。十月霜飛老雁叫,看君猶自衣單衣。酌酒與君君不飲,話到詞場氣何猛。下問不肯隻字虚,眼見英華爲君盡。嗟予與君生同庚,君方呼我爲君兄。自慚落拓無一可,感君交結非常情。我有一言君試聽:君今且作長安行。阮籍半生多白眼,謝公一出爲蒼生。讀書唯讀《循吏傳》,風流文采圖虚名。"(《悔齋詩》"七古")

　　　按:"恂恂少年來何方""二十成名心未已,策馬天涯覓知己。真率常爲縉紳笑,形容只恐漁樵鄙。幾度招尋未識面,相逢中道顏色喜。懷中展轉出新詩,自説生平無所師。十月霜飛老雁叫,看君猶自衣單衣"諸語,似乎描寫的是王又旦初到江南不久的情形,姑繫於此。

十二月辛酉,詔命吳三桂總管雲南、貴州兩省。

清聖祖康熙二年　癸卯(1663)　　二十八歲

漫遊時期,偶遇王曰高。王曰高離別揚州之際,曾作詩表達惜別

之情。

　　王曰高《別王黄湄同年》："與君邂逅廣陵城,客邸梅花徹骨清。石寺開尊初度過,浮山結伴故人情。相看雪色憐遲暮,把劍霜華怨未平。別後池塘春草緑,阿誰不負歲寒盟。"(《槐軒集》卷三,魏憲《百名家詩選》卷四十二"王曰高")

　　按:王曰高爲順治十五年戊戌科二甲第十七名進士(據《明清進士題名碑録索引》"順治十五年戊戌科"載),與孫承恩(狀元)、林雲銘、蕭惟豫、王士禎(二甲第三十六名)、李念慈、毛際可、鄒祗謨(三甲第三十一名)、李天馥(三甲第一百零九名)、莫與先(三甲第一百一十六名)、向大觀(三甲第一百八十三名)、熊賜履(三甲第一百七十二名)、陳敬(後更名陳廷敬,三甲第一百八十九名)等同科,與王又旦非進士同年。古代科考中,同榜登第者互稱同年。唐代同榜進士稱同年;明清時,除殿試外,鄉試、會試同榜中式者,亦可稱爲同年。王曰高與王又旦亦非鄉試同年,"王黄湄同年",應指會試而言。李天馥詩《晚憩吏垣憶王黄湄同年同太宰悦嚴少宰南溟集字》(《容齋千首詩》"七言絶")中,"同年"亦應指會試同榜中式而言。

本年秋季或略早時分,曾致書周亮工,建議其參與友人汪楫父汪汝藩六十大壽事宜。

　　周亮工《壽汪生伯六十序》:"生伯汪君以甲辰正月二十日六十初度。……迨除夕前三日,吳人吳玉府册寒冒風雨雪,渡穆陵關入廣固。……王子幼華曰:'僕郚陽王又旦也,將往遊吳越山水,至維揚得交汪楫。旦從吾里三原、涇陽諸君見公詩若文,心儀之;頃從楫所見公札子,又縱觀公詩若文,心益儀之。旦雖初交楫,然交最深,願因楫先於公,旦竊有請,楫大人首春登六十壽,公交楫父子有年,宜有言,不待旦請,旦固竊有請

也。'"(《賴古堂集》卷十六)

　　按：汪生伯(1604—1683)，名汝藩，字生伯，揚州鹽商，占籍今江蘇儀徵，爲王又旦好友汪楫生父。孫枝蔚《題樽酒論文圖送別王幼華歸秦中》一詩，没有明顯的節候表述，故而王又旦離開揚州的時間難以確定，但若以母康氏離世的時間判斷，則不應晚於本年冬天。

　　周亮工(1612—1672)，字元亮，一字緘齋，號櫟園、櫟下生、陶庵、適園、督公、長眉公、笠僧人等，人稱"櫟下先生"。祖籍江西撫州金溪縣櫟林(今和市鎮)，其父時徙居河南祥符(今河南開封)，遂籍焉；生於南京，著名詩人、學者、藝術家、收藏家。崇禎十三年(1640)進士，翌年授山東濰縣知縣，癸未(1643)舉廉卓入京師，旋授浙江道侍御史，因遭遇國變，未赴任滯留金陵。入清，授兩淮鹽運使；後歷任揚州兵備道、布政使，旋改福建按察使。順治十一年擢都察院左副都御史，離閩入京。十二年六月陞户部右侍郎，不久任吏部左侍郎。十五年七月，閩浙總督佟岱等參劾其貪酷罪，十一月革職赴閩質審，案情拖延長達十一个月，本擬立斬，藉没家財；後改戍寧古塔，未成行，適逢十八年正月初七，順治薨而康熙即位，大赦天下，得以生還。八月到達揚州，無論識與不識，皆持酒相賀。第二年十月，再次被任命爲青州海防道；行前至揚州又逗留兩個月，與王士禛、汪楫、吳嘉紀等多有交遊唱和。五年擢江南江安督糧道，正四品，駐江寧。亮工以"原籍江寧，祖宗墳墓在焉"辭，"部議例無兩籍，趣視事"(周在浚《行述》)。到任後，清除積弊，百姓多蒙其惠。七年，漕運總督顏保以縱役侵扣諸款彈劾，革職逮問，再次蒙冤，九年復遇赦得釋。心灰意冷之下，將平生著作盡行焚燬。十一年六月二十日卒。著有《賴古堂集》二十四卷("詩""文"各十二卷)《附録》一卷、《賴古堂未刻詩》一卷、《北雪詩》一卷、《偶遂堂近詩》一卷、《因樹屋書影》十卷、《閩小記》四卷、《印人傳》一卷、《讀畫録》四卷、《通爐集》一卷等。輯録《樵川二家詩》六卷（南宋嚴羽《滄浪集》二卷、元人黃鎮成《秋風集》四卷）、《賴古堂印譜》四卷、《刪定虞山先生詩人傳》四卷、《同書》四卷、《字觸》六卷等。與他人合作編選《賴古堂名賢尺牘新鈔》十二卷、《藏弆集》十二卷、《結鄰集》十六卷、《牧靡集》十六卷、《賴古堂文選》二十卷等。與弟周亮節一同手録《瑞木紀》一卷（係吟頌其母太淑人朱氏母德之作）。今人朱天曙有整理點校本《周亮工全集》，搜羅詳贍，幾於完備。生平見姜宸英《江南布政使司參議前户部右侍郎櫟園周公墓誌銘》（《湛園未定稿》卷十“墓誌銘”；《西溟文鈔》卷四“墓誌銘”題作《江南糧儲參議前户部右侍郎櫟園周公墓誌銘》）、陳維崧《贈周櫟園先生序》（《陳迦陵文集》卷三）、杜濬《祭周櫟園侍御文》（《變雅堂文集》“祭文”）、李念慈《濟南上分巡青州道周元亮先生書》（《谷口山房文集》卷一）、林佶《名宦户部侍郎周公亮工傳》（載《碑傳集》卷十《明臣部院大臣》）、魯曾煜《周櫟園先生傳》（載《碑傳集》卷十《明部臣院大臣》）、周在浚編《周櫟園先生年譜》（載《清初名儒年譜·第四册》中）、汪價《贈周櫟園先生詩》（載氏輯《中州雜俎》卷二十一“詩臠”）、姚文田等纂《（嘉慶）重修揚州府志》卷四十五《宦跡志三》、《文獻徵存録》卷二、《本朝名家詩鈔小傳》卷一“《賴古堂詩鈔》小傳”、葉昌熾等《藏書紀事詩》卷四、葉德輝《華鄂堂讀書小識》卷四、震鈞輯《國朝書人輯略》卷一等。

本年，孫枝蔚曾訪其於揚州。王又旦自言知命博識，感於孫枝蔚長期窮而不遇，四方漂泊而爲其推命，繪《三磨蝎圖》，以孫與韓愈、蘇軾運命相類，孫作詩紀其事。

孫枝蔚《三磨蝎圖詩》：“上天生我竟何意？倏忽年過四十

四。長貧且讀古人書，垂老厭聞今世事。退之、子瞻人所師，高名于載無軒輊。受命本同磨蝎宮，當時坎壈安足異？一謫潮州一海外，朝廷於汝如兒戲。但能天上友星辰，肯向人間諂魑魅。愚生更苦遭喪亂，東西奔走多憂惴。衣食之外及詩書，願學兩公竊長喟。忽遇王生來故鄉，自言知命兼博識。爲余推測費沉思，細看星斗分躔次。乍駭還疑復大叫：'君與韓、蘇真氣類。愈生之辰月宿斗，唐詩可據有數字。東坡年譜世共知，大月當斗逢豈易？命宮相合頗紛紛，五行或受傷尅累。始知造物誠多忌，不許文人滿天地。君今星度正同之，無怪詞塲驚腹笥。'我聞此語重徬徨，蜉蝣安敢並贔屭。韓爲吏部蘇翰林，我一布衣嘗荷蕢。君言毋乃坐相欺，不然鬼神昧擬議。王生大笑意渙然，月當午時理所忌。子瞻雖以卯時降，冬夜夜長人尚寐。吁嗟萬事皆天定，誰謂貴賤能自致。高車駟馬憂方大，魯連寧可肆吾志。若使我生月當夜，一官應只取顋頷。請看古今三磨蝎，竟有一人長爛醉。王生何如昔季主，我題此圖或不愧。"（《漑堂前集》卷三"七言古詩　癸卯"）

　　按：《三磨蝎圖詩》中有"倏忽年過四十四"，時當康熙癸卯，孫枝蔚生於萬曆四十八年（亦爲泰昌元年），至本年四十四歲，《漑堂前集》中編年亦作"癸卯"。"三磨蝎"指韓愈、蘇軾與孫枝蔚。磨蝎，星宿名，亦作"摩（磨）蠍"。蘇軾《書退之詩》云："退之（韓愈）詩云：'我生之辰，月宿南斗。'乃知退之磨蠍爲身宮。而僕乃以磨蠍爲命，平生多得謗譽，殆是同病也。"（清王時宇重校，鄭行順點校《蘇文忠公海外集》"補遺"）葛立方《韻語陽秋》卷十七載："退之《三星行》云：'我生之辰，月宿南斗。'以五星法推知，則知退之以磨蠍爲身宮……東坡亦磨蠍爲身宮，而乃云磨蠍爲命，豈非身與命同宮乎？尋常算五星者，以爲命宮災福，不及身宮之重，東坡以身命同官，故謗譽尤重於退之。”“季主”，指漢文帝時楚人司馬季主，隱居修道，善卜筮，見解亦不同凡俗，事見《史記》卷一百二十八《日者列傳》。

本年，孫枝蔚、汪楫、吳嘉紀有詩詠王玉死烈事，孫詩兼以安慰王又旦。

　　孫枝蔚《貞女詩爲郃陽王幼華令姊作》：“芙蓉爲女顏，蝤蠐爲女領。不如古松柏，爲女性所秉。昔當關中亂，州邑失安靖。縉紳而有鬚，公然落陷穽。修表竟紛紛，待聘或延頸。此事歷歲月，笑齒亦已冷。忽聞有好女，當時殁古井。問女何爲然，全身無徼幸。女亦不讀書，大義但耿耿。女亦不愛名，但自惜形影。女豈無父母，不及長跪請。豺狼滿城野，裁決貴俄頃。智哉此好女，赴死獨何猛！至今母與弟，涕淚不能静。所傷女未字，中路斷修緪。吁嗟骨肉情，一死終不幸。作詩却相慰，女名自久永。”（《溉堂前集》卷二“五言古詩　癸卯”）

　　汪楫《烈女詩郃陽王幼華姊》：“烈火焚大林，灰飛在須臾。女兒遭患難，存心難躊躕。賊入百良村，女坐深閨裏。薄霧一朝散，其勢可無死。只恐展轉間，不得全廉恥。亭亭畚春花，飛入井水中。井水明如月，春花潔如雪。水深不揚波，春花殘奈何。”（《悔齋詩》“五古”）

　　按：汪詩具體作年不詳，姑附於此。

　　吳嘉紀《烈女詩郃陽王幼華之姊》：“黃霧迷乾坤，赤眉滿郊甸。攻破百良堡，官兵莫敢戰。居民竄匿盡，誰顧王家媛？愁腸傍轆轤，一刻幾迴轉。馬蹄及柴門，骨肉那能戀。殺身枯井中，不教賊見面。賊營多婦女，聞之歎且羨。吁嗟井底泥，豈同天上霰。霰下霑人衣，泥深絶人踐。”（《陋軒詩·補》“五言古”，周亮工賴古堂增修本）

按：吳詩具體作年不詳，姑繫於此。

約本年冬天，王又旦即將離開揚州歸鄉，孫枝蔚有詩爲其送行。

孫枝蔚《題樽酒論文圖送別王幼華歸秦中》"序"："幼華合予與賓賢、舟次、羽吉，命戴生涵爲《樽酒論文圖》攜歸故里。""歸路愁君調易孤，君言相別只須臾。江東渭北通魂夢，樽酒論文對畫圖。"（《溉堂前集》卷九"七言絕句　癸卯"）

按：孫枝蔚《題樽酒論文圖送別王幼華歸秦中》一詩，沒有明顯的節候表述，故而王又旦離開揚州的準確時間難以確定，但若以母康氏離世的時間判斷，則不應晚於本年冬天。

"賓賢"指吳嘉紀，"舟次"指汪楫，"羽吉"指郝士儀，"戴生涵"指戴蒼。

孫枝蔚（1620—1687），字豹人，號溉堂，自號濁翁（《自號濁翁因賦》，《溉堂續集》卷三），因關中涇陽西北有焦穫澤，地近其祖居之地，時人因以"焦穫"稱之，原籍陝西三原，後占籍廣陵（今江蘇揚州）。父輩家境較爲殷實，在三原有田産若干，並在揚州有鹽業生意。少遭賊亂，結邑里少年擊賊，墮坎堨，幸不死。乃走江都，習賈，屢致千金，輒散之。早歲即受到良好的教育，十五歲爲諸生，此後直到二十五歲再未取得功名。王士禛任揚州推官時，以詩獻，遂定交，堪稱莫逆。康熙十八年朝廷舉博學鴻詞，自陳衰老，乞還山，遂不應試，授內閣中書，不就。後因家境貧困，五十六歲時曾應江西總督董衛國之聘，遠赴南昌課其子。與汪楫、汪懋麟、吳野人、施閏章、王士禄、方文、宗元鼎、孫默、許承家、朱悔人、吳綺、陳維崧、程邃、彭孫遹、李念慈、王巖、鄧漢儀、雷士俊、王賓、汪耀麟、曾燦、程康莊、韓魏、季振宜、余懷、張晉、吳延支、杜濬等交遊唱和。王士禛評其詩其人曰："焦穫奇人孫豹人，新詩雅健出風塵。"（《帶經堂集》卷十

二《漁洋詩十二》)。詩學宋人黃庭堅,汪懋麟《漑堂文集序》評云
"不僅宗一代一人,故能獨爲一代之詩,亦遂爲一代之人"。著
《漑堂集》二十八卷(《前集》九卷《續集》六卷《後集》六卷《文集》五卷《詩
餘》二卷)、《漑堂隅説》、《經書廣義》、《古今稱謂録舉》等。早年
曾與姚銓合編《宋四家詩選》。生平見汪懋麟《徵君孫豹人先
生行狀》(《百尺梧桐閣文集》卷八)、施閏章《送孫豹人歸揚州序》
(《學餘堂文集》卷八)、《(康熙)江都縣志》卷九"流寓　孫枝蔚"
條、王弘撰《山志》卷六"孫豹人"條、王晫《今世説》卷三"應詔
入都"條、《己未詞科録》卷四、《國朝詩人徵略初編》卷十二、
《文獻徵存録》卷十、《碑傳集》卷五十八、卷一百三十九、《國朝
先正事略》卷三十八《文苑·孫先生枝蔚》、《清史稿》卷四八四
《列傳二百七十一·文苑一》、《本朝名家詩鈔小傳》卷一"《漑
堂詩鈔》小傳"、《清史列傳》卷七十一《文苑傳二》、《清代名人
傳略》"孫枝蔚"條、《清詩紀事初編》卷二《前編下》等記載。

　　王又旦早年遊歷吳越時結識孫枝蔚,從其學詩,既有同鄉
之誼,又頗多共同語言,此後交往頗多,特別是王又旦任職潛江
時期,曾爲孫建焦穫寓樓供其讀書作文。除此之外,孫與王又
旦家人亦多有交往。孫枝蔚現存作品中,涉及二人交遊唱和的
有《題樽酒論文圖送別王幼華歸秦中》《贈王幼華》《自豐城抵潛
江與王幼華明府相見》等。

新年前夕,結束江南之遊。吳嘉紀有詩敘離別不捨之情。

　　吳嘉紀《留別王黃湄》:(其一)"雞鳴攬衣起,顧侶心踟躕。
晨月在簷楹,歡會戀斯須。丈夫非連枝,安能守根株?舉步便
隔絶,何況秦與吳!海燕會東翔,塞馬思邊隅;升沉各有役,愴
愴即長途。"(其二)"桑榆風烈烈,行字踐荆棘;歲歲此道途,疲
我筋與力。身孤多憂懼,野曠昧南北。日没故鄉遠,烏鳶號我

側。一從別家人，頭髮都不黑。悲哉志士軀，用以求衣食！"（其三）"念君客江城，破屋無來賓。除夕酒錢絶，雪片飄紛紛。搔首望秦川，懷中轉車輪。綺紵着昏夜，辨者復何人？可惜翩翩鵠，翔入鴞鷃群。"（《吳嘉紀詩箋校》卷三）

按：詩中有"一從別家人，頭髮都不黑""念君客江城，破屋無來賓"諸語，似應作於第一次漫遊時期。又詩中"桑榆風烈烈""除夕酒錢絶，雪片飄紛紛"諸語，則時當新年前夕。

《送王幼華歸秦》："步登郭外山，佇看去輪轉。登山未及巔，去輪已遠遠。遠遠尚隱隱，黄塵倏隔絶。歸人望白雲，送者指明月。願爲前途月，昏曉尤皎潔。一更照君宿，五更照君發。"（《吳嘉紀詩箋校》卷三）

本年因汪楫介紹，王士禎結識吳嘉紀。

汪楫《吳處士傳》："處士生平不妄與人交，所善唯三原孫豹人枝蔚、郃陽王幼華又旦、休寧汪舟次楫、歙縣郝羽吉士儀。處士時饑寒不給，舟次、羽吉每緩急之。其見知於周、王兩公也，則舟次延譽焉。"（《百尺梧桐閣文集》卷五）

按："吳處士"，指吳嘉紀。"周、王兩公"，指周亮工、王士禎。

本年八月，郃陽重修聖壽寺事竣工。約在此後不久，作《重修聖壽寺浮屠記》，序其本末。

《重修聖壽寺浮屠記》："塔，傳建唐貞觀間，無碣可考。高十三級，下一小龕，年遠址裂，坐龕下，如坐萬仞崖底，危石纏纏垂也。仰睇塔上，窈窈其景，每風吼雲飛，輒若移動，久視乃定，不知幾十年於兹矣。歲戊戌，吾祖思固厥基，進莖苾努而議募，邑令徐公嚴叟序其簿，捐金助之。四方輸者，馳車如鶩也。康熙元年八月，陰雨連旬，牆墉廬舍，傾頹無留也。余懼甚，呼僧迫之,乃于二年夏孟告成。每方廣五尺,高四丈奇。王子曰:'天下事豈不在人哉!'唐浮圖如《慈恩寺》所云'高標跨蒼穹'者,崩損幾廢。在吾里者,形方突兀如湧出也,法比龍象,尤心操之。不然,聽其湮滅,歲月既久,斯荒殘而封蘿蒿,尚可問哉!"(輯自杜光前編《鄜陽詩文英華》)

　　按:聖壽寺浮屠建成於康熙二年孟夏,則王又旦文應作於此後不久。"邑令徐公嚴叟",指江蘇南通人徐起霖,字傅巖,崇禎十二年副貢,准恩貢,南明時以恩貢宰福建永安、延平(治今福建南平市延平區),順治十三年始任鄜陽知縣。十七年調任陝西徽州(治今甘肅隴南徽縣)知州,康熙間任真定(治今河北石家莊正定區)知州。

清聖祖康熙三年　　甲辰(1664)　　二十九歲

約於本年年初,回歸故里,此時母康氏尚健在。

　　《山蓀亭懷楊樹滋亭在玉泉院側陳希夷隱處》(節錄):"探幽憶昔年,攜榼同我友。抗言名嶽遊,他時不相負。結駟上東方,三年羈官守。況聞遭棄斥,江介狂奔走。華陰一頃田,棄置如何久?堂上垂華髮,薄祿慰慈母。"(《黃湄詩選》卷一《山中集》)

　　按:"三年羈官守"云云,顯然是就其進士及第而尚未授職之事而言。"況聞遭棄斥,江介狂奔走",指江南漫遊,"遭棄斥"之原因,因資料闕失,不得而知。"華陰一頃田,棄置如何久?堂上垂華髮,薄祿慰慈母",言其已經回歸故里,慈母依然在世。

六月十一日,母康氏卒。

　　李楷《王母康太君墓誌銘》:"(康太君)生於萬曆甲寅(四十二年)五月二十日午時,歿於康熙甲辰(三年)六月十一日寅時,壽五十有一。"

遊覽華山之前，王又旦曾寫信給楊端本，諮詢登山有關事項，原信
不存；今存楊端本回信。

　　楊端本《答王幼華》："登嶽須日晴朗，少憩山蓀亭下，然後
往陟由谷口至青柯坪，皆可肩輿。千尺幢以上，峭壁峻壑，足受
石窟，手挽鐵緪，人不能代其力矣。君來需者一杖一芒屩，余自
隨之。濟勝之具，君所自饒；勿遽循趑趄，似昌黎慟哭遺書也。"
（周亮工選編《尺牘新鈔二選・藏弆集》卷十一）

　　按：王又旦登山過程中，作有《山蓀亭懷楊樹滋》詩，則楊樹
滋後來似未隨行也。

　　楊樹滋（1629—1694），名端本（"本"，又作"木"），字樹滋，別
字函東，號愚甫，潼關衛（治今陝西潼關縣東港口鎮）人，室名潼
水閣。王又旦親家。曾祖臣、祖時秀、父箐，皆衛學生。楊端本
順治甲午科舉人；乙未年中進士，與王士禛等同科。康熙壬寅
除青州臨淄（今山東淄博臨淄區一帶）縣令，"勞心撫字，一介弗
取於民。嚴禁盜賊，崇愛文士"，頗受地方士衆稱賞，"一時稱賢
吏焉"。庚戌年四十三歲時，以前人積逋坐累罷官，淄人聞之罷
市號泣。歸田後建山莊以居之，命曰"羲皇以上懷葛之民軒"。
卒後敕授文林郎。與王士禛、汪懋麟、曹貞吉、梁熙、石濤、錢澄
之、梅清、查慎行、陳奕禧等交遊。著有《潼水閣集》十六卷、《碧
梧閣集》等，編纂《（康熙）潼關衛志》三卷。其生平見王士禛《敕
授文林郎臨淄縣知縣函東楊公墓誌銘》（《帶經堂集》卷八十八《蠶尾
續文十六》，《國朝耆獻類徵》卷二一七"守令三"引錄）、《（雍正）陝西通
志》卷五十七下《人物三・廉能下》"本朝　楊端本"條等記載。

夏日，家居丁憂期間，遊歷華山，作詩十九首，收入《黃湄詩選》卷
一《山中集》，詩題下注"以下十九首遊華山詩"。登臨西峰過程

中，遇大雨，宿范湘濱道人處。

汪懋麟《（黄湄詩選）序》：“詩凡七卷，其作於甲辰者曰《山中集》。”

按：王又旦此前詩作，今不存。《山中集》是除了《浣溪沙紅橋懷古次阮亭韻》詞以外，其現存最早的作品。

《自千尺幢抵雲臺峰作》：“清晨杖輕策，入谷二十里。傾崖驟合沓，鈎梯紛相倚。苔古行蹤滅，險艱從此始。雲竇俯絕壑，縹垂但纚纚。攀緣踏危石，足頓不能起。巖屋照頹陽，曾岑倒松梓。養力憩煙靄，乃知崎嶇美。東南得高壁，路隘不任趾。亂峽無全天，坤軸忽崩圮。太息展遠眺，前途尚峴嶤。”（《黄湄詩選》卷一《山中集》）

按：“千尺幢”，爲華山盛景之一，位於古所謂“自古華山一條路”途中。“雲臺峰”，即華山北峰，乃其主峰之一，以險絶著稱，上冠景雲，下通地脈，巍然獨秀，時常若雲霧繚繞，有若雲臺，故又名雲臺峰。

《蒼龍嶺》：“削壁突斷絶，微徑始躋攀。長虹馳遠影，飛落青冥間。迅飈兩崖起，獵獵雲氣還。連峰若動搖，我行亦孔艱。天色撲蓮花，瑶草何斒斕。陟危千萬慮，曠望忽開顔。璇宫應不遥，從此排天關。”（《黄湄詩選》卷一《山中集》）

按：“蒼龍嶺”，華山險道之一，位於救苦臺南、五雲峰下；因嶺脊呈青蒼之色，其間蜿蜒盤旋，酷似蒼龍騰空而得名。蒼龍嶺是華山山谷和黄甫峪的分水嶺，爲登臨華山蓮花（西峰）、落雁峰（南峰）、雲臺峰的必經之路。

《御道》：“履危肆幽討，訪古披叢舊。巡幸聞昔王，曾巖啓紺殿。峻嶒施綈錦，風雲開組練。緬彼秩望遐，慨兹石林變。手攀將軍樹，暫時展深戀。憶昨宿青柯，東壁恣遥盼。爽氣盤

雲臺,冥濛目苦眩。向訝最高峰,到此了不見。浩浩巨靈力,斧
鑿留婉孌。坐看仙掌近,長吟不知倦。"(《黄湄詩選》卷一《山中集》)

　　按:"御道"得名,"巡幸聞昔王,曾巖啓紺殿"約略言之。

　　《夜坐仰天池》:"窮日凌峴崿,我行亦云疲。散髮卧高頂,
疏星下清池。峻絶五千仞,晻翳何可窺?白雲上下飛,深松羅
四垂。欣無職事縈,得與山靈期。延佇不知返,風林露華滋。
高視但青蒼,一氣回坤維。鸞鶴如可馭,終焉謝磷緇。"(《黄湄詩
選》卷一《山中集》)

　　按:"仰天池",位於華山南峰絶頂處,緣於遊人站於池畔,
仰望青天若在咫尺而得名,民間又名"摸兒池"。

　　《落雁峰看月》:"暝色起西山,虛壁孤峥嶸。天風赴萬壑,
松濤向我鳴。大荒静遊氛,素魄忽已生。感此不能寐,坦步中
林行。霧市傳張超,博臺思叔卿。雲車久寂滅,念之幽憤盈。
茫茫眺下界,萬事徒縱横。俯仰謝物役,澹然望太清。華星低
縣聯,崿嶂紛欹傾。静夜守孤影,何人知此情。"(《黄湄詩選》卷一
《山中集》)

　　按:華山南峰由一峰二頂組成,東側一頂爲松檜峰,西側一
頂爲落雁峰;西側爲主峰,相傳回雁常於此歇脚,故而得名。

　　《落雁峰觀日出》:"月黑衆山寂,仿佛天雞叫。幽人束帶
起,步屧展東眺。窮髮氣微白,霾暗收荒徼。劃然天地開,半規
隱初照。松栝漸分明,攀林託高嘯。下方尚冥冥,枕席戀奥窔。
誰能躡太虛?海底窺光耀。羲和起萬事,翻覆豈可料?慊慊逐
流景,將爲壺公笑。"(《黄湄詩選》卷一《山中集》)

　　按:東峰朝陽臺,爲華山上觀日出的最佳位置。

　　《謁白帝祠》:"探幽凌絶境,謁帝陟曾巘。赤日巖中出,清
流樹杪懸。文窗陳俎豆,繡栱錯風烟。大勢吞商洛,低峰走潤

瀍。天迴星作井,帝用石爲蓮。成物功居兌,司方位近乾。吾生悲濩落,弱質仰陶甄。荷蓧生涯細,攤書歲月遷。一燈愁臥閣,五犗守空筌。乘屬臨無地,排雲欲問天。威靈紛窈杳,風雨莽回旋。徙倚山庭下,蒼茫夜未眠。"(《黃湄詩選》卷一《山中集》)

按:"白帝祠",又名金天宮,位於南峰松檜峰頭,係華山上祭祀天神的主廟。詩題,《華嶽志》卷五即作《金天宮》。

《望三公山》:"三山如列豆,絶壁何嶙峋。傳聞金天帝,設此觴百神。萬松奏瑤瑟,高張樂無垠。我欲獻新詞,座上娛仙賓。一彈雲氣合,逸響迴秋旻。老翁垂緑髮,攜我遊漢津。此事頗茫昧,誰見羅八珍。日夕隔大壑,遠望還逡巡。"(《黃湄詩選》卷一《山中集》)

《嶽行雜詠三首》:(其三)"南峰鐵索倚晴暉,洞口雲還盡倒飛。此地由來人跡少,不妨更訪賀元希。"(《黃湄詩選》卷一《山中集》)

《嶽行雜詠三首》:(其一)"摘星臺上白雲還,摘星臺下草色閑。臺畔日斜新雨歇,青冥洗出萬重山。"(《黃湄詩選》卷一《山中集》)

按:"摘星臺",位於華山西峰最高處,晴夜星斗滿天,似伸手可摘,故名。

《玉井二首》:(其一)"萬檜翳深景,夕日風颼飀。茫茫石磵外,顥氣誰挽收。蓮花不復見,一水入雲流。"(其二)"壞榦繫短綆,灌莽生石路。披草汲清泠,冥然愜幽遇。天風入沉寥,坐看高下樹。"(《黃湄詩選》卷一《山中集》)

按:"玉井",位於華山西峰下鎮嶽官院內。

《大風雨自玉井歸西峰宿范湘濱道人復庵作》:"越嶂探玉井,日照東林木。雲氣生壁上,須臾蕩虛谷。爽籟激幽響,大雨一何速。群帝忽倈下,乘蹻紛相逐。桂旗連寶羽,飄飄低以屬。

天色變多端，一氣自迴複。徒侶對面失，苔滑阻紆曲。紛吾身何托，暫憩雲中屋。稍覺心魂安，更曠登臨目。欹斜千山松，偃臥一徑竹。莫漫嗟險艱，庶幾愜幽獨。入夜展道經，孤燈照人宿。"（《黃湄詩選》卷一《山中集》）

按："范湘濱道人"，名范養民，湖廣襄陽人，崇禎朝曾爲內侍太監，好讀書，曾爲東宮伴讀，甲申之變後入華山爲道士，結廬曰復庵。顧炎武《復庵記》載："舊中涓范君養民，以崇禎十七年夏自京師徒步入華山爲黃冠，數年始克，結廬於西峰之左，名曰復庵。華山之賢士大夫多與之遊，環山之人皆信而禮之，而范君固非方士者流也。幼而讀書，好《楚辭》、諸子及經史，多所涉獵，爲東宮伴讀。方李自成之挾東宮、二王以出也，范君知其必且西奔，於是棄其家走之關中，將盡厥職焉。乃東宮不知所之，而范君爲黃冠矣。"（《亭林詩文集》"文集"卷五）另有一說，湘濱道人名述古，屈大均《西峰訪范復庵不值留贈》詩後注："名述古，襄陽人，崇禎朝東宮伴讀，甲申之變走華山爲道士。"（《翁山詩外》卷二；《屈翁山詩集》卷二無此注）未知孰是，待考。清初涇陽籍詩人李念慈有《贈復庵范湘濱煉士》（《谷口山房集》卷六）、《復庵范湘濱隱者歌》（載陶煊、張璨編輯《國朝詩的》卷二）詩。

《嶽行雜詠三首》：（其二）"東峰東望叔卿臺，斜壁傾欹大壑開。愁殺猿猱那可度，青天無路萬人來。"（《黃湄詩選》卷一《山中集》）

按："叔卿臺"，位於華山西峰明星玉女祠附近，得名不詳。明人李攀龍《太華山記》中云："宮東南上三里許得明星玉女祠，含神霧，稱'明星玉女持玉漿'。乃祠在大石上。大石上長十丈許。……西南上里許，得一峽如栝，曰天門。復西出爲棧，而銅柱狹不能尺，長二十丈。棧窮，穿井下三丈。竅旁出，復西行爲棧，而銅柱一。池在石室中，不可涸也。天門旁有臺，如叔卿之臺。南望三公山，三峰如食前之豆，是白帝之所觴百神也。"(《滄溟先生集》卷十九)李書石幢，現存西嶽廟內。

《范湘濱道人惠芝》："我生如蓬轉，十載苦行役。名山豈不懷？塵紛一何劇。朝來凌蒼厓，初見靈關闢。羽人稱靜者，乃是瀟湘客。結架蓮花峰，松枝掛雙屐。採秀越重巘，鈴鈴振金策。巖際得石菌，蜿蜒片雲白。好我忽輟贈，光采紛相射。持茲伴高眠，三峰在几席。峻嶒五千仞，攬之不盈尺。冥心叩玄扃，意愜各有適。亂靄下長林，回首迷行跡。"(《黃湄詩選》卷一《山中集》)

《下山》："下山尋舊徑，沈沈臨大壑。亂石忽改觀，烟景紛相錯。低頭追勝跡，背面惜林薄。巖迴明星掩，路轉石月落。明星，峰名；石月，在東峰上。大河折東流，波蕩弘農郭。萬古東西路，世往事冥漠。名岳如可留，吾欲齊龍蠖。"(《黃湄詩選》卷一《山中集》)

《山蓀亭懷楊樹滋亭在玉泉院側陳希夷隱處》："孤亭抱奇石，窅窱開戶牖。玉泉流不盡，曲折出谷口。遐哉希夷翁，冥懷臥丘阜。珪組何能縶，斯人世無偶。探幽憶昔年，攜榼同我友。抗言名嶽遊，他時不相負。結駟上東方，三年羈官守。況聞遭棄斥，江介狂奔走。華陰一頃田，棄置如何久？堂上垂華髮，薄祿慰慈母。不忍當盛世，甘心狎林藪。夜氣下松杉，高天出星斗。絕壁題名處，行行重回首。"(《黃湄詩選》卷一《山中集》)

《出谷》："騎馬歸來興轉豪，渭川楊柳拂春袍。回看足跡經行處，落雁峰頭黛色高。"(《黃湄詩選》卷一《山中集》)

本年秋，周燦有詩《懷王幼華》，表達相思之情。

周燦《懷王幼華》："旅舍西風急，挑燈夜不眠。愁窺燕塞月，夢繞渭陽天。避地鄰司馬，居近龍門。豪吟類謫仙。相思千里外，梅影亂窗前。"（《愿學堂詩集》卷十九"甲辰"）

　　按：詩中有"愁窺燕塞月"句，則周燦時羈旅京師。

冬末，有感於母康氏的離世，作《述哀詩四首》以悼念。

　　《述哀詩四首》：（其一）"涸魚不擇水，倦鳥不擇枝。懸釜待千鍾，君子慮失時。仲由方仕楚，列鼎供朝炊。有懷空悵望，涕泣毋乃遲。所愧爲人子，使親忍長飢。既死治喪具，雖華徒爾爲？薄俗輕至性，永爲達人嗤。"（其二）"亭亭窗外樹，肅肅床前幃。葺屋初卜居，不謂今日離。冬日晝冥冥，奄忽西南馳。開户理故物，堂上餘殘機。覽之裂我腸，涕泣如縆縻。矯首望枯林，悲風無已時。絮雲飄中霤，藥匕流蛛絲。遺音雖未歇，形影何由追？"（其三）"詰朝登丘陵，雨雪何霏霏。悲風吹草木，魂氣知何依？憶昔撫諸子，軋軋親杼機。兒女着新襦，我母無完衣。使我讀詩書，糗糒慰晨饑。長大遊宛洛，馬上揚光輝。五年望薄禄，朝露忽已晞。羲和促寒日，浮雲縱横飛。還顧長安道，俯仰多歔欷。"（其四）"吾懷朱百年，耐寒泣綿帛。吾希王叔治，遇社念宿昔。古人抱殷憂，何術可解釋？大運若鱗次，人事多變易。遺言豈不懷？歲月懼疏隔。含悲登隴首，悵望頭鬢白。"（《黄湄詩選》卷一《山中集》）

　　按：《述哀詩四首》中，"冬日晝冥冥，奄忽西南馳""矯首望枯林，悲風無已時""詰朝登丘陵，雨雪何霏霏。悲風吹草木，魂氣知何依？""吾懷朱百年，耐寒泣綿帛"諸語，皆表明節令應在深冬或初春。"仲由方仕楚"句，典出劉向《説苑·建本》"子路負米"的故事："子路家貧，常食藜藿之實，爲親負米百里之外。親没，南遊於楚，從車百乘，積粟萬鍾，累茵而坐，列鼎而食。乃歎曰：'雖欲食藜藿，爲親負米，不可得也。'孔子曰：'由也事親，可謂生事盡力，死事盡思者也。'"結合《雜興十首》中"上衣少完褐,下衣少複褌""漸長讀詩書,十載臥山樊。日長我知飢,日短我知寒"(《黃湄詩選》卷一《山中集》)的描寫,透露出王又旦此時家居讀書生計艱辛的情形。"長大遊宛洛,馬上揚光輝。五年望薄禄,朝露忽已晞"四句所寫,指王又旦上京參加考試及此後的相關情形。"宛洛",指京城等繁華地區;"宛",指宛縣(今河南南陽宛城區一帶),漢南陽郡治所在,爲東漢南都;"洛",指東漢京都洛陽。"五年望薄禄"指其考中進士到母親離世僅僅五年,言母親福分少,未能充分享受到兒子高中的榮耀。

最晚在本年,結交吳雯,吳有詩《黃湄先生遊太華山遂得結屋地賦贈》,其作蓋《下青柯坪尋結屋地了出谷》之和作。

《下青柯坪尋結屋地了出谷》:"遠遊訪詹尹,卜居志已果。十年歷名區,徙倚無一可。日夕下青柯,對景戀婀娜。買山懷昔賢,選勝良在我。屏營老樹東,披榛大溪左。飛瀑天上來,巨石排雲墮。稱勢裁高下,萬念一時妥。杖藜出谷口,平蕪亂燈火。"(《黃湄詩選》卷一《山中集》)

吳雯《黃湄先生遊太華山遂得結屋地賦贈》:"車箱谷口雲,白照松間路。誰能訪叔卿,巖竇一身度。黃門具奇情,振策御風步。萬仞入洪濛,理勝境無怖。壑轉晦明錯,樹老丹青誤。俯見蒼蒼原,明河正東注。驟雨忽翻瀑,肘腋蛟螭怒。須臾亘長虹,關陝半呈露。逕側修竹倒,石迸垂藤護。相逢紫烟客,目擊道皆寓。齋房肉芝香,石困松花聚。卜居志已得,探幽坐成趣。嗟我生勞勞,入世每多懼。夢繫毛女壇,身遠將軍樹。日日對晴蓮,塵容自生妒。何年便結鄰,同住雲生處。"(乾隆刻本《蓮洋集》卷五)

按:吳雯家山西蒲州(今山西永濟市),靠近陝西郃陽,二人或因此得以結交。

　　吳雯（1644—1704），字天章，又號玉溪生，蒲州人，原籍遼陽。父允升，與王士禛同年會試成進士，任蒲州學政，卒於官，遂家焉。雯少朗悟，記憶甚博，尤長於詩。年十五補諸生第一，二十一歲時赴太原鄉試不售。兩年後因題詩京師邸舍爲王士禛所見，始而得知其人。居留京師時，父執劉體仁、汪琬皆激賞之。康熙七年三月始謁王士禛，是爲二人交往之始。時人趙執信推崇其詩云："其鄉自元遺山後，一人而已。"（《國朝先正事略》卷三十八引）趙執信亦謂其詩"天姿國色，粗服亂頭亦佳"（《談龍錄》）。王士禛目其爲仙才，嘗與葉方藹同直，誦其警句，方藹下直即趨訪，名大噪。大學士馮溥出扇索詩，雯大書二絕句答之，其坦率類是。卒以不遇，不悔也。試鴻博不中選。後居母喪，四十三年以毀卒。詩體峻潔，有其鄉人元好問之風。據《名山記》載：蓮洋村在華嶽下，遂取以名集。與陳廷敬、趙執信、陳維崧、姜宸英、宋犖、王蓍、洪昇、毛際可、徐釚、張雲章、湯右曾、梁熙、王苹、江闓、查禮等交遊唱和。王士禛曾評選其詩成《蓮洋集》十卷《補遺》一卷，另有《蓮洋集》二十卷本、《蓮洋詩鈔》十卷本傳世。其生平見王士禛《吳徵君天章墓誌銘》（《帶經堂集》卷八十九《蠶尾續文十七》）、王苹《吳徵君傳》（《蓼村集》卷三《甲集》）、黃叔琳《刻吳徵君蓮洋集序》、錢林《文獻徵存錄》卷十"吳雯"條、翁方綱《蓮洋吳徵君年譜》（收入北京圖書館編《北京圖書館藏珍本年譜叢刊》）、《國朝詩人徵略》卷十四、《國朝先正事略》卷三十八《文苑·趙秋谷先生事略》附、《國朝書人輯略》卷二"吳雯"條、《清史稿》卷四八四《列傳二百七十一·文苑一》、《清代名人傳略》"吳雯"、《清史列傳》卷七十一《文苑傳二》、《書林藻鑑》卷十二"清"、《清詩紀事初編》卷六《乙編山西》等相關記載。

清聖祖康熙四年　乙巳（1665）　　三十歲

二次漫遊江南。開始結識姜宸英、方文、宗元鼎等人。孫枝蔚、汪楫、吳嘉紀、姜宸英、郝士儀、汪懋麟等文士，與其一同遊覽山水，登高作賦，把酒論詩，所作詩篇收入《涉江集》。

王士禎《黃湄詩選序》："康熙丙午，予在禮部，幼華自江南寄《黃湄漁人詩》一卷，一變而清真古澹，逾於其舊。"

按：丙午即康熙五年，王士禎於康熙四年任揚州推官畢，五年在禮部主客司主事任上，句中言王又旦結集《黃湄集》一卷寄王士禎，可知康熙四年王又旦已在江南。

王士禎於本年七夕不久離開揚州赴京，孫枝蔚有詩《送王阮亭儀部北上》《七夕復集禪智寺碩揆上人房送別阮亭儀部》（《溉堂前集》卷二"五言古詩　乙巳"），汪楫有詩《七夕送王阮亭先生入京》（《悔齋集》"五古"）可證。

陸嘉淑《掖垣集序》："予別君十六年矣，辛酉（康熙二十年）秋始相聚於京師。"

按：康熙二十年辛酉，海寧陸嘉淑與王又旦相聚於京師，可知二人於康熙四年相交。汪懋麟《〈黃湄詩選〉序》："詩凡七卷……乙巳、丙午曰《涉江集》。"其中亦云："戊戌釋褐，涉江遊吳越間，蓋予識君之始。"汪懋麟《城南山莊畫像記》中載："（懋麟）乙巳得交郃陽王公。"（《百尺梧桐閣文集》卷三）則二人相交於王又旦第一次漫遊江南時期。

姜宸英《戶科掌印給事中黃湄王公墓表》："（黃湄）需次選人；而南游吳越間，與予邂逅廣陵，是時君年甚少。"

按：王又旦康熙二十四年典試廣東歸途中所作詩歌《江上寄汪舟次檢討》《再登康山呈同遊諸公》，描述了當日江南遊歷

時的情景:"二十年前學浪遊,春城社鼓滿邢溝。酒樓曉出銅盤
鱠,歌院宵馳玉踠騮。"(《江上寄汪舟次檢討》,《黃湄詩選》卷十)"二十
年前此吊古,賓朋累月傾壺觴。浩歌西望發遥嘅,武功三百青
天長。"(《再登康山呈同遊諸公》,《黃湄詩選》卷十《嶺海集》)

　　姜宸英(1628—1699),字西溟,號湛園,又號葦間,浙江慈
谿人。少有才名。平生績學工文辭,閎博雅健。書法得鍾、王
遺意,世頗重之。屢躓於有司,而名達禁中。康熙十二年,因徐
乾學之引薦,初識納蘭成德,至此成爲契交好友,此後詩詞往
還,多唱和之作。康熙目宸英及朱彝尊、嚴繩孫爲"海内三布
衣"。十八年朝廷開博學鴻詞科,侍讀葉方藹薦應鴻博,後期而
罷,未能如願。方藹總裁《明史》,以監生身份特薦充纂修,食七
品禄,與汪楫同入《明史》館任纂修官,分撰《刑法志》。尚書徐
乾學領《一統志》事,設局洞庭東山,疏請宸英偕行。久之,舉順
天鄉試。三十六年,成進士。廷對李蟠第一,嚴虞惇第二,帝識
宸英手書,親拔置第三人及第,授編修,年已七十矣。三十八
年,副李蟠典試順天,蟠被劾遣戍,宸英亦連坐。事未白,卒獄
中。爲人剛正有節,不同流俗,時人譽之"立身倔强不偶俗,賦
性傲岸難苟同。眼前科名何足道,千秋藝苑誇文雄"(王澤弘《送姜
西溟歸江南》,《鶴嶺山人詩集》卷十一"庚午年稿")。與龔鼎孳、納蘭成
德、朱彝尊、陳廷敬、梁佩蘭、周亮工、朱彝尊、吳雯、顧貞觀、施
愚山、秦松齡、嚴繩孫、陳維崧、張貞、董以寧、萬斯同、方象瑛、
查慎行、邵長蘅、徐乾學、韓菼、方苞、揆敘等交遊唱和。姜西溟
擅長古文,王士禛《湛園未定稿•題記》評其文"雄邁",魏禧譽
之云"(兼乎)醇肆之間"(《答計草甫書》,《魏叔子文集•外集》卷五
"書"),與朱彝尊並稱"古文高手"。其書法,與笪重光、汪士鋐、
何焯,時稱"(康熙)四大家"。全祖望《翰林院編修湛園姜先生

墓表》中評其詩"以少陵爲宗，而參之蘇氏以盡其變"（《鮚埼亭集》
卷十六"碑銘十一"）。史學修養深湛，時人評價"先生史筆健無敵，
獨擁鼓鐸居中堅"（王又旦《洗硯圖爲姜西溟作》，《黄湄詩選》卷八《掖垣
集》）。著有《湛園未定稿》六卷（又以《湛園集》八卷行世）、《湛園札
記》四卷、《葦間詩集》五卷、《西溟文鈔》四卷、《真意堂佚稿》一
卷、《湛園題跋》一卷、《詩詞拾遺》一卷、《湛園藏稿》四卷，以上
著作皆收入清光緒十五年（1889）馮保燮等編輯馮氏毋自欺齋
刊刻《姜先生全集》三十三卷本中。又著《江防總論》《海防總
論》各一卷、《杜詩箋》（亦名《杜詩拾注》，卷數不詳，已散佚）、《詩箋別
疑》一卷附《三國志評》一卷、《湛園未刻稿》等。另編選《選詩類
鈔》、《批校詩經》八卷等。生平見韓菼《湛園未定稿序》（《有懷堂
詩文集》卷二；亦載康熙鄭氏二老堂刊本《湛園未定稿》卷首）、秦松齡《湛
園未定稿序》（《蒼峴山人文集》卷二）、曹禾《姜西溟真意堂文稿序》
（《未庵初集》卷一）、嚴虞惇《姜西溟先生事略》（載《國朝先正事略》卷四
十"文苑　姜先生宸英"條）、方苞《記姜西溟遺言》（《望溪先生集外文》卷六
"紀事"）、鄭羽逵《姜湛園先生傳》（雍琦整理《姜宸英全集》"附錄上　別
傳"）、厲鶚《姜西溟卜居》（《東城雜記》卷下）、全祖望《翰林院編修湛
園姜先生墓表》（《鮚埼亭集》卷十六"碑銘十一"）、馮鴻模修纂《（雍
正）慈谿縣志》卷十《文苑》"國朝"、《兩浙輶軒録》卷十、《國朝書
人輯略》卷三、《國朝詩人徵略》卷十七、錢林《文獻徵存録》卷二
"姜宸英"條、《清代學者象傳》（第一集）、《清史稿》卷四八四《列
傳二百七十一·文苑一》、《清史列傳》卷七十一《文苑傳二》、
《清代七百名人傳》"藝術　文學"、《清代名人傳略》"姜宸英"
條、馬宗霍輯纂《書林藻鑑》卷十二"清　姜宸英"條、馬宗霍輯
纂《書林紀事》卷二"公卿士庶　姜宸英"條、《清畫家詩史·乙
下》"姜宸英"條、《清詩紀事初編》卷七《丙編浙江》、陳雪軍《姜宸

英年譜》等記載。

叔父王季鴻曾有浙中之遊。本年新歲,孫枝蔚賦詩送別。

孫枝蔚《新歲寄懷王季鴻遊浙中》:"泉水他時照鬢鬚,參寥
六一肯忘吾。參寥、六一皆泉名。高歌又見秦人至,澹抹休令越女
孤。越女謂西子湖。何寺逢僧飯香積,誰家邀客飲屠蘇? 崔、盧、
李、鄭雖名族,得及朱、陳相見無? 季鴻親家爲浙中巡鹽御史,聞方謝
客,雖至親亦罕得通謁。"(《溉堂續集》卷一"丙午七言律詩")

三月,與諸名士數遊平山、紅橋間。

王士禄《小春讌集紅橋園亭分韻得陳字公字》詩,題下注
云:"同集爲李研齋(長祥)諸公,凡三十五人,主人爲陳散木諸
公,凡十人。"(《十笏草堂上浮集》卷四"丙午")

按:王又旦諸人平山紅橋遊歷事,見王士禛《王考功年譜》
"康熙五年丙午"條:"三月,(考功)復遊揚州,與故人孫無言默、
王築夫巖、雷伯籲士俊、杜于皇濬、孫豹人枝蔚、程穆倩、陳散木世
祥、宗梅岑元鼎、陳其年維崧、鄧孝威漢儀、王幼華又旦、汪蛟門懋
麟、吳野人嘉紀、汪舟次楫、孫介夫金礪輩,數數遊宴平山、紅橋
間。"其中"王考功"即指王士禄。

"陳散木",據易宗夔《今世說》卷八《簡傲》"陳散木"條載:
"陳名世祥,字善百,直隸通州人。才勇氣銳,落落寡合,與同好
堅則金石;意所不屬,望望然去之。性嗜飲。"

**重陽日,曾至方文寓所,與孫枝蔚、汪懋麟縱論詩畫,將《哭母詩》
一編示與方文等人,受到高度讚賞,引起强烈共鳴;並爲戴蒼爲方
文所繪《四壬子圖》題識。曾有編選關中前輩詩選和刊刻方文《嵞
山集》之願,後因故未果,不見流傳。**

方文《喜關中王幼華見訪草堂》:"廣陵城西木蘭院,與君僧
舍初相見。是日偏逢嶽降辰,旨酒嘉魚聚群彦。我年最長居上

頭,袞袞談詩夜未休。坐中欣賞君第一,從此心期膠漆投。來朝復飲汪生處,盡日流連不忍去。刻燭爲題《壬子圖》,筆端疑有神靈助。別後東西各一天,韶光彈指歘三年。雖無尺素通音問,聞説麻衣守墓田。老夫結交徧海内,風雅如君得幾輩。朝邑三原與郃陽,文采風流果佳對。霜天寥廓雁聲哀,夜夜秋燈花蘂開。私心必有良朋到,僻巷俄驚之子來。秦關吴苑三千里,匹馬單車渡江水。君言南國多交游,獨有盒山是知己。手持《哭母詩》一編,其音淒楚情纏綿。小人有母尚未葬,讀此傷心淚泫然。又言明歲服將闋,授官徽幸吴與越。欲取秦中先輩詩,遴選成書付剞劂。並取盒山所著書,分金刊布垂令譽。感君高義諒不爽,顧我薄福知何如? 白下青谿桃葉渡,豆架瓜棚於此住。但聞徒步即來過,莫怪貧家無禮數。況兼令節是重陽,攜手同登石子岡。方、景祠堂一杯酒,他年魂夢不能忘。"(《盒山集·再續集》卷二"七言古")

　　按:"況兼令節是重陽"云云,可見詩作於重陽節時。"來朝復飲汪生處,盡日流連不忍去"中的"汪生",指方文與王又旦共同的好友汪懋麟。"朝邑三原與郃陽","朝邑"指當時寓居廣陵的陝西大荔籍文人李楷,"三原"指孫枝蔚,"郃陽"指王又旦。

　　李楷(1603—1670),字叔則,號河濱、霧堂,晚號岸翁,學者稱"河濱夫子",陝西朝邑(今陝西大荔縣)人。幼慧,好古文學,潛心讀書。明天啓四年(1624)中舉,後多次應試不中,遂居家,專力研讀史學。後避寇南京,與王相業、韓詩、馬元御(名不詳,元御似爲其字)並稱"關中四子"。入清,順治四年授寶應知縣,多有善政。政務之餘,多與當地文人結交,飲酒賦詩,訪古覽勝,極一時之盛。後以直罷官,寓居揚州、南京、武昌長達二十餘年;其中留居揚州最久,廣交江南名士,曾與江西李明睿合著

《二李珏書》。順治十四年，曾與陳陸、孫枝蔚在鎮江結辛酉社。不久後歸鄉。與施閏章交往密切，與宗元鼎、吴歷、吴應箕等交遊唱和。曾主持編纂《(順治)洛川縣志》二卷。康熙二年時，參與編纂《陝西通志》(三十二卷)。其創作，時人"以爲其文似子瞻，詩似太白，非近人所易及也"(施閏章《李叔則集序》，《學餘堂文集》卷六)。李楷著述甚豐，後經其子李建選編爲《河濱全書》一百卷，詩文集似名《霧堂集》(見王士禛《居易録》卷十二；錢謙益《李叔則霧堂集序》，《牧齋有學集》卷二十"序")，存世者爲其七世孫李元春選輯之《李河濱集》二十六卷(《河濱詩選》十卷《文選》十卷；《河濱遺書抄》未分卷，收録《霧堂經訓》《詹言》《雜著》《岸削雜筆》《飛翰叢語》《楚騷偶擬》等)。生平見施閏章《李叔則集序》、王兆鰲纂修《(康熙)朝邑縣後志》卷六《人物上》、《國朝先正事略》卷三十八《文苑・孫豹人先生事略》"附"、《文獻徵存録》卷四、《國朝書人輯略》卷一、《書林藻鑑》卷十二"清"等記載。

"刻燭爲題《壬子圖》，筆端疑有神靈助"，係誇賞王又旦詩歌創作之語。《壬子圖》，又名《四壬子圖》，王又旦題詩今不存。孫枝蔚《題方爾止四壬子圖》曰："嵞山攻詩三十載，老來作事何癡顛。不願左揖安期袖，不願右拍洪厓肩。但願論文遇陶叟，更招杜、白坐兩邊。工部請吟《收京作》，太傅請書《諷諭篇》。楊柳未衰身在宅，菊花纔香客送錢。古今怪事無不有，四人同生壬子年。豈無崔相與劉郎，白詩：何事同生壬子歲，老於崔相及劉郎？彼雖同庚非高賢。性情已向卷中得，像貌兼求畫裏傳。丹青無如戴蒼好，位置不敢亂後先。列坐宛如師弟子，向往何妨爲執鞭。世人尊杜或嗤白，嵞山大笑看青天。王、楊、盧、駱皆千古，何況白詩近自然。我命偶合韓與蘇，《三磨蝎圖》壁新懸。他時得共四壬子，觀者一例增流連。"(《溉堂前集》卷三"七言古詩　乙巳")

汪懋麟《題爾止四壬子圖》云：“客從白門來，示我壬子圖。壬子者爲誰？晉唐三老夫。旁有崦山氏，脫帽依坐隅。生年既無異，賦性豈有殊？黃菊秋正花，東籬且提壺。長纓託爲命，入谷聲相呼。有時彈清琴，知音良不誣。古今雖異代，先後皆同趣。況乃抱奇節，此君非腐儒。千載思高人，圖畫安可無？”（《百尺梧桐閣詩集》卷三“乙巳”）次年，閻爾梅有《題方爾止四壬子圖陶靖節杜少陵白香山皆壬子年生》之作，詩云：“靖節先生家栗里，高臥北窗徵不起。人知其卒在元嘉，不知其生歲壬子。杜陵天寶之詩人，香山變爲長慶體。迨有明兮千餘年，桐城崛生方爾止。四子皆以壬子生，先後文章輝青史。畫作詞壇聚講圖，著其干支稱世紀。我聞宗氏少文喜臥游，滿屋琴書畫山水。撫弦動操萬峰鳴，如置身在煙泉裏。又聞謝子敬微愛步兵，手圖長嘯對孫登。古人初不問窮達，一往輒複有深情。爾止此圖傲古人，自命風雅之功臣；上下千秋若同堂，且暮遇之鬚眉新。惜哉漢圖無畫工，不圖風雅圖麒麟。”（《白牟山人詩集編年注》“編年詩　清康熙四年乙巳”）乾隆時期詩人孫啓棟亦有《題方崦山四壬子圖》詩，其“序”云：“桐城方崦山，少多才華，晚學白香山，爲俚淺語，爲世口實。以己壬子生，命畫師作《四壬子圖》，首陶淵明，次杜子美，次白樂天，皆高坐，而己僂僂。呈其詩卷。阮亭語坐客曰：陶坦率，白令老嫗能解，皆不足慮。杜陵老子文峻網密，金山未免吃藤條耳。一座絕倒。今余亦壬子生，書二絕其後。”（《遼西草》卷一）

九月，與汪楫、郝士儀同登平樓。

汪楫《同郝山漁王黃湄登平樓有懷王阮亭先生》：“使君騎馬燕山去，前日題詩樓尚存。九月涼風吹短檻，一天爽氣接秋原。”（《悔齋詩》“七言律詩”）

按：“平樓”，位於揚州平山堂內，《揚州畫舫錄》卷十六《蜀

岡録》中載："樓在堂之西偏，丁巳年光禄卿汪應庚重修。遊人
宴集，多在斯樓云。"此處"丁巳年"指乾隆二年（1737）。

**約本年秋，有感於王又旦生平遭際與人生抱負，汪懋麟有詩贈之，
對王又旦詩歌創作贊不絕口。**

　　汪懋麟《贈王幼華》："君不見今人讀書無遠圖，朝登仕籍莫
棄書。營營富貴不足齒，致身卿相終何如？關中王郎早登第，
讀書直作千秋計。抗志欲高天下人，聞信馬頭西出秦。偶來蕪
城忽心折，酒徒詞客相交結。賦就新詩殊不群，高吟令我稱奇
絕。我聞秦風豪以雄，車轔駟鐵聲隆隆。看君意態獨騷雅，風
流不在康公下。康公對山君同里，昔日佯狂到邗水。醉撥琵琶
聲最悲，蕭蕭落葉江風起。先生已去存故山，王郎感舊重追攀。
慨然題詩向素壁，坐聽秋濤終夜間。"（《百尺梧桐閣詩集》卷三）

　　按：其中有"關中王郎早登第"，則詩應作於王又旦二次遊
歷江南時，具體作年不詳，姑繫於此。其中"坐聽秋濤終夜間"
"蕭蕭落葉江風起"云云，則表明時當深秋。"蕪城"，今江蘇揚
州別稱，因鮑照《蕪城賦》而得名。"康公"，指明代"前七子"之
一的康海（1475—1540），字德涵，號對山，別號汸東漁父，陝西
武功縣人。弘治十五年（1502）狀元。清揚州府新城西南隅（今
康山街附近）有一小丘，傳說康海因"劉瑾案"落職後寓居揚州，
構草堂讀書優遊其中，故名。董其昌來遊，爲草堂及堂前數帆
亭書額。久爲名士流連之地。詩中"先生已去存故山，王郎感
舊重追攀"即指此。"邗水"，亦稱邗溝、邗江、邗溟溝；春秋時吳
王夫差爲爭霸中原，在江、淮間開鑿的一條古運河。

十月十九日，王又旦三十初度，友朋頗有爲其事贈詩者。

　　汪楫《十月十九日與王黃湄》（《悔齋詩》"五古"）、方文《十月十
九日爲郿陽王幼華初度孫豹人房興公吳賓賢郝羽吉汪舟次咸

集其寓予後至因贈二詩》(《螽山集・續集》卷三)、吳嘉紀《十月十九日贈王黃湄二首_{時黃湄三十初度}》(楊積慶箋校《吳嘉紀詩集箋校》卷三)皆言其事。

按：吳嘉紀《十月十九日贈王黃湄二首_{時黃湄三十初度}》：(其一)"蘭若生山中，花葉自葳蕤；芳馨感君子，移植白玉墀。一朝蒙顧瞻，形影何光輝！榮華及時敷，常恐秋風吹。盛年難再得，景曜日夜馳。老驥伏櫪下，努力亦已遲！"(其二)"我衰爲傭者，君壯爲進士；天涯俱窮途，出處無一是。寒風吹枯桑，怒號郭門裏。鴻雁哀鳴來，遊子塞兩耳。感君懷慷慨，相逢顔色喜；酒酣發悲歌，燈前拔劍起。眄彼孟嘗門，紛紛跋珠履。我曹無其才，飢寒何足鄙！"

汪楫《十月十九日與王黃湄》："美人下西嶽，手把青芙蓉。褰裳試相問：何如蓮花峰？蓮花峰頭着雙屐，蒼翠空中一萬尺。日出乍見黃河奔，混茫天北虹霓赤。與君看遍人間花，會向高山守松柏。"

方文《十月十九日爲郃陽王幼華初度孫豹人房興公吳賓賢郝羽吉汪舟次咸集其寓予後至因贈二詩》：(其一)"古寺訪詩人，偏逢初度辰。相知何必舊，至樂莫如新。風雅客先集，疏狂意自親。因之借杯酒，爲爾壽千春。"(其二)"屈指關中友，王郎獨少年。科名方藉甚，風骨更翛然。一見遽相洽，三生或有緣。那堪淮水駛，明日又開船。"其中"孫豹人"指孫枝蔚，"吳賓賢"指吳嘉紀，"郝羽吉"指郝士儀，"汪舟次"指汪楫，"房興公"指房廷楨。

房廷楨(《進士題名碑》作房廷禎)，字天士，一字興公，號慎庵。西安府三原縣(今陝西咸陽三原縣)人。順治十六年進士，授直隸豐潤知縣。歷兵部主事、刑部郎中。康熙十二年考選廣西道御史、長蘆巡鹽；陞通政司參議，官左副都御史。著有《柏府奏疏》《樞部文集》等。

吳嘉紀（1618—1684），字賓賢，自號野人（又作"一字野人"），江蘇泰州東淘（今江蘇東臺安豐鎮）人，康熙時曾拒絕參加博學鴻詞試，布衣終身。先世爲"水鄉灶戶"，祖父吳鳳儀爲明泰州學派代表性人物王艮弟子，曾坐館授徒，父經營手工作坊，嘉紀係其第五子。夫人王叡（字智長）亦能詞。其家清兵南下時破産。初習舉業，受業於吳鳳儀弟子劉國柱，州試第一名秀才，鼎革後絕意仕進。早年从事燒鹽勞動，後漫遊各地，明亡曾結交屈大均等人，參與抗清活動，失敗後回鄉隱居。居安豐鹽場之東淘，其地濱海，乏交遊，自名所居曰陋軒。貧甚，雖豐歲常乏食。獨喜吟詩，晨夕嘯詠自適，不交當世。順治十八年周亮工至揚州，因汪楫而讀到吳嘉紀詩，二人旋定交，周亮工遂刻其詩，爲《陋軒詩》最早之結集。郡人汪楫、孫枝蔚與友善，時稱道之。康熙二年，始爲王士禛所知，尤賞其五言清冷古淡，雪夜酌酒，作《陋軒詩序》，驅馳三百里致之。嘉紀因買舟至揚州謁謝定交，由是爲四方知，名士爭與之倡和。嘉紀工爲危苦嚴冷之詞，嘗撰《今樂府》，淒急幽奧，能變通陳跡，自爲一家。所著《陋軒集》多散佚，友人復裒爲四卷。其詩風骨頗遒，運思亦復劚刻。由所遭不偶，每多怨咽之音，而篤行潛修，特爲一時推重云。與龔賢、孫枝蔚、周亮工、汪楫、陸廷掄、汪懋麟、鄧漢儀、金鎮、楊蘭佩、田雯、王弘撰等結交。其詩極受周亮工推崇，内容和形式方面皆有其特色。吳周祚《陋軒詩序》稱其詩："冰霜高潔，刻露清秀，不得指爲何代何體，要自成其爲野人之詩。"（《吳嘉紀詩箋校》附録四"《陋軒詩》序跋題記"）周亮工《東淘吳賓賢貧病工詩汪舟次手録其近作相示頗有同調之感……》中則稱譽其詩"同調於今寧幾見？斯人當世未有稱"（《賴古堂集》卷十），又《與汪舟次書》中推崇道："野人詩，腔板打定矣。只看得一二首，以作壽文無暇也，容細心讀之以復。黃心甫到青，推野人爲王、孟一流。僕向不喜此老，因其喜野人詩，遂大喜此老。青屬諸城縣有李生名澄中，字渭清，僕從衆中與之目成，亦如在揚之得野人。但渭清詩尚氣色，與野人兩路，然却是尚氣色之佳者，故僕喜之。渭清讀僕爲野人《序》而墮淚，其人可知。故急急令足下知其姓字，足下亦當説與野人也。"（《賴古堂集》卷十九）林昌彝《海天琴思録》卷六中於其詩則有"近代國初諸老詩，吳野人，天籟也"的美譽。嘉紀亦善書法，宗六朝碑。生平事跡可見汪懋麟《吳處士墓誌》（《百尺梧桐閣文集》卷五）、汪懋麟《吳處士小傳》（《百尺梧桐閣文集》卷三）、《留溪外傳》卷五"隱逸上　吳野人傳"、錢林《文獻徵存録》卷十"吳嘉紀"條、《國朝詩人徵略》卷五、《皇明遺民傳》卷五、《明詩紀事・辛籤》卷十、《本朝名家詩鈔小傳》卷二"《陋軒詩鈔》小傳"、《國朝先正事略》卷三十九《文苑・喬先生萊》附"吳嘉紀"、《清史稿》卷四八四《列傳二百七十一・文苑傳一》、《清史列傳》卷七十一《文苑傳二》、《明遺民録》卷三十二、今人蔡觀明《吳嘉紀年譜》（載《北京圖書館藏珍本年譜叢刊》）等記載。王又旦與吳嘉紀交情深厚，對吳多有幫助。

本年秋冬之交，爲汪楫《黃山圖》題像。時汪楫有黃山之遊。

　　《黃山歌爲汪二舟次題像》："黃山雲黯天風急，怪石巃嵸古苔澁。亭午掩翳不見山，硤崖積水山根濕。黃山故人不得意，徙倚江頭百憂集。回憶山中雲物好，夢向天門通呼吸。忽披圖畫置中堂，墨花欲捲蒼烟入。二十四溪寫秋濤，萬木排空風習習。曾阿仿佛有人行，倒曳枯藤戴青笠。蓬蒿薈蔚斥鷃飛，大澤沆漭龍蛇蟄。君不見，汪生十歲能詞賦，偃仰雲松過三十。"

（《黃湄詩選》卷二《涉江集》）

　　按：詩中有“汪生十歲能詞賦，偃仰雲松過三十”語，則時當汪楫四十歲之際，汪生於明天啓六年（1626），至本年正好四十歲。

時值深冬，與曹玉珂同遊康山。

　　曹玉珂《康山和幼華康德涵彈琵琶處在揚州》：“意氣從招謗，盛名果誤身。狗友不自潔，甘心托溷人。琵琶彈市廛，觀者塞城闉。清時棄軒冕，和平苔高旻。維揚名利區，冰雪灑紅塵。遺跡尚高丘，誰肯剪荊榛。”（《黃湄詩選》卷二《涉江集》）

　　按：詩之作年待考，姑繫於此。“康德涵”，指康海，字德涵。“康德涵彈琵琶處在揚州”，據近人董玉書《蕪城懷舊錄》載：“康山在新城徐凝門東，築土爲山，构堂其上。明正德中，康海以救李夢陽，坐交劉瑾落職，客揚州，與客宴飲，彈琵琶於此。董其昌因題之曰‘康山草堂’，由此遂成名跡。”（亦見近人王振豐《揚州覽勝錄》）

歲暮，有詩感懷。

　　《歲暮感懷四首》：（其一）“吾里浮山曲，蒼茫古渡多。人家還質樸，羊左昔經過。雲樹盤三晉，風濤壓兩河。關心聽社鼓，歲晚竟何如？”（其二）“慈母一坏土，悲風入杳冥。音容隨日遠，松柏逐年青。又見春前草，還揚雪後舲。感時西向拜，爲子正伶仃。”（其三）“目斷關河遠，心傷弟妹貧。衣服破殘臘，冰雪度新春。母去誰憐汝？吾愁懶傍人。中宵燈燭影，苦照獨吟身。”（其四）“嬌女綺窗下，歡逢殘歲時。繡花誇汝母，爆竹領諸兒。夢去江烟闊，書來隴雁遲。驪駒初唱日，送我涕曾垂。”（《黃湄詩選》卷二《涉江集》）

　　按：詩中“又見春前草，還揚雪後舲”“冰雪度新春”“爆竹領諸兒"等句中"春前草""新春""爆竹"諸語,切合題中"歲暮"。詩中"感時西向拜""夢去江烟闊"云云,言其尚在羈旅之中,具體作年待考,姑繫於此。

寓居廣陵時,有詩贈吳周,雨夜書懷簡孫枝蔚、吳嘉紀。

《呈吳處士周》:"此地羅冠蓋,吳周竟布衣。一身常臥病,八口慣啼飢。不死真天幸,謀生與願違。愁心時序換,霜雪若爲歸。"(《黃湄詩選》卷二《涉江集》)

《雨夜書懷簡吳五賓賢孫八豹人二首》:(其一)"去年天寒雪瀰瀰,我母墳前數凍死。春來乞種北山巔,幾度自汲鄰村水。江關十日風颼颼,吹雲四飛雨不休。南地下雨北地雪,定滿松柏枝上頭。"(其二)"旅人喜晴不喜雨,津市泥濘少乾土。招提坐守衣苦薄,僮僕數口身無主。揚州老友各離居,欲往無錢租蹇驢。向晚屋溜聲轉急,布被蒙頭懶讀書。"(《黃湄詩選》卷二《涉江集》)

按:《呈吳處士周》詩中"愁心時序換,霜雪若爲歸",《雨夜書懷簡吳五賓賢孫八豹人二首》中"江關十日風颼颼,吹雲四飛雨不休",表明時令當在冬天。後詩中又有"去年天寒雪瀰瀰,我母墳前數凍死",則該詩應作於本年。《呈吳處士周》作年俟考,姑附於此。

吳周(?—1669),歙(今安徽歙縣)人,孫枝蔚有《哭吳後莊》,收入《溉堂續集》卷二"己酉 五言古詩"中。吳周與吳嘉紀、孫枝蔚、汪楫等多有往來,吳有詩《得吳後莊書》《送吳後莊歸灣沚》《晏溪送汪虛中兼懷吳後莊》《待吳後莊》等,汪有詩《贈吳後莊》。吳周身後,王又旦任潛江令時,輯刻其遺作爲《豐溪草堂遺集》。王士禎編選《感舊集》卷八錄其詩四首。王士禎《黃湄詩選序》曰:"吳周者,貧士也,嘗賦《杜鵑行》,幼華見之驚

歎，與定交杵白間。在潛江聞周死，序刻其遺詩傳之。"朱彝尊
《儒林郎户科給事中郎陽王君墓誌銘》載："歙人吳周賦《杜鵑
行》，君（王又旦）見之驚歎，周死，君序其詩，鏤板傳焉。"

清聖祖康熙五年　丙午（1666）　　三十一歲

早春，渡江遊鎮江府，有詩留別諸友。

　　《將渡江述懷留別汪耳公夐巖楊蘭佩》："關西春欲暮，親老
盼人歸。孤舫猶南下，雙鴻正北飛。天風山翠落，江雨浦煙微。
不忍離朋好，扶筇更歎扉。"（《黃湄詩選》卷二《涉江集》）

　　按：詩中有"雙鴻正北飛"句，時當早春。

　　"楊蘭佩"，生於萬曆四十八年（1620），名敏芳，一字仲之，
陝西涇陽人，著名理學家，與孫枝蔚、吳嘉紀等有交往，著有《留
音園集》等，生平資料見《（雍正）江都縣志》、《（乾隆）江都縣志》
卷二十二、孫枝蔚《楊蘭佩小像贊有序》（《溉堂文集》卷四）、《皇明遺
民傳》卷六等。王又旦始識楊敏芳，應在康熙四年二次遊江南
時，《將渡江述懷留別汪耳公夐巖楊蘭佩》即作於此時；吳嘉紀
《楊蘭佩招同諸子泛舟》約略作於同時。"夐巖"，爲汪楫、汪玠
（長玉）之從兄弟行，名待考。"耳公"，係汪楫同姓兄弟汪濬（周
亮工《讀畫錄》卷四"附畫人姓氏"載："汪秋澗濬。"）。汪楫有詩《題山川
出雲圖贈耳公兄圖爲汪秋澗查梅壑合作》，其中云："秋澗畫一山，梅
壑畫一樹。"（《悔齋集》）則"秋澗""耳公"爲同一人，"耳公"或係汪
濬之號。

　　《焦山二首》：（其一）"乘春歷江皋，訪古浮玉山。江風正蕩
漾，短擢欲進難。千里滯水國，豈不增憂患？隔岸見石屏，忽使
懷抱寬。曲逕漸分明，叢篁亦檀欒。幽事供怡悅，指點輕狂瀾。

勝遊難再得，我役何時閒。"（其二）"殺羉逐牂羊，相傾無朝夕。
旌斾明江涯，樓船何絡繹。高士臥空山，閉門但自適。至今三
詔巖，古木森千尺。斥堠尚在眼，客子苦行役。常懷歲時遷，念
此飢寒迫。顙顏再稽首，不敢乞白石。"（《黃湄詩選》卷二《涉江集》）

　　按："浮玉山"，焦山別名，位於江蘇鎮江長江之濱，因滿山
蒼松翠竹，宛如碧玉浮江，故稱。

遊歷鎮江期間，拜謁郭璞墓、米芾墓。

　　《郭景純墓》："夕下金山麓，鼓枻泝江路。江水何浩浩，澒
洞向東注。緬懷弘農守，登臨曾作賦。孤石激中流，相傳是丘
墓。湍急風雨鳴，日暖黿鼉聚。嘆彼長眠人，魂魄能無懼。更
聞埋爪髮，頗自惜毛羽。術神智亦拙，區區殉所務。長嘯理歸
帆，去矣吾何慕。"（《黃湄詩選》卷二《涉江集》）

　　按：郭璞墓在江蘇南京附近有多處，此處所指應位於鎮江
長江旁之黃鵠山上。"弘農守"，即指郭璞，爲其死後東晉朝廷
追贈之職，《詩品》卷中即有"晉弘農太守郭璞詩"條。其生平，
《晉書》卷七十二《列傳四十二》有載。

　　《拜米元章墓》："孤墳猶未没，杖策一相尋。黃鶴山邊樹，
春風歲月深。清時容嘯傲，落日憶登臨。我性狂難合，低頭涕
不盡。"（《黃湄詩選》卷二《涉江集》）

　　按："米元章"，指北宋著名書畫家米芾（1051—1107），初名
黻，後改芾，字元章，世居山西太原，後遷居湖北襄陽，世稱米襄
陽，在書法史上與蘇軾、黃庭堅、蔡襄齊名，有"蘇、黃、米、蔡"
之稱。

　　《贈陳鴻烈》："原憲貧誰問？虞翻願不酬。一生總長嘯，四
壁對深愁。暑雨窗中濕，山雲郭外浮。可憐當五月，爾我共披
裘。"（《黃湄詩選》卷二《涉江集》）

按："陳鴻烈"，字栀山，順治戊子拔貢（見潘衍桐《兩浙輶軒續錄》卷一）。與吳嘉紀、汪楫等有交往，吳有詩作《復洲田四首與老友陳鴻烈》。王又旦與其相識，或源於吳嘉紀之因。陳鴻烈似名無競，鴻烈或係其字，生平見《（乾隆）江都縣志》"文學"中，其中載："（鴻烈）不得志於有司，年三十餘始爲諸生。屢躓棘闈，有爲扼腕者，笑曰：'吾篤吾學而已。吾不遇自有遇之者。'"證之以王又旦《贈陳鴻烈》中所言"原憲貧誰問？虞翻願不酬。一生總長嘯，四壁對深愁"，其所指應爲同一人。陳無競在清初曾寓居江都若干年，其人或號榕庵，嚴書開《濠上邇言》中載："陳榕庵名無競，江都人。"榕庵、栀山、無競是否爲同一人，待考。

與孫枝蔚、方文同遊焦山。

孫枝蔚《遊焦山同爾止幼華五首》：（其一）"風起中流浪打船，秦人失色海雲邊。也知賦命原窮薄，東坡《遊焦山詩》：賦命窮薄輕江潭。尚欲西歸太華眠。"（其二）"鑽石先生蹟尚留，塵中老嫗始知羞。蓬萊隔水迢遥甚，四十餘年到上頭。《志》稱：傅先生以木鑽鑽石，四十七年得道。"（其三）"閣外風帆入杳冥，絳桃初落嫩篁青。書生只是貪文字，爭摸華陽《瘞鶴銘》。"（其四）"沿江村舍最蕭然，列砦連屯近海邊。尚剩山田三十畝，不曾□去當洲田。"（其五）"飯客伊蒲謝比丘，王生臨別思悠悠。明朝獨上吳船去，回首儇巖即舊遊。"（《溉堂續集》卷一"七言絕句　丙午"）

按：詩中有"絳桃初落嫩篁青"，知作於早春。"鑽石先生"云云，據南朝梁陶弘景《真誥》卷五載："昔有傅先生者，其少好道，入焦山石室，而太極老君詣之，與之木鑽，使穿一石盤，厚五尺許，云'穿此盤，當得道'。其人乃晝夜穿之，積四十七年，鑽石穿，遂得神丹，乃升太清，爲南嶽真人，此有志之士也。""《瘞鶴銘》"，指勒石於江蘇鎮江焦山西麓崖壁之上的一篇葬鶴銘文,作者和時代不可考。"華陽",指陶弘景,字通明,號華陽陶隱,傳爲《瘞鶴銘》的書寫者。"飯客伊蒲謝比丘,王生臨別思悠悠"云云,則言諸人於僧舍就餐,且已得知王又旦又要離別。"明朝獨上吴船去",言其將獨自一人赴吴門而遊。

焦山之遊後,與方文、孫枝蔚至鎮江南部之招隱山、八公巖等處遊覽。

　　孫枝蔚《從招隱山至八公巖過僧舍留題二絶同方爾止王幼華》:(其一)"下馬松林伴客行,閒尋古跡到柴荆。老僧不住金山寺,僧二十年前舊住金山。怕見風波眼底生。"(其二)"清泉白石可爲鄰,誰道神僊勝隱淪。此地戴顒存姓字,八公畢竟是何人。"(《溉堂續集》卷一"七言絶句　丙午")

　　按:"招隱山",位於江蘇鎮江市南,原名獸窟山,因東晉戴顒隱居於此,故名招隱山。戴顒離世後,其女將戴顒舊居舍爲佛寺,故亦名招隱寺,有昭明讀書臺、虎跑泉、鹿跑泉、虎泉亭、增華閣等勝跡。"八公巖",又名八公洞,位於鎮江城南七里回龍山下;梁昭明太子蕭統讀書於招隱寺期間,有八名隨從伴讀,太子逝世後,八隨從在此焚身以殉,故名八公洞。《(光緒)丹徒縣志》卷二"山"載:"回龍山在城南七里,下有八公巖,一名八公洞。"

時值寒食,有感於命運多舛,人生流落,孫枝蔚贈詩感而慨之。暮春,王又旦曾有盱江(豫章)遠遊的打算,後似乎未能成行;徐次源招集汪楫等共十九人相聚康山,盛情相送。

　　孫枝蔚《贈王幼華》:(其一)"鳳鳥不妄鳴,黄雀常啾啾。睨彼夸毗子,同堂非我儔。舌鋒何銛利,曾不道九州。勢利如膠漆,詩書成寇讎。揚雄亦有口,塞默苦低頭。雄口張。歸坐草玄亭,吾意在千秋。"(其二)"周、召不可作,李、杜有微勳。哀樂遇偶殊，正變體難分。洪音發金石，何有蠅與蚊？奇彩爛霞電，何有縹與纁？持此勗同調，聊書吾所聞。磨礲苟無已，後世讓吾勤。"(其三)"時節逢寒食，留滯在他鄉。豈不思歸去，其如道路長。既無輿馬費，因復理舟航。幼華將有豫章之行。作書與同氣，栽松新塚旁。啞啞反哺鳥，濊濊跪乳羊。哀哉至性人，對爾淚千行。"(其四)"江蘺是弱草，采者尚不遺。駿馬成死骨，千金買何爲？可憐蘺與馬，報德非所知。我有書數卷，平生辛苦詞。湮沒亦足惜，表章知是誰。再拜託吾友，因君常見推。"(《漑堂續集》卷一"丙午　五言古詩")

　　按：詩作時間，據"時節逢寒食，留滯在他鄉"語。"既無輿馬費，因復理舟航"句有注："幼華將有豫章之行。"王又旦此行似未成，"豫章"指今江西南昌一帶。

　　汪楫《徐次源招集康山送王黃湄遊盱江》："南望盱江北望秦，高丘惜別正殘春。浪遊更遠三千里，結客猶能十九人。時座客十九人。"(《悔齋二集·山聞詩》)

　　按："徐次源"，名不詳，次源或其字；"盱江"，古稱汝水，流經今江西撫州南城縣、廣昌縣、南豐市、臨川區一帶，爲江西第二大河流撫河的上游，在臨川區下源村附近納入宜黃水和寶塘水之前稱爲盱江；其流域所在地區，兩漢時期隸屬豫章郡。

　　吳嘉紀《康山宴集送王黃湄遊豫章》："迢遞送遊子，兒童扶病身。登高花刺眼，勸酒淚霑巾。猿狖啼深夜，江湖正暮春。飄蓬今更遠，何日却歸秦。"(《陋軒詩》卷三

孟夏，刻印其甲辰、乙巳詩，而附以丙午春詩，雷士俊爲之序。

　　雷士俊《王幼華詩序》："王幼華詩，各體悉備，亦各體皆善，而余獨愛其五言古詩。孫豹人，詩之大家，每談詩稱幼華不絕口。余獨愛其五言古詩，何也？詩莫難於五言古，用兵攻堅則

瑕者堅,幼華攻堅而堅潰矣,瑕之迎刃而解可知也。李于鱗謂‘唐無五言古詩而有其古詩。陳子昂以其古詩爲古詩,弗取也’。由余觀之,子昂《感遇》諸作,格韻去漢魏不遠,已爲于鱗詬屬;而唐之詩人,首推杜子美。《鐵堂》《法鏡》《青陽》《白沙》《水會》及《出塞》《石壕吏》《潼關吏》之什,尚髣髴漢魏,可與子昂《感遇》相頡頏;而《北征》《奉先詠懷》雖淋漓詳盡,風雅之道蕩然破壞矣,此于鱗所謂‘唐無五言古詩’也,五言古詩之難如此。幼華五言古詩簡勁閒遠,意思俱在句字之外,頗得漢魏遺矩。其模杜者,亦《鐵堂》《法鏡》《青陽》《白沙》《水會》《出塞》《石壕吏》《潼關吏》之類耳。難者既工,他體固佳,率人之所能爲者,不足論也。幼華生長秦中,少登進士,發憤治詩;至廣陵;以其甲辰、乙巳兩年詩授梓,而丙午春詩附之,余掇其要義著於篇。康熙丙午孟夏艾陵居士雷士俊序。"(《艾陵文鈔》卷六)

按:雷士俊《序》本應爲王又旦詩集最早的刻印本,今已不存。王士禛七卷評選本《黃湄詩選》,甲辰、乙巳、丙午詩歌之編選,與此本是否有關,亦不得而知。

雷士俊(1611—1668),字伯籲,號艾陵;因築室揚州艾陵湖上,世稱"艾陵先生",室名莘樂草堂。祖籍陝西涇陽,祖父輩業鹽揚州,遂寄籍揚州。與孫枝蔚爲兒女親家。幼讀書,善作文,以商籍爲諸生,名列第一。入清不仕,專力經史,潛研理學,工詩文。康熙丙午前後結識王又旦。與王士禛、孫枝蔚、王巖、汪懋麟、李驎、王士禄、李沛、李沂、李瀚、龔賢、袁繼咸等交遊唱和。古文創作主張"文道並重",作詩則强調"發乎性情""準乎義理"二者並重,在當時詩壇文壇上皆有較大影響。著有《艾陵文鈔》十六卷《詩鈔》二卷《補遺》二卷、《通鑑紀事本末摘要》二卷、《左傳分國紀事本末》二十二卷、《文獻通考鈔》二十四卷、

《傳心録》一卷等。生平見李驎《雷艾陵先生傳》(《虬峰文集》卷十
六)、王巖《清處士雷君伯籲墓誌銘》(《艾陵文鈔》卷首)、李沂《雷伯
籲詩稿序》(《鶯嘯堂集》"序")、李蘇輯纂《(康熙)江都縣志》卷八
"名儒　　雷士俊"條、《留溪外傳》卷四"理學部　　雷艾陵傳"、黃
之雋等編纂《(乾隆)江南通志》卷一百六十八《人物志・隱逸》
一"揚州府　　國朝"、《(乾隆)江都縣志》卷二十五"人物隱逸"、
《皇明遺民傳》卷五、《國朝耆獻類徵》卷四百二十八、《碑傳集》
卷一百三十九、《碑傳集補遺》卷三十六、《明詩紀事・辛籤》卷
三十一、宋伯魯總纂《(宣統)涇陽縣志》卷十四《隱逸》"國朝"、
宋伯魯等纂《續修陝西通志稿》卷七十六"人物三　　列傳三"、
《清史列傳》卷六十六《儒林傳上一》"芮長恤"附等。雷士俊有
《王幼華詩序》《送王幼華歸秦》等作品傳世。

約在本年秋，王又旦赴海陵，吳嘉紀有詩相送。遊至吳門，曹玉珂
有詩問候。

　　吳嘉紀《送王黃湄之海陵》："是我還家路，扁舟汝獨行。干
人初短氣，去國各含情。海水孤城暗，霜風一雁鳴。此鄉稱僻
壤，誰更識虞卿。"(《陋軒詩》卷三)

　　按："海陵"，今江蘇泰州。"虞卿"，趙國中牟(今河南鶴壁)
人，戰國時期著名策士。善於戰略謀劃，長平之戰前極力主張
趙國聯合楚、魏，迫秦求和；邯鄲解圍後，力斥趙郝、樓緩的向秦
求和主張，力主以趙爲主，聯合齊、魏抵抗秦國。後因拯救魏相
魏齊之故，拋棄高官厚祿離開趙國，困頓終老於魏都大梁(今河
南開封)。

　　曹玉珂《聞幼華寓吳門寄訊》："日落峩山外，蒼然遠望迷。
誰能離薄俗，君自出長堤。夢擁秋風轉，書旋曉月低。吳門訪
市隱，滿載有新題。"(魏憲《百名家詩選》卷八十五"曹玉珂")

　　按：曹玉珂寄詩時身在何處，不得而知。"吳門"，今江蘇蘇州。詩之作年不詳，姑繫於此。

　　曹玉珂（1617—1677），字禹疏，號緩齋，又號陸海，陝西富平人。生於崇禎二年前後，順治十六年進士，與李念慈、曾畹、莫大岸同年。康熙六年始任壽張（今山東聊城陽穀縣境內）知縣，政尚廉平；後擢授中書舍人（見《漁洋精華錄集注》之《和曹陸海舍人壽良懷古二首》"丙辰"惠棟注詩題引《壽張縣志》）。與曾畹等交遊唱和。著有《緩齋初集》《緩齋二集》，較爲稀見。此外，尚著有《祥刑錄》《歷代治河奏議志》《左國史漢臆評》《大河志》《史論》《事論》《雜論》《終華仙跡志》等。《（乾隆）富平縣志》卷七載："（曹玉珂）授壽光知縣，政尚廉平。召擢中書舍人，卒於官。棺衾不具。王又旦哭以詩曰：'家無舊業曹京兆，世有君才止舍人。'"生平見汪琬《緩齋記》（《堯峰文鈔》卷二十二）、楊端本《中書科中書曹公墓誌銘》（《國朝文匯·甲集》卷十一；亦載《清文海》）、《（乾隆）富平縣志》卷七《人物志》"本朝"、《國朝詩人徵略》卷六、《國朝書人輯略》卷二、《書林藻鑑》卷十二"清"等。

遊歷吳門時，冒襄曾題詩歌詠王玉死節事。

　　冒襄《烈女詩爲王幼華進士幼妹賦》："夏陽女子勝男兒，樹節全身事亦奇。豈畏金刀懸虎氣，故從眢井葬蛾眉。百年未遂紅絲願，一代看垂黃絹碑。遙望秦川三尺土，不因青塚使人悲。"（《巢民詩文集·詩集》卷五"七言律"）

　　按：冒襄詩作年不詳，如皋地近吳門，遊歷時或與冒襄交往，姑附於此。冒襄（1611—1693），明末清初文學家、戲曲家、書法家、文物鑑賞家。小名繩繩，字辟疆，號巢民、樸庵、樸巢，晚號靜茶老人，私謚潛孝先生，南直隸揚州府泰州如皋縣（今江蘇如皋）人。先世爲蒙古貴族。父冒起宗，明末副使。早慧，十

歲能作詩，書畫巨擘董其昌比之以"初唐四傑"之一的王勃，對
其稱譽不絕。十四歲刊刻詩集《香儷園偶存》。曾先後受知於
董其昌、陳繼儒、范景文等名公鉅儒。自天啓七年至崇禎十五
年間，應試金陵六次，皆落第，僅以乙榜兩中副車。史可法曾以
人才薦舉，特疏辟爲監軍、御史；學臺也交牽推轂，皆辭謝不就。
崇禎十六年(1643)，朝廷以恩貢特用爲台州司理，未赴任而甲
申之變起。明亡後，因躲避戰亂，先後逃難至揚州、鹽官，兩年
後始歸鄉，隱居不仕，而名聲愈益彰著。入清後，康熙時屢次以
山林隱逸、博學鴻詞舉薦，藉故拒不應召。辟疆生平好施，交遊
廣泛，與名士如毛晉、吳偉業、李漁、黃周星、余懷、尤侗、俞錦
泉、葉奕苞、張潮、王士禛、陳維崧、鄧漢儀等皆有交往。爲人落
拓不羈，與金陵名伶李湘真、顧眉(橫波)、李宛君、李香君、王月
生、丁繼之、張魁、柳敬亭、蘇昆生等交往甚密；與蘇州名媛陳圓
圓、秦淮名妓董小宛情意更深，後經錢謙益斡旋，與董小宛終成
秦晉之好。冒襄蓄有家樂，先後排練的傳奇與雜劇作品有《西
廂記》《王粲登樓》《秣陵春》《琵琶記》《浣紗記》《清忠譜》《燕子
箋》與"臨川四夢"等，主張"劇而正言之"，提倡戲曲應關係國計
民生。曾請名曲師蘇昆生、原阮大鋮家樂主朱音仙、名伶陳九
爲家樂教主，訓練出徐紫雲(雲卿)、楊枝、秦簫、陳靈維(陳九之
子)、小徐郎、小楊枝、金菊、金二菊等著名演員。對《邯鄲夢》
《秣陵春》《清忠譜》的評論，獨具慧眼。一生著述頗豐，傳世《先
世前徵録》、《樸巢詩文集》十三卷(《詩集》六卷《文集》七卷)、《樸巢
詩選》不分卷《文選》五卷、《水繪園詩文集》若干卷、《影梅庵憶
語》一卷、《寒碧孤吟》一卷、《六十年師友詩文同人集》十二卷，
及傳奇《樸巢記》《山花錦》兩種等，編纂《岕茶彙鈔》等。生平見
冒念祖《巢民先生像》(《同人集》卷首)、盧香《冒巢民先生傳》(《同人

集》卷首)、韓菼《潛孝先生冒徵君墓誌銘》(《有懷堂文稿》卷十六"墓誌
銘二";亦見《同人集》卷首,題作《冒潛孝先生墓誌銘》)、《清代學者象傳》
(第一集)"冒襄"、《清史稿》卷五百一《冒襄傳》、《清畫家詩史·
甲上》"冒襄"條、冒廣生編《冒巢民先生年譜》(載《清初名儒年譜》)
等記載。其子冒穀梁、冒青若,亦頗有時名。

秋冬之交,遊浙江嘉興海寧鹽官鎮,登秦駐山。同時,或有杭州靈隱寺之遊。

　　《鹽官雜興四首》:(其一)"陸欲策乘風先景之良馹,水欲
駕蘭漿桂棹之輕舟;朝飛輇孟諸之廣野,夕掛席江漢之清流。
生平閱歷苦未多,我聞驪衍大九州。家人但望安舖糜,此事難
同妻子謀。海雲生處光潑眼,方丈銀臺殊可求。"(其二)"景光
不可駐,紅顏日夜凋。煉金餐玉空爾爲,追思往事心鬱陶。我
登秦駐山,人言祖龍欲駕巨浪作長橋。三山神人望不見,流波
終古白蕭蕭。"(其三)"生來未見日出海,朝登堤岸增彷徨。窮
髮仿佛雲霞紫,須臾上下搖紅光。借問東皇誰促迫?鞭打六
龍太匆忙。平旦居人開闤闠,六街車馬紛揚揚。自我出門已
經三百日,日日驅逐大道傍。"(其四)"晨出步城南,城南棧棧
多莓苔。昔人負高調,在此延望,但見野木風號鳥鴟鴟。成連
何處尋爾師,如何至今不知回?雲烟莽闊白日凍,陰風常起伯
牙臺。千載尚有憑吊客,山徑時時騎馬來。"(《黃湄詩選》卷二《涉
江集》)

　　　　按:"鹽官",位於浙江嘉興海寧市境內的著名古鎮,因瀕臨
錢塘江入海處,自古爲觀潮勝地,爲中國著名潮鄉。"秦駐山",
又名秦望山、秦徑山,俗稱秦山,位於浙江嘉興海鹽縣境內。元
《(至元)嘉禾志》卷四引《輿地志》云:"秦始皇遊登此山,因名。"
"我登秦駐山,人言祖龍欲駕巨浪作長橋"即取義於此。

《靈隱寺》:"碧殿金鋪十二重,講筵坐繞百芙蓉。道人不解風旛動,獨愛門前六二峰。"(厲鶚編纂《增修雲林寺志》,載杜潔祥主編《中國佛寺史志彙刊》,明文書局 1980 年據錢塘丁氏嘉惠堂光緒十四年刊本景印)

按:詩未收入《黄湄詩選》,作時不明。"靈隱寺",即"雲林寺",位於杭州西湖靈隱山上,二者的淵源關係見明文書局版《增修雲林寺志》卷首的相關説明文字。王又旦本年有鹽官之遊,杭州與其地毗鄰,西湖之遊似應在情理之中,故繫年如此。

王又旦南遊期間,曹玉珂曾有詩《憶幼華南遊用玄暉體》表達思念之情。

曹玉珂《憶幼華南遊用玄暉體》:"秋光欲續冬,蕭颯正秋餘。雲集晚霜隔,禾收平野舒。寥寥此時望,余心將焉如。既憂寒苦逼,復驚歲月除。感歎同懷子,南州何處居。"(魏憲輯録《百名家詩選》卷八十五)

按:其中有"秋光欲續冬,蕭颯正秋餘""雲集晚霜隔"語,詩應作於深秋之時,具體年份待考,姑繫於此。

孫枝蔚從歷陽回到揚州,有詩感慨其生平遭際之坎坷。

《孫豹人自歷陽歸廣陵三首》:(其一)"我自故鄉來,征車歷崎嶇。逝將尋夙好,執手追歡娛。浮雲起中庭,變化在須臾。款門人不見,依然天一隅。淅淅江上風,迢迢歷陽途。努力爲八口,勞子衰暮軀。"(其二)"湖海雖遼闊,仳離未云久。不謂再相見,形容增老醜。中藏千萬言,一時難遽剖。囊底探餘錢,入市沽濁酒。爲歡夜遂深,秋月上高柳。來朝舉火艱,四壁仍相守。"(其三)"項羽迷陰陵,悲風夜嗚咽。更聞蘆中人,佝僂心欲絶。一死一倖生,遐哉皆人傑。此地困英雄,吊古中心熱。君奚至此邦,生理亦難説。空有詩百篇,奇矯不可滅。"(《黄湄詩選》

卷二《涉江集》)

　　按：其中有"淅淅江上風""秋月上高柳"，詩應作於初秋。"歷陽"，位於今安徽和縣境內。孫枝蔚集中與歷陽有關的作品有：《江浦至和州途中作》(《溉堂前集》卷二"五言古詩　乙巳")、《輓方退谷客死歷陽次州守楊仲延韻》(《溉堂前集》卷三"七言古詩　乙巳")、《登歷陽城樓有感》、《歷陽懷古四首》(《溉堂前集》卷八"七言律詩　乙巳")、《吊張文昌遺宅》(《溉堂前集》卷八"七言排律　乙巳")。"項羽迷陰陵"，"陰陵"，位於今安徽定遠縣西北，似爲孫枝蔚自歷陽所經之地。《史記》卷七《項羽本紀》載："項王至陰陵，迷失道。"

九月九日，漫遊至南京，與方文諸人登金陵木末亭，謁景公祠。

　　《重陽過長干謁景公祠》："真寧夫子今何處？讀史吾嘗憶往時。九日登臨披草拜，百年松檜使人悲。義同荀息情先苦，計託專諸恨已遲。石子岡頭黃菊綻，不堪尊酒酹靈祠。"(《黃湄詩選》卷二《涉江集》)

　　按："長干"，古建康里巷名，位於今江蘇南京境內。"景公"，即景清，本耿姓，訛景，陝西真寧(今甘肅正寧)人。明洪武進士，官至御史大夫；後欲於早朝時行刺成祖，被執，搜之得所藏刃，遂被殺，誅十族，株連及其鄉人。

　　方文《九日登木末亭飲景公祠同游者郃陽王幼華崑山徐揚貢繡水王左車新安方寶臣程子介》："九日年年不肯晴，今年九日最晴明。兒童相率登高去，老子何妨挈伴行。萬木全凋因世難，雙祠重搆見民情。皇圖霸業俱荒草，不朽仍歸烈士名。時方、景二公祠新成。"(《嵞山集·再續集》卷四"七言今體")

　　按："木末亭"，在南京鍾山西北方向古長干里附近(今中華門外的雨花路東側)，地近明忠臣方公祠、景公祠。"方公"，指

明建文帝時侍講學士方孝孺；“景公”，指建文帝時御史大夫景
清，靖難之役中皆因不屈於燕王朱棣（即後來的明成祖），而遭
遇滅族之災。清初余賓碩《金陵覽古》“木末亭”條載：“又北登
木末亭，亭在木末之上也。亭東有方正學祠，祠中門牖皆北向
孝陵，今燬而更作，非復古制。亭下有景忠烈祠。忠烈遜國後，
其死尤烈。”“徐揚貢”，指清初學者徐與喬，字揚貢，江蘇崑山
人。順治中進士，後絕意仕途，採擇評注經、史二部，名曰《經史
辨體》，另著《增訂詩經輯評》；事跡見《（乾隆）江南通志》卷一百
六十五《人物志》。“王左車”，指王輔，字左車，浙江秀水（今浙
江嘉興）人。與李漁、方文過往甚密。王輔與其子王概等父子
四人篤行嗜古，兼及詩畫，有一時之名。“方寶臣”，指方淇蓋，
原名兆瑋，又名夏，字寶臣，江南新安（今屬安徽黃山市）人，著
有《岫園詩稿》。“程子介”，生平不詳。

　　方文（1612—1669），字爾止，原名孔文，後改名文，明亡後
更名一耒，字明農，號嵞山、淮西山人、忍冬，出身安徽桐城大
族，爲“明末四公子”之一的方以智堂房六叔。其父方大鉉明末
官至户部主事，其妻爲左光斗之女。方文七歲喪父，以遊食、行
醫、賣卜爲生。明末天啓諸生。曾與錢澄之、孫臨等人結澤社，
亦曾交遊復社、幾社中人。清軍入關後，隱居於金陵，與林古度
爲詩友。晚年歸鄉，專心著述，康熙八年秋客死蕪湖。其詩淺
顯樸實，平淡沉鬱，自稱“布衣自有布衣語”（《竹枝詞》其一.《嵞山
集•續集》“北遊草”），“有唐詩人累千百，我獨師承杜與白”（《崔李
行》,《嵞山集》卷二），多抒性靈，中寓悲慨，時稱“嵞山體”（潘江《〈徐
杭遊草〉跋》），頗得著名詩人錢謙益、吳偉業、龔鼎孳、施閏章、陳
維崧、朱彝尊等的好評，與方世舉、方貞觀並稱“桐城三詩家”或
“方氏三詩人”。孫枝蔚《題嵞山詩卷首》中稱譽其詩云：“看似

尋常最奇崛，成如容易却艱辛。崙山詩合荆公語，輕薄何勞哂
古人。"(《溉堂續集》卷一)明末即已詩名遠揚，錢謙益曾爲其詩集
作序。康熙二十八年，其婿王概，將其詩與孫枝蔚、姚佺詩合刻
爲《三家詩》二十一卷。因與陶淵明、杜甫、白居易同屬壬子生
辰，故請畫師作《四壬子圖》以寄仰慕之情。與吳應箕、阮大鋮、
陳子龍、楊文驄、余懷、龔賢、王士禛、孫枝蔚、吳嘉紀、周亮工、
李良年、曾燦、潘江、沈泌、陳名夏、徐釚、宋琬、蕭云從、方拱乾、
李楷、紀映鍾、吳易、沈自炳等交遊唱和。著有《崙山集》十二卷
《續集》四卷《再續集》五卷、《説文條貫》十八卷、《六書貫》、《批
杜》、《杜詩舉隅》(已散佚，今人童岳敏有《方文〈杜詩評點〉輯録》，載《古籍
研究》2014年第1期)、雜劇《六聲猿》(未完成)等。編選《訓雅》等。
生平見朱書《方崙山先生傳》(《崙山集》卷首附)、王士禛《感舊集》
卷七、陳維崧《篋衍集》卷三、《皇明遺民傳》卷三、《明詩紀事·
辛籤》卷二十二、《國朝耆獻類徵》卷四百七十三、《本朝名家詩
鈔小傳》卷一"《崙山詩鈔》小傳"、馬其昶《桐城耆舊傳》卷七、陳
衍《感舊集小傳拾遺》卷三、《清詩紀事初編》卷二《前編下》、李
聖華《方文年譜》等。方文詩作年不詳，姑附於此。

深秋，登燕子磯，有詩懷王士禛。

　　《登燕子磯有懷儀部阮亭兄》："小艇依寥岸，繫纜企崩石。
獨陟俯寒潮，倒景一千尺。秋氣森已深，山容澹將夕。紅葉滿
亭皋，惆悵長干客。"(《黃湄詩選》卷二《涉江集》)

　　　　按：王士禛上年七月，自揚州"登舟北行，諸名士祖道於禪
智寺，碩揆禪師方丈有《禪智唱和集》"(《漁洋山人自撰年譜注補》卷
上"康熙四年乙巳"條)。

爲戴蒼繪郝士儀小像題詩，同時題詩者有方文、吳嘉紀等。

　　　　孫枝蔚《爲郝羽吉題小像有序》"序"中云："戴葭湄爲郝羽吉

畫小像。……方爾止、吳賓賢、王幼華各題詩其上，羽吉將之蕪
陰時，留此圖索予題諱名所。獨予每臨左（太沖）詠，輒增躊躕，
因而閣筆三年餘矣。辛亥秋始與郝重相聚江都，責及宿逋，既
不可卷還前畫，不得已因其歸來，却更爲《遠望當歸圖》，賦成與
之。”（《溉堂續集》卷四“辛亥　五言古詩”）

　　按：王又旦詩今不存。孫枝蔚《爲郝羽吉題小像》“序”中有
“閣筆三年”“辛亥秋”云云，辛亥逆推四年，應在本年年初或上
年年底。王又旦《題路振公虎丘烟雨圖二首》云：“別來莫怪朱
顏改，客去江南十二年。”（《黃湄詩選》卷六《芝陽集》）此詩作於康熙
十七年（1678），逆推十二年，正當本年。汪楫《懷王大幼華》：
“燈前憂白髮，雪裏渡黃河。”（《悔齋詩》“五律”）蓋其歸期在深冬時
節，題詩則應在此前。“蕪陰”，安徽蕪湖之別稱。

本年，同“五友”之一的郝士儀登臨康山，懷古飲酒。

　　《康山與郝山漁》：“望遠得高丘，幽徑入間閒。傳聞康對
山，此地曾遊宴。趿脚彈琵琶，理照自疏散。往事不可追，登陟
興遥嘆。憶昔尋遺蹤，騎馬武功縣。滸西野菜黃，古墓碑文斷。
大雅久汩没，太白霞空爛。廣陵逢故人，攜樽俯江岸。荒榛來
寒風，老竹挺修幹。一杯酹先生，耿耿視霄漢。”（《黃湄詩選》卷二
《涉江集》）

　　按：“康山”，王士禎《登康山有感》題下注：“對山罷官後南
遊江淮，嘗彈琵琶於此，山固得名。”（《帶經堂集》卷十八“漁洋詩十
八”）“對山”，即康海，字德函，號對山，陝西武功人，傳説康山得
名即與其有關。“滸西”，村名，位於乾州武功（今陝西武功縣）
境内，康海家鄉，其別號滸西山人即緣於此。

清聖祖康熙六年　丁未（1667）　　三十二歲

五月，離開揚州歸鄉，雷士俊有詩爲其送行。

雷士俊《送王幼華歸秦》：“故人西歸去，五月天方熱。中途多險艱，單車向嶔崟。火雲照烈日，遊子正饑渴。庭樹綠陰濃，執手難爲別。近詩推秦風，高古比駉騵。我友有新篇，字字皆白雪。”（《艾陵詩文鈔·詩鈔》卷上）

按：詩中有“故人西歸去，五月天方熱”“火雲照烈日”諸語，與第一次歸鄉節令不合，其中亦有“近詩推秦風，高古比駉騵。我友有新篇，字字皆白雪”語，其作時應在《王幼華詩序》後，故繫時如此。

自揚州回歸途中，曾經過洛陽，有《宓妃祠》詩。

《宓妃祠》：“洛神不知何女子，何年入洛爲洛神？何年文履出素波，鱗車委蛇洛水濱？我來稅駕三川地，見形不得思其意。飄忽應與雲霞俱，白日冥冥一高勢。”（《黃湄詩選》卷二《涉江集》）

按：“宓妃祠”，故址位於今河南洛陽東關銅駝巷，古時曾爲少年浮浪子弟冶遊之地。

約本年夏秋之交，作《雜興十首》詩。

《雜興十首》：（其一）“日出明霞高，抱書臥前軒。點勘方未已，饔人進朝飧。粗糲妨口齒，一飽豈復論。上衣少完褐，下衣少複褌。取笑室中婦，屢詰我無言。疏桐蔭空階，還坐桐樹根。俯仰驗苦樂，磨礪古所敦。掬水吾知寒，向日吾知溫。君言徒爾爲，匪我心中存。”（其二）“雨後涼飆生，夏夜亦凄緊。我心如斗柄，盤轉何能盡。衆星燦其光，孤月照虛牝。林端百蟲起，飛揚薄修畛。嘈嘈攪我眠，局促良可憫。蓬壺豈不闊，難結雲外軫。”（其三）“漸長讀詩書，十載臥山樊。日長我知飢，日短我知寒。方鑢追古人，中夜亦不閒。可憐挈瓶子，去去不一觀。張里醫牛馬，濁氏工炙燔。鼎食列緹綺，歌鐘徹高天。飛鞚獵原陸，皆稱諸君賢。江河東南流，浮雲變無端。升沉誰能詰？今昔靡不然。棄置復棄置，蓬蒿聊可安。"（其四）"蓽門槐蔭清，野壠青苔柔。荷鋤守舊轍，貧家無外求。孤雲歸空山，山前澗水流。平心愜微願，選念亦自由。紛吾涉塵鞅，無端生百憂。舉步皆谿壑，念往多所尤。譬之御駃騠，一縱不得收。慷慨欲置之，反顧還夷猶。"（其五）"兩富不相容，兩貴不相安。田竇搆禍時，聲名滿八川。烈火雖烜赫，無薪亦不然。蟻壤頹高丘，事起豈無端？志變隟遂深，時積中更堅。薄俗快人仇，誰背相周旋？俠哉灌仲孺，千古稱爾賢。"（其六）"入水斬長蛟，上山搏猛虎。周處重氣節，英聲薄往古。鳳凰沂波濤，奔騰馳林莽。當其相持時，此身不自主。西鄰荷蓧翁，小心守舊矩。柴扉永日關，不受異物侮。"（其七）"少小好學道，中歲買雙犢。課奴理新畬，晨駕出喬木。繁星尚未落，山遠多如簇。自笑昧土宜，隨意指川陸。五畝種蒲稗，十畝種麥菽。蒲稗堪作甤，麥菽堪作粥。老農爾母誚，吾將遂初服。"（其八）"三伏暑未闌，薄雲何晶晶。高風吹古樹，新蟬日夜鳴。氣候西北早，眺聽使人驚。沈憂損積懷，烈士多所營。努力在盛年，三十無令名。磬礴我自餙，容與事遲征。豈能負長鑱，采采山中英。"（其九）"溝塍草已黃，禾稼初垂穎。結實若自得，遠望真多幸。暴厔憫昔勞，荷鋤念前猛。桔槔傍石泉，日日懸修綆。新雨暑氣消，近秋溪光冷。樹隙出嵐靄，澗底布藻荇。婉孌夕益佳，徘徊時更永。歸來臥藤床，獨歌勸椏瘦。野色遠沉沉，窗月白冏冏。聊可肆愉悅，宴息畢夜景。"（其十）"蔡澤耽長辨，於道或未聞。抗言代應侯，逸氣過人群。朝緤秦王組，暮臥南山雲。悠悠當世士，卷舒不如君。櫪

馬懷野草,蓼蟲避清芬。岐路生萬慮,分馳一何勤。東林有明
月,垂光我所欣。"(《黄湄詩選》卷一《山中集》)

　　按:詩中有"努力在盛年,三十無令名",結合其行跡,詩應
作於本年。"雨後涼颷生,夏夜亦淒緊""三伏暑未闌,薄雲何晶
晶。高風吹古樹,新蟬日夜鳴。氣候西北早,眺聽使人驚""溝
塍草已黄,禾稼初垂穎""新雨暑氣消,近秋溪光冷",皆表明時
當夏秋之交。

初秋,過韓城,登龍門山,後又赴太行山,有詩懷劉體仁。

　　《龍門》:"清曉望陘峴,褰裳越谿壑。叢薄遠難識,雲水勢
相錯。遂登龍門山,雙崖橫大漠。怒濤如奔駟,百折天外落。
初秋氣漸爽,高風亦間作。秦野忽黯慘,坤軸失寄託。傾耳聆
喧豗,登臨翻不樂。吾家大河濱,臨流看寥廓。豈期石逕轉,一
縷自噴薄。行矣重回首,三歎念疏鑿。"(《黄湄詩選》卷二《涉江集》)

　　按:詩中有"初秋氣漸爽,高風亦間作。秦野忽黯慘,坤軸
失寄託"語,時令當在早秋。"龍門山",位於陝西韓城市與山西
河津市交界處,黄河流經此處,河道變窄,號稱"龍門",山亦因
此得名,即傳説中"鯉魚跳龍門"之所在。

　　《入太行山三首》:(其一)"驅馬東來道路長,平津萬樹鬱蒼
蒼。青天不斷寒山色,暮雨秋風過太行。"(其二)"一水縈迴鳥
路窮,孤村籬落倚秋蓬。款門欲乞山家飯,霜角哀鳴細雨中。"
(其三)"長平關外足寒雲,簫籟遥吹静夜聞。寂寞荒山秋色杳,
無人更説白將軍。"(《黄湄詩選》卷二《涉江集》)

　　《下太行望蘇門山懷劉比部公㦤》:"五日歷崛嶔,石子瘏我
馬。行行辭上黨,劃然開四野。叢條暮鳥歸,竹蔭飛泉瀉。修
阪何威遲,去來行旅寡。側身眺蘇門,百里見梧榎。故人慕張、
邵,樓此無知者。巖窐自北嚮,客路方南下。有懷不得往,羽翼

何當假。"(《黄湄詩選》卷二《涉江集》)

　　按:"蘇門山"。在今河南省輝縣市西北,《十道志》載:"蘇門山,一曰蘇嶺,俗又名五巖山。"孫盛《魏氏春秋》云:"即阮籍見孫登長嘯,有鳳皇集,登隱之處。故號登爲蘇門先生。"(《太平御覽》卷四十五"地部十")"劉比部公㦤",指劉體仁(1617—1676)(據1924年本《穎川劉氏族譜》),字公㦤,號蒲庵,原籍河南棣川衛,一作江南穎川衛(今安徽阜陽一帶)人。中崇禎乙卯河南鄉試第十二名。順治十二年進士。十六年任刑部主事,康熙六年丁未任吏部(考功)郎中。有家學,平生慕成連、陸賈、司馬徽、桓伊、沈麟士、王績、韋應物之爲人,命室名七頌堂,曾棄官從"北方孔子"孫奇逢求學。體仁喜作畫,鑒識甚精,又工鼓琴,與時人孫承澤以博古相高。與汪琬、王士禛友善,與傅山、王士禎、汪琬、宋犖、施閏章、陳廷敬、董文驥、陳僖、孫奇逢、孫洤等唱和交遊,與顔光敏等並稱"清初十子"。劉體仁有詩名,頗得王士禎好評,稱其詩"頗有奇句"(《居易錄》卷三)。又有評價云"與同時貼上、茗文諸鉅公稱詩日下,群英翕然宗之"(王柏心《〈七頌堂集〉序》,《百柱堂全集》卷三十四)。徐乾學《七頌齋詩集序》稱譽其詩"幽思奇語多在筆墨畦徑之外。若秋高木脱而白雲孤飛也,若濯足清泠踞石彈琴令人忘返也"(《憺園文集》卷二十)。著有《七頌堂集》十三卷(《詩集》八卷《文集》四卷《詞》一卷)、《七頌堂識小録》一卷、《七頌堂詩繹》一卷、《蒲庵集》等。生平見徐乾學《七頌堂詩集序》(《憺園文集》卷二十)、《(康熙)穎州志》卷十四《人物》"劉體仁行略"、《(乾隆)穎州府志》卷八《人物志》、《國朝詩人徵略》卷四、1924年刻《穎川劉氏族譜》、《清代七百名人傳》(第五編)"藝事　文學"等。

本年或稍早,范夫人歸王又旦,本年子王鷁出生。

《悼亡二首》（其二）中云："出關戀微禄，言涉漢水湄。歲歉鮮斗儲，官舍仍苦飢。三年雖困窮，燕婉不相離。……稚子甫三齡，童騃無所知。"（《黄湄詩選》卷三《漢渚集》）

按：詩作於康熙八年王又旦知潛江任上，其中有"三年雖困窮""稚子甫三齡"語，逆推三年，約在本年或稍早。

《哭鶒兒四首·序》："鶒八歲。甲寅正月避亂西歸，三月以疾殤。次年余始返里，哭於墓。"

按：甲寅年王鶒八歲，逆推八年，即本年。

清聖祖康熙七年　戊申（1668）　　三十三歲

約上年年底或者本年年初，授職湖北潛江縣令。

姜宸英《户科掌印給事中黄湄王公墓表》："已相別十年許，聞其爲令潛江，有治績，如古循吏。"

《（康熙）潛江縣志》卷十一《秩官志上》："王又旦，康熙七年任，以推官改授。"

《（乾隆）郃陽縣全志》卷之三《人物》"國朝"："康熙七年，授湖廣潛江知縣。"

錢林《文獻徵存録》卷十："（又旦）當授推官，未除，改知潛江縣。"

按：依《潛江縣志》所云，則王又旦任職潛江之前，任過推官，不確。李楷《王母康太君墓誌銘》則記載："（康太君）子三人，長曰又旦，進士，候選司理。"其事未見其他文獻記載，不得其詳，待考。

二月八日，郭傳芳到任郃陽縣丞，興縣廟學修復之事；約三四月間，王又旦作文紀其事。

　　《重修郃陽縣廟學記》："爲政有法，法之善者，愚人可以守；爲法先教，教之善者，歷千百年而長治。故古人立學，所以爲教訓之。以孝友嫺睦之旨，以馴其性；性馴，則化洽；化洽，則教成；教成，則無餘法。山谷之鳥，初入樊籠，習習觸其四隅，氣結煩沖。久之，念稻粱之恩也，放之而不去。其性既馴，而於中無所不足也。然則古人之先務可識矣。今天子甫親政，即議幸學，天下熙熙然知望人之右文。而侯甸之外，不無沿衰弊而蹈陋習者。郃陽之學，素稱閎麗。東偏啓聖祠，日久不理，棼橑漸頹。舊有尊經閣，爲邑大觀，鞠爲茂草，官是土者，足跡不至其地。或至其地，亦將視補葺爲迂務，辭以不暇。康熙七年二月八日，雲州郭公九芝以萬年丞來視郃篆，次日既謁廟。見其狀，憂甚，急白於撫使者。其言曰：'孔子志在《春秋》，行在《孝經》。未有自居廣廈而使父露處者，其何以立教邪？'因請邑城舊貯之貲，許之。乃庀木石，施塗墍，復計會尊經閣之費不足，議捐不足，再議捐。不兩月，梁蓬蓬然，戶轕轕然，以次告成。嘻，公之舉所謂行古之道乎！古者大致如鄉飲禋祀，老老用賢，勸耕治兵之法，皆寓於學，明其勸獎而昭其董戒，後人浸隳，春秋二仲率僚屬修祭享之文而已。王荆公謂：'今世無學而有廟。'郃之無學有廟久矣。又漸漬而廢其廟，使杏壇一席，卑於梵刹，何政令之穩邪？郃俗樸且僻，樸故於性爲近，僻故於聞見爲寡。今既啓其廟，將將翼翼矣。因使鄉遂鄰鄙之士，群聚講舍，敦人倫以厚原本，而即習《詩》《禮》六藝之文，弦歌羽籥之節，進退升降揖讓之容，以慮天子重學崇儒之意。必有如前民薛瀋、岳崧輩以起者，是因有廟而遂至有學，郃人士其亦知所務哉。先是，公在萬年，大司農賈公苦秦無水利，欲修東郊龍首故渠以利民，經歲不就。公率役開濬，齋戒爲文告神，遂竣。又奉命修

《關中通志》,上下數千年,記其人物、節義、土産、地利,與夫因革、興衰之故,聲名溢於郡。至是代吾邵,清賦役,易風俗,除關門芻豆之累,爲人立法,人歌於塗。而初下車,先理學宮爲設教之端,則所謂有道者矣。"(吴泰來纂《(乾隆)同州府志》卷四十七《藝文六》)

五月五日在家,有詩寄郃陽掾郭傳芳,時當赴任潛江知縣前夕。

《五日寄郭九芝時余將之潛江》:"依微緑樹滿城隅,隱几堂前見燕雛。地僻唯懸長命縷,時平何必辟兵符。十年懶慢空登閣,一日風帆欲泛湖。舊事無端懷屈、宋,此行江上采蘼蕪。"(《黄湄詩選》卷一《山中集》)

按:詩題中"五日",指端午;其中"地僻唯懸長命縷,時平何必辟兵符",皆端午民俗事項之内容。詩題"將之潛江",其中"十年懶慢空登閣"句,皆表明此時王又旦尚居鄉里。"一日風帆欲泛湖""此行江上采蘼蕪",則是對即將赴任途中情景的想象之辭。"長命縷",據應劭《風俗通義·佚文》載:"五月五日以五彩繫臂者,辟兵及鬼,令人不病瘟,又曰亦因屈原。"周處《風土記》曰:"(百索)一名長命縷,一名續命縷,一名辟兵繒,一名五色縷,一名五色絲,一名朱索。""辟兵符",見葛洪《抱朴子·内篇》卷十五《雜應篇》:"或問辟五兵之道,抱朴子曰:'……或以五月五日作赤靈符,著心前。'""十年懶慢空登閣",指作者自進士登第到本年已經十年。《黄湄詩選》詩歌的排序並非完全按照創作時間的順序,此詩收入卷一《山中集》中,即是一個顯著的例子。

郭傳芳(?—1669),字九芝,一字獻素,山西大同威遠衛人。順治戊子拔貢,授咸寧縣丞。康熙七年二月八日自萬年丞轉郃陽掾,著手主持修復郃陽廟學,三年後竣工。後授職長安掾,兩任俱有聲。十三年除富平令,值吳三桂之變,涼寇竊發,傳芳偵賊將入境,乘霧搗其巢,斬獲有功,時軍書傍午,傳芳轉輸有法,民不告勞。常語人曰:"爲百姓即爲朝廷。"聞者嘆服。陞四川達州知州,卒於任。與顧炎武、王弘撰、曹溶、李顒、李因篤、蔣薰、梁允植等有交遊。曾參與編修《關中通志》。蔣薰《聞郭丞傳芳去冬卒於咸寧令我惋痛遥賦輓詞一首》(《留素堂詩删》卷五"塞翁編")作於康熙庚戌(1670),從其中"去冬卒於咸寧"云云,可知其卒於康熙己酉(1669)。著有《郭傳芳集》五卷(見儲大文纂修《(雍正)山西通志》卷一百七十五《經籍志·集類》"國朝"),似不傳。生平見李因篤《奉直大夫郭公九芝墓誌銘》(載王霨纂《(雍正)朔平府志》卷十二《藝文志下·墓誌銘》)、鄭祖僑《郭九芝先生從祀關中名宦記》(載王霨纂《(雍正)朔平府志》卷十二《藝文志上·碑記》)、陳康祺《郎潛紀聞四筆》卷一"郭傳芳尊賢重道"條、譚麐編纂《(光緒)富平縣志稿》卷七《官師志》、《雪橋詩話續集》卷二等。

王又旦赴任之初,潛江即遭受水災。

《鬱彼三章》:(其一)"鬱彼崇山,其阿有湫。窈兮冥兮,蛟龍來遊。曾不崇朝,雲雨盈疇。我欲往觀,苦無乾餱。練志達誠,惝恍欲投。中路徘徊,明月在輈。其奚爲兮,曾莫我仇。"(其二)"鬱彼崇山,徑路回複。彈鳥於林,撾獸於谷。荆州梁野,其獲維速。以爾走險,供彼食肉。雖曰走險,供彼食肉。彼則不顧,曾不爾恤。其奚爲兮,嗟此輿僕。"(其三)"鬱彼崇山,有梧有楊。蔭莔覆蘭,其芬揚揚。不忍其芬,雜於衆荒。移於中衢,謀亦不臧。東家有圃,西家有場。鬻蔬入市,觀者如墙。其奚爲兮,乃同迷陽。"(《黄湄詩選》卷三《漢渚集》)

十月,孫枝蔚興赴潛江之念,汪懋麟作詩送別並呈王又旦。

汪懋麟《送豹人游潛江兼呈幼華明府》:"先生渭北老逸民,

何由久客楊子瀨。當時出游年最壯，清狂却戀江南春。手揮千金作豪士，目破萬卷輕時人。喪亂反遭世俗笑，昔日破産今常貧。閉門無事老詩賦，才力蓋代如有神。大名十年滿海内，結交諸侯稱上賓。高門肥肉雜大酒，泛愛難救昏與晨。有兄遠官屯留縣，去年霜雪衝車輪。俸錢攜來始買屋，與我對門爲比鄰。四時八節共杯酒，先生不韀亦不巾。生男既多女更大，向平之願不得申。今冬結束復入楚，此生何日遂歸秦。西江千里波瀾闊，北風十月肌膚皴。故人到處盡傾倒，潛江王宰情更親。文章交道自無匹，求之管、鮑真其倫。王宰王宰爾須念，先生雙鬢今如銀。但令身中有繪腹中實，誰復眼暗迷風塵。"（《百尺梧桐閣詩集》卷六）

　　按：詩中有"西江千里波瀾闊，北風十月肌膚皴""誰復眼暗迷風塵"語，皆表明時令當在十月。時孫枝蔚安家豐城，揚州似爲暫居之地，詩中"有兄遠官屯留縣，去年霜雪衝車輪。俸錢攜來始買屋，與我對門爲比鄰"幾句可證。"屯留縣"，位於今山西長治境内。孫枝蔚此次離開廣陵，應先回豐城，第二年三四月始出發赴潛江。

十一月始，爲杜絶水災，楚之荆、安兩郡復大興役，王又旦此時尚在病中，却堅持與民同住堤上，共築堤防。

　　《趦趄時患疾居堤上》："趦趄趦趄，滯於漢浦。十日遘疾，有懷自撫。塊鞠而宿，倚人而傴。不敢告勞，猶行中野。繁思無方，其紛如縷。矻矻揹揹，亦莫可補。荆棘刺天，平路伊拒。相彼詰曲，手無利斧。諓諓之言，孔多於下。不任我力，實來衆煦。求甘食蓼，不如種杜。庶幾旋歸，志在林莽。"（《黃湄詩選》卷三《漢渚集》）

　　《屯營堤歡二首潛江縣西北四十里》：（其一）"四月怒濤高，奇相亂南紀。圻岸無餘基，茫茫蕩風水。麥豆入渺漫，樹杪躍魴鯉。沱潛稱澤國，民力素窳呰。至今千里外，道路多轉徙。噂沓洵失計，忌醫養瘡痏。遂乘三冬涸，驅策薄修理。總總饑寒人，挾畚到江涘。斟酌啖餱糧，袒裸宿荒薧。殘黎能幾何，性命賤如蟻。”(其二)“一日築一寸，十日築一尺。校計尺寸間，民力無輕擲。北風起枯楊，凍雪黯沙磧。豈不懷宴安，長吏有促迫。少小習狂瀾，垂老苦行役。嗟爾河伯心，堅忍有如石。”（《黃湄詩選》卷三《漢渚集》）

　　按：《(康熙)潛江縣志》卷十《河防志》：“康熙七年，兩郡復大興役。知縣王又旦作《屯營堤歎》。”《黃湄詩選》卷三《後屯營堤歎三首》“序”：“歲戊申，漢水決。潛之屯營灣，十一月興築。”

本年，因勞累過度，范夫人染病。

　　《悼亡二首》：(其一)“陰雨無時歇，繞屋悲風高。婦病已經年，一夕如奔濤。萬事會有盡，數蹇豈得逃。死別今已矣，生時亦太勞。辟纑何曾辭，井臼躬自操。貧賤備艱辛，念往周纖毫。”（《黃湄詩選》卷三《漢渚集》）

　　按：《悼亡二首》作於康熙九年，從“婦病已經年”可知，范夫人約本年染疾，一年後不幸離世。“死別今已矣，生時亦太勞。辟纑何曾辭，井臼躬自操”，言其雖爲縣令夫人，操持家務却頗爲辛苦。

約在本年，譚篆作詩詠王玉死難事。

　　譚篆《夏陽王女許字韓原張氏子戊子罹寇亂全身投井以死時年十六今死且越十年餘矣其弟又旦成進士孝友至性感泣貞烈一時同人紀之以詩按又旦字幼華爲荆南大參集曰《黃崫山人》海內進士十才子其一也》：“關中昔喪亂，弱女義能持。枯井捐明鏡，清霜掩素眉。從容惟一死，感激不餘悲。衰草西風裏，淒涼有斷碑。”（《楚詩紀》卷七）

　　按：譚詩作年不詳，但最早應不早於本年，題中有"又旦字幼華，爲荆南大參"云云，王又旦本年始任潛江令，故云。題中"今死且越十年餘矣"似有誤，王玉罹難於順治五年（1648），距本年已二十一年。姑繫於此。譚篆，字玉章，號灌湘。與王吉人同篆《（康熙）安陸府志》三十六卷《卷首》一卷。生平見章鑣篆《（乾隆）天門縣志》卷十六、楊守敬等篆《（光緒）湖北通志稿》卷一百五十二等記載。

雷士俊卒。

清聖祖康熙八年　己酉（1669）　　三十四歲

任職潛江第二年。

四月二十九日，即將進入收穫之際，漢水決堤，潛江再次大面積遭受水災。有詩記水災事。

　　《後屯營堤歎三首》"序"："歲戊申，漢水決潛之屯營灣，十一月興築，余既作詩以紀其事。時荆人、郢人議協築，郡縣會勘，互有推諉，各持一論甚堅。工既興，屢促荆人不應，至次年四月二十九日又決，而荆亦爲魚矣。此堤數年業三潰，因悼居人之逃散，且棄成勞也，作《後屯營堤歎》。"（其一）"四月月晦北風急，十日淫雨地軸濕。堤上人家愁欲絕，渺瀰一陷嗟何及？須臾坼裂雲散亂，蛟龍震怒波濤入。挛茭沈璧吾不能，低頭墮淚江頭立！"（其二）"號屏乘勝白日伏，大麥萬頃看將熟。欲穫不穫付馮夷，老蛟得意上高木。嗚呼一堤潰三載，有田不勞植嘉穀。流亡獨厪官長憂，今年堤決無人哭。"（其三）"漢水浩渺勢亦太，郢中荆南共利害。前年爭論何斷斷，養虺成蛇理已昧。遂令兩郡值百罹，坤維震仄黿龍會。請君試登龍紀山，到處平

疇聞擊汰。龍山、紀山在荆州。"(《黃湄詩選》卷三《漢渚集》)

　　按：朱載震亦有《後屯營堤歎五首》詩(見《潛江縣志續》卷十《河
防志》)。

本年五月，水災依然沒有減退跡象，王又旦以遊戲的口吻作詩，贈
與好賭成性的友人莫與先。

　　《戲簡莫大岸》："野水滔天波浪白，壞我禾稼中不懌。簿書
盈案懶更開，願得快士爲博弈。莫子瑰異人不知，就局中夜費
刻畫。千場縱博無一勝，黃金已盡仍自適。高才昔日走中原，
詩句常卑鮑、謝格。身跨寒驢輸傭者，襆被獨作薊門客。丈夫
忍辱當如此，從此君名始通籍。讀書最喜袁彥道，脫帽呼盧衆
辟易。五月天氣殊清和，芭蕉葉厚榴花赤。聞君妙畫欲通靈，
何不攜來試一擲。"(《黃湄詩選》卷三《漢渚集》)

　　按：莫與先(1615—1696)，字大岸，一字秇子，晚號顧洏老
人(亦作"顧洏叟")，湖廣潛江古縣河(今運糧河)許家口北岸
(今莫家壋)人，明末"儒行之宗"莫汝嘉之孫，父邑庠生莫若智，
其侄莫之翰康熙年間官至通政大夫。順治戊子以拔貢入學國
子監，辛卯中順天鄉試舉，戊戌年三甲第一百一十六名進士，與
涇陽李念慈同年。曾任高邑(今河北石家莊高邑縣)縣令，第二
年因年近七旬的老母身患重疾而毅然棄官歸養。年七十時，遠
道赴江西白鹿洞書院從理學大家湯來賀學，士林傳爲美談。與
王士禛、孫枝蔚、胡承諾、朱載震、宋犖、王岱等有交往。文學方
面，與並世邑人張承宇(字幼寧)、劉肇國(字阮仙)、朱載震(字
悔人)齊名(甘鵬雲《〈潛江文徵〉自序》)。莫大岸有詩《題王黃湄擁書
萬卷圖》，見康熙十年鈔本《(康熙)潛江志》殘稿(《潛江舊聞錄》卷
四"朱悔人善畫"條載："莫大岸與先有《題王黃湄擁書萬卷圖》詩，注云：'是朱
悔人得意筆法。'")。孫枝蔚有詩《武昌遇莫大岸即送之遊江南》

《次韻答莫大岸見嘲》、胡承諾有《同龔次鴻朱顯功飲莫大岸高邑署中》《雨夜同莫大岸飲署中》《再飲署中留別》等。著有《今是堂集》《讀史樂府》《邠笈》《南坡詩抄》等。生平見自作詩《吾生篇》(《(康熙)潛江縣志》卷十九《藝文志上》)、張仲炘等纂《湖北通志》卷一百五十二《人物志三十　文學傳二》引《潛江志》等。孫枝蔚亦有詩《戲贈莫大岸》(《溉堂續集》卷二"己酉")。

　　"袁彥道",指東晉人袁耽,字彥道,陳郡陽夏人,官至司徒從事中郎。袁耽少時即豪爽不羈,《世說新語·任誕第二十三》中載:"桓宣武(溫)少家貧,戲大輸,債主敦求甚切;思自振之方,莫知所出。陳郡袁耽俊邁多能,宣武欲求救於耽。耽時居艱,恐致疑,試以告焉;應聲便許,略無嫌吝。遂變服,懷布帽,隨溫去與債主戲。耽素有藝名,債主就局,曰:'汝故當不辦作袁彥道邪?'遂共戲。十萬一擲,直上百萬數。投馬絶叫,傍若無人,探布帽擲對人曰:'汝竟識袁彥道不?'"

本年春夏之交,作詩《題鍾馗嫁妹圖》。

　　《題鍾馗嫁妹圖》:"雲霧杳冥變蒼狗,鬼物雜沓土囊口。鍾家女弟豔且都,可憐嫁作誰家婦?几杖床幃夾道陳,先期牽羊復擔酒。夜發度朔三百人,曷鼻魋顏無不有。十里喧呶不斷絶,儋荷殷勤少空手。畢方搥鼓魖蜮歌,相看未覺形容醜。山坳牛車聲轆轆,車中女郎佩瓊玖。縹軨輕轉何容裔,樂舞導前青衣後。青衣的皪亦不群,或抱琵琶或箕帚。身乘鼅鼄雉牛鹿,海銜水犀疾奔走。佳樹春山半蔽虧,曲折修途出花柳。鍾家老子大有力,驅策群妖世無偶。不煩葦索飼白額,一時異類皆回首。雙瞳炯炯頰骨方,騎驢最後踏林藪。馗乎馗乎須早行,天明日出君知否?"(《黃湄詩選》卷三《漢渚集》)

　　按:孫枝蔚《題王幼華明府所藏錢貢鍾馗嫁妹圖》:"月昏風

慘人不行,桃花如血柳如醒。四山鬼火照三更,終南進士袍靴明。怪爾何得爛用錢,女弟遠嫁心所憐。何處銀燈閃千年,誰家金椀出土鮮。無乃魍魎逞神奸,偷來媚汝送嬋娟。汝最正直定不然,花疑借神女所佩之幽蘭,燭疑剪古佛所坐之金蓮,竿用同心相結之松柏截爲竿,流蘇之帳乃高懸,盤用鬼血所化之瑪瑙琢爲盤。烏皮之几置中間,其餘筐筥錡釜無不全。明鏡有如月團團,箕斗有如星在天,衾枕床席無一不是紅所纏。今夕何夕嫁何方?親迎者誰,似是南山白石郎。郎乘青驄繫紫韁,舍睇宜笑侍女狂。侍女如雲妖且香,箇箇皆類虎丘娘。所騎怪獸那能詳,非熊非鹿山中王;如豚如黿色青蒼,形狀疑出海東洋。神荼鬱壘門前望,山魈擔酒魅牽羊。打鼓吹簫奏笙簧,鵁鶄惡鳥驚飛揚。朱陳古村近高岡,經過私路荊棘長。雄難一聲出短牆,咫尺難到鬱金堂。吁嗟乎天上女牛隔河水,地下兄妹有悲喜。仙緣鬼趣多如此,世間婚嫁何時已。"(《漑堂續集》卷三"七言古詩　己酉")孫枝蔚詩編年己酉,王詩亦應作於同時。"錢貢",字禹方,號滄洲,生卒年不詳,從藝活動主要在萬曆年間,吳縣(江蘇蘇州)人,文徵明弟子。善畫山水、人物,尤擅長人物畫,繼承南宋劉(松年)、李(唐)一派及唐寅畫法,仿唐寅人物畫者幾能亂真。《明畫録》《無聲詩史》《書史會要》《中國版畫研究重要書目》有其生平記載。

五月,邀請身在江西豐城的孫枝蔚來潛江,爲其建"焦穫寓樓"。孫枝蔚甫一落腳,潛江大水決堤,王又旦終日行走堤上,奔波勞頓,因積弊叢生,王勉力爲之,頗爲憂勞,孫作詩慰之。

　　《潛江縣志續》卷八《風土志》"焦穫寓樓":"在縣治前正街崑山朱公祠後,康熙八年夏己酉六月,邑侯郃陽王又旦題並書,今燬。孫徵君豹人作《十五國詩志》,將有事於楚風。康熙己酉過鵠磯，泊潛渚，止於茲樓凡三閱月。憫涝憑吊、遊覽讌集之什百餘篇，蓋一邑詩史也。豹人與王侯稱（金）石交。侯之顏斯樓，其亦《懷李太白》於天末、標沈約之《八詠》爾？”

孫枝蔚《自豐城抵潛江與王幼華明府相見》：（其一）“男女豈不好，苦遭婚嫁迫。買山非所急，且欲謝此責。我自擬向平，誰當效于頔？出門尋故人，浩浩江流碧。房耗頗相念，偶聚情最懍。豐城留不住，要作潛江客。因茲稍取嗔，交疑有疏戚。實畏春水生，浪頭如山脊。今我樂何如？穩坐鳴琴宅。布帆已無恙，百憂忽暫釋。”（其二）“相見雖堪喜，君如窮苦何？寒溫不數語，惟言拙催科。居民田爲累，虐哉湖與沙。田被湖水淤沙沒者半。招徠豈無術，流亡日以多。災荒須上聞，痛哭遭怒訶。深悔攻章句，無益費揣摩。一官得有司，萬事成蹉跎。遭遇苦不齊，或泣亦或歌。已笑河陽縣，但知種名花。復怪榆次令，被底放早衙。”（《溉堂續集》卷二“五言古詩　己酉”）

按：王又旦潛江爲官之勤勉而艱辛之情形，《自豐城抵潛江與王幼華明府相見》中表現得淋漓盡致。孫枝蔚此次離開豐城應王又旦之邀約，除了王之盛情難却的因素，似乎也有不得已的原因，“男女豈不好，苦遭婚嫁迫。買山非所急，且欲謝此責。我自擬向平，誰當效于頔？”云云，即其端倪。另外，此時其身體狀況亦欠佳，《五十初度呈王幼華明府》中有記載。

孫枝蔚“焦穫寓樓”的相關情況，可參孫枝蔚《朱偉臣招同劉聲玉幹有莫大岸飲編柳堂偉臣令子含暉聲玉令子展匡俱在明日偉臣次子寓樓雜詩八首韻見示予亦仍前韻奉酬》（八首）詩（《溉堂續集》卷二“五言古詩　己酉”）。

汪懋麟《徵君孫豹人先生行狀》（節錄）：“先生爲王幼華曾一至潛江，梁木天一至安肅，任叔源一至濟寧，皆三君所臨郡縣

也。"(《百尺梧桐閣文集》卷八)

潛江大水決堤,王又旦終日奔走堤上,頗爲憂勞,孫枝蔚作詩加以寬慰。

　　孫枝蔚《雨中大水決堤聞王幼華明府奔走堤上憂勞已甚詩用相寬》:"早濕潛江縣,終朝雨滯淫。陽烏常失意,神女定何心。村有蛟螭橫,堂無燕雀臨。裘真披五月,壺果值千金。堤決鄰相報,途窮我自尋。老看江滾滾,愁益病涔涔。閔貢未能學,武城良所欽。故人百里宰,新罷七絃琴。但想蠲租詔,如聞解愠音。筌篌歌易就,精衛力難任。夢訝波濤驗,前數日,幼華爲余述夢,頗以大火、決堤爲慮。憂兼簿領深。流離悲赤子,佩達憶青衿。貧苦原從昔,勤勞直至今。高才一仵吏,那得更狂吟。"(《溉堂續集》卷二"五言排律　己酉")

　　按:王又旦治水期間的生活情形,"故人百里宰,新罷七絃琴。但想蠲租詔,如聞解愠音""流離悲赤子,佩達憶青衿。貧苦原從昔,勤勞直至今"數語,已窮形盡相。

孫枝蔚寓居潛江期間,王又旦爲其推命;並設宴爲孫枝蔚慶祝五十歲生日,孫作詩紀其事。

　　孫枝蔚《五十初度呈王幼華明府》:(其一)"百年能幾時,荏苒忽已半。飄泊在他鄉,茲辰增浩嘆。稱觴得故人,琴堂開華宴。爲我推行年,冀我增長算。勸我守庚申,三彭庶永斷。再拜謝厚意,垂涕下滿面。我身如浮雲,日月如流電。住世亦云久,光景非所戀。但顧膝下兒,何繇吃飽飯。豈無諸名士,斂錢婚既冠。自愍老病人,胡以酬深眷。"(其二)"楊帆過九江,菖蒲買未得。家書來上黨,人參名過實。老年需此物,庶用静喘息。因循失豫備,中心但鬱抑。篋中有秘方,頗費抄寫力。到今未一試,安能美眠食。死生雖前定,瘠土無佳植。如何守薄產,自使長荆棘。王烈愛稽康，石髓無吝色。三椏侑九轉，遠寄自蘇軾。故人倘分惠，買藥寧論直。"（其三）"昔傳王粲宅，曾留峴山旁。漑堂在何所，乃在古維揚。買屋自前歲，誦讀聲琅琅。雖無百尺樓，亦有六尺床。枲几頗滑净，琴枕生清涼。美睡未云足，胡爲來遠方。蔡澤逢唐舉，但問壽短長。吾年滿五十，從此無悲傷。困乏懲坐食，焉得辭跟蹌。薄少助祭祀，早晚覓歸航。"（《漑堂續集》卷二"五言古詩　己酉"）

按：據詩中所言"勸我守庚申，三彭庶永斷"語推定，王又旦推命後斷定，只要能順利過了庚申年（1680），孫枝蔚就會平安。"三彭"，即三屍蟲，道教名詞。"彭"爲三屍之姓，故又稱爲"三彭"。晚唐張讀《宣室志》卷一載："契虛問桴子曰：'吾向者謁覲真君，真君問我三彭之仇，我不能對。'桴子曰：'彭者三屍之姓，常居人身中，伺察其罪，每至庚申，籍於上帝。故學仙者，當先絶其三屍，如是則神仙可得。'"

贈詩從事星緯占卜的吳光其，讚譽其人，同時感慨人生艱難。

《贈吳光其》：（其一）"不效原思狷，不愛曾皙狂。千金購異書，開篋有輝光。人生不得意，委頓卧荒岡。慘澹發奇思，作事亦何常？公明過清河，季主居咸陽。偶然任縱誕，今古聲揚揚。吳生後來秀，高術一何臧。與君十日語，江頭蘅芷香。"（其二）"通玄察星緯，斯人不可得。遺書授李淳，後世引爲則。皎皎釋一行，同起爲羽翼。我生苦好奇，閉門學推測。自言挾逸辯，賣卜大江側。竟日無一錢，歸來寡顔色。造物吝吾材，不使名邦國。十襲何其愚，良玉苦難識。覯子述往事，感歎填胸臆。"（《黃湄詩選》卷三《漢渚集》）

按：孫枝蔚居潛期間，與吳光其亦有交往，在其五十歲生日前後，有《贈吳光其光其兼攻張果星緯之書推予壽算可六十以外自言今秋當得志場屋》詩云:"水勢平橋欲打城,追隨風雨到天晴。偶然卜命依張果,不覺低頭類賈生。把酒暫聽《漁父曲》,論文重見古人情。老夫免慮填溝壑,看上扶搖九萬程。"(《溉堂續集》卷三"七言律詩　己酉")孫枝蔚離潛後自豐城歸廣陵,有《與王幼華》一文,其中云:"向寓貴治,深悉勤勞過人;今日有司之苦,無異樊籠,又當流亡滿眼時,而神智一毫不亂。每與舟次、蛟門諸君言之,共相嘆異,具此定力,何事不成? 區區百里,無久困天下豪傑之理,願且寧心待之耳。吴光其星緯之術果驗否? 若使含暉不第,何以爲活? 顔回、原憲,利在門墙之下,不利在治下也。"(《溉堂文集》卷二)二者可與王又旦詩對讀。

孫枝蔚在潛江三個月期間,王又旦與其賦詩唱和,同遊郭氏謾園,作《梅花亭子歌》。

《郭長仲梅花亭歌》:"秋來日日防秋水,河堤已壞真堪哀。岸柳傾欹菽豆死,十日唯見雲濤堆。里中勝跡僅存者,北郭蓮花南郭梅。南郭主人好避客,獨居樹下辭氛埃。入門一溪繫畫舫,堂前老樹臨溪開。東方月出照屋角,千枝萬枝落莓苔。對此徑須賞醇酒,唯我與爾無嫌猜。春風二月繁英發,一月直看三十回。"(《黄湄詩選》卷三《漢渚集》)

　　按:"郭長仲",指郭鋏,字長仲,生卒年不詳,之祐子,明末崇禎恩貢。著有《指鴻軒律古》(見《湖北藝文志補遺》卷六《集部三·別集類三》)。其別墅謾園,係祖郭嵩所建。《(康熙)潛江縣志》卷八《風土志》載:"帶水設橋,中有四面閣,環古梅百餘株。"梅花亭即此得名。

　　孫枝蔚、朱載震、莫大岸皆有《梅花亭子歌》,見史致謨續纂《潛江縣志續》卷八,孫詩亦見《溉堂續集》卷三"七言古詩　己酉",兹録如下。

孫枝蔚《夏日坐郭長仲水邊梅花亭長歌》："自笑平生寡遭遇，與客看梅但看樹。雖然不見花開時，亦省却傷花落處。載酒昔遊鄧尉山，千枝萬葉春已暮。正如師雄在羅浮，醉醒夢回想態度。蓮花香滿西湖中，吊古初臨處士墓。水邊落落數株存，復似松風亭作寓。東坡詩：'松風亭下荆棘裏，兩株玉蘂明朝暾。'今年五月客潛江，遶郭洪濤礙杖屨。舊時歌舞今已無，誰家臺榭尚如故。天寶年間樂事繁，白髮老翁閒告語。郭君相見獨何晚，不緣水退失歡聚。三日兩日勤相邀，自造一船臨古渡。翠竹蒼松色總佳，更愛老梅種無數。徘徊徒倚綠陰濃，恍然重入江南路。只對根株興已飛，莫言蘂朵香紛布。恨我不如倒掛鳥，嶺南村裏容來去。憐我不如階下石，曾墜殘香分縞素。合向深林領百間，又別幽姿堪再誤。潛江之遊頗不惡，潛江高士復可慕。高士終朝丘壑間，浮名難奪烟霞趣。何遜當時亦可憐，題詩只坐楊州署。那及此亭面水開，朗吟驚起雙白鷺。"

孫枝蔚居留潛江期間，王又旦弟又喬（竺來）離開潛江回鄉應試，孫枝蔚作送別詩；期間，因王又旦之請，有《題五子論文圖》詩。

孫枝蔚《王幼華明府署中送令弟竺來歸里應試》："美人對明鏡，常自惜韶華。志士亦復然，挾策走風沙。忽見柳垂絲，便恐槐有花。古諺：'槐花黃，舉子忙。'兄弟止三人，懷願各無涯。大兄有異政，小弟恥思家。自顧七尺軀，尚坐鷄棲車。仰天常大笑，蓬蒿苦交加。歸去趨庭日，應知樂事奢。一着高堂綵，又聽上林鴉。桂香滿雙手，請向老親誇。"（《溉堂續集》卷二"五言古詩己酉"）

按：王又喬爲何事來潛，未見記載；或與范夫人染病或離世有關，待考。

孫枝蔚《王幼華明府出同人舊題五子論文圖示予因再有此

作》："李、杜論文迹已陳，千秋五子復爲鄰。莫言常在畫圖裏，更有將金鑄像人。"(《溉堂續集》卷三"七言絶句　己酉")

潛江洪水退後，孫枝蔚作詩，感嘆王又旦治水之憂勞狀。

孫枝蔚《憐詩大水後作·王幼華明府》："年少長安得意人，於今憔悴復清貧。竟同飯顆山前叟，幼華行堤視水，歸來益瘦甚。那識河陽縣裏春。自決新堤詩更怨，相逢舊好酒須醇。可憐常抱文書寢，誰解輕裘覆爾身。"(《溉堂續集》卷三"七言律詩　己酉"；亦見《(康熙)潛江縣志》卷十九)

按：王又旦此期詩歌的創作風貌，"自決新堤詩更怨"道出一二。

時值炎夏，潛江酷熱難耐，孫枝蔚作詩言其事，感謝友人王又旦贈葛衣之"高義"。

孫枝蔚《苦熱行兼呈王幼華明府》："高閣坐朱夏，炎方近祝融。此地難爲客，此日苦思冬。行天類九陽，望遠億三峻。三峻山，羿射落九日處。阻隔陽臺雨，艱難舞雩風。不見采蓮女，無復披裘翁。如何學褦襶，未得遂疏慵。揮汗登初筵，作禮稱寓公。諒非河朔飲，詎追南皮蹤。香噴燒篤耨，酒怯酌新豐。飲食增煩促，能不恨飄蓬。故人贈廣葛，其薄勝輕容。製成十日餘，藏之篋笥中。豈不重高義，披服待相從。短宵寢易廢，遠道書難封。畫扇對秦女，涼枕俟黃童。婦賢兒更孝，愁絶火輪紅。"(《溉堂續集》卷二"五言古詩　己酉")

約在八月，孫枝蔚返江西。

《大水後送孫豹人東還》："吹澇魚龍高，大地成渺瀰。秔稻赴洪濤，百里失新菑，故人住三月，脫粟飯無資。救時亦多術，諱疾不任醫。無材責班爾，何以起華榱？容容吾不忍，白璧實難爲。不然夏陽野，終當執牛縻。別君有所懷，感慨生涕洟。"

（《黄湄詩選》卷三《漢渚集》）

　　按："故人住三月"，孫枝蔚五月至潛江，停留三月，正在八月，洪水退後離開潛江。離別之際，孫枝蔚亦有《留別王幼華明府》詩："淹留澤國經三月，慘愴離情有萬端。宦味看君如蓼苦，韶光到我似更闌。水肥帆飽開船易，楚尾吴頭會面難。惟仗鯉魚傳尺素，時時猶得問平安。"（《溉堂續集》卷三"七言律詩　己酉"）"慘愴離情有萬端"，依依惜别之情，溢於言表。"宦味看君如蓼苦，韶光到我似更闌"，人生艱難之感慨，不可言狀。孫枝蔚離開潛江之因，除了擔心自己的健康狀況和不忍給友人添麻煩之外，也與其已屆成年的兒子却遲遲未能婚配一事煩擾於心有關，其《自豐城抵潛江與王幼華明府相見》（其一）中有云："男女豈不好，苦遭婚嫁迫。買山非所急，且欲謝此責。"（《溉堂續集》卷二"五言古詩　己酉"）兩年後，汪懋麟任中書舍人時，在《喜豹人至京》中云："家有六女兼五男，日辦嫁昏苦無奈。故人紛紛散京邑，買山十萬錢誰破？"（《百尺梧桐閣詩集》卷十"壬子"）子女衆多，其婚嫁之累一直困擾着孫枝蔚。"買山"，喻賢士之歸隱，《世説新語》卷二十五《排調》載："支道林因人就深公買印山，深公答曰：'未聞巢、由買山而隱。'"

初秋某夜，暑熱難耐，起行出門信步遊走，因"無以忘百憂""百慮迷適從"，作詩三首，興泛舟五湖之心。

　　《初秋作三首》：（其一）"入世戇吾懶，萬事將自謀。挑燈視書契，點勘不能休。滴汗忍煩囂，大火初西流。六街盡安眠，林鳥閟啁啾。紛吾若迷方，皇皇何所求。起行出庭户，迅飆漸颼飀。勳名不早立，日月亦難留。静夜空搔首，無以忘百憂。"（其二）"澤蘭何擾溺，紅蕖亦妖冶。采之欲作佩，水深泥没踝。矯志多悔尤，因人失趨舍。岐路遠不復，誰能辨真假。尺蠖甘泥

伏，予豈濟時者？追曲睠楚俗，由來困屈、賈。百慮迷適從，浩
浩涕如瀉。"（其三）"清水見藻蘋，濁水昧深淺。竹柏有異心，懷
抱豈易辨？改錯吾所憂，攘詢夙稱善。鄙夫寡道術，非理何能
遣？太行起中庭，舉步無平衍。浩蕩五湖闊，去去泛吳艑。"（《黃
湄詩選》卷三《漢渚集》）

　　按：王又旦平生抱負志節，"清水見藻蘋，濁水昧深淺。竹
柏有異心，懷抱豈易辨？改錯吾所憂，攘詢夙稱善。鄙夫寡道
術，非理何能遣"幾句，盡行道出。"挑燈視書契，點勘不能休"，
狀其爲官之辛勞。

**深冬時節，洪水退後，徵民夫一百四十萬築堤，作《再築屯營堤
作》。**

　　《再築屯營堤作》："草枯水涸決可塞，大吏小吏齊彷徨。策
馬驅車蔽原野，議定皆云事已臧。是時凍合天地閉，大雪三尺
同雲黃。有時霰下大如雹，懍悷當是陰搏陽。役者一百四十
萬，挾鍤欲舉不得將。麏集猏叫宿荒草，悲風中夜難遮防。或
云蛟龍有舊穴，不遠五里當祈禳。時迫從俗且尚鬼，薦以美酒
臨陂塘。有羹盈登粟滿豆，沈璧色粲如截肪。祝曰康熙八年
夏，屯營水決何披猖。居人轉徙樹木拔，極天搖漾波濤光。值
茲農暇操版築，役人皆裹百日糧。雪深見雪不見土，十旬黯黮
雲低昂。爾神靈否來應之，無爲徒與鰍鱔藏。宿留波起如人
立，龍湫龍出森迴翔。答言此事乃天意，扶顚有策誰爲良。河
堤逶迤一千里，龍身豈有千里長？滔滔大墅來雲杜，諸郡久矣
愁懷襄。南紀有山不足用，西北徒攢如劍芒。若遣五嶽禦四
瀆，諸峰以次羅成行。請觀銀漢橫天上，衆星亦在河中央。古
來任人不任法，澤門有怨空淒涼。嗚呼神龍言止此，郢南何日
安耕桑。"（《黃湄詩選》卷三《漢渚集》）

按：詩中"草枯水涸決可塞""是時凍合天地閉，大雪三尺同
雲黃""有時霰下大如黿""雪深見雪不見土，十旬黯黮雲低昂"
諸語，皆表明時已進入深冬。

約在本年年底，潛江邑人周廷彬作詩言水災之事呈與王又旦。

周廷彬《水上呈王幼華明府五首》：（其一）"漢水自西下，堰
檢俾東折。艮岨坎勢窮，峻崿百重絶。出險潛、沔合，竹箭迅飄
瞥。至此山將盡，怒濤易奔決。上潰下則墊，同災宜共愻。波
豪忽吞噬，國小易陵蔑。版築委一方，彈丸薪石竭。及此再潰
時，彼此皆魚鱉。皇皇我公上，至仁伏敖桀。修扞今則平，成功
肆懌悦。"（其二）"潤下稱坎德，朝宗紀水治。龍門《河渠書》，蘭
臺《溝洫志》。古來重其職，京縣理無異。王臣融珍域，況乃皆
國事。儲胥與民命，俯仰於斯寄。矢公復矢慎，底績萬年賜。"
（其三）"田下水身高，奔注如騰驤。人力與之爭，兩岸峻堤防。
一區防一區，人自護其疆。澤國誰惜然，古謀豈不臧。今云保
門戶，家室委懷襄。耒耜載異縣，眸瞻戀故鄉。正月尚斥鹵，三
月桃花浪。止者行復流，流者復何望。溝墾不足恤，殿最亦可
商。君門遠萬里，況乎階與堂。君子方得輿，庶幾速降祥。"（其
四）"當年沙洋潰，浩瀚彌千里。江陵張相國，已溺以爲恥。沈
玉搴長茭，功成比瓠子。晏然數十年，耄崩將告圮。賢哉兩千
石，馬公逢皋幹其否？捷石築危岸，至今巋然峙。雙闕亘天中，
宣房差可擬。"（其五）"清惠林司馬文學，蒞事凜冰蘗。往時黃灣
口，數里悼滇沇。公曰時予辜，黽勉廢眠啜。令下懽聲動，萬杵
雷奮擊。役曾不逾時，功與沙堤埒。億兆歌如雲，兩賢躋峻列。
今兹復逢公，前後合芳轍。"（《（康熙）潛江縣志》卷十九《藝文志上》）

按：詩中有"皇皇我公上，至仁伏敖桀。修扞今則平，成功
肆懌悦""役曾不逾時，功與沙堤埒。億兆歌如雲，兩賢躋峻列。

今兹復逢公，前後合芳轍"數語，則詩似作於王又旦組織潛江民力築堤期間，姑附於此。

　　周廷彬，字孝質，號夢漁，約生於萬曆後期，湖北潛江人。少擅文名，天啓辛酉舉人。順治壬辰進士，授鳳翔府推官，後遷保寧郡丞。曾兩度分校秦、蜀鄉試，平生以聚書爲樂。平日讀書，遇見奇文異句，輒喜手抄之。沉酣筆墨，幾不知老之將至。享年七十七而卒。生平見《(康熙)潛江縣志》卷十六《人物志》"國朝　周廷彬"條等。

本年，范夫人卒，作《悼亡二首》詩。

　　《悼亡二首》：(其一)"陰雨無時歇，繞屋悲風高。婦病已經年，一夕如奔濤。萬事會有盡，數蹇豈得逃。死別今已矣，生時亦太勞。辟纑何曾辭，井臼躬自操。貧賤備艱辛，念往周纖毫。莊缶述昔聞，迂怪欺我曹。爾道非吾遵，何由忘所遭。春林何黯黯，春水復滔滔。甘同失侶雁，唧蘆亦哀號。"(其二)"出關戀微祿，言涉漢水湄。歲歉鮮斗儲，官舍仍苦飢。三年雖困窮，燕婉不相離。豈謂人事變，歸還永無期。娣姒在遠道，藥餌何人施。稚子甫三齡，童騃無所知。扶將累弱女，展轉最堪悲。深夜望高天，朔風無停吹。中林隕驚籜，空堂生旅葵。倉皇骨肉情，百計不可追。"(《黃湄詩選》卷三《漢渚集》)

　　按：詩中有"稚子甫三齡，童騃無所知"之童子，指范夫人之子王鵝。《哭鵝兒四首》"序"云："鵝八歲，甲寅正月避亂西歸，三月以疾殤。"(《黃湄詩選》卷三《漢渚集》)可證本年王鵝三歲。"扶將累弱女"，"弱女"，指范夫人；"生時亦太勞。辟纑何曾辭，井臼躬自操。貧賤備艱辛"幾句言其生前憂勞情形。

約在本年，深冬時節雷聲大作，雨雪交加，作詩紀其事。

　　《雷》："臘月江皋下，奔雷入夜分。初聽雲黯淡，坐久雪繽

紛。百里驚龍伏,三湘起雁群。天威應不遠,從此徧無垠。"(《黃
湄詩選》卷三《漢渚集》)

　　《中夜大雷雨不絕》:"積霧何曾散?群靈晚更行。聲隨修
雷急,氣奪廣庭鳴。枝動梅全落,郊寒麥未生。愁披中壘傳,端
坐到天明。"(《黃湄詩選》卷三《漢渚集》)

　　按:二詩作年不詳,姑繫於此。

方文卒。

清聖祖康熙九年　庚戌(1670)　　三十五歲

任職潛江第三年。

約本年四五月期間,孫枝蔚自豐城歸揚州,曾寫信給王又旦;約略
同時,又作詩寄王又旦述關心思念之情。

　　孫枝蔚《與王幼華》:"別後仍入豐城,又約半載方歸。爲兒
索婦之計茫然也。萬事前定,且復聽之耳。親友以久闊故。又
值櫻桃、鰣魚滿市,頻荷相招老饕,日日得飽食美味,饋送之物,
間足以沾妻孥。東方割肉,右軍分甘,與之同情,舉家歡然,頗
堪愉快。又念老病之軀,幸不死于道路,雖手無一錢,而身直千
金,緣兹婦益賢,子女益孝敬,但慮有道旁觀,謂歡喜憂愁同是
障礙耳。向寓貴治,深悉勤勞過人;今日有司之苦,無異樊籠,
又當流亡滿眼時而神智一毫不亂。每與舟次、蛟門諸君言之,
共相嘆異,具此定力,何事不成?區區百里,無久困天下豪傑之
理,願且寧心待之耳。吳光其星緯之術果驗否?若使含暉不
第,何以爲活?顏回、原憲,利在門墻之下,不利在治下也。野
人因未慣遠遊,竟爾負約,千里命駕,既不易學,雪中僵臥,亦復
可憐。願足下念之謀生多冗,有言不盡。"(《溉堂文集》卷二)

　　按：寫信時間，由"別後仍入豐城，又約半載方歸"語判定，
時孫枝蔚已歸揚州。孫仍爲其子的婚事煩憂，"爲兒索婦之計
茫然也。萬事前定，且復聽之耳"。所堪告慰者，孫家庭生計之
艱有所緩解，"日日得飽食美味，饋送之物，間足以沾妻孥"。
"朱含暉"，疑名朱攙，孫枝蔚寓居潛江時結實之讀書人，二人得
以結識，居中或有王又旦之紹介。信中表達了對朱含暉生計之
擔憂："若使含暉不第，何以爲活？顔回、原憲，利在門墙之下，
不利在治下也。"二人之交往情形，孫枝蔚文集中有三篇有所涉
及。《朱含暉工作古詩家僅能爲抄寫喜而有贈》："常年爛醉衡
門裏，終日高歌潛水濱。除却巴童相問答，新成樂府示何人？"
（《溉堂續集》卷三"五言絶句　己酉"）《憐詩大水後作・朱含暉》："貧
日仍餘未典衣，老萊留此舞庭闈。年逾三十成名晚，樓對沱潛
入市稀。破屋纔修穿笋壁，洪濤又没釣魚磯。可憐朱攙工文字，
把卷長教淚暗揮。"（《溉堂續集》卷三"七言律詩　己酉"）《君馬黄示朱
含暉》："君馬黄，臣馬赤，形容各自好眼光。長百尺，恥遭衆口
誇，寧受鹽車厄。秦牙相馬察馬形，九方相馬察馬精。已知斯
人難再遇。伯樂之兒焉足稱？奇文莫恨無知者。《白雪》《陽
春》和彌寡。世上千人與萬人，誰看君馬與臣馬？"（《溉堂續集》卷
二"七言古詩　己酉"）朱含暉之爲人處事，神情氣質，大略可見。
"年逾三十成名晚"云云，可知其人年齡與王又旦相仿或略小於
王。"舟次"，指汪楫，"蛟門"，指汪懋麟。三人"共相嘆異，具此
定力，何事不成"云云，可見交往之密切與知心。

　　孫枝蔚《寄懷王幼華明府》："遠聞潛江郭，歲歲揚洪波。故
人音信斷，我勞當如何？我雖長困乏，一飽即高歌。君懷經世
略，憂愁苦相磨。勸農豈不勤，田中游蛟鼉。譬如扁鵲術，曾不
療沉疴。君門萬里外，流涕空滂沱。王尊最慷慨，義足感黄河。

李崇守淮安,誓死心靡他。回天仗誠勇,今古庶同科。"（《溉堂續集》卷三"五言古詩　庚戌"）

六月,叔父斗南公離世,作詩悼之。

　　《痛哭》:"憂虞不暫釋,痛哭難具道。念往忽若迷,檢身多悔懊。弱植媿薄劣,七歲受訓詁。哀哀我仲父,引我入閫奧。維時遭喪亂,羽書日夜報。里人何嚚嚚,視之同蟬噪。攜我避谿谷,危坐端風操。有如淋滲鳥,產㿠煩覆葆。種樹開蔣徑,刈禾炊墨竈。虞卿喜著書,韓福成遠蹈。小子苦無知,南宮謬登造。前年得小吏,揮涕相慰勞。去秦度長阪,入楚歷隈隩。南郡多沮洳,十年患水潦。自知命不猶,豈得愜微好。勉爲萊蕪廉,不學漆園傲。蒼頭持書來,憂心搖風蘀。上言邁彌留,諸孤失怙冒。下言喪具艱,靈輀缺灑掃。六月鼓迅颮,梁木恣顛倒。平生骨肉恩,念之苦戀嫪。浮名知何益,譬彼枘與鑿。已矣徒吞聲,志氣日凋耗。"（《黃湄詩選》卷三《漢渚集》）

　　按:詩之創作時間,據"前年得小吏,揮涕相慰勞。去秦度長阪,入楚歷隈隩""六月鼓迅颮,梁木恣顛倒"諸語推定。"韓福",西漢武帝、昭帝時期的著名高士,涿郡（治今河北保定涿州市）人,以"行義修潔"（晉皇甫謐《高士傳》"韓福"）而著稱。"萊蕪廉",指西漢循吏廉公諤,堂邑（今江蘇南京六合區一帶）人,曾任萊蕪令,有政聲。

八月,作《清丈告城隍文》,述其清丈之緣起與良苦用心。

　　知縣王又旦《清丈告城隍文》:"維康熙九年歲庚戌八月朔乙酉,越十三日丁酉,沱潛令王又旦視潛事兩年矣。憫天災之無已,傷田畝之變遷,察賦徭之偏累,思爲上安下全之道。前歲七月,已以清田均徭諸務請于院司道府各憲臺,檄曰:可至今年七月,田漸次就清,將有事於編撥。乃具牲醴,告於本縣城隍之神：‘方南郡全盛，潛久矣爲污澤水草之所滋，魚鱉之所宅也。
西山之役，喪徙者半，而陽候之虐乘之，則此地之不爲邱墟，幸
矣。人民轉徙，田疇淆亂，有人去田存者；有田已沉塌無可究詰
者；有貧弱之田爲豪右欺占者；有貧弱鬻田遺租存户者；有以田
轉售勒己之別租與人，而自存無賦之田者；有以本户不毛之土
推入他人逃户者；有以他人已逃之胅産踞爲己業者；有以本户
之田妄指僕丁詭名以爲逃田者；有父子兄弟之租互不推認者；
有以本户胅産詭名尾糧者以避差徭者。嗚呼殆哉！奸人之利，
貧弱之害也；田畝之恩，國賦之憂也；此天子所不知，執政所不
聞，院司道府已知已聞勢難屈其尊爲下邑清釐，是長吏之責也
夫，是長吏之責也夫！夫田畝清則多寡自出，歸併明則隱匿自
除。照畝受糧，則偏累自消；秉公執法，則賄托自遠，如是已矣。
嗚呼！且自束髮受書于古賢豪者流，私淑頗久，至今以區區微
秩，薄遊江皋；然受朝廷一命之榮，竊欲自附於委吏乘田之義，
豈能以七尺之軀，希韝鞠腥奉豪右之悦乎？自今以往，如有快
己之私，洩己之憤，受人之託，畏人之勢，編僉不公，乘亂取利，
伏願神明立加誅殛。以爲作吏徇私之戒。如有奸胥舞文，增減
任意；或猾里詭寄多端，冀望巧卸，願神即行發覺，使得立實於
理。開百年之樂利，崇奕世之馨香，當在是也。尚享。’”(《(康熙)
潛江縣志》卷三《輿地志·鄉區》)

**秋，在縣衙内東側建草堂，取杜甫“老樹空庭得”之意，名以“得
樹”。值閒暇，邀本邑處士和致仕歸里文士雅集，飲酒聯吟。**

　　胡承諾《飲得樹草堂》：“深村顧泂叟莫別號，鄰境石莊翁。
人遠柴車集，署清羽爵同。橫琴嚴鑰静，覽鬢晚爐紅。互有鍾
期賞，縱言興不窮。”(《(康熙)潛江縣志》卷四《建置志》；亦見《菊佳軒詩》
“二刻”卷九“五言律”)

　　按：詩題，《菊佳軒詩》中作《雨夜同莫大岸飲署中》。"石莊翁"，胡承諾自稱。

　　胡承諾（1607—1681），字君信，號東柯，又號石莊，村居時號東固，又號隱磯漁人。湖北竟陵（今湖北天門市）人。崇禎丙子舉人。清順治十二年，部銓縣職。康熙六年，徵至京師，謁選吏部，以年老請歸，隱居不仕，卧天門巾、柘間；構石莊於西村，遂自號石莊老人。與時人王岱、陶汝鼐、吳驥、杜濬、劉友光等多有交遊。王士禎《居易錄》卷十九載："竟陵胡褱手寫其父石莊先生《讀書說》四卷、《繹志》十九卷相寄，屬序其書，亦《申鑒》《中論》《論衡》之流也。石莊名承諾，明孝廉，博雅工詩，尤長於五言古選。……予編《感舊集》，取石莊五言頗多。"近人鄧之誠《清詩紀事初編》卷二"胡承諾"評其云："承諾爲學人，詩其餘事。即以詩論，所成就者，似尚在顧景星、張仁熙之上。"承諾於書無所不窺，著有《繹志》六十一篇、《讀書說》六卷、《檄遊草》、《菊佳軒詩集》十一卷、《青玉軒詩》七卷、《頤道堂詩》八卷（參《明詩紀事·辛籤》卷十五"下　胡承諾"條、《湖北詩徵傳略》卷二十八、《楚師儒傳》卷六）。其生平參見《皇明遺民傳》卷四、丁宿章《湖北詩徵傳略》卷二十八"胡承諾"條、胡玉章編訂《胡石莊年譜》（又名《胡東柯先生年譜》《胡君信年譜》）、《湖北舊聞錄》卷四十二《文獻九》"胡承諾"條、李元度《國朝先正事略》卷二十八《胡石莊先生事略》、甘鵬雲《楚師儒傳》卷六《清石莊先生承諾》、唐鑒編輯《國朝學案小識》卷三《翼道學案》"胡石莊先生"、《清史稿》卷四八四《列傳二百七十一·文苑一》、《小腆紀傳·補遺》卷三《列傳·儒林》"魏禧"附、《清史列傳》卷六十六《儒林傳上一》"胡承諾"條、孫寰鏡《明遺民錄》卷三、《清詩紀事初編》卷二《前編下》等相關記載。

　　胡承諾《再飲得樹草堂留別王幼華明府》：“春深寒未遣，殘雪在城樓。皎月軒徐上，芳樽夜最悠。不堪紆禮數，靡暇及歡遊。耕釣鄰花縣，相傍老一邱。”（《（康熙）潛江縣志》卷四《建置志》；亦見《菊佳軒詩》“二刻”卷九“五言律”）

　　按：詩題，《菊佳軒詩》中作《再飲署中留別》。詩之作年不詳，姑繫於此。其中有“春深寒未遣，殘雪在城樓”，應作於晚春時分。

　　莫與先《飲得樹草堂》：“寡營信所宜，疲俗微理靜。方塘翼一邱，山興乃暇整。小築示人樸，植援通杜槿。睊焉略泛愛，豁落有何畛。吾道今《華黍》，中寫匪虛耿。《大雅》孔懷姿，清切更端引。涼露稍欲泫，漾月相與永。巡檐數行疏，橫亞離離影。野夫釋倚薄，延曠百慮盡。”（《（康熙）潛江縣志》卷四《建置志》）

　　按：詩之作年不詳，其中有“涼露稍欲泫，漾月相與永”，可斷爲初秋時分。胡承諾集中有多首與王又旦交遊唱和之作，作年不明，姑附於此。

　　胡承諾《春日書懷訪王黃湄明府》：“漢上兩城邑，超越洲渚閒。風煙彌百里，舟車不爲艱。微雨潤華疇，土膏煦其根。崇朝起清霽，宿麥萋以繁。所思逾左輔，竹箭浮大川。作賦雄江臯，獨步即吾賢。遣騎長林下，端綺問訊言。何殊在浚郊，良馬擁旄干。顧予多素辭，貌寢語難宣。譬若輿中羽，前輕後不軒。儷影時髦側，暫歉安可論。”（《菊佳軒詩》“二刻”卷八“五言古”）

　　胡承諾《同王明府贈熊爾侯》：“青莨深淺處，貧士若孤雲。汲郡琴常奏，小宗香共聞。浦煙春樹遠，沙路渚田分。野鶴時臯唉，尋聲自有群。”（《菊佳軒詩》“二刻”卷九“五言律”）

　　胡承諾《次韻王明府迎春日枉過》：“暫許迴車轍，園廬徑始開。猶殘吟後雪，更放語中梅。興耐飛觴遣，詩隨剪燭催。條風纔入戶,吹送好嚶來。"（《菊佳軒詩》"二刻"卷九"五言律"）

是年,清丈本縣土地。

　　《(康熙)潛江縣志》卷五《學校志·學田·學稞》:"康熙九年,知縣王又旦清丈弓口,册在縣。"

　　朱載震《潛江田畝論》（按:原無題,引文係朱載震"論曰"中的内容,標題係筆者所加）(節録):"康熙八年,郃陽王侯又旦痛切民艱,復詳請允丈。爲文告於城隍,量地畝,清隱佔,編户平里。其徵收分六鄉,民困以紓。……崑山、郃陽、清澗三公,斯可謂先後一揆者矣。"（《(康熙)潛江縣志》卷三《輿地志·鄉區》）

約在本年,潛江人黄里作《維潛》詩,頌王又旦治理有方之德政。

　　黄里《維潛贈王幼華明府十一章章四句》:"維漢有江,維江有沱。既見君子,我樂如何！何川無楫,何阪無車。匪駕匪游,胡爲徐徐。山不能高,水不能深。山澤之氣,膚寸觸陰。有碑在輿,有典在册。我誦我吟,未嘗間隔。我之懷矣,云胡不歸？敢以愆期,負此良媒。夫子之惠,群黎爲德。子弟田疇,是訓是殖。夫子之守,不遠其素。匪茹彼柔,惟剛不吐。夫子之文,爲章于天。實諸周行,清風穆然。帝奏韺韶,玉陳幽雅。洋洋嘉言,飲笙酌斝。載紀循吏,爰重儒林。瑟彼玉瓚,匪楚之琛。野老所欣,實惟稼穡。願受一廛,憩此樂園。"（《(康熙)潛江縣志》卷十九《藝文志上》）

　　按:詩中"我之懷矣,云胡不歸？敢以愆期,負此良媒""夫子之惠,群黎爲德。子弟田疇,是訓是殖""野老所欣,實惟稼穡。願受一廛,憩此樂園"數語,似與王又旦"清丈弓口"之舉有關。黄詩之作時,即據此推斷,姑附於此。

約在本年,有來自剡地的高德語松大師;有感於潛江因水災而多有歉收,官舍糧食供應常常難以保證,王又旦表達了欲從其遊的

願望。

《我遇一首寄語松大師》："我遇已可知，我懷屢驚懾。陋巷
應吾分，一官夙所忝。時窮始任數，憂來恒自檢。星緯諸家言，
奉之豈敢貶。厥生木在巽，躔次屬瑕玷。占曰撓于風，枝葉合
摩颭。勞形豈遑恤，飄零懼有漸。澤國比年饑，官舍食長歉。
奮飛知無能，戢翼更退斂。大師上人者，千里來自剡。憑軾談
浮屠，夜鬼畏語險。我欲從子遊，薰蕕寧共染。低簷曝魴鯉，晴
潋摘菱茨。開篋縛三車，高坐端且儼。永言絕攣拘，莫之或辱
點。我馬時當秣，我舟時當剡。東望指海嶽，西去戀關陝。雨
荒隴中禾，草上崖頭廣。兩端互攢觸，日月甘荏苒。"（《黃湄詩選》
卷三《漢渚集》）

　　按：感慨於命運多舛，人生實艱，王又旦歷來對星緯之事深
信不疑，"星緯諸家言，奉之豈敢貶。厥生木在巽，躔次屬瑕玷。
占曰撓于風，枝葉合摩颭"即言其事。"語松大師"，生平不詳，
待考。

清聖祖康熙十年　　辛亥（1671）　　　三十六歲

任職潛江第四年。

六月，潛江境內的白湖、鄭浦決堤。大水過後，徵民夫築堤。

《塞白湖》："塞白湖，六月三日河伯怒，河水直下一千尺，堤
內堤外無乾土。負薪兮薪不屬，舟船不敢近兮，乃停於滸。斬
茅根兮爲楗，纚纚微弱兮難撑拄。田中止有十老夫，十老夫，飢
餓自朝至日昃；撲之不畏，仆于路側。白日西舍將昏黑，波濤一
夜安所極。噫籲戲，白湖迅流何時塞！"（《黃湄詩選》卷三《漢渚集》）

《歎鄭浦》："噫嘻！吾見鄭浦之水駭犇而趨於田也，蕩激天

地何沖瀜。大木傾欹鳥不下，蠶桑淮、泗將無同。君不見，前年
屯營堤潰口長十里，三年無有一年豐。今年農人學插秧，交睦
纔受黃雀風。陽侯難測識，夔鑠久稱雄。擊鐘考鼓入鄭浦，良
田盡屬蛟龍宮。歎鄭浦，鄭浦南下一十有三區，畔隴舊與此區
通。一區之田一萬畝，坐令十余萬畝嘉禾失青蔥。噫嘻危哉！
我行堤上望蒼穹，媿乏昔人畫地撮土法，窈冥無由致八公。鴻
寶枕中有奇術，至今不復傳神功。兩月以來旱已甚，千村登薦
祈靈霔。雨師不至天吳至，火旗照入波濤紅。歎鄭浦，版築又
歌澤門晳，役人哀怨無終時。"（《黃湄詩選》卷三《漢渚集》）

　　按：《潛江縣志續》卷十《河防志》記載："康熙十年，白湖決、
鄭浦決，知縣王又旦皆有詩記其事。""前年屯營堤潰口長十里"
指康熙八年之事，時王又旦有《前後屯營堤》之作。"三年無有
一年豐"，指康熙八年王又旦任職之始到十年，其間正好三年。

　　《太平役者》："疾趨者千耦，戴乃笠幡乃腹，乃集於太平之
口。一解。乃集於口，惙惙不息。吾見其作，不見其食。汀沙爲
藉，江水爲糜。天高無雲，白日炙之。吾聞人不再食則饑。二
解。江水來，江水來，水來無期。前日平岸，今日上陂。慎而堤
防，秋種猶時，而無遊嬉。三解。惟勤則力，惟勑斯嗟。勑勤不
齊，衆口何多。我不而迫，豈無室家，感子之無譁。四解。"（《黃湄
詩選》卷三《漢渚集》）

　　按：詩中所寫，爲王又旦巡視潛江百姓築堤過程中忍受
烈日曝曬、忍飢捱餓、辛苦勞作的情形。

**夏秋之交，因久旱無雨，王又旦作祭祀鬼神之詩五章，祈求上蒼能
恩賜甘霖。**

　　《索鬼神五章有序》"序"："憂旱也。辛亥夏秋之交，王子索
鬼神而祀之。"（其一）"是日赫赫，其神甲乙。實爲木德，唯爾之

索。爾勿使枯其原，涸其澤。顧瞻中田，曷有其獲。鞫矣疚矣，
瘨此四國。"（其二）"越日又日，維丙與丁。維爾神靈，乃縒其
幡，乃赭其軿。炎炎熇熇，熯彼林坰。往矣復矣，伊昔之經。爾
勢方愭，其肯予聽。"（其三）"我奉我璧，我薦我芷。我臨方社，
司者戊巳。我謂人兮何幸，使不得其里。爾身其熱，爾髮其燋，
爾寧有喜。"（其四）"我索日神，曰庚曰辛。金氣初屬，晃朗而
振。謂爾西顥，辭屈而伸。如其多畏，誰其子親？禾黍萎矣，西
成無聞。"（其五）"壬癸至矣，是唯水德。我誠唯周，庶幾無忒。
顧瞻大火，橫彼斗側。月出有光，乃近於閾。風霆閉藏，民瘅罔
極。爾神司日，庶思厥職。"（《黄湄詩選》卷三《漢渚集》）

約本年夏秋之季，孫枝蔚有信給王又旦，談及潛江水災以及對其
思念之情。

　　孫枝蔚《與王幼華》："僕甚思再遊潛江久矣！潛江可不再
至，而知交在焉；如莫、如朱、如劉、如郭，烏得不思？如莫、如
朱、如劉、如郭，非因足下爲其父母，又得與定交乎？則於足下
烏得不深相思也。況思足下又不因此而以貧劇不能出門戶，未
知重會面何時，惟有隨緣安命而已。今歲四方多凶旱，疫癘之
災貴治，或應獨免耶？以天道盈虚循環之數卜之，既患大水十
年矣，當無復被旱災之理；況至誠勤勞如足下，而天意久不回，
則古聖人之言爲不足據也。僕年逾五十，貧苦日甚，然於此境
中頗驗氣血之未衰，在《禮》五十養於鄉，已預燕饗食修之典矣。
今僕尚終歲道路之間，齒頗堅，則不必異糧也；身頗健，則不必
杖於家也。爵固本無養，亦何需，乃今覺先王之設是禮，未免過
慮，而孟子云：'非帛不煖。'亦未爲至當之論矣！使僕家或豐於
財，則以爲先王先賢其事其言萬不可違；違之則人有不堪，而又
未必不逆慮已。或處貧恐不如處富之時，因忘其不衰而預憂其

衰也。今則了然自信,雖再經十年,當亦不至待杖而後行、待帛而後煖也。特以此相聞者,緣足下嘗有憂僕早凋之言耳。野人、舟次、羽吉俱無恙,但與野人咫尺間,亦復久闊耳。舍弟實夫從襄陽歸里,去貴治近,特命之走謁,好友骨肉,足下必願見之也。不宣。"(《溉堂文集》卷二)

　　按:此信中有"今歲四方多凶旱,疫癘之災貴治,或應獨免耶? 以天道盈虛循環之數卜之,既患大水十年矣,當無復被旱災之理;況至誠勤勞如足下,而天意久不回,則古聖人之言爲不足據也",則潛江似又遭受旱災之苦;本年夏秋之際,王又旦有《索鬼神五章》詩。《與王幼華》中亦有"僕年逾五十"之語,孫枝蔚本年五十二。信之寫作時間,根據上述兩條推定。

八月二十五日,傳經書院建成,内設"傳經堂""説詩臺""操縵軒""文場"等。撰《傳經書院約》作爲院規。

　　《傳經書院約》:"潛之書院,見於舊乘者四,曰陽春、曰石橋、曰白鶴、曰同仁,今皆廢,故老莫能識遺址。夫潛爲江陵地,宋始建縣。洎至今未百年,而講習之地多於鄰邑,亦足以見此邦人士之好學也。地處污下,堤屢決,罹大浸,士有逃水者多館他郡。余至潛,按其所學,大率喜浮名,鮮實效思,所以移之,乃建傳經書院於市南門。四楹南向,入門西折爲傳經堂,堂後東西屋爲文場,北有樓可貯書。堂之東偏曰説詩臺,臺東有隙地可爲圃;堂之西曰操縵軒,設琴瑟柷敔。於是選辰開講,使諸子各以所業進其大要,尚實行紐詐僞,究經之義,反其所喜而導其所可安。夫當其可曰時,不凌節曰孫,余於古人之訓,固未能逮也,而竊有志耳。申七約:

　　其一課期約:凡課文,用月中甲日。及期,諸生侍門外,俟令至升堂,然後立階下揖,聽名乃進,授卷畢則趨而入,三伐鼓乃坐。課文二篇畢，一揖退。

　　其二講期約：凡講期以四仲月。春秋用上丁日，先期隨令宿于廟。次早盛服行釋奠禮畢，乃詣書院。凡講前十日，擇經明行修者一人爲之主，至期中坐，餘皆侍，東上爲縣令，次廣文，次佐貳，西上爲縉紳，以齒序，諸生以次就坐，三伐鼓，檢姓名册，隨意出諸生五人各講經一章，問難析義，俱聽主者，畢乃退。夏冬用二至，出諸生五人，各講《四書》一章，畢乃退。餘如春秋例。

　　其三先志約：官先事，士先志。昔賢懿行，簡策不乏，當各就質。分擬一二古人以爲程，如其志，雖葛帔練裙，有所不棄；非其志，雖聯騎鳴鐘，有所不取。

　　其四辨非士約：服儒者服，粗知文字，不察其行，未可便命曰士。與人相疾誓，相貿首，東郊之雞也。誦訾奇觝，捷捷便便，莠言蠹政，江中之短狐也。干求無厭，俯首帖耳，分一葉之影，冀數滴之泉，山莊之餘也。初習聲律，掇拾（遺）藻，託言風雅，以造公庭，市門之駔儈也。有于一此者，非士；非士者勿入吾門。

　　其五明戒約：兹堂之興，以行不以言，以實不以名，以静不以躁，以公不以私。以言者，如無當之卮，雖寶非用；以名者，如秋林之槁葉，行將賈之；以躁者，如駕無纏牽，不能致遠，立見其覆；以私者，如投步羽淵，欲觀日月而睹青天，故申明昔人學規之九損，示士之有志于學者。九損：比昵狎玩，鄙也；黨同伐異，僻也；假公私行，賊也；或評有司長短，或議鄉井曲直，或訴自己不平，浮也；或談曖昧及瑣屑怪誕，妄也；文過飾非，不思速改，怙也；揚人之惡，悻也；問答之間，或阻抑，或執辨，滿也；人是人非，道聽塗説，略不及求，莽也。

　　其六治詩約：漢魏以來，諸家之詩，古詩之裔也。方其寄懷託興，高出太虚之表，深入不測之淵，有境必窮，有感斯通，覺性情之外，別無長物，治行之餘，所當吟誦，此入德之門也。且博依固，古人所不棄也。

其七習樂約：古樂失傳，器亦殘缺，人以全學之無考也，因並棄之。夫羅縠絺錦，不以缺一而不衣；黍稷稻粱，不以缺一而不食；獨於樂則疑之。知養身而不知治情，抑何謬耶？夫戴逵之琴，導德宣情；傅玄之箏，推故引新；馬融之笛，通靈感物；謝仁祖琵琶，有天際真人想；王褒洞簫，使貪饕者聽之而廉隅。昔賢有工一器以自資者，願與志士共勉之。康熙十年歲辛亥八月二十五日"（《（康熙）潛江縣志》卷五《學校・廟制》附"書院"）

按：《潛江縣志續》卷五《學校志・書院》"知縣王又旦　傳經書院約"："（王又旦）乃建傳經書院于市南門，四楹南向。入門西折爲傳經堂，堂後東西屋爲文場，北有樓，可貯書。堂之東偏曰説詩臺，臺東有隙地，可爲圃。堂之西曰操縵軒，設琴瑟柷敔。"

本年，始主持修纂《潛江縣志》，由邑人朱士尊、向大觀執筆，後因離任其事未竟。

莫與先《潛江縣志序》中云："潛江縣新志者，君侯清澗劉公慨然有事於前侯郃陽王公垂成之典；暨邑大儒石户朱先生應聘而出，其腹笥薈聚揚搉，規橅犁然具矣。無何，郃陽公入諫垣……所存稿本僅數卷在架閣，率漫漶無倫脊。……至是君侯以禮爲羅，專屬之先生長公（子）吾友朱悔人氏，迺克負厥考之重荷，師承郃陽公大指，恢廓光大之而成是書也。"（《潛江縣志續》卷首）

按：王又旦修《潛江縣志》，據莫與先《潛江縣志序》所言，未曾刊刻，至朱載震（悔人）編纂縣志時，"所存稿本僅數卷在架閣，率漫漶無倫脊"，後以鈔本行世，國家圖書館今藏有其殘卷，

爲康熙癸酉春甲戌夏間朱載震編纂縣志的基礎。殘本留存情
形如下：卷三"田賦"半卷、卷四至"户口"、卷五"經費"、卷六"鋪
驛"、卷七"河防"，訂爲一册，"均邑人向大觀編稿"；另有《藝文
志》上、下二卷，朱士尊（石户）編輯。該志有湖北人民出版社
2019年影印本。

　　向大觀（？—1680），字望湄，號蒻舫，順治十一年舉人，次
年會試中副榜，除桂陽（今湖南郴州桂陽縣）教諭。十五年中三
甲第一百八十三名進士，與王士禛、莫與先、陳廷敬等同科（《明
清進士題名碑録索引》"順治十五年戊戌科"）。康熙二年至七年任懷遠
（今廣西柳州三江侗族自治縣）知縣，期間五年"分校粤闈"時，
因懷遠地方發生叛亂而最終去官。十三年，於縣東南建萍野
莊，僻居鄉野而終老。歸里後，除了《潛江縣誌》，亦參與了《湖
廣通志》的編纂。著有《周易體象》、《詩經古序解》、《禮記續
朱》、《史論》、《金剛經相解》、《楚辭解》、《漢魏樂府題解》、《蒻舫
文集》五卷、《西村詩説》、《懷齒》、《望湄集》、《圍譚問答》（見清甘
鵬雲《潛江書徵》）等，皆散佚不傳。生平見朱士尊《向大觀傳》（《湖
北文徵·第六卷》）、刻本《（康熙）潛江縣志》卷十六《人物志列傳》
"國朝　向大觀"條等。

　　朱士尊（1606—1683），字偉臣，又字石户，自號"宜莊花農"
"石户之農"，人稱"漢上散人"，今湖北潛江市漁洋鎮新南村人。
祖父朱宗望，明末官居刑部郎中，父朱之佩曾任荆州府學教授。
天資聰穎，自小即在祖父所建的擁萬閣中廣泛涉獵，順治初曾
講學江北書院。鄉試屢次不中，順治十一年恩科選貢入國子
監，學未竟而返鄉，過起幽隱講學的生活。著有《治平要録》五
卷、《史略》八卷、《遇鈔》十卷、《異鈔》十卷、《編柳堂詩集》、《花
農筆記》、《宜莊録》等。生平見《（康熙）潛江縣誌》卷十六《人物

志列傳》"國朝　朱士尊"、《潛江書徵》、莫大岸《宜莊花農傳》(《潛
江舊文録》卷四)等。

約在本年,吳嘉紀有《古意》詩贈之。

　　吳嘉紀《古意寄王黄湄》:"揚州青銅鏡,多年陷泥滓;雕文
半已蝕,妙質幸猶在。一朝蒙提攜,稍得見光采。嘗感摩瑩力,
不致鑒别改。逝將與儀容,百歲相終始。奈何江漢去,棄置空
房裏。鞶帶徒爲飾,塵垢復欲浣。儻非故時人,誰再拂拭此。"
(《陋軒詩》卷五)

　　按:"奈何江漢去,棄置空房裏"云云,似指王又旦任職潛江
之事。詩中吳嘉紀自嘆身世命運,以"揚州青銅鏡"自比。"儻
非故時人,誰再拂拭此",則感於王又旦的不忘故人、時通音問
的深情厚誼。

清聖祖康熙十一年　壬子(1672)　　三十七歲

任職潛江第五年。

**班家灣大決,作詩《民居》言洪水之危害,及對治理洪災現狀的
憂心。**

　　《民居》:"民居今已壞,民力誠可惜。如何桑柘野,三年爲
泛宅。南郡方全盛,此地屬沮澤。高氏與花封,五季時始築高氏、
花封諸堤。版築勞區畫。一自城斗堤,蓄洩寡良策。金錢委蛟
鼉,突竈走蜥蜴。里人狎駭浪,冥然卒被格。有如抱貞疾,偷生
戀茵席。小吏議防禦,筳撞亦何益。無能叫九閽,頻仰愧夙
昔。"(《黄湄詩選》卷三《漢渚集》)

　　按:《(康熙)潛江縣志》卷十《河防志》:"康熙十一年,班家
灣大決,沔陽西湖黠民豪家利其淤生,相約不築,盜嚙城壖,郊

關市肆悉墮蛟宫，縣治僅存其半。知縣王又旦作《民居今已壞》詩。"

縣學之學稞因大水被毁。北城城樓爲水所毁，主持重築。

《（康熙）潛江縣志》卷五《學校·學稞》："康熙十一年，崩塌入河。"

《（康熙）潛江縣志》卷四《建置志·城郭》："國朝康熙十一年，水決班灣，湍激迅駛，三石磯悉沈於河，蕩洗北城，城樓圮。知縣王又旦重築甎城，名其門曰'楚膽奧區'。"

或在本年，作草書《重修藥廟敘册》長卷。

何炳武等《陝西書法史》載："今陝西保存有王又旦《草書重修藥王廟敘册》長卷。該卷作於王又旦三十七歲之時，格調介乎王弘撰、朱耷之間，深得懷素自敘帖之精髓，點畫精到，筆力遒鍵，才情俊發，神融筆暢，三百年後依然'奕奕然有生氣'。"（陝西人民出版社 2011 年版）

按：除以上文字外，其中亦附有墨跡局部的照片；因缺乏更詳細更準確的信息（如具體的藏地等），故而"該卷作於王又旦三十七歲之時"云云，是根據題款還是正文内容，抑或是其他資料確定的，無從得知；考慮到王又旦時尚在潛江任上，其説頗有可疑之處。姑附於此。此處所説的"藥王廟"，應位於今郃陽縣同家莊鎮南長益村内，地近王又旦家鄉（百良鎮）百良村。

周亮工卒。

清聖祖康熙十二年　　癸丑（1673）　　三十八歲

任職潛江第六年。

因遭受大雨侵襲，三元閣崩塌，墜入河中。

　　《（康熙）潛江縣志》卷六《饗祀志上·廟祠》"三元閣"："在水府廟後。萬曆二十四年知縣曹玠建,康熙十二年崩入河。"

文廟地基遭水浸,王又旦主持移文廟至新址。

　　《（康熙）潛江縣志》卷五《學校志·廟制》"學基"："康熙十二年,水齧城圮,知縣王又旦修築北城,移尊經閣於啓聖祠後,截閣基於城外,學廨基亦爲新城址。"

約本年四月,有感於現實,作詩《苦雨》。

　　《苦雨二首》:（其一）"閉門擁敗絮,四月天氣寒。淋瀝浸階除,潢潦何時乾。莓莓原野蕪,紛紛禾稼殘。炎光久潛藏,屏翳苦相干。望空雲轉密,積日風更酸。此地臨漢渚,寢息豈得安?況乃嚴催租,府帖如轉丸。聖德方遠屆,濱海生清瀾。四郊既戢戈,徵輸亦易寬。富貴賤粱肉,民食不盈簞。濟時或有術,進言豈不難。"（其二）"振風吹高樹,稠雲無停飛。豐注溢寒塘,頹垣何所依。曉起當階坐,綠苔侵我扉。廣野更聞寥,千慮苦無歸。天路似可攀,手把東皇衣。乘蹻搖若木,赫然見朝暉。此義諒無乖,豈謂吾力微。"（《黃湄詩選》卷三《漢渚集》）

　　　　按:詩之作年不詳,其中"聖德方遠屆,濱海生清瀾。四郊既戢戈,徵輸亦易寬"諸語,似表明三藩尚未作亂（亂始於康熙十三年）,姑繫於此。

五月五日,久雨,河決,作詩紀其事。

　　《河決時久雨》:"襄樊一水東下潛,高風吹浪何時恬。百川之長昔卑謙,五月五日憂如惔。二女擁珮手摻摻,黑旗皂幢錦作幨。乃與土德有猜嫌,欺爾微弱較鈍銛。大呼其類無巨纖,玂獵鮻鯉魴鱮鰜。三足六眸奉令嚴,河伯破硊衣襜襜。山崩厓圮意不厭,若通項冥威勢兼。乃使神蜽肆詖憸,招屏翳遂遣飛廉。望舒離虎警夜占,長雲不斷雨霮霒。十旬茫昧烏與蟾,地軸坼裂如縞緂。

泣訴于帝乞光炎,帝曰彼勢不可鉗。奔逸不異馬脱柑（按：'柑',疑誤,應作'拑'）,鄆南災祲日益添。有田無歲無蒼兼,修築徒勞邑中黔。五才遞用亦互殲,嗚呼其苦在茅檐。"（《黃湄詩選》卷三《漢渚集》）

　　按：詩之作年不詳,以其在《黃湄詩選》中的排序,加上本年三元閣的崩壞和文廟的受損,本年應是雨潦成災之年,故而暫繫於此。

本年,張孺人歸王又旦。

　　毛奇齡《王給事孺人張氏墓誌銘》載："孺人張氏,西安人。其父興由大同來遷,生孺人,即以官柳州城守都司。……既而產一子,越七日,孺人死。死之日,孺人所手藝秋花參差,雜列於盆盎間者,繞帷幔幾榻扈扈然,一夕死。時康熙十九年九月一十三日。嗚呼！孺人生二十二年而歸君,一年還郃陽。越二年,而相繼服三年喪,四年而生子以死。"（《西河集》卷九十七）

　　按：張孺人卒年,據上述引文中所載："孺人生二十二年而歸君,一年還郃陽。越二年,而相繼服三年喪,四年而生子以死。死二年,君始再赴京補給事門下。"王又旦康熙二十年（1681）任給事中,則張孺人應卒於十九年,再除去"一年還郃陽。越二年,而相繼服三年喪"的時間,可知二人婚配當在本年。

清聖祖康熙十三年　甲寅（1674）　　三十九歲

正月,范夫人子王鶼因避亂,隨張孺人歸鄉。三月,以疾夭殤。

　　《哭鶼兒四首》"序"："鶼八歲。甲寅正月避亂西歸,三月以疾殤。次年余始返里,哭於墓。"（《黃湄詩選》卷三《漢渚集》）

　　按：張孺人上年歸王又旦,則護送王鶼歸鄉者必為其人。

約在本年仲春時節,作《漫興三首》。

《漫興三首》：（其一）"早曦蕩喧氣，園鳥有嘉聲。緒寒一以散，靄靄春雲生。綠柳屯廣岸，初卉滋華榮。勞人意如何？崎嶇多所營。拙工無璨貨，良賈有兼贏。繁慮寡一償，相望何時成？床頭一樽酒，可以陶我情。"（其二）"適野亂平蔚，投步近江沱。高雲結清陰，遙水生微波。細麥生原隰，澤臯鳴且過。感時懷邑里，入世悲轗軻。溽暑寧披裘，中堂豈御蓑。夙尚何能追，幽尋竟蹉跎。香秔時開甒，薄釀方注螺。攝生自有術，自奉斯已多。東暘有芳景，西隅無迴戈。"（其三）"褰衣過墟囿，驅車入長薄。畦風披初秋，園日靜朝籜。籬青槿已繁，隴黃麥可穫。耦耕誠吾事，縶組復誰樂。察壤朝出城，負弩暮抵郭。即境昧適從，念往失寄託。荷篠既植杖，晨門亦擊柝。何如追往哲，終焉謝丹膜。"（《黄湄詩選》卷三《漢渚集》）

　　按：詩恐非一時所作，"早曦蕩喧氣，園鳥有嘉聲。緒寒一以散，靄靄春雲生。綠柳屯廣岸，初卉滋華榮"所寫多早春氣息，而"畦風披初秋，園日靜朝籜。籬青槿已繁，隴黃麥可穫"描寫似爲晚春景物。

遷建三元閣。

　　《（康熙）潛江縣志》卷六《廟祠》"三元閣"："康熙十二年崩入河，十三年知縣王又旦遷建馬昌垸內。"

本年，爲彰顯其治理之德政，潛江人建王邑侯祠。

　　《（康熙）潛江縣志》卷六《饗祀志上·廟祠》"王邑侯祠"條云："祀知縣王公。公諱又旦，字幼華，號黃湄，陝西郃陽人，進士。康熙十三年建祠於西街傳經書院內。"江陵王文南有《（王邑侯祠）記》（《（康熙）潛江縣志》卷六《饗祀志上·廟祠》）敘其始末。

王又旦主政潛江時期，大力提攜吳莊、朱載震、莫大岸等後學俊彦，並與之結下了終生友情，其間也有酬答唱和，其中影響最爲明

顯者,莫過於朱載震。王又旦主持修纂《潛江縣志》一事,朱載震
給予了高度評價。

　　朱載震《重修(康熙)潛江志序》(節錄):"嘗記吾師阮亭王
先生之言曰:'海内邑志最善者,無逾義烏。'而黄湄王先生又亟
稱武功。……(二志)俱以邑人修邑志,辭簡而核,旨約而嚴,蓋
謂得其人志其事。而始足傳也。予質鈍以蒙,少曾涉獵經史,
長遊京洛,後學於二王先生。竊聞其論古今得失,上而墳典世
索,下而志傳表紀,躬承指授,十年於兹。……先君子呼載震命
之曰:'而不憶郘陽公修志乎?于役搜討,老人有一日之勞,大
業未竟,將恐遺憾地下。今得賢使君修明自任,宿願可售,而奈
何逡巡不赴乎?'(王)侯遂以載震姓名聞之。……潛志……三
輯爲郘陽王公。……王公之志,先君子與蒚舫向公共事編纂,
論次精,體例備。王公方欲校二家論斷以歸畫一。而掖垣命
下,無暇卒業。向公與先君子各屏跡荒村,書迄無成。……郘
陽王公清田賦、禁協夫,以除民害,皆萬世利也。若夫合累志爲
筆削者,百代之勸懲,則清澗劉公之功德,又並崑山、郘陽而三
之矣。"(《(康熙)潛江縣志》卷首)

　　　按:"二王先生",指王士禎、王又旦。"先君子呼載震命之
　　曰"之"先君子",指朱載震之父朱士尊,字石户,與邑人向大觀
　　一起參與王又旦主修康熙十年《潛江縣志》的編纂。

王又旦生來對推命占卜之事頗感興趣,本年即有詩紀其事。

　　《甯克振同年推余禄命戲呈一首時年三十九》:"三十九年曾
幾春?日斜白傅已傷神。樂天詩:行年三十九,歲暮日斜時。韶華漸
去常爲客,愁緒何來苦戀人。偶與東坡同丙子,曾官南楚怕庚
寅。余生丙子庚寅日也。憑君浪説金門事,我欲河干老釣綸。"(《黄
湄詩選》卷四《京華集》)

　　《贈白相士》:"蹉跎久滯漢江人,多事相尋許負倫。夙昔難知惟有壽,從今安往不甘貧。長沙苦刺公侯骨,定遠何加祭酒身?但願故園松菊好,假吾三萬六千春。"(《黃湄詩選》卷四《京華集》)

　　按:前一首詩題中"時年三十九",暨其中"三十九年曾幾春?日斜白傅已傷神。樂天詩:行年三十九,歲暮日斜時"諸語,可推定詩之創作時間。所引兩句白詩出自其《隱几》詩(《白氏文集》卷六《閑適二》,《四部叢刊》景日本翻宋大字本)。後一首"蹉跎久滯漢江人",言其滯留潛江久矣,下一年初王又旦即離開潛江,故繫年於此。"甯克振同年",似指王又旦同科進士甯爾講抑或順治戊戌科的甯世琔,待考。甯爾講,字元助,直隸永年(今河北邯鄲永年縣)人,中三甲第一百二十八名(《明清進士題名碑錄索引》"順治十六年己亥科"),爲此科唯一的甯姓中第者。著有《宜園近草初集》七卷《二集》七卷《擬古百首》一卷。甯世琔,順治十五年三甲第一百六十四名進士(《明清進士碑錄題名索引》"順治十五年戊戌科"),爲本此進士試中唯一的甯姓中式者,依常規,應爲本年會試中第,或與王又旦爲會試同年。

離別潛江之際,好友胡承諾賦詩送別。

　　胡承諾《送王黃湄明府行取入京》:"寸錦非完章,片狐非全腋。感君哀邦儀,傾蓋似疇昔。素絲終不渝,衡言永無革。仰攀及俯拾,以此成金石。鳴鹿飲清泉,靈龜遊荷蔤。著書宣道論,敷文正學術。養疾契王微,窮鳥哀趙壹。揄揚許折簡,商榷資成帙。登高莫遠望,望遠使目眥。結交依貴客,悰少別易遘。日出華薄暄,風過碧溪皺。浮雲爲前驅,款念迫車右。煌煌京洛遊,雲臺與霄既。影組東方騎,鳴玉西園蓋。能銜明月珠,鳳吐流蘇帶。迴首楚山青,疊出愁心外。大雅振鈞天,響並韶英

馳。詔英感人深,登咸信在兹。過半塗愈峻,昔賢有良規。銘
鼎虔三命,升車祝五嶲。夙夜勤竹帛,久大以爲期。"(《石莊先生詩
集·頤志堂詩》"甲寅草")

　　按:依《石莊先生詩集》編年及詩題,詩作於本年。

**本年冬,王又旦離開潙江前夕,沔陽黄里作《清田記》,備述王又旦
任期内清田之善舉。**

　　黄里《清田記》(節録):"善養民者必先於治地。治地之法,
自經界始也。古者賦準於田,田畫於井,井別於鄉,於以阜民生
而成風俗,王道之大端具是矣。兼並之害起,飛詭之弊
滋。……郮陽王公以名進士來蒞兹邑。甫及下車,邑勢民情,
列如觀火,爲治期月,百節釐舉。里之長,甲之首,有號於庭者。
公曰:'是不得問之民也,視賦役之所自出者而已。'於是謀之紳
士,謀之耆碩,因以告於憲長,誓於隍祠,乃申儆六役,爰釐爾
成。區畫疆理,檢定户籍,土著者必核其人。逃亡者必詳其地。
原隰墳衍川澤之汚,體形惟肖。凡漏弓匿畝、改形減等、析名詭
户,摘發如響,鄉以内,量度勾股之所及,有神明式之,如公之履畝
而稽也。事既竣,擇吏之能書記者若干人,扃置公廨。朝晡放衙,
躬自編校,以綑規田,以田均畝,以畝定賦,里準於田,長準於賦。
凡爲鄉者五,爲里二十有三。而更坊廂之三爲畢公里。……自井
田之法壞,儒者輒思復古,終以不得要領,徒滋煩苦耳。今使田不
越鄉,賦不出里,即鄉田同井之制也。里之長,甲之户,鱗次而居,
非其親識,則其鄉黨。邑有徵斂,朝發夕徧,不煩裹糧而趨重趼而
復也。父與父相狎,子與子相傁。緩急有無,足以相貸;賦有定
額,輸有常期;取派不至多寡其數,稱收不至上下其手。揖讓而
入,歡踊而出,即百姓親睦之理也。無浚溝深洫之勞,有越陌度阡
之樂。公之法,孰謂非井田之遺意乎?公爲治悉本經術而體之以

誠,周之以識,行之以敏,達之以强,故事成而民不擾,其善政載邑乘不可殫述。而清田一事。條分理擘,纖悉詳盡,其均里豁甲,又軫民之大者也。公名又旦,字幼華,號黃湄,陝西西安之郃陽人,順治戊戌進士。康熙戊申來爲邑宰。今甲寅冬以廉能最,召試南省,勳業未可量也。所著有《蔚庵、山中集》《漢渚近稿》行於世。嗟乎! 潛之爲長令者,前之人吾得見之矣,吾得聞之矣;後之君子宰斯邑也、怙斯民也、善斯法也,舍斯人,其誰與歸?"(《(康熙)潛江縣志》卷三《輿地志·鄉區》)

　　按:本文《湖北文徵》作《王侯清田記》。黃里,生平不詳。"所著有《蔚庵、山中集》云云",王又旦著《蔚庵集》,不見他載,似有誤,待考。

王又旦任職潛江期間,曾寄詩歌與汪懋麟等。

　　汪懋麟《城南山莊畫像記》:"惟王公(黃湄)隔江漢,相去三千里之外,雖時見其詩思其人,而遠莫能致也。"(《百尺梧桐閣文集》卷三)

　　按:"相去三千里之外"云云,應就京師而言。考汪懋麟行蹤,自康熙九年夏入京就任中書舍人,至十二年秋八月奔母喪返回揚州,在京中四年多(參《汪懋麟年譜》"清聖祖康熙九年庚戌"至"清聖祖康熙十二年癸丑"相關內容)。

春正月庚辰,吳三桂反。三月庚辰,耿精忠反。

清聖祖康熙十四年　乙卯(1675)　　四十歲

蓋上年冬或本年春,得知王又旦任職給事中詔下,王士禛喜而告知葉方藹,葉作詩表達喜悅之情。

　　葉方藹《阮亭遣人告予云考選命下幼華得給事中敬芝亦授

御史喜而賦此並呈阮亭》："王生叩門貽片紙，使吾入户屐齒折。
吕侯已戴惠文冠，令弟復入青瑣闥。二子經年卧空丘，竈突稀
烟車騎絶。公卿何人肯延譽，升沉由命非巧拙。吾皇垂拱闢四
門，八荒之遠庭階列。拔十得五詎足異，知人其難帝則哲。得
士端屬興朝慶，豈爲朋友私相悦。竊聞盛名不易副，曒曒者污
嶢嶢缺。只今寓縣正多事，眼中戎馬太騷屑。方州民瘼難細數，
廟堂衮職那無闕？食粟都是馬立仗，藏身却如蟬翳葉。試思白
筆緣何簪，毋乃青蒲亦虚設。二子奚以答主知，方因直木愁先
伐。王生頭白老郎署，日抱文書袍袖裂。予亦偃蹇承明廬，耳
聾目眵牙齒豁。杞狂憂天計常過，魯女恤緯心還切。車輪腹内
百千轉，欲憑二子吐鬱結。朝拜官歸夕上書，想見古人舊風
節。"(《讀書齋偶存稿》卷三)

　　按：王又旦授職之先後情形，汪懋麟《王氏祠堂記》中載：
"循循職務，言期奉行，不爲劌刻薰灼之行。天子嘉之不次，擢
掌户科。"(《百尺梧桐閣文集》卷三) 可見葉詩中"拔十得五詎足異，
知人其難帝則哲。得士端屬興朝慶，豈爲朋友私相悦"所言
不虚。

　　"令弟"，指王又旦。"敬芝""吕侯"，指時人吕兆琳。吕兆
琳(1619—1690)，字敬芝，又字叔玉，河南新安人，明末忠節公
維祺次子，文華殿大學士徐元文門生(吕兆琳《上座師徐大中丞書》，
《冶古堂文集》卷五"書")，妻係著名書法家孟津王鐸長女。明末，曾
因父蔭入國子監讀書。順治五年中舉，十八年考中進士。康熙
八年任陝西西鄉縣令，二十年任福建道監察御史。嘗蒙康熙召
見，"上問其家世，首輔具奏忠節公殉難狀，上曰：'此名臣後，應
是好官。'"(劉青藜《吕御史兆琳傳》，載《碑傳集》卷五十二) 二十四年告
老還鄉，二十九年六月辭世。著有《鏡蛈集》二卷、《忠節公年

譜》四卷(《中州藝文録》卷二十三著録)、《文廟崇祀考》、《西鄉志過録》、《疾呼草》等。其生平見《中州先哲傳》"名臣"、其子吕履行《先府君行狀》(《冶古堂文集》卷五)、劉青藜《吕御史兆琳傳》等記載。

　　"王生叩門貼片紙""王生頭白老郎署"中,"王生"皆指王士禎。

本年初,孫枝蔚在南昌江西總督董衛國家中課其二子,有信給王又旦。

　　孫枝蔚《與王幼華》:"往日弟兄聚首之樂自不可數。得若怨別憂亂交集於懷,則自今伊始。數年以前,固猶未料及此也。引領遠道,倍增潸然。潛江縣地方困窮已久,加以用兵悉索敝賦,上下何堪。聞足下已荷内召入都門,得脱此世有司之累,恐繼佳政者實難其人。然區區之私,且不暇憂彼士民先,爲吾友舞蹈也。僕以暮齒,重遇横流,生計狼狽,年甚一年;楚魚無託,吳燕何巢,禍亂之際,物尚有然,況乃貧士乎? 久爲旅人,無末可持,偶遇桐城友人丁彼雲名倬者,薦入董中丞署中爲公子師,計無復之,乃忍而就此,而不知者顧爲僕榮之,甚可笑也。私語三兒,謂'爾有父執王先生者,必不樂聞。吾有此及兒燕來豫章,修定省之禮'。乃捧故人書察兒頗自喜,及展讀則是與燕書,因其父既爲中丞之客,或欲談多有不便也。書中云云,果深得僕心? 把玩再四,頓使積悶涣然。然足下雖知僕不過謂倔强之性,不工依人之術耳,或尚未悉其苦狀也。茹苦思吐,人之常情,僕亦何能獨效暗然,且歡欣疾痛,不以相聞者,必其所遇道路之人而可也。若骨肉之間,斷不出此,足下愛僕非道義而兼骨肉者乎? 試備述之,知必爲僕酸鼻也。夫蓼蟲食苦,自以爲甘徙乎葵菜焉? 知其必樂也。昔僕居家時,與諸友會談,麥醴

乾魚未嘗不美，今則日厭腥肥，未食先飽，非獨不慣羊酪之味
也。此身放浪山水，自壯及老，一旦足之所履，惟函丈之地席，
近油幕則談笑不敢，户面鈴閣，則往來都絶。嗟乎馬融之帳，誠
不足羨；王儉之幕，彼獨何修哉！雖值重陽，亦不得一登高，束
縛如此，忽已年餘。昔之學也，且日窺園；今之教人，翻使閉户。
若果教學半，此則天有意厚之耳。而所教者，乃惟十二三歲之
兩童子。譬之農且老矣，而所耕者菑也。二歲而爲畬，三歲而
爲新田，四歲而始爲田。古云：‘俟河之清，人壽幾何?’老農夫
視菑爲田，猶視河清也。欲棄而他圖，則妻子不悦，慮無以養己
也。且田主亦不肯聽之，蓋見其耒耜之類甚備且利，而又聞於
旁人，共以爲昔人夙昔良農也。嗟乎憊已甚矣！況夫時文之不
足以教學也，韓退之以爲類於俳優之詞，歐陽修以爲浮巧，蘇源
明以爲淺狹可笑；而今世之文，非唐宋可比。彼雖有愧於博學
宏詞，雖穿蠹經傳，移此儷彼，然猶未嘗不涉獵書史也。今則所
記誦，不出近科數人之言，視書史且爲毒藥矣！僕少時求舉養
親，學之頗工，自遭大亂，廢棄已久，此足下所知也；乃復以之訓
彼蒙童，夫教人者不能成就人才，已無貴於爲師；若更從而壞
之，於心忍乎？或曰：‘歐陽公之《答樂秀才》亦云：莫若順時，則
何傷乎?’曰：‘童子之年，非樂生可比也。使樂生爲童而從學於
歐陽公，必知其不屑事此矣！耻過作非，僕其能免乎?’或爲僕
解之曰：‘子即去此而他爲。’其師者必不能違時立教，可知也。
而謂縣已壞之，何其言之過，與曰：‘彼惟不知是壞人之術，故樂
而爲之，則不彼若也多矣！’僕平日猶頗志於仁者，而此事固與
爲惡無異，豈不重可愧悼耶？然以久居異邦，復託高門居處，執
事忠信篤敬兢兢焉，日遵先師之訓，非復如從前放蕩禮法之人
矣！則亦未可謂全無益也。兩年來所得詩不滿百首，孤陋寡

聞，是以至此，使拙集或不至覆人醬瓿，則又知後世之相悲也。然天方薦瘥，性命不自保，虛名又何足計耶？相見無期，惟足下努力自愛有用之身，且以慰僕也。"(《溉堂文集》卷二)

　　按：信中有"聞足下已荷內召入都門，得脫此世有司之累，恐繼佳政者實難其人"語，則表明王又旦移職的詔書已下，也表達了對其潛江之治的高度肯定。"久爲旅人，久未可持，偶遇桐城友人丁彼雲名倬者，薦入董中丞署中爲公子師，計無復之，乃忍而就此，而不知者顧爲僕榮之，甚可笑也"，是指其應江西總督董衛國聘課其二子事，並解釋應聘之前因後果。"然足下雖知僕不過謂倔強之性，不工依人之術耳，或尚未悉其苦狀也。茹苦思吐，人之常情，僕亦何能獨效暗然，且歡欣疾痛，不以相聞者，必其所遇道路之人而可也。若骨肉之間，斷不出此，足下愛僕非道義而兼骨肉者乎？試備述之，知必爲僕酸鼻也"，再三言應聘之不得已；"足下愛僕非道義而兼骨肉者乎"，二人相知相得之情形，不言而喻。

自潛江歸京路上，作詩寄朱載震。

　　《寄朱悔人》："春來直北促嚴程，臨水登山送我行。鄰樹鳥啼殘雪落，東門客散曉星明。樓交丹桂風前滿，湖打青蘋雨後生。欲往從君愁遠道，楚雲南雁不勝情。"(《黃湄詩選》卷四《京華集》)

　　按：味其意，詩應作於離開潛江尚在今湖北境內時。"朱悔人"，指朱載震(？—1707)，字悔人，湖北潛江人。父朱士尊(號石戶)，爲潛江宿儒。王又旦知潛江時，二人開始交往。康熙十九年以貢生身份入國子監求學。因王又旦之介紹結識王士禛，其詩作頗受士禛好評。第二年，補國子監正黃旗教習(參《漁洋山人自撰年譜》卷上"康熙辛酉二十年"條)。三十三年，在向大觀、朱士

尊《縣誌》的基礎上,完成編纂《潛江縣誌》。四十一年,在恩師
王士禛的力薦下,授職四川石泉(今四川綿陽北川羌族自治縣)
知縣。到任後,推行改土歸流政策,加強了中央政府對該地區
的管理。四十四年,開始承擔《四川通誌》的編纂,書未成而積
勞成疾,四十七年溘然長逝。其詩歌創作,王士禛曾評價云:
"悔人,吾老門生也。其詩必有聞于後。"(王士禛評孫元衡《寄答石泉
明府悔人朱先生》,載《赤嵌集》卷三"丁亥")。朱彝尊《東浦詩鈔序》有
云:"悔人之詩,其初誦之,或鬱轖不舒;徐而繹之,則温厚悱惻,
皆合古人之矩矱,使浮薄之氣不得接焉! ……悔人於詩,不若
時文之蹭蹬,不必竢之後世,已爲群公之所許,又何慮不傳也
乎!"曾與梁熙、孫枝蔚、陳廷敬、宋犖、朱彝尊、查慎行、王源、曾
燦、吳孟舉、陸嘉淑、吳雯、陳奕禧、陳大章、張大受等交遊唱和。
王士禛晚年讀其詩作,有"不勝髀裏肉生"(《題門人朱悔人近詩卷
後》,《帶經堂集》卷九十二《蠶尾續文二十》)之歎。除《東浦詩鈔》十卷
外,尚著有《章江集》二卷、《濯纓集》一卷、《京華集》、《匡廬集》、
《武當集》、《和山堂集》等。編纂(訂)《(康熙)潛江縣志》二十
卷。其詩作,陳奕禧《春靄堂集》、吳雯《蓮洋集》、宋犖《西陂類
稿》等集中,亦收録頗多。生平見朱彝尊《東浦詩鈔序》(《曝書亭
集》卷三十九"序六")、王源《〈京華集〉序》(《居業堂文集》卷十四)、《(康
熙)潛江縣志》卷十三《選舉志》、丁宿輯《湖北詩徵傳略》卷二十
七等記載。有《雪中呈黃湄先生》(《東浦詩鈔》卷三)、《奉答黃湄先
生寄韻二首録一》(廖元度《楚詩紀》卷十九"國朝")等與王又旦有關
的詩作。

仲春,離開潛江赴京途中,曾歸鄉至夭傷的兒子王鶒墓前,作《哭
鶒兒四首》詩,表達傷痛之情。

　　《哭鶒兒四首有序》"序":"鶒八歲,甲寅正月避亂西歸,三月

以疾殤。次年余始返里，哭於墓。"（其一）"問訊鷚兒墓，東薔水一灣。春深拋野外，世亂去人間。隴樹珊戈暗，江雲戰血斑。汝翁罹萬苦，今日得生還。"（其二）"育爾潛陽署，嬉遊謹外扃。三時通大雅，幾夜識經星。草澤冬枹鼓，江湖歲建瓴。一官疏顧復，回首媿飄零。"（其三）"地躍青絲馬，人爭白榜船。當時憂送遠，累日斷朝烟。事急輕千里，恩虛負八年。誰期羸博淚，隨向楚雲傳。"（其四）"東皋榆莢落，視汝立斯須。不忍春花發，還驚宿莽俱。干人長道路，去國混泥塗。四十形憐影，蒼涼任此軀。"（《黃湄詩選》卷三《漢渚集》）

　　按：詩之作年，除詩"序"外，由"四十形憐影"也可得知。詩中"東皋榆莢落，視汝立斯須。不忍春花發，還驚宿莽俱"幾句，言明時已仲春。

赴京途中，離家未久，天降大雨，雨後有詩呈李天馥。

　　《大雨後呈李湘北學士》："火雲照高林，緇塵彌園圃。已見草木萎，憚茲驕陽怒。景晏陰氣合，青冥夜伐鼓。驟雨乘迅飆，黃潦溢危堵。旅人苦淹薄，氣奪怯出戶。茅檐倚欹傾，燈前命一縷。誰云豁炎蒸，畏暍不猶愈。低徊驗憂樂，推斥定誰主。東觀吾故人，藏書近河滸。問訊欲從之，茸蘿已亭午。"（《黃湄詩選》卷四《京華集》）

　　按："李湘北學士"，指李天馥（1635—1699），字湘北，號容齋，謚文定，原籍廬江（今安徽合肥），十歲時，隨其父始入籍河南永城。順治十四年舉人，為丁澎所識拔；十五年戊戌科進士及第，授職庶吉士。十八年授官檢討。康熙十一年十月，充順天武鄉試副考官，不久升任國子監司業，掌儒學訓導之職，晉翰林院侍講。十二年冬，洪昇入京，貧苦無依，得李天馥資助收留，將其推薦給王士禛。十四年，擢侍講學士。次年正月，轉侍讀學士，十月，充日講起居注官，十二月升詹事府少詹事。十六年八月，遷内閣學士兼禮部侍郎。十九年正月，任經筵講官，九月擔任武會試正考官。二十年二月，擢户部左侍郎。二十四年，任吏部左侍郎。二十七年任工部尚書，同年五月轉刑部尚書，不久擢升兵部尚書、吏部尚書。三十一年，拜武英殿大學士。李天馥與其同鄉前輩龔鼎孳多有唱和之作，與梁佩蘭、魏象樞、陳廷敬、劉體仁、毛奇齡、宋犖、施閏章、李霦、李因篤、李漁、郭棻、袁佑、倪璨、趙鐵源等交遊唱和。著有《容齋千首詩》、《容齋詩餘》、《古宮詞》一卷等。生平見韓菼《誥授光禄大夫武英殿大學士兼吏部尚書李文定公墓誌銘》(《有懷堂文稿》卷十六"墓誌銘二"；亦載錢泰吉編輯《碑傳集》卷十三)、錢林《文獻徵存録》卷六"李天馥"條、《國朝詩人徵略》卷四、《國朝先正事略》卷七"名臣李文定公天馥"條、《清代大學士部院大臣總督巡撫全録》"大學士　武英殿大學士"、《清史稿》卷二百六十七《列傳五十四》、國史館原編《清史列傳》卷九《大臣畫一傳檔正編六》、《清代名人傳略》"李天馥"、《清詩紀事初編》卷五《甲編下江南》等記載。子孚青，康熙己未進士，官編修，有詩名。李天馥有《晚憩吏垣憶王黃湄同年同太宰悦巖少宰南溟集字》等與王又旦有關的作品。

早秋時節，過恒山，寄詩給王曰高。

　　《恒山道上寄給事北山兄》："流雲激電過高城，更理征衣雨後行。客旅何堪遷次遠，饑寒不覺傍人輕。隔溪水鸛衝泥立，接葉玄蟬奪樹鳴。省闥此時相憶否，雁行離思正縱横。"(《黃湄詩選》卷四《京華集》)

　　按："北山"，指王曰高(1628—1687)，字登儒(按："儒"亦作"孺")，一字鑒兹，號北山，又號槐軒，山東茌平人。順治七年中舉，十五年進士及第，授官庶吉士，邑人尊稱"王翰林"。康熙元年任工科右給事中。二年，主持江南鄉試，慧眼識才，所取之士多一時俊彦，後其中出現兩鼎甲（文狀元張英、武狀元王瑱齡）、五尚書、三大學士，稱譽一時。三年任兵科右給事中，十一年補户科左給事中。十二年特旨御試臺省，擢禮部（科）掌印給事中。十六年，接連上疏請恤死節諸臣，賑濟江淮，擢正四品京卿，誥授中憲大夫。居官二十餘年，家無餘資。晚年因患風疾，久治不愈，卒於家中。王曰高與王又旦會試似同年中式，作有《别王黄湄同年》詩。與吴偉業、周亮工、王士禛、陳廷敬、顏光敏、陳玉瑾、曹爾堪、吴綺、熊賜履、鄒祗謨、董以寧、程可則、郭棻、程先貞、賀富等交遊。著《槐軒集》十卷（《詩》四卷《文》六卷）、《槐軒小草》一卷。主持編修《重修茌平縣志》四卷。生平見董以寧《王北山詩集序》（《學文堂集》"序四"）、邵長蘅《王北山哀辭代莊澹庵官庶》（《邵子湘全集·青門旅稿》卷四）、張英《給諫茌平王公輓詩四首》（《存誠堂詩集》卷十五）、孫克緒纂《（康熙）茌平縣志》卷五、《清詩紀事初編》卷六《乙編山東》等記載。

蓋到京不久，與王士禛談論星緯之學，因之想起孫枝蔚，有詩紀其事。

《阮亭兄見過爲譚星緯之學因懷豹人》："曲巷蓬門花氣新，高軒帶雨晚轔轔。若爲潦倒尋司馬，且倚迍邅近酒人。市肆簾櫳干氣象，古今星紀困儒臣。孫郎空自圖《磨蝎》，白首江南把釣緡。豹人畫《三磨蝎圖》，以昌黎、眉山與己命同安磨蝎宫也。"（《黄湄詩選》卷四《京華集》）

按：孫枝蔚時在江蘇揚州。

秋日，適逢京城連陰雨，不禁擔心遠在千里之外易受水澇之害的潛江地區，作詩與馮皇紀。

《大雨憶潛江澤國夏秋江漢泛漲壞堤敗稼觸緒生憂寄馮皇

紀》:"十日風雷合,千靈早夜齊。長衢遵洰没,大野失端倪。欲逐風中鸛,還懸海上霓。客愁羈薊北,望遠憶荆西。郡邑秋臨水,人烟暮倚堤。江流鄰漢、沔,衆穴匯棠梨地名,潛江、江陵界。重壤縓通蟻,平原可照犀。舟航趨户牖,負戴想扶攜。瘦馬波濤立,搴莢井里啼。憂來輕自誶,事定故相詆。議助喧林雀,持平覆甕雞。江漢堤潰,多議協他郡邑,文牒詆論,每往返數年不决。春前甘鹵莽,别後倘哀悽。傾耳歌黔皙,關心聽鼓鼙。向來憂國處,悵絶故人綈。"(《黄湄詩選》卷四《京華集》)

　　按:"憂來輕自誶,事定故相詆。議助喧林雀,持平覆甕雞"云云,其憂心忡忡而又人微言輕的無可奈何之情溢於言表。"馮皇紀",生平不詳,蓋王又旦宰潛時的故交。

約在秋天,作詩憶潛江北塘風光,並表達對老友馮皇紀的思念。

　　《懷潛江北塘》:"潛江城北楊柳東,中有古寺藏空濛。寺門疏豁對漁浦,種蓮十頃颺清風。初入深林不見寺,唯有水樹光沖瀜。四月五月天氣熱,好雨一洗抽碧筒。或云當年堤岸壞,此地曾作蛟龍宫。七載護持總爲此,畚鍤常費千人功。豈以耳目煩民力,幾與河伯争雌雄。黄州好友六十翁,馮皇紀。清樽十日九日同。翩然林際尋畫舫,花開四望參差紅。只今黯澹誰爲主,已知萬事如秋蓬。古來勝跡皆茂草,他時棟宇何其工。蹴踏不覺秋毫盡,可憐到處關穷通。却思鐵騎滿江漢,百城畫角驚飛鴻。念此宛轉不能寐,東山月出高朣朧。"(《黄湄詩選》卷四《京華集》)

　　按:詩中有"却思鐵騎滿江漢,百城畫角驚飛鴻",時令當在秋天。"黄州好友六十翁,馮皇紀。清樽十日九日同",言馮皇紀嗜飲成性,其身份蓋爲隱士或處士一類。

約在本年立秋日,王又旦與曹爾堪、沈荃、王士禛、李天馥等過訪陳廷敬,飲酒之際,有感於好友王士禄、宋琬的相繼淪亡,諸人不禁生出悲秋自傷之意。陳廷敬、李天馥有詩紀其事。

陳廷敬《立秋日子顧繹堂貽上湘北幼華過集二首》:(其一)"生死傷心後,悲歌把臂初。西樵、荔裳相繼淪亡。皇天留數子,秋日集吾廬。風雨孤亭窄,苔花晚徑疏。不慚供給薄,離別較何如。"(其二)"舊雨如今雨,新秋勝往秋。生涯堪一笑,杯酒失窮愁。吹角江雲斷,啼猿蜀道幽。飄零今暖眼,酩酊且相留。"(《午亭文編》卷十一"今體詩")

陳廷敬《立秋日子顧繹堂貽上湘北幼華過集》:"遊子感時節,含意難獨立。秋色蕭條來,西日忽已入。風落庭草低,雨過檐禽集。高月夕尚圓,明星露猶溼。兵出吟笳稀,戍遠擣衣急。良時今欲暮,無爲苦憂悒。請看頭上絲,日夜不可戢。危塗行潦深,白駒願維縶。"(《午亭文編》卷三"古體詩")

李天馥《立秋日同繹堂顧庵阮亭幼華飲說嚴寓齋限立字韻》"序":"繹堂祭酒,詔令作字稱旨,賜貂。顧庵家嘉善,以里事被議罷官,阮亭家新城,以部郎待補京師,幼華係楚邑令,考選後將歸郃陽。""陳子振奇人,飄飄遺世立。齊契撰良宵,圓方充贍給。殷勤晦年義,耆舊多俊及。風雅推隱侯,園橋爭負笈。珥筆潑蚪龍,明光珍什襲。越豔愁蛾眉,謠諑掩邢泣。瀛洲誤風濤,清淺舟膠澀。孤鳳海東來,饑絕琅玕粒。無計淩九垓,翼弱文章戢。楚客賦將歸,巢由拙拜揖。薄寒未收潦,永夕願維縶。伊予愧薄劣,微尚負原隰。索米聊陸沉,望古時遙集。奇懷將無同,曲學非所習。四郊方用兵,烽高羽書急。長鯨復短狐,手版誰倒執。大火改南星,秋氣滿都邑。頹陽翳重雲,小苑清鐘入。聊復樂所欽,百城觀書哀。嫵婉劇情親,悠然渾車笠。"(《容齋千首詩》"五言古")

按:"西樵、荔裳相繼淪亡",指王士祿、宋琬此前一兩年接連離世事。王士祿(1626—1673),字子底,一字伯受,號西樵,山東新城(今山東淄博桓臺縣)人,爲王士禛長兄。清世祖順治九年進士,累官吏部考功員外郎,世稱王考功。王士禛著有《王考功年譜》(又名《西樵年譜》)。順治年間周南、王士禧等編選士禄、士禛二人詩成《琅琊二子近詩合選》十一卷(又名《表餘落箋合選初集》)。有王士禛選録批點《考功集選》四卷行世。

宋琬(1614—1673),字玉叔,號荔裳,別署二鄉亭主人,山東萊陽人。順治四年進士,授户部主事。後因事下獄。晚年累官四川按察使。詩學杜甫、韓愈、陸游,名聞四方;順治年間曾與張文光、趙賓、施閏章、嚴沆、丁澎、陳祚明等於京師結成詩社,號“燕臺七子”。與才氣充沛,雄健磊落,與施閏章並稱“南施北宋”。著有《安雅堂集》六卷(《安雅堂詩》一卷、《安雅堂文集》二卷、《二鄉亭詞》三卷)、《安雅堂未刻稿》十卷(其中《入蜀集》二卷,詩、詞各一卷,詞即《二鄉亭詞續》)、雜劇《祭皋陶》等。生平見王熙《重刻安雅堂集序》(《王文靖公集》卷十一)、《國朝詩人徵略》卷一、《本朝名家詩鈔小傳》卷一“《安雅堂詩鈔》小傳”、《清史列傳》卷七十《文苑傳一》、《清代七百名人傳》(第五編)“藝事　文學”、《清代名人傳略》“宋琬”條、汪超宏《宋琬年譜》等。

《午亭文編》卷十一“今體詩”中,收《輓王考功子底宋觀察玉書》《追悼王西樵吏部兼懷阮亭》,即爲悼念王士禄、宋琬而作。《追悼王西樵吏部兼懷阮亭》創作時,王士禛尚居鄉丁憂;“兼懷阮亭”,指王士禛因母喪,康熙十一年抵里守制,至十四年“服闋,夏以父命赴京師”(《漁洋山人自撰年譜》卷上“康熙十四年乙卯”),期間不在京師,故云。宋琬上一年亡故,王又旦約本年早春始離潛赴京;又李天馥詩“序”中有“阮亭家新城,以部郎待補京師”云云,據《漁洋山人自撰年譜》卷上“康熙丙辰十五年”條載:“正月赴京師,五月補户部四川司郎中。”同書“康熙丙辰十四年”條載:“夏以父命赴

京師,秋須次歸里。"因之可以推斷詩應作於本年立秋日。李詩
"序"中尚有"考選後將歸郃陽"諸語,考王又旦此後形跡,短期內
似未有歸鄉之舉,李說因資料缺失,抑或王又旦歸鄉計劃更改,
俟考。

　　李詩中,"陳子"指陳廷敬,"珥筆潑虬龍,明光珍什襲"所指爲
沈荃,"越豔愁蛾眉,謠諑掩邢泣"寫曹爾堪事,"瀛洲誤風濤"以下
六句寫王士禛事。"楚客賦將歸,巢由拙拜揖"中,"楚客"指王又
旦;"賦將歸"云云,即"序"中所云之"幼華係楚邑令,考選後將歸
郃陽"之意。

　　除王又旦外,王士禄、宋琬與陳詩、李詩中提及諸人中的絶大
多數,早在康熙初即有"詩酒文會"。据沈德潛《國朝詩別裁集》卷
五載:"康熙初,公(陳廷敬)與西樵、漁洋、荔裳、愚山、顧庵、繹堂
諸公時爲文酒之會,號稱極盛,而聚散存亡,人生難免,多情人不
勝華屋山丘之感也。"(陳廷敬《施閏章見寄長歌和答》尾注,詩中亦提及王
士禄、宋琬之亡)此後諸人時有聚會送別唱和遊樂之舉,如汪懋麟作
於康熙辛亥間的《雨後夜集同顧庵先生青嶼侍御宋玉叔觀察沈繹
堂翰林西樵考功阮亭先生陶季康臣頌嘉子靜再送尚白遊嵩山二
首》(《百尺梧桐閣集》卷九"古今體詩　自辛亥歲正月起至十二月止");"青嶼
侍御",指許之漸,號青嶼。"陶季",即陶澂。"康臣",指沈胤範,
字康臣。"頌嘉",指曹禾,字頌嘉,號蛾嵋。"子靜",指喬萊,字子
靜,號石林。"尚白",指施閏章,字尚白。施閏章同時有《將遊嵩
嶽留別都門諸同好青嶼荔裳顧庵繹堂西樵周量阮亭康臣陶季峨眉蛟門石
林》(《學餘堂詩集》卷十"五言古")詩紀其事。"周量",指程可則,字
周量。

　　陳廷敬(1638—1712),字子端,號說巖,又號樊川、半飽居士、
半日村,晚號午亭、午亭山人,謚文貞。原名陳敬,因與庶常館翰

林院順天通州人陳敬重名，順治帝賜"廷"字，故改名廷敬；又因籍
貫澤州，亦有以"澤州"相稱者。崇禎戊寅年（1638）生（陳廷敬《食榆
關驛有老卒語世父侍卿公令樂亭時事》詩云："戊寅吾以降，老大凜百慮。"載《午
亭文編》卷三"古體詩"）。其家族係科舉世家，據陳法於（廷敬曾孫）
修《陽城黃城村陳氏家譜》載，從明末至清代中葉，該家族出了八
個進士。順治八年，以童子試第一入潞安州學。十四年中舉。十
五年中進士，選庶吉士。十八年，充會試同考官，尋授秘書院檢
討。康熙元年，假歸。四年，補原官。八年，遷官國子監司業，建
議開博學鴻詞科。十一年，任日講起居注官。不滿一年，即轉侍
讀學士。十四年遷詹事，次年升任內閣學士，充經筵講官。十六
年，改翰林院掌院學士。十七年，與王士禛、葉方藹同入直南書
房。二十三年元月，由禮部右侍郎轉吏部右侍郎，經管戶部錢法
堂事。同年九月，升左都御史。二十五年，遷工部尚書，與徐乾學
奏進《鑒古集覽》，奉詔參與纂修《三朝聖訓》《政治訓典》《方略》
《大清一統志》《明史》等書，任總裁。第二年調戶部，旋轉吏部。
二十七年，因姻親、前湖廣巡撫張汧贓罪牽連，上書謝罪懇請回
鄉，免却朝中任職，保留修書總裁官之任。兩年後重新起用爲左
都御史，不久擢工部尚書。三十三年，任戶部尚書。三十八年調
任吏部尚書。四十一年，奉詔管理南書房事務。第二年拜文淵閣
大學士兼禮部尚書，值經筵。四十四年扈從南巡，康熙評價其詩，
有"房、姚比雅韻，李、杜並詩豪"（陳廷敬墓碑碑陰康熙御書題詩）之語。
四十九年，以耳病乞休，獲准，同時與張玉書受詔編纂《康熙字
典》，後因張去世，獨任總裁官。與徐乾學、姜宸英、朱彝尊、沈荃、
郭棻等交遊唱和。其爲政敢於直言，不從流俗，有主見，李元度
《國朝先正事略》中認爲陳廷敬"所陳切中時弊，棘棘不苟同"（卷六
《陳文貞公事略》"名臣　陳文貞公廷敬"）。爲康熙的重要輔臣。康熙之

平定三藩，征討噶爾丹，以及南巡、治河等統一、强國的壯舉，陳皆
出過大力。王士禎薈萃《八家詩選》中，《説巖詩選》收詩二百四十
一首。士禎譽其詩兼具"雄渾"與"神韻"之長（《跋陳説巖太宰丁丑詩
卷》，《帶經堂集》卷九十二"蠶尾續文二十"）。《四庫全書總目提要》卷一
百七十三《集部二十六·別集類二十六》"午亭文編"條評其詩文
創作云："廷敬論詩宗杜甫，不爲流連光景之詞，頗不與王士禎相
合。而士禎甚奇其詩。所爲古文，雖汪琬性好排詆，論文少所許
可，亦甚重之。生平回翔館閣，遭際昌期，出入禁闥幾四十年。值
文運昌隆之日，從容載筆，典司文章。……而文章宿老，人望所
歸，燕、許大手，海内無異詞焉。"雍正時期陳以剛等人編選《國朝
詩品·凡例》中，認爲清初"詩家正宗，當以孝感（熊賜履）、桐城
（張英）、澤州、新城（王士禎）四大家爲鼻祖"。理學研究方面，《聖
清淵源録》中，將其與孫奇逢、湯斌一同列爲清代北學代表人物。
著有《尊聞堂集》八十卷、《午亭文編》五十卷、《午亭山人第二集》
三卷、《歸去集》二卷、《河上集》、《杜律詩話》二卷、《午亭史評》二
卷、《説巖詩集》、《經解》四卷、《三禮指要》一卷等，主持或參與編
纂《日講四書解義》二十六卷、《日講書經解義》十三卷、《日講禮記
解義》三十二卷、《日講易經解義》七卷、《日講禮記解義》六十四
卷、《（康熙）詞譜》四十卷、《皇清文頴》一百二十四卷、《古文淵鑒》
六十四卷、《佩文韻府》一百六卷等。其生平見李光地《皇清誥受
光禄大夫經筵講官文淵閣大學士兼吏部尚書説巖陳公墓誌銘》
（《（雍正）山西通志》卷二○○）、陳法於修《午亭山人年譜》、《國朝詩人
徵略》卷四、唐鑒《國朝學案小識》卷五《守道學案》"陳説巖先生"、
《本朝名家詩鈔小傳》卷一"《午亭詩鈔》小傳"、《國朝先正事略》卷
六"名臣　陳文定公廷敬"、《清代大學士部院大臣總督巡撫全録》
"大學士　文淵閣大學士"、《清儒學案小傳》卷二《魏象樞環溪學

案》"附　陳廷敬"條、《清史列傳》卷九《大臣畫一傳檔正編六》、《清代七百名人傳》(第一編)"政治　政事"、《清代名人傳略》"陳廷敬"等記載。

　　"子顧",指曹爾堪(1617—1679),原名曹堪,明崇禎時禮部侍郎曹勛長子。崇禎十年改名爾堪,字子顧,號顧庵,祖籍華亭(今上海松江區),高祖時僑居浙江嘉善魏塘鎮。崇禎二年前後,與王廣心、張一鵠一起參加幾社。十年前後,同邑人錢繼振、郁之章等以文會友,時稱"柳洲八子"(亦稱"魏里八子")。順治三年中舉,七年嘉興南湖"十郡大社"三日集會期間,結識吳偉業、朱彝尊、徐乾學、鄒祗謨、毛奇齡、尤侗,諸人遂訂交。九年成進士,授庶吉士,十一年任翰林院編修,第二年分校禮部試(會試同考官),得士二十二人。扈從瀛臺、南苑,屢蒙優寵。十五年任弘文院侍讀,旋晉侍講學士,奉詔與吳偉業同注唐詩。曾因家事被誣下獄,事白,罷歸,悠遊田園,時而漫遊,登高眺覽,詩酒自娛至終老。博學多聞,工詩,與宋琬、沈荃、施閏章、王士禄、王士禛、汪琬、程可則並稱爲"海内八大家"或"清八大詩家"。曹爾堪以詞名世,爲清初柳洲(今浙江嘉善縣魏塘一帶)詞派盟主,其《南溪詞》與山東曹貞吉《珂雪詞》并稱名家之作,稱"南北二曹",轟動一時。善作豔詞,多宴飲狎妓之作。曾發起清初詞壇上規模較大的三次倡和活動,即康熙四年浙江杭州的江村倡和(又名"湖上倡和")、江蘇揚州的紅橋倡和,以及康熙十年京師孫承澤秋水軒的倡和,皆產生了廣泛而巨大的影響。曹爾堪與曹溶共同開創了浙西詞派的先河,其健朗昂舉的創作特色,是清初詞風轉變的關鍵所在。善書畫,不輕授人,罕有流傳。平生與龔鼎孳、施閏章、王士禛、孫枝蔚、顧貞觀、徐釚、謝重輝、鄧漢儀、宗元鼎、程邃、王士禄、梁清標、尤侗、陳維崧、方象瑛、孫默、吳綺、董元愷、鄒祗謨、汪懋麟、宋琬、丁澎、曹

貞吉、董俞等交遊唱和。著有《顧庵詩選》一卷、《南溪詩文略》二
十卷、《曹顧庵殘詩》、《南溪詞》兩卷、《杜鵑亭稿》、《未有居詞箋》、
《客裝》一卷、《里音》一卷、《京華詞》、《秋水軒詞》等。與他人合作
編纂《秋水軒唱和詞》二十六卷(康熙十年周亮工遥連堂刻本二十二卷,
次年增刻至二十六卷)、《廣陵唱和詞》七卷、《紅橋唱和第一集》一卷
等。生平見施閏章《翰林院侍講學士曹公顧庵墓誌銘》(《學餘堂文
集》卷二十八)、尤侗《贈顧庵學士序》(《嘉善曹氏族譜》卷首,清乾隆刻本)、
《國朝詩人徵略》卷二、《清史列傳》卷七十《文苑傳一・宋琬傳》
附、《清詩紀事初編》卷七《丙編浙江》等。

　　“繹堂”,指沈荃(1624—1684),字貞蕤,號繹堂,別號位莽、充
齋,又號一研齋,松江華亭(今屬上海松江)人。祖偉麟、父紹曾,
皆聞名於鄉邑。幼年喪父,事母至孝。順治九年探花,授國史院
編修,後授職大梁(今河南開封)道副使。十七年,在河南巡撫賈
漢復的主持下,編纂《河南通志》。康熙六年,授直隸通薊道,坐事
左遷。九年,授浙江寧波同知。十年授侍講、直南書房。十一年
主持浙江鄉試,轉侍讀;十二年充日講起居注官。次年,擢國子監
祭酒。十五年,遷少詹事。十六年,擢詹事。卒謚文恪。爲人經
術深湛,喜獎拔後進,頗爲時重。工書法,宗法米芾、董其昌二名
家,深得康熙帝賞識,嘗召至内廷論書,“凡御制碑版及殿廷屏障
御座箴銘,輒命公書之”(陳康祺《郎潛紀聞・三筆》“聖祖垂念沈文恪”),
爲康熙帝書法代筆人之一。有論者評其書法云:“荃學行醇潔,書
法最有名。聖祖嘗召入内殿賜坐,論古今書法。”(熊其英等纂《(光
緒)青浦縣志》卷十七)工詩,名列“海内八家”之列。魏裔介《一研齋
詩集序》云“其言詩也,於吳梅村、宋轅文二先生合,故不爲婉縟之
體,綺麗之音,而一復元古清真”,略見其詩歌創作之好尚。有《一
研齋詩集》十六卷、《充齋集》(又名《繹堂詩選》)等行世。主持修纂

《(康熙)寧洋縣志》。生平見孫在豐《掌詹少宗伯沈文恪公家傳》
(《一研齋詩集》卷首)、宋犖《清故通奉大夫詹事府詹事兼翰林學士加
禮部侍郎沈公神道碑》(《一研齋詩集》卷首)、《顏氏家藏尺牘》"姓氏
考"、《國朝詩人徵略》卷二、《國朝先正事略》卷六"名臣　葉文敏
公方藹"附"沈文恪公荃"、熊其英等纂《(光緒)青浦縣志》卷十七、
《碑傳集》卷十八、《國朝書人輯略》卷二"沈繹堂"、《清史稿》卷二
百六十六《列傳五十三》、馬宗霍編《書林紀事》卷二"公卿士庶
清"、《書林藻鑑》卷十二"清"、《清詩紀事初編》卷三《甲編上江南》
等。其子沈宗敬亦善畫。

　　"貽上",指王士禛。

深秋,同鄉王承祖歸渭南,作送別詩二首。

　　《送給事嶽生兄歸渭南二首》二首:(其一)"十年封事動天顏,
奉引名高侍從班。豈謂輕辭青瑣拜,幡然遥指白雲還。城依楊柳
宣公時,村傍蘭花太傅山。樂天故里紫蘭村,有異花亭。從此西莊王
給事,柴門清晝對潺湲。"(其二)"忽憶山中紫蕨新,青門今日見歸
人。三峰谷口蓬蒿宅,八節灘頭洗沐身。得到黃樞誰解綬? 若爲
黑髮竟垂綸。年來不盡秋風思,清渭長橋好卜鄰。"(《黃湄詩選》卷四
《京華集》)

　　按:詩其二中有"年來不盡秋風思,清渭長橋好卜鄰"句,似作
於深秋時節。詩之作年,據王士禛《送嶽生都諫休沐歸渭南二首》
作時推定;其一云:"群盗方燒棧,涇原尚枕戈。即應排禁闥,未擬
老煙蘿。天險嶢關路,寒風隴上歌。故鄉征調急,憂國意如何?"
其二云:"轉粟真天上,孤軍頓利州。豈應成左次,肯使借前籌?
騎氣今方布,民勞且未休。三秦諸父老,應憶繞朝謀。"(《帶經堂集》
卷三十八"漁洋續詩八　乙卯稿")"宣公"指中唐著名政治家陸贄
(754—805),謚曰宣,人稱陸宣公,曾任渭南主簿。

　　王承祖,字貽雲,號嶽生,陝西渭南曲陽里(今渭南臨渭區官道北)人,生卒年不詳。順治初舉於鄉,十一年除福建晉江知縣,捍禦海寇,邑賴以安;歲飢,罄貲賑濟,全活甚衆。康熙即位後,補爲兵科給事中。八年吏科給事中任上,任河南鄉試副考官。十二年八月任吏科掌印給事中。二十三年二月,就皇帝首次南巡(東巡)泰山從"巡守燔柴之禮"還是從"封禪之禮"展開討論,經禮部題奏,帝從王承祖"巡守燔柴之禮"(以農功爲第一要務)之議。二十五年,轉任兵部督捕左理事官。三十年三月,工部右侍郎任上,任武會試副考官。四十一年三月,官都察院左副都御史。丙戌(四十五年)任河南鄉試考官。與周燦等有交往。生平見朱升元等纂《(乾隆)晉江縣志》卷六《官守志‧宦跡》、《(雍正)陝西通志》卷五十七下《人物三‧廉能下》"本朝　王承祖"條、《(乾隆)西安府志》卷三十五《人物志》等記載。

深秋某日早晨,梳頭之際,感於"滿頭霜雪",賦詩慨嘆人生。

　　《晨櫛》:"西風蕭瑟愁羈旅,思歸未歸聞砧杵。爬搔誰甘叔夜懶,今晨櫛沐亂無緒。已慚婉孌輸年少,竟憐振落誰欺汝。有如太倉百千斛,日日消耗飽雀鼠。憶昔二十垂至骬,過來闤闠聞人語。短衣匹馬長安道,顧影翩翩輒自許。鄉里不安下澤車,出關束帶遊荆楚。縱得微名亦偶然,祇剩飄蕭照江渚。只今年紀纔四十,楚丘未老能超距? 後此鑷白更堪憎,滿頭霜雪勞青女。丈夫人世將何求? 兩鬢一心猶齟齬。念茲徘徊夜遂深,庭前冷露濕殘炬。"(《黃湄詩選》卷四《京華集》)

　　按:"西風蕭瑟愁羈旅,思歸未歸聞砧杵"言節令,依"只今年紀纔四十"推知詩作於本年。

深秋某日,作詩《示姬人》。

　　《示姬人》:"黃入清秋橘柚枝,敝裘蕭颯傲涼颸。從今半臂添

微凍,耐得并州夜雪時。"(《黄湄詩選》卷四《京華集》)

　　按:"姬人",或指王鳩生母崔氏。"半臂添微凍"用北宋人宋祁事,典出魏泰《東軒筆録》卷十五。"耐得并州夜雪時",蓋化用唐人劉皂《旅次朔方》(載令狐楚輯選《御覽詩》)"客舍并州數十霜"句意,此處"并州"代指京師,古屬冀州(或幽州);《周禮·夏官司馬第四·職方氏》載:"乃辨九州之國,使同貫利。……正北曰并州,其山鎮曰恒山,其澤藪曰昭餘祁。"依其記載,并州爲九州之一,相傳係帝舜時自冀州析出幽州和并州的結果,夏復歸冀州,周又自冀州中析出;幽、并上古時代曾同屬冀州,抑王又旦詩中以"并州"一方面代指他鄉(異鄉),另一方面特指京師之故。

臘月,有詩寄湖廣總督蔡毓榮。時蔡正主持平定吳三桂叛軍之事。

　　《寄呈中丞蔡公二首》:(其一)"高旌列戍下瞿塘,擊楫江流擘混茫。臘月觀兵麋子國,幾年迸淚楚人鄉。防身祇剩雙龍劍,繞指應憐百鍊鋼。記得蓴湖東畔路,別時風雪暗臨湘。"(其二)"野火屯雲散楚天,平沙萬幕引戈鋋。青絲誰控沅江馬,木柿須防灩澦船。辟掾曾聞官百六,募兵親見布三千。誰憐鑷白年方少,灑泣新亭未忍傳。"(《黄湄詩選》卷四《京華集》)

　　按:蔡毓榮(1633—1699),字仁庵,永平府盧龍(今河北秦皇島盧龍縣)人,隸籍漢軍正白旗,順治間兵部尚書蔡士英次子。順治十八年授秘書院學士。康熙初,授佐領,五年授侍郎,歷刑、吏二部。九年四月,授川湖總督,駐荊州,十三年二月起專督湖廣。二十一年正月改雲貴總督。二十五年改兵部侍郎。爲平定清初康熙三藩之亂的功臣之一。其生平見《清史稿》卷二五六、朱鰲等改編整理《清代大學士部院大臣總督巡撫全録》"總督　湖廣總督"、《清代七百名人傳》(第一編)"政治　政事"等。

十二月,提督陳福死,王又旦作輓詩紀之。

《故陳忠愍公輓詩_福》:"陰風獵獵陣雲低,雪滿靈州動鼓鼙。絶塞名應傳屬國,前軍星已落安西。五原未復精靈在,百口無歸道路迷。蕭颯唯聞哀痛詔,城門月出夜烏啼。"(《黄湄詩選》卷四《京華集》)

按:《清史稿》卷六《聖祖本紀一》載:"(康熙十四年十二月)乙亥……寧夏兵變,提督陳福死之。"據此,推知王又旦詩作時。除王又旦輓詞外,其他尚有陳廷敬《陳將軍忠愍輓詞》(《午亭文編》卷十一)、魏象樞《挽陝西提督陳忠愍諱福》(《寒松堂全集》卷七"詩")、張英《輓陝西提督陳忠愍公》(《存誠堂詩集》卷三)、李天馥《陳忠愍公輓詩》(《容齋千首詩》"七言古")等。

陳福(? —1676),字箕演、東海,陝西榆林定邊縣鹽場堡人。順治初以武舉人應募入伍,駐防寧夏,因功升任守備。後從都統李國翰南下四川,遷遵義遊擊。康熙初,從都督李國英平定李自成殘部郝搖旗、李來亨等,破格賞加右都督銜,任成都副將,遷重慶總兵。十二年,授官寧夏總兵。時吳三桂反,四川鄭蛟麟、陝西王輔臣舉兵遥相呼應。鄭蛟麟遣使勸誘,並以眷屬生命安全相挾,陳福不爲所動,得朝廷嘉獎,升任陝西提督,拜喇布勒哈番(漢名"騎都尉"),仍攝寧夏總兵事。王輔臣據平涼,上奏戰守防略。十四年,擢寧夏提督,率部討伐王輔臣叛軍,收復惠安堡(今寧夏鹽池一帶)、渭州(今甘肅平涼一帶)、安定堡(位於今甘肅平涼境内)和三邊咽喉要地花馬池(位於今甘肅平涼境内)、定邊,切斷了平涼與陝、晉叛軍的聯繫,王輔臣被迫上表求降,朝廷授其三等阿思哈尼哈番("阿思哈尼哈番"係滿語,漢語名"男爵")。十二月攻打固原時,爲參將熊虎等謀害。身後,清廷追贈世襲三等精奇尼哈番("精奇尼哈番"係滿語,漢語名"公爵"),謚忠愍,並建祠於寧夏。

本年,有詩哀悼家鄉附近的亡友吳象雲。

《哭吳象雲》:"不謂招尋地,淒涼見汝難。貧抛人事累,老入夜臺寬。荒野飛雙旐,青楓寄一棺。茆齋臨瀠水,日夕正漫漫。"(《黃湄詩選》卷四《京華集》)

按:吳象雲,據"茆齋臨瀠水"判斷,其居所地近王又旦家鄉,生平不詳。"瀠水",原名瀠谷水,也作瀠水河,黃河在晉、陝峽谷下游的支流;發源於陝西黃龍縣大嶺南麓(塚子梁東麓)高頭川的北九溝,流經黃龍縣、韓城市,在韓城市司馬遷祠東南匯入黃河。依此詩內容推斷,王又旦自潛江歸京綫路應經過其家鄉(附近)。王又旦有詩《入橫山經竹源村重哭吳象雲》,作於康熙十六年,其中有"孤墳六載多荒草,有淚還能及寢門"(《黃湄詩選》卷五《芝陽集》)語,依此推算,則吳象雲卒於康熙十一年或稍前。

約於本年,王岱邀其觀所藏《輞川圖》,作詩詠之。

《觀九青檢討所藏輞川圖歌》:"扶風豪士北扉客,邀我高齋展書帙。忽披縑素長十尺,元氣茫茫墨花溢。輞川遺跡久荒蕪,次第翻從匹練出。山徑犖确雲水稠,白石紅泉紛蕩潏。數里高峰相蔽虧,忽向烟林啓蓬蓽。太史得此從池陽,畫手相傳是摩詰。世人巧詆良可厭,論説黑白求真實。鐵石欲凌大令上,朱瑶直涸道玄筆。古人逝矣豈易辨?買玉得羊未爲失。嗚呼!天寶橫,干戈延,秋夜半,秋風疾,吾家中允舊聲名。倉皇忍受東都迫,池邊絃管不堪聞。宮槐葉落空蕭瑟,後來鍵户對松筠。經案繩床列茅室,弱植獨懷江海心。愁聞江上烽烟密,畫圖夙欽郭忠恕。余家舊藏郭恕先《輞川圖》。兩幅玉山相向白。與君共入藍田關,柳浪陰中堪永日。"(《黃湄詩選》卷四《京華集》)

按:"九青檢討",指王岱(?—1687)(顧景星《白茅堂集》卷二十六"丁卯康熙二十六年"有詩《輓王山長岱》,可知其卒年),字山長,號九青,一號了庵,又號石史、戈山,湖南湘潭人。崇禎十二年舉人。入清後,任安鄉教諭。丙午始官隨州學正;黌宮有隙地,宅而園之,名之曰"且園"。康熙十八年,應博學鴻詞試,未中。本年前後,任京衛武學教授。二十二年任澄海縣令,頗有政績。擅詩文,爲三楚名儒,與王士禛詩名並世。兼工繪事,與龔鼎孳、顧炎武、王夫之、顧景星、施閏章、丁澎、郭金臺、沈荃、胡承諾、陳祚明、袁啓旭、孫治、張秦亭、嚴繩孫、嚴首昇、尤侗、曾燦、董以寧、王戬等交遊唱和。著有《且園近集》四卷《且園近詩》五卷、《了庵詩集》二十卷《文集》十五卷(其中《詩集》末卷爲《詩餘》,即所謂的《了庵詞》)、《了庵文集》九卷、《浮槎文集》十一卷、《浮槎詩集》六卷、《永州紀勝》一卷、《溪上草堂詩集》三卷、《燕邸日禄》四卷、《浙遊山水記》一卷、《白雲集》、《戰守議》、《明朝紀實》等,主持修纂《(康熙)澄海縣志》二十二卷。其生平見施閏章《王山長集序》(《學餘堂文集》卷四)、陳祚明《且園近詩序》(《且園近詩》卷首)、周碩勳修纂《(乾隆)潮州府志》卷三十三"宦跡"、鄧顯鶴《沅湘耆舊集》卷四十六"王徵君岱"小傳、李浚之編《清畫家詩史‧甲上》"王岱"條、馬宗霍《書林藻鑑》卷十二"清　王岱"條、鄧之誠《清詩紀事初編》卷八《丁編湖廣》等相關記載。

　　"《輞川圖》",是指唐代著名詩人王維據其《輞川集》中描寫的二十處勝跡所繪之圖,最晚至宋代已失傳,後世多有仿其作者。詩之作年不詳,姑繫於此。"摩詰""吾家中允",皆指盛唐詩人王維。"扶風豪士",李白有《扶風豪士歌》,後世取其性情豪爽而好客之意。"池陽",古縣名,今陝西涇陽縣。郭忠恕(?—977),字恕先,又字國寶,今河南洛陽人;宋劉道醇《聖朝名畫評》中謂其界畫爲"一時之絕",列入"神品";晚明時期,其《臨摩詰輞川圖》成爲畫壇臨摹的主要範本,名重一時。

清聖祖康熙十五年　丙辰(1676)　　四十一歲

在京師,任職給事中。

時值上元節,有詩憶當日春遊盛景。

《憶昔三首》:(其一)"天街燈火入憑欄,憶昔春遊太乙壇。公子金鞭來鄠、杜,佳人玉瑟數邯鄲。馬嘶綠野期門冷,槍卧青苔武庫寒。此日車書通桂海,曾無一事報長安。"(其二)"慈仁市上即蓬壺,寶色斑斕動九衢。泗水何曾沈古鼎,南山共説象銅爐。古詩:'請説銅爐器,崔巍象南山。'蒲桃久厭宮中錦,蚌蛤新誇頷下珠。憶昔兼贏招大賈,炎洲客舶滿江湖。"(其三)"一向江干采杜蘅,七年漂泊楚王城。只今再作金門客,憶昔常隨上苑行。曙色開時楊柳暗,鐘聲落處菊花明。臨軒曾荷先皇問,咫尺天顔道姓名。"(《黄湄詩選》卷四《京華集》)

按:"天街燈火入憑欄""慈仁市上即蓬壺,寶色斑斕動九衢",所言皆京城上元節時的盛況。慈仁市與琉璃廠同爲清代京師有名的文玩市場,兼售古玩與古籍。"請説銅爐器,崔巍象南山",出自漢樂府《四座且莫喧》一章。

春,與汪楫有詩作唱和。

《丙辰春客都門汪二舟次見貽長詩近于篋中檢得次韻寄之》:"我昔北上離楚江,龍鐘鼛鼓紛鳴撞。塵氛滿地行旅斷,客魂淒絶臨長矼。江淮風急蛟龍怒,忽驚鯉魚來一雙。聞君四十不得意,高歌名已傾南邦。貽我長言伴劇飲,夜深不覺空罍缸。雲帆此日壓江海,東來芻豆高吳艭。金錢入府換青紫,得勢直欲排天杠。男兒不作研桑計,甘老窮谷眉空厖。吟風弄月計太左,有如入水尋崆蚣。高齋屈指十年别,還思宿昔心終降。芭蕉抽葉青覆壁,梅花吐豔陰留窗。嗟余移居近山市,市人擾擾

言何噩。夢向江南一葦過,兵戈何日安旌幢。空對韓原三尺雪,雪花侵户搖明缸。"(《黃湄詩選》卷五《芝陽集》)

　　按:此前,王又旦曾作詩贈汪楫,原作不存。上一年,有感於友人的深情厚誼,汪楫作《酬王黃湄》,其中云:"故人七載官潛江,江水日夜相舂撞。手胼足胝感神禹,堤成一夕横長矼。農耕田士讀經史,帝曰汝治洵無雙。璽書下召騎驛馬,早知廉官能經邦。長安新交盛冠蓋,蔗漿茗椀春酒缸。屋梁月上忽思我,鯉魚尺半隨吴艭。詩句學作鳳凰叫,筆力真把龍文扛。嗚呼今人盡風雅,撝揰襞積誇敦庬。盤空硬語不能讀,蟻蛭便欲凌崆峒。落紙誰能謝凡近,我雖倔强心則降。彭觥聲出緑玉版,空洞照人琉璃窗。漁洋山人力排篹,縱横百氏言非噩。索馳腫背怪者多,如君定許同麈幢。何當相對捉麈尾,共看金粟排銀缸。"(《山聞續集》)由"屋梁月上忽思我,鯉魚尺半隨吴艭"云云,可知王又旦先有詩作寄與汪楫,汪作詩酬答;接到汪詩,王又旦又作詩酬答,即《丙辰春客都門……》次韻之作。時汪楫在揚州。

春耕時節,有詩寄叔命南(南仲)。

　　《寄家叔南仲》:"音書欲寄思紛紛,郭外青山隔暮雲。二頃園田愁裏種,兩河烽火望中分。征徭有淚留空杼,婚嫁無錢惜練裙。如此何年方得意?況從遠道念離群。"(《黃湄詩選》卷四《京華集》)

　　按:詩之創作時令,據"二頃園田愁裏種"推斷。其中所寫,道盡老家生計之艱難困苦和自身束手無策的鬱悶。

春日,因册立太子,陳廷敬奉命祭告北鎮,作詩二首送别。

　　《送陳説巖宫詹奉使祀北鎮二首醫無閭山在廣寧》:(其一)"門闌銅龍侍從初,春風遼海引簪裾。雲霄日近融殘雪,圭幣壇高切太虛。諸部常懷行在地，詞臣正校職方書。當年大略猶堪問，顧上雄圖貯石渠。”（其二）“佳氣蔥蔥傍海生，營州今是漢西京。龍歸豐、沛連朝飲，火照枌、榆徹曉明。舊事華封傳道路，當時羽騎繞邊城。振衣直上高峰望，大漠烟銷北斗橫。”（《黃湄詩選》卷四《京華集》）

　　按：與陳廷敬祭祀北鎮事有關之作品，尚有徐乾學《送陳説巖詹事祭告北鎮》（《憺園文集》卷六）、梁清標《送陳説巖宮詹祭告北鎮次徐健庵韻》（《蕉林詩集》卷下“七言律四”）、高士奇《送宮尹陳公祀北鎮》（《高士奇集·城北集》卷七）、陳廷敬《赴北鎮發京作三首》（《午亭文編》卷三“古體詩”）、徐元文《送陳悦巖宮詹祭告北鎮》（《含經堂集》卷四）、李霨《送子端祭北鎮》（《心遠堂詩二集》卷一）等。另陳廷敬有詩《奉命祭告北鎮二首》（《午亭文編》卷十一“今體詩”）。“春風遼海引簪裾”“雲霄日近融殘雪”“佳氣蔥蔥傍海生”諸語，皆言時令當在早春。

五月某日，夜雨後之清晨，送友人曹禾歸江陰。

　　《送曹峨嵋舍人還江陰》：“街頭寶馬垂雙銜，五月塵土迷征衫。夜來階下新雨足，西山一洗青巉巖。舍人對此增太息，便欲赤腳投雲峃。觸熱不待秋風起，平頭奴子收書函。真山山畔風景好，烟江一逕趨松杉。白板扉中無長物，倚墻木柄留長鑱。嗟哉吾黨有殊嗜，坐聽樵唱同英咸。春明門外接君語，手捋君鬚真不凡。吾家遠在太華側，神工天際施鑴劃。玉女招我歸不得，徘徊百慮難封緘。送君河上君不顧，舟人擊鼓開蒲帆。”（《黃湄詩選》卷四《京華集》）

　　按：詩之作時，據“五月塵土迷征衫”“夜來階下新雨足，西山一洗青巉巖”幾句推定。汪懋麟亦有《醉歌行簡田子綸曹升六林澹亭顏修來謝方山兼懷頌嘉南歸》（《百尺梧桐閣詩集》卷十“丙辰")詩。

　　"曹峨嵋舍人",指"金臺十子"之一的曹禾。曹禾(1637—1699),字頌嘉,號峨嵋,一號未庵,江陰(今屬江蘇)人,曹璣子。十三歲時補爲生員。清聖祖康熙二年(1663)順天府鄉試中式,次年中進士(與張英、王頊齡同科),官內閣中書。十二年任順天府鄉試同考官,拔擢者極一時之選(後來有七人狀元及第,有官至刑部尚書者)。後告歸養母。十八年,舉博學鴻儒,中式,授翰林編修,入明史館,參與《明史》編撰。二十年任山東鄉試主考官,又任《一統志》副總裁。累官至國子祭酒(大司成)。後罷歸。在京時與田雯、宋犖、曹貞吉、丁澎、汪懋麟等人詩酒唱和,人稱"都門十子"。曹禾從學王士禛,曾與盛符升(誠齋)編選《漁洋精華録》。與朱彝尊、李漁、冒襄、徐乾學、施閏章、陳廷敬、吳雯、張英、喬萊、王頊齡、李良年、湯右曾、嚴我斯、宋琬等交遊。其詩學杜甫、韓愈,專意於錘煉字句,與其師士禛追求興象神韻和韻外之致,多有不同。著有《未庵初集·詩稿》四卷《文稿》四卷。其生平見《國朝詩人徵略》卷七、《國朝先正事略》卷三十九《文苑·尤先生侗》"附"、《清史稿》卷四八四《列傳二百七十一·文苑一·尤侗》"附"、《清儒學案小傳》卷一《顧炎武亭林學案下》"附　曹禾"條、《清史列傳》卷七十一《文苑傳二·潘耒傳》附等。

　　曹禾有一首《椒峰入都以短歌代壽寄蛟門升六兼呈子綸修來幼華井叔澹亭方山諸同學》詩(載顧季慈輯,謝鼎鎔補輯《江上詩鈔》卷七十四),作年不詳,蓋其歸鄉後至應博學鴻詞間所作,詩如下:"倒騎驢背拋馬鞭,旗亭沽酒河橋眠。仙舟鼓吹欲上天,寄聲我友三四賢。古之管、葛誰比肩,好官不過多得錢。汪生落拓春風前,知心滿眼心蕭然。吾兄詩句矜譎慌,阿奴火攻今免焉。

諸君行樂開華筵,孟公入座應加遷。休論賤子久棄捐,不暇憐我且自憐。""孟公入座"云云,指西漢人陳遵事,《漢書》卷九十二《本傳》載:"陳遵字孟公,杜陵人。……(遵)長八尺餘,長頭大鼻,容貌甚偉,略涉傳記,贍於文辭,性善書,與人尺牘,主皆藏去以爲榮。請求不敢逆,所到,衣冠懷之,唯恐在後。時列侯有與遵同姓字者,每至人門,曰'陳孟公',坐中莫不震動,既至而非。因號其人曰'陳驚坐'云。""椒峰",指陳玉璂,號椒峰,江蘇武進人。"蛟門",指汪懋麟。"升六",指曹貞吉。"子綸",指田雯。"修來",指顏光敏。"幼華",指王又旦。"井叔",指葉封。"澹亭",指林堯英。"方山",指謝重輝。除陳玉璂、林堯英外,曹禾與其餘諸人後來皆名列"金臺十子"。

秋日,有詩寄家中兩弟。

《寄兩弟》:"天涯戍火照秦關,移住前林杳靄間。半畝宮中容百口,雙扉啓處即千山。日高鄰舍春糧入,夜久東村汲井還。如此風光猶遠別,秋來莫怪鬢毛斑。"(《黃湄詩選》卷四《京華集》)

按:"天涯戍火照秦關",所指似與三藩之亂有關,此時秦地戰火未熄。《清聖祖實錄》卷六十一中載:"(康熙十五年)六月壬子朔,撫遠大將軍都統大學士圖海疏報:'臣統兵抵平涼,大敗賊於城下,入城招王輔臣。'"平涼清代地屬陝西。

秋日,有《寄家》詩,似乎是爲張孺人所作。

《寄家》:"渺渺雲間數雁飛,烽烟尚在幾時歸。與君別後霜花落,昔我來時杏子肥。客久方知交謫好,天寒何事尺書稀。却思古戍旌旗滿,多少征人臥鐵衣。"(《黃湄詩選》卷四《京華集》)

按:"與君別後霜花落"是説已經過了一個秋天,"渺渺雲間數雁飛""天寒何事尺書稀"則表明寫詩時進入新一年的秋天。"與君別後""何事尺書稀""却思古戍旌旗滿,多少征人臥鐵衣"

諸語，雙方稱呼用語以及事典，皆用於夫妻之間，依此推定詩是
寫給張孺人的。

秋天某日傍晚，與曹玉珂飲宴，有詩紀其事。

《勸曹陸海舍人飲二首》：(其一)"落日庭樹來西風，岸幘永
夜清樽同。倦僕立寐風爐滅，短檠不謝燈花紅。座客屢舞酣無
力，瓢杓不近君顏色。吾儕俱是望鄉人，一醉花前那易得。"(其
二)"流霞一杯仙人酒，不識也用麴糵否？傳言飲此不飢渴，海
闊天高總無有。聞君著書記神仙，舍人著《終華仙跡志》。案頭十卷
俱茫然。何如平地尋白墮，飽向高樓垂柳眠。"(《黃湄詩選》卷四《京
華集》)

按：曹玉珂、王又旦二人同在京城任職，故有"吾儕俱是望
鄉人"語。曹玉珂，時任中書舍人。

深秋，曾遊天寧寺，作《天寧寺浮屠歌》。

《天寧寺浮屠歌》："曉日在檐風颼颼，挾伴聊作城西遊。坦
步漸覺市塵隔，白雲紅葉堆清秋。入寺忽見高標在，璧色遙與
青天流。參差古瓦光潑眼，鐵鳳照耀金雕鍐。憶昔上書歲在
亥，天寒客此三月留。層宵夜半響風鐸，仙女雜珮來滄洲。靈
旗明滅群帝下，霧縠開處彈箏篌。參橫月落寂無寐，所得頗足
償清幽。一十七年彈指過，僧雛已大僧白頭。久知羲和挽不
住，男兒到處當銷憂。黃花繞屋籬竹稠，青鞵布襪何勞謀？胡
爲荏苒風塵裏，名山自遠將奚尤。日啣林杪霞散綺，梵音長共
松風酬。曉鐘纔罷入城市，六街飛鞚分驊騮。"(《黃湄詩選》卷四《京
華集》)

按：其中有"挾伴聊作城西遊"以及"憶昔上書歲在亥，天寒
客此三月留"云云，則詩題中的"天寧寺"位於今北京西城區宣
武門外。該詩應作於康熙丙辰；此前順治己亥年春天，王又旦

曾有過天寧寺之遊,詩中"一十七年彈指過,僧雛已大僧白頭"
兩句可爲明證。康熙丙辰逆推十七年,時當順治己亥年
(1659),從"憶昔上書歲在亥,天寒客此三月留"兩句看,似乎在
進士中式前後。"曉日在檐風颼颼""白雲紅葉堆清秋"皆言時
令當深秋時分。

歲暮,有賀歲詩呈友人曹玉珂、彭孫遹。

　　《都下歲暮用東坡岐下韻三首呈曹陸海彭羨門》:(其一)
"廣榭羅金尊,挾瑟美人佐。存問通殷勤,豪華寧論貨。月下筐
筥入,花前幡勝大。誰念袁安宅,深雪獨僵臥。夜夜望高天,星
辰環帝座。寒燠隨時迫,有如蟻在磨。勉行非不力,輪轉亦已
過。曉日上屋檐,自歌還自和。右饋歲。"(其二)"樂歲去苦早,愁
日去苦遲。我時無可戀,歲去何勞追? 念我二三子,作客天一
涯。共酌床頭酒,坐到參斜時。晚食古所欽,葵蓼當鮮肥。聊
以餉飢腸,免使中心悲。霜氣上斗杓,不惜舊歲辭。便遣新歲
來,千花娛吾衰。右別歲。"(其三)"歲去無蹤跡,有如杯中蛇。強
欲竭微誠,樽酒相邀遮。投爾玄冥轄,欲去將奈何。既知不可
留,始覺人語譁。坎坎城頭鼓,次第聞摻撾。已見東方日,照耀
梅影斜。痛飲寄蕭散,心事莫蹉跎。誰是迴戈者,三舍空矜誇。
右守歲。"(《黃湄詩選》卷四《京華集》)

　　按:"誰念袁安宅,深雪獨僵臥",語出《後漢書·袁安傳》李
賢注引周斐《汝南先賢傳》:"時大雪積地丈餘,洛陽令身出案
行,見人家皆除雪出,有乞食者,至袁安門無有行路,謂安已死,
令人除雪。入戶見安僵臥,問何以不出? 安曰:'大雪人皆餓,
不宜於人。'"王又旦此時京城居官日常生活之情形,"誰念袁安
宅,深雪獨僵臥。夜夜望高天,星辰環帝座。寒燠隨時迫,有如
蟻在磨"幾句有所反映。

作於同時的同題材詩歌尚有：陳廷敬《十二月二十六日湘北貽上幼華蛟門見過用東坡饋歲別歲守歲韻三首》（《午亭文編》卷四“古體詩”）、高詠《學士陳説巖先生有歲暮和東坡岐下三詩余亦率爾諷詠成篇》（《遺山詩》卷二）、施閏章《都下諸公歲暮和東坡岐下三首余亦漫和》（《學餘堂詩集》卷十四“五言古”）、彭孫遹《歲除前三日過愚山齋中飲》（《松桂堂全集》卷二十二）、汪懋麟《除夕前三日陳學士招飲寓齋以東坡饋歲別歲守歲詩爲韻見示即答》《學士再疊前韻見遺奉答三首》（《百尺梧桐閣遺稿》卷四）。

本年，彭孫遹官授主事，其《遜來見過》詩末自注云：“余與遜來生同庚。……丙辰授主事。”（《松桂堂全集》卷二十二）

彭孫遹（1631—1700），字駿孫，號羨門，又號金粟山人，彭孫貽從弟，徐乾學門人，浙江海鹽人。祖父彭宗望，明末官至南道御史；叔父彭期生官江西布政使，大儒劉宗周弟子，明亡之際，守贛州而殉國。順治十一年中浙江鄉試舉人。十六年以二甲第六名進士及第，與徐元文、葉方藹同科，授中書舍人。居京期間，與王士禛傾蓋，訂金石交，時稱“彭王”，二人因《無題》唱和而成《香奩酬和集》，以此詩名大振。得官兩年後因江南奏銷案起功名被褫革，此後多次往返於蘇州、揚州等地，與王士禛、鄒祗謨、尤侗、曹爾堪等詩詞唱和。又曾出遊嶺南，得交陳恭尹、澹歸和尚、張穆等人。康熙己未（1679）召試博學鴻詞，因大學士吳正治薦舉，以第一人授編修。二十一年（1682），充會試同考官。二十四年，遷國子司業，旋授翰林院侍讀，進侍講學士。二十七年，破格擢內閣學士，教習庶吉士，充《政治典訓》《平定三逆方略》兩館總裁，復充國史館總裁。三十年，爲吏部右侍郎，兼翰林院掌院學士。因《明史》久而未成，特命爲總裁。三十六年以吏部侍郎乞歸，致仕歸里，帝賜“松桂堂”匾額，遂以

名集。與吳梅村、曹溶、施閏章、孫枝蔚、汪楫、陸嘉淑、徐元文、
宋犖、李因篤、劉體仁、孫默、葉方藹、陳維崧、董俞、顧有孝、吳
延支等交遊唱和。工詩，尤善填詞，爲王士禎所推重。《倚聲
集》中推其爲"近今詞人第一"，與鄒祗謨、王士禎、陳維崧同爲
清初廣陵詞派的代表性人物，時人譽其與王士禎爲"兩玉一時"
（尤侗《延露詞序》,《西堂雜俎·二集》卷二）。詩歌風格清麗澹遠，頗類
中唐詩人劉長卿。陳廷敬《懷彭羨門少宰二首》（其一）評其詩
曰："一到江天吟秀句，故人文采似文房。"（《午亭文編》卷十九）著有
《松桂堂全集》三十七卷、《琅玕集》三十卷、《延露詞》三卷、《金
粟閨詞百首》一卷、《南泲集》三卷、《金粟詞話》一卷、《詞統源
流》一卷、《詞藻》一卷等。主持編纂《（康熙）海鹽縣志》。生平
見錢陳群《松桂堂文集序》（《香樹齋文集》卷十一"序一"；亦見《松桂堂
全集》卷首）、董含《三岡識略》卷四"補遺"、秦瀛輯《己未詞科録》
卷二、《郎潛紀聞·四筆》卷二"彭孫遹才學"、《國朝詩人徵略》
卷六、《文獻徵存録》卷十、《清代學者象傳》（第一集）、《清史稿》
卷四八四《列傳二百七十一·文苑一》、《清代名人傳略》"彭孫
遹"、《書林藻鑑》卷十二"清　彭孫遹"、《清詩紀事初編》卷七
《丙編浙江》等。

　　陳廷敬《十二月二十六日湘北貽上幼華蛟門見過用東坡饋
歲別歲守歲韻三首》：（其一）"爲客心久孤，踽踽孰予佐。冠蓋
富烟海，取友譬權貨。錦衾混裋褐，物豈在細大。以茲寡歡遊，
窮年掩關臥。至竟二三子，邀賓必在座。東風迴龍杓，西日遁
蟻磨。別時已屢多，歲闌詎重過。相對各衰鬢，陳迹留廩和。"
（其二）"歡多歲易速，愁多歲易遲。我今既不樂，歲往焉用追。
載賡別歲吟，與子俱天涯。城南菊花候，水亭楊柳時。江東有
歸客，尊美鱸魚肥。謂若文。人生聚與散，念此能不悲？舊歲及

舊人，去去長若辭。歲去還復來，人老終就衰。"（其三）"歲宴方群蟄，吾道如龍蛇。天運有節宣，存神以自遮。但可勤飲酒，苦志將如何？空堂久蕭瑟，今夕同笑譁。巾車既投轄，櫪馬且置撾。生涯須爛醉，暮景亦太斜。座中汪舍人，少年未蹉跎。豈惟爭一歲，一日猶可誇。蛟門長予一歲。"

施閏章《都下諸公歲暮和東坡岐下三首余亦漫和》（饋歲）："終歲常勞勞，獨行莫余佐。欲爲親舊歡，空囊無餘貨。自矜容膝安，不數萬間大。有時進卮酒，醉即枕書臥。同志二三子，清嘯娛四座。貴賤少安居，紛如蟻在磨。官貧酬酢希，草草歲時過。得句相問遺，險韻不辭和。"（別歲）："雙鬢忽已白，乞身一何遲。義和擲人去，夷父苦思追。歲華逝不處，我生豈無涯。顧彼孤蓬轉，來歸復何時。且同傾濁酒，遑問甘與肥。萬鐘寧獨飽，甌石何獨悲。明知新節至，難與舊歲辭。倚醉從爲別，誰當知我衰。"（守歲）："人情看壯老，吾道自龍蛇。迅彼追風騎，中道誰邀遮。汝去不我告，維繫將如何。憶昔少年日，笑語中夜譁。椒盤爭獻頌，歲鼓喜頻撾。回頭如昨昔，馳暉忽已斜。人生萬事好，一老成蹉跎。烈士多壯心，暮年猶見誇。"

汪懋麟《除夕前三日陳學士招飲寓齋以東坡饋歲別歲守歲詩爲韻見示即答三首》：（其一）"歷歷天上星，遷移本五佐。陰陽逼短景，欲挽不受貨。所怪太暄暖，未見雪花大。行遊愛清夜，幸得免僵臥。燈明君子堂，五客圍一座。劇論忘宵寒，鄰街已春磨。追維困官書，那得數相過。一醉起積昏，勝於親劑和。"（其二）"歲盡勢苦急，我閑思轉遲。譬彼失輕馬，一縱焉可追。不見日與月，出沒倏天涯。人生百年內，光景能幾時。閑來把明鏡，少壯分瘠肥。不如且行樂，安能常苦悲。念彼堯峰叟，謂苕文兄。早與軒冕辭。保身等金來，或救筋力哀。"（其三）

“短衣射猛虎，奮臂斬長蛇。卓哉軼群子，怒氣難邀遮。顧我久淪落，撫髀嗟奈何。低眉望牛後，徒爲志士嘩。塵埃策款段，行歌揚馬撾。相逢半輕薄，不語頭自斜。陳公意良厚，温言慰蹉跎。雲霄不可仰，泥塗何足誇。原倡云：座中汪舍人，年少未蹉跎。豈惟爭一歲，一日猶可誇。”

陳廷敬《蛟門見和復次前韻三首》：（其一）“邈矣燧人氏，實始命四佐。譬彼構廣廈，程材市其貨。匠伯引繩墨，宋楩中細大。蕭蕭櫟社木，輪囷空偃卧。誰能爲犧尊，青黄光照座。同生天宇内，如蟻共在磨。來風一披拂，沃若青陽過。請君聆此歌，意卑非寡和。”（其二）“麒雁綪繳疾，羅鸞鼓狐遲。黄鵠遊萬里，一舉何能追。井蛙笑東海，鰌鰍安津涯。長蛟在泥滓，雲雨貴及時。丈夫自齟齬，奚能事甘肥？一臠食海鳥，顧視增憂悲。盲洋見渚崖，漱漱將焉辭。願爲逍遥遊，無使翎羽衰。”（其三）“駟不及吾舌，遂爲添足蛇。茹之則逆已，吐之誰可遮；不知汪夫子，背面謂我何？六街漸鐙火，兒鼓已競譁。且爲犀首飲，不學漁陽撾。君看如眉月，清影又復斜。良辰難合并，一笑無蹉跎。吟詩自喁喁，軒輊謝衆詩。”

汪懋麟《學士再疊前韻見貽奉答三首》：（其一）“長安交遊者，得勢即相佐。銖兩權重輕，計若擅奇貨。薰灼竊自尊，不復知漢大。所以羊裘老，直欲伸足卧。豈學夷門生，口舌博上座。作賦余所短，焉能工餅磨。論詩愛彊韻，人或以爲過。嗜痂惟我公，更倡復迭和。”（其二）“鯤徙亦何遠，蜩飛亦何遲。鱗羽有豐鎩，九萬不可追。揚枓測海水，茫茫無畔涯。積學苦不早，生年空後時。余少學士一歲。矢口莫能戒，安能免言肥。以兹多俗忤，往往生酒悲。咄哉歲雲晏，行行與客辭。何當聆高論，起我靡與衰。”（其三）“行藏不可卜，何有笥中蛇。妍媸亦易變，其如半面遮。吾徒守忠信,智巧將奈何。達人寡營慮,得失終笑嘩。分財鄙諸婦,掩户欲自摅。出門見大道,乃列直與斜。確持澹臺訓,何暇憐蹉跎。舉手謝要津,策足毋相誇。"

是年,有詩詠嘆楊端本山居之所。

《懷楊樹滋山居三首》:(其一)"驛騎交馳地,幽棲汝最閒。解官仍白社,避亂得青山。路入巖花曲,亭深水竹斑。年前風雨夜,樽酒一開顏。"(其二)"茅舍連千嶂,風林自一家。晴窗交薜荔,晝户掩桃花。紫塞瑂戈急,黃塵戰鼓撾。回看高臥處,初日帶烟霞。"(其三)"選勝車箱谷,經年只夢遊。嶽蓮開對面,渭樹接床頭。野鶴遥相待,山泉近可謀。關河兵未罷,飄蕩幾時休。"(《黃湄詩選》卷四《京華集》)

按:詩之作年,據其中"年前風雨夜,樽酒一開顏"得知,是指前一年赴京途中短暫停留時期二人歡聚的情況。"紫塞瑂戈急,黃塵戰鼓撾""關河兵未罷,飄蕩幾時休"云云,是時三藩之亂尚未結束,戰爭依然在繼續。

本年,始與張貞定交於京城。

張貞《跋王給事雨發德州見寄詩》(節録):"丙辰,余與郃陽王幼華先生定交都下。道義相許,情好日深。"(《杞田集》卷十四)

張貞(1637—1712),字起元,晚居杞城故園,著述自娱,故號杞園;卒後鄉謚文孝。山東安丘人。叔父張緒倫明末官至兩淮鹽運使。十三歲補府庠生,治舉子業。康熙十一年(1672)拔貢,入太學。十八年薦舉博學鴻詞,託母病不赴。後多次授官,皆不就。乙丑奉詔至太和門御試,榜列第三名,授以翰林院孔目,旋改待詔,皆堅辭,未赴。自此隱居林泉,開始漫遊與著述生涯。四十一年,與蒲松齡初識於朱湘宴席上,二人一見如故。張貞精通經史,與"清初三大家"之一的顧炎武齊名,有"南顧北張"之譽。平生與王士禛交好,王任刑部尚書時,新作詩文,屢屢請張貞過目。傾慕於黃宗羲的民族氣節,虛心拜其爲師,多書信來往,致力於研討學問。與姜宸英、丁耀亢、李澄中、宋犖、金德純、朱彝尊、魏禧、馮廷櫆、趙執信、王曄等交遊唱和。工書法,能鑒別書、畫、鼎彝之屬。善篆刻,初學周亮工,後與其子張在辛、膠州畫家高鳳翰一起創立篆印的齊魯派。有目録學著作《寶墨樓書目》,此外著有《杞記》十八卷、《浮家泛宅圖詩》一卷、《夢録印譜》、《青州府志》、《青州鄉賢傳》、《安丘鄉賢傳》、《家乘》、《康熙十三年族譜》、《或語》、《潜州集》、《娛老集》、《渠丘耳夢録》四卷、《杞田集》十四卷《遺稿》一卷、《相印軒印譜》一卷、《相印軒印存》等。參與編纂成書於康熙四十八年的二十卷本《青州府志》、曾邀諸城李澄中共同輯選安丘地方詩歌成《渠丘詩留》(又名《渠風》),其事未竟,遺稿後亦散佚。其生平見王士禛《半部稿序》(《杞園集》卷首)、徐文駒《或語集序》、安致遠《題張杞園或語集》(《安静子集》卷四《紀城文稿》)、李滸(質庵)《清徵君崇祀鄉賢私謐文孝張杞園先生墓表》(《渠亭山人半部稿》"附";盧見曾《國朝山左詩抄》卷三十三"張貞小傳"引)、《清代學者象傳》(第二集)、《清史列傳》卷七十《文苑傳一•唐夢賚傳》附《張貞傳》、馬世珍編纂《安丘新志》卷十六《儒林傳》等記載。張貞曾爲王又旦詩《雨發德州見寄詩》作序。

約在本年,曹玉珂輯其二十年來搜羅祖輩書法遺墨爲《曹氏世翰》,王又旦爲其賦詩。

　　《曹氏世翰歌有序》"序":"同年曹陸海,其高、曾世以能書名,祖述顏尚書、歐陽率更,更得其神似,見之碑碣,今在頻陽。陸海哀爲一函,題曰《曹氏世翰》,予爲賦詩。""憶昔少歲逢龍蛇,西訪古跡披蒹葭。縱橫遺碣青門道,千蛟萬螭争盤挐。歐公、顏公最夭矯，撰刻往往聞黃麻。師授之外須自得，古人奇思凌朝霞。驚目無異鷹眰臂，束手竟如兔在罝。二十年來何所獲，尺幅對面千褒斜。曹氏高、曾嗣舊跡，方駕歐、顏成一家。豈是元常授士季，遂聞大令追琅琊。至今頻陽數片石，照耀千仞青蓮花。署額猶刊前御史，楊公姓字人矜誇。斛山先生。側聞冠劍肅廊廟，嚴詞正氣流天涯。遺文更傳孫太保，立亭先生。曦光萬里無藏遮。此書端儼正相似，百層畫戟森高牙。一見起立整衣帶，挑燈靜對寒無譁。唯余好古生已晚，難隨籀史看蝦蟆。咫尺鐫磨靳一見，包山岣嶁何其賒。爲君歌罷意惆悵，更促活火煎春茶。"（《黃湄詩選》卷四《京華集》）

　　按："顏尚書""顏公"，指唐代書法家顏真卿；"歐陽率更""歐公"，指唐代書法家歐陽詢。"豈是元常授士季，遂聞大令追琅琊"，語出南朝梁庾肩吾《書品》："士季之范元常，猶子敬之稟逸少，而工拙兼效，真草皆成。""士季"，鍾繇之子鍾會，字士季；"元常"，三國時魏國著名書法家鍾繇，字元常；"大令"，王羲之之子王獻之，字子敬，曾任中書令，接任者王珉，後世稱王獻之爲"大令"，王珉爲"小令"；"逸少"，東晉著名書法家王羲之，字逸少，琅琊臨沂（今山東臨沂）人。"頻陽"，今陝西渭南富平縣。"楊公""斛山先生"，指明代著名學者楊爵，字伯修，號斛山，謚忠介，陝西富平人，生平見《明儒學案》卷九"忠介楊斛山先生爵"（《（萬曆）富平縣志校注》"附錄三"引）等。"孫太保""立亭先生"，指嘉靖至萬曆年間的名臣孫丕揚，字叔孝，富平人。嘉靖三十五年進士，授行人，升任御史。萬曆二十二年任吏部尚書。嘗因逆權相高拱，遭其門生程文彈劾而落職。三十五年，丕揚七十八歲以原官起用。曾主持編纂《（萬曆）富平縣志》。生平見《明史》卷二百二十四《列傳第一百十二·本傳》等。

本年秋，因思念家鄉兩個侄兒，作詩一首。

《憶蠖鷄兩侄》："飄零江漢偶還鄉，道左垂髫見汝行。纔對
詩書翻墨汁，敢因聰慧喚青箱。家貧聊以娛親老，世亂先期共
我長。又是一年京洛客，暮雲曉角思茫茫。"（《黃湄詩選》卷四《京華
集》）

按："飄零江漢偶還鄉，道左垂髫見汝行""又是一年京洛
客"言其離開潛江歸家，再離家爲"京洛客"一年，正當本年。又
"暮雲曉角"，似時當秋季。"垂髫""纔對詩書翻墨汁"云云，則
兩侄尚是幼童。"敢因聰慧喚青箱"，典出晚唐張讀《宣室志》卷
四："（沈）約呼左右曰：'往召青箱來。'俄有一兒至，年可十餘
歲，風貌明秀。約指謂（陸）喬：'此吾愛子也。少聰敏，好讀書，
吾甚憐之，因以青箱爲名焉，欲使繼吾學也。'"

約本年秋、冬之季，有詩送邑人張元趙赴江西大庾明府職。

《送張明府之大庾》："離亭南去戍烟殘，月照三江鐵鑶寒。
浦口潮頭風信至，一帆安穩到南安。"（《黃湄詩選》卷四《京華集》）

按：張明府指邰陽人張元趙，蓋爲康熙間南安府大庾縣第
三任縣令；《（同治）南安府志》卷八"大庾職官表　康熙間"中，
其名下有"邰陽舉人"字樣，《（民國）大庾縣志》卷七《職官志》
"清　康熙朝"名下注云："邰陽人，舉人。"據《南安府志》載，終
康熙之朝，大庾縣令在任者張姓僅張元趙一人。詩中有"南去
戍烟殘""鐵鑶寒""風信至"諸語，則其赴任，蓋在秋、冬之季。

約在本年，有贈梁聯馨詩。

《贈梁峒樵水部》："幾載常含畫省香，知君例作水曹郎。久
辭請謁草侵户，近著《溝渠》書滿床。舊業六盤秦北地，臣軀九
尺漢東方。那堪塞上烽烟暗，升斗朝朝問太倉。"（《黃湄詩選》卷四
《京華集》）

按："梁峒樵水部"，指梁聯馨，生卒年不詳，字峒樵，平涼（今甘肅平涼崆峒區）人。順治庚子解元，康熙甲辰二甲第十四名進士（嚴我斯、田雯、勞之辨同科），授內閣中書，曾歷官工部都水司員外郎、兵部員外郎等。《崆峒山志》及舊《平涼縣志》收其《秋日遊柳湖》等詩五首。與張水蒼、李顒等有交往。孫枝蔚有《贈梁峒樵舍人》詩（《溉堂續集》卷五"五言律詩　癸丑"）、田雯有《飲李寅清齋兼柬梁水部》《送龔郎中出守平涼同梁舍人》詩（《古歡堂集》卷十一"七言律詩"）、葉方靄有《梁水部贈洮河石研歌》詩（《葉文敏公集》）、李楷有《寄懷梁峒焦》詩（《河濱詩選》卷五），皆與其有關。

清聖祖康熙十六年　丁巳（1677）　　四十二歲

大約本年前後，王士禛於京師遇詩友田雯、謝重輝、王又旦、汪懋麟、曹貞吉、曹禾、丁煒、宋犖、顏光敏、葉封，稱爲"金臺十子"，亦稱"長安十子"，擬輯錄十人詩爲《十子詩略》，刻於京師。

王士禛《居易錄》卷五載："丙辰、丁巳間，商丘宋犖牧仲今巡撫江西右副都御史、郃陽王又旦幼華後官戶科給事中、安丘曹貞吉升六今徽州府同知、曲阜顏光敏修來後官吏部考功郎中、黃岡葉封井叔後官工部主事、德州田雯子綸今巡撫貴州右僉都御史、謝重輝千仞今刑部員外郎、晉江丁煒雁水湖廣按察使，及門人江陰曹禾頌嘉後官國子祭酒、江都汪懋麟季用刑部主事皆來談藝，予爲定《十子詩》刻之。"

按：《十子詩》本王又旦詩集，王士禛之選評始着手於此時，其完成殆至辛酉年間，其書或即今存七卷本之《黃湄詩選》，爲現存最早的王又旦詩集刻本。

初春，有詩歌詠潛江郭園梅花。

　　《憶潛江郭園梅花樓三首》：(其一)"湖岸林園接，城邊雪霰
遲。楚天飛北雁，臘月放南枝。素艷交窗合，寒香刺眼垂。最
憐烽火裹，橫笛向江吹。"(其二)"參橫南楚夜，旖旎最宜人。
遊女江頭雪，夫人廟口春。迢遙趨紫陌，風雨憶青蘋。會待山
庭下，蕭然寄此身。"(其三)"問訊得書報，花間十日留。香風催
改席，雪色引登樓。芳草蘭臺馬，春濤夢澤舟。何當常伴汝，刺
史老南州。義山詩：老作南州刺史看。"(《黃湄詩選》卷四《京華集》)

早春，與曹玉珂再次飲酒，作詩紀之。

　　《再呈曹舍人歌》："巷南巷北同羈棲，三日不見心淒淒。出
門騎馬款君戶，御溝橋畔鄰招提。夜久月落語未歇，東郊仿佛
鳴荒雞。茶鼎香烟垂綠腳，但聞活火烹蕨藜。郫筒入口頗不
惡，夙昔勸汝相招攜。青銅三百買一斗，不向仙侶求刀圭。君
終棄置良太忍，酒星黯黮纏雲霓。每笑伯倫拒泣諫，神前言詞
逞滑稽。假令娶婦如馮衍，不信終朝醉似泥。人生遇合那可
定，有時轀軻由簪笄。君胡抵死戒麴蘗，苦心無乃聽中閨。嗟
余七載官漢渚，夢絲無處尋端倪。日日束帶事鄉里，不獨簿領
嗟沈迷。負弩歸來仍劇飲，赭顏猶欲驕山妻。只今帝里數相
見，如登千丈青雲梯。九衢夜半花似雪，闤闠燈火紛高低。樽
前作使邯鄲女，茂弘寧不憐華袿。會待春風共遊衍，郭門深柳
藏黃鸝。"(《黃湄詩選》卷四《京華集》)

　　按：上一年秋天，王又旦有《勸曹陸海舍人飲二首》，故此詩
名之《再呈曹舍人歌》。曹玉珂嗜飲之情狀，從"郫筒入口頗不
惡，夙昔勸汝相招攜。青銅三百買一斗，不向仙侶求刀圭。君
終棄置良太忍，酒星黯黮纏雲霓。每笑伯倫拒泣諫，神前言詞
逞滑稽。假令娶婦如馮衍，不信終朝醉似泥"幾句得以充分體

現。對於曹玉珂的戒飲，王又旦亦表示了相當的不解："君終棄置良太忍，酒星黯黮纏雲霓。""君胡抵死戒麴蘗，苦心無乃聽中閨。""假令娶婦如馮衍"，典出《文選》卷三十八任昉《爲范尚書讓吏部封侯第一表》注引《東觀漢記》："馮敬通廢於家，娶北地任氏女爲妻，忌不得蓄媵妾，兒女常自操井臼。"曹玉珂有《飲中八仙圖卷》，同時人徐元文《題曹陸海飲中八仙圖》中評曰："若或披接於陸海尚友之意，應自有當圖之所設。雖不過古人之形模，而陸海之所寄託，固已在翰跡之外矣。"（《含經堂集》卷三十"題跋"）"樽前作使邯鄲女"一句，"邯鄲女"指能歌善舞的美女。南朝宋鮑照《代白紵曲二首》（其一）云："朱脣動，素腕舉，洛陽年少邯鄲女。古稱《渌水》今《白紵》，催弦急管爲君舞。窮秋九月荷葉黃，北風驅雁天雨霜。"明張溥《贈陳君偉艷詩》中有云："細雨清風傍酒壚，短裳茹藘學提壺。麗淫誰氏邯鄲女，歌舞何人衛子夫。""茂弘寧不憐華袿"用東晉著名政治家、中興名臣王導事典，"茂弘"係其字，《世說新語》卷下之下《汰侈第三十》篇載："石崇每要客燕集，常令美人行酒。客飲酒不盡者，使黃門交斬美人。王丞相與大將軍嘗共詣崇，丞相素不能飲，輒自勉強，至于沉醉。每至大將軍，固不飲，以觀其變；已斬三人，顏色如故，尚不肯飲。丞相讓之，大將軍曰：'自殺伊家人，何預卿事？'"

　　詩中"九衢夜半花似雪""會待春風共遊衍，郭門深柳藏黃鸝"，皆表明時令當在早春。

父圖南公卒，王又旦自京城歸故里，爲父丁憂，此間所作詩收入《芝陽集》。

　　汪懋麟《〈黄湄詩選〉序》："詩凡七卷。……丁巳曰《芝陽集》。……復需次歸舍芝陽，讀書太史公祠下，草衣臺笠，蔬水一盂，見者不知爲官人。"

　　朱彝尊《儒林郎户科給事中郃陽王君墓誌銘》："俄聞父喪，奔歸里，讀書中條山之陰芝川之上。"

　　朱彝尊《儒林郎户科給事中郃陽王君墓誌銘》載："考圖南，以君仕，封文林郎。"

　　王士禛《黄湄詩選序》："及歸龍門，讀書太史公祠下，其詩益變，而淪斋泫澄深，渺乎莫窺其涯涘。"

　　按：王士禛文中"及歸龍門，讀書太史公祠下"，即指王又旦因父喪丁憂而歸鄉。

　　錢林《文獻徵存録》卷十："遭父喪歸里，讀書中條山之陰。"
回鄉奔父喪，七月十三日至家。離京之前，王又旦懇請顔光敏爲其父撰寫誄文。

　　《與顔光敏》："向在都聞訃，承年臺先生軒車枉過，辱辭誄章，且過蒙照拂，愛踰骨肉，雲天之誼，未敢一刻忘也。不孝又旦七月十三日抵里，九月六日乃窆先君於祖兆。此時日守墓田，坐對松楸，惨澹觸緒傷心，不敢備爲知己道也。旦歸家之後，已將奔喪始末，具呈本縣，想應達部。倘蒙仍賜盼睞，草木有心，將來未有不捐麋圖報者也。兹因便鴻，岢謝前誼，併候近禧。仰邀崇鑒，五中如絲，不敢他及。十月十四日，在疚子又旦稽顙再拜。"（顔光敏《顔氏家藏尺牘》卷二）

　　按：《與顔光敏》中所述，爲王又旦歸家奔父喪情況。此前，顔光敏曾爲王父撰寫誄文。王又旦離京奔喪前，曾託王士禛有求於其同鄉顔光敏："幼華舍弟又有一字來，專人奉覽，明日尊駕入署，祈爲細細一查示之。其情迫切，吾輩關切之誼，門兄自有同心也。"此後，王士禛又有一函致顔光敏代王又旦表達謝意："幼華極感關切之誼，再託致意。云急欲奔喪，不知可不候説堂否？呈子明早到貴司，祈諭主者，即立漢稿，至滿稿亦望鼎言促之。其翻清字相公，應有常例，不可省者，望隨便許之，示知以便送上。渠不便親筆作字，輒此代達不一。小弟士禛頓首。"（顏光敏輯錄《顏氏家藏尺牘》卷二）

顏光敏（1640—1686），字遜甫，一字修來，號樂圃，山東兗州府曲阜縣（今山東曲阜市）人，"孔門七十二賢"之一顏回六十七世孫，祖父顏胤紹，父顏伯璟，子顏肇雍。顏光敏與兄光猷、弟光敫，世稱"曲阜三顏"。從小穎慧過人，九歲能寫時文，十三歲已善行草書，開始專心詩賦。十五歲補入"四氏學"，曾受教於學使施閏章；十八歲參加鄉試中副榜，貢入國子監就讀。康熙六年中進士，任國史館中書舍人。八年，皇帝駕臨太學，加恩在京的四氏子孫，升爲禮部儀制清吏司主事。次年，充會試同考官；旋外任龍江監理關稅，改授奉直大夫。十年丁父憂三年，養疾三年。二十一年，始補爲吏部檢封清吏司主事加一級，又升本司員外郎。二十四年秋，遷吏部考功清吏司郎中。次年，充《一統志》纂修官，八月患病，九月離世。顏光敏與田雯、謝重輝、王又旦、汪懋麟、曹貞吉、曹禾、丁煒、宋犖、葉封，被稱爲"金臺十子"，亦稱"長安十子"，爲"十子詩社"盟主。與顧炎武、施閏章、孔尚任、高詠、吳綺等交遊唱和。施閏章《顏修來詩集序》評其詩曰："修來蓄其雄銳，積學而出，上窺《騷》《雅》，下仿杜、韓，其亦嶽觀而海遊者乎？"（《學餘堂文集》卷七"詩文序"）有《樂圃集》七卷《補遺》一卷、《修來文鈔》一卷、《舊雨堂集》、《顏氏家誡》四卷、《未信堂近稿》、《未信堂時藝》、《顏修來日記》等傳世。秦巘編選《國初十六家精選》收《顏遜甫稿》一卷。其生平見朱彝尊《奉政大夫吏部考功清吏司郎中顏君墓誌銘》（《曝書亭集》卷七十五"墓誌銘"）、《清史稿》卷四八四、《清史列傳》卷七十《文苑傳一》、《本朝名家詩鈔小傳》"《樂圃詩鈔》小傳"、李克敬《曲阜三顏公傳》(載《碑傳集》卷四十四)、《國朝詩人徵略》卷七、《文獻徵存錄》卷十、《國朝先正事略》卷三十七"文苑　宋先生琬"附、《國朝書人輯略》卷二、《書林藻鑑》卷十二"清"、《清詩紀事初編》卷四《甲編中江南》等。

初秋，遊歷韓城，多次謁太史祠。

《謁司馬子長祠》："生居司馬里，家近長河湄。龍門遺跡常在眼，出郊懷古將何之？松柏一徑繞崩石，我來策馬趨靈祠。百丈層臺俯大路，已覺蕭颯寒飈吹。升堂伏謁見遺像，四壁雲氣何參差。平生欲識古人面，仿佛與我同鬚眉。少梁舊事二千載，荒烟漠漠南山陲。我聞登善居馮翊，夢中宛見平原姬。褚公居同州西亭，一夕夢見一女子，自稱'隋清娛，平原人，司馬子長姬也，天帝命我司同州土'。侍兒尚司同州土，西亭告語來何奇。先生魂氣應不往，坐對千頃青玻璃。韓山中斷大河下，蒼茫萬里回坤維。是時初涼移大火，秋色隔岸高汾脽。汾陰后土祠，隔河對峙，漢武橫汾地也。憶昔樓船泛河上，翩翩萬乘紛旌旗。菊芳蘭秀殊可念，中流高唱《秋風辭》。惆悵何年寶鼎沒，茂陵衰草空離離。文章富貴皆斷梗，千秋白日西南馳。我攜樽酒寄嘯傲，酩酊不辨糟與醨。歌罷歸來欹枕臥，山頭月腳懸東籬。"(《黃湄詩選》卷五《芝陽集》)

按："百丈層臺俯大路，已覺蕭颯寒飈吹""是時初涼移大火，秋色隔岸高汾脽"，皆可證明時令爲初秋。

《太史祠晚歸二首》：(其一)"秋氣下高天，蒼然滿村墟。獨往陟曾臺，渺渺心魂舒。大澤欹洪流，晴光蕩我裾。澄慮觀大化，萬象羅空虛。郭門月上樹，坦步歸蓬廬。"(其二)"坐久景已晏，雲英散寥廓。黃金鑄晚霞，微明照山郭。草深蟋蟀鳴，秋净征鴻落。星斗寄平林，一氣自旁礴。歸途寂無人，匹馬入叢薄。"(《黃湄詩選》卷五《芝陽集》)

《太史祠隔河望孤山》：(其一)"絕巘連雲出，秋風隔水多。韓原中缺處，山翠壓黃河。"(其二)"終日山頭坐，看山興未闌。秦山看不盡，猶借晉山看。"(《黃湄詩選》卷五《芝陽集》)

按："孤山"，位於山西臨猗縣，與韓城隔(黃)河相望。"韓原"，位於今陝西渭南韓城市西南。

七月，時風雷交加，與諸好友登少梁山禹廟。

《登東少梁山禹廟眺黃河歌呈同遊諸公》："少梁山勢何峉嶤，林烟漠漠風蕭颸。典午祠堂一百丈，此山對峙相爭高。客言禹廟登臨好，空濛萬里無塵囂。桑柘刺眼槐花落，來穿蘿徑同遊遨。龍門直下五十里，秦山晉樹相遍遭。雲氣蒼茫看不見，青天一豁奔驚濤。七月暑退蟬鳴號，雨腳欲下風雷交。鯨魚逞怒呼其曹，兩河左右紛動搖。嗚呼戰伐經幾載，木罌渡口橫弓刀。昔自楚歸歲在卯，夜攜八口趨中條。間道汾陰止河滸，欲披葭菼尋漁舠。隔岸人家聞吠犬，望廬不到心徒勞。一從朝那來效順，甲兵如雪都潛銷。吾黨高臥飽閒散，不妨老作韓山樵。西來涼氣入烏帽，袛應飲酒持霜螯。向夕客散不須約，通林明日還連鑣。"(《黃湄詩選》卷五《芝陽集》)

遊韓山遇雨，作寄叔父詩。

《韓山雨眺寄家叔》："百慮寡一慰，強步城南隈。長橋蔭疏柳，曲折方瀠洄。大漠盛暄氣，輕陰殊未回。攬衣望西北，天宇忽崔嵬。黑雲散長足，香山鬱不開。須臾翳大河，勢壓洪濤堆。飛雨灑四阿，野色何苺苺。綠條潤枯桑，黃花墮高槐。大化迕時序，三伏無風雷。我行臨長衢，良田起黃埃。膏澤今已晚，客思誰能裁？詩寄山庭下，對景空徘徊。"(《黃湄詩選》卷五《芝陽集》)

自芝川鎮經高門村，登巍山，遊香山寺、菟庵。

《曉發芝川鎮入巍山》："昂參橫斜逗曙光，披衣西發韓山陽。野鳥初隨烟上下，宿雲時與山低昂。林蔽唯見石齒齒，路回漸覺天茫茫。夙昔愛山看不厭，秋原立馬風蒼涼。"(《黃湄詩選》卷五《芝陽集》)

按:《隋書》卷二十四《志第二十四·地理上》"馮翊郡"中記載:"韓城:……有鬼谷。""鬼谷"，即巍山，傅應奎纂《(乾隆)韓城縣志》卷一《釋地》中載:"巍山，按:古'巍'與'鬼'同，鬼谷即巍山也。""芝川鎮"，位於韓山之南，韓城古鎮，因地處芝水川道而得名。

《自高門村經槐院抵山下途中作》:"結伴投岷崿，馬蹄去不息。紅葉散林皋，客遊方自得。已經高門社，旋過槐院北。司馬有殘塋，太傅無舊域。昔人不再作，廣野橫霜色。磵曲一兩家，荒陂理稼穡。日照砧杵明，雲翳桑柘黑。生意自云足，不聞欹偪側。悠悠余何爲，奔走恨填臆。"(《黃湄詩選》卷五《芝陽集》)

《巍山頂上》:"陟巇得石林，竦處如步障。藉草肆遐矚，勢挾秋雲壯。初日出大河，空翠非一狀。三嶺自北來，羅列森儀仗。遠色際高天，顥氣四奔放。開山起何年?鬼工勞意匠。憶昔出城遊，駐馬看青嶂。霽華靜松栝，石角爭背向。及此凌蒼崖，深荷山靈眖。遙知道傍人，視我烟霄上。平生耽幽興，冒險每攜杖。徘徊玩空曲，題詩雜樵唱。"(《黃湄詩選》卷五《芝陽集》)

《香山寺二首》:(其一)"白雲一徑入禪關，太傅遺墟杳靄間。紅樹迷天人不到，秋風落日滿香山。"(其二)"徑轉巍山急客程，荒村猶有白田名。傷心八節灘頭客，故國蒼涼日暮情。"(《黃湄詩選》卷五《芝陽集》)

按:"香山寺"，位於今韓城市薛峰鄉政府駐地西南七公里處之巍山頂上，香山爲巍山山峰之一，寺始建於唐代。

《菟庵呈鍾三》:"芝水淙淙雲一灣，高槐作花清晝閒。祗林

近在板橋外,剥啄一響開禪關。大河直瀉揺砥柱,推窗兩岸羅
烟鬟。洵州鍾子羈棲客,日扶筇杖相追攀。對飲唯貰一壺酒,
坐令市上嘲寒慳。飲之不醉聊爾爾,爲憐過眼千花殷。終南之
南有君室,室中兩婦皆朱顏。一自西城動戍鼓,褎斜夜火燒青
山。男兒蓬累亦云樂,東門一出何當還? 落日殘霞起晉望,隔
林列岫光斕斑。解得龍蠖同幻相,長依香界齊人間。"(《黃湄詩
選》卷五《芝陽集》)

　　按:"鍾三",今陝西旬陽一帶人,生平不詳,待考。

秋,友人曹玉珂卒,作詩悼念。

　　《哭曹陸海舍人二首》:(其一)"絕代風流七尺身,可憐落拓
老緇塵。家無舊業留京兆,世有君才止舍人。一櫬秋風歸故
國,千林夜雨泣慈親。頻陽賸有遺文在,封禪何當達紫宸。"(其
二)"欲返羈魂未可期,蕭條往事不勝悲。温泉夜月尋僧處,燕
市西風泣馬時。白首微官終不調,青山茅屋已歸遲。與君異姓
真兄弟,忍聽山陽笛裏吹。"(《黃湄詩選》卷五《芝陽集》)

　　按:"山陽笛裏吹",典出魏晉之際向秀《思舊賦序》:"余與
嵇康、吕安居止接近,其人並有不羈之才。嵇意遠而疏,吕心曠
而放,其後並以事見法。嵇博綜伎藝,於絲竹特妙,臨當就命,
顧視日影,索琴而彈之。逝將西邁,經其舊廬。於時日薄虞泉,
寒冰淒然。鄰人有吹笛者,發聲寥亮。追想曩昔遊宴之好,感
音而歎,故作賦曰云云。"(《昭明文選》卷十六)

　　《使人頻陽訊葬曹舍人消息愴然志感》:"龍蛇慘淡歲將徂,
使問頻陽卜葬無。老去他時悲宿草,愁來何處薦生芻。城門空
慟羊公子,丘墓終師鄭大夫。苦憶當年高會地,滿林秋雨夜啼
烏。"(《黃湄詩選》卷五《芝陽集》)

　　按:以上二詩中有"一櫬秋風歸故國""苦憶當年高會地,滿

林秋雨夜啼烏"語，時令當秋季。"羊公子"指東晉謝安外甥羊
曇，《晉書》卷七十九《列傳第四十九·謝安本傳》載："羊曇者，
太山人，知名士也，爲安所重。安薨後，輟樂彌年，行不由西州
路。嘗因石頭大醉，扶路唱樂，不覺至州門。左右白曰：'此西
州門。'曇悲感不已。""鄭大夫"，典出《春秋穀梁傳》"襄公十
年"："冬，盜殺鄭公子騑、公子發、公孫輒。稱盜以殺大夫，弗以
上下道，惡上也。"

　　王又旦、曹玉珂二人交遊相關情形，曹玉珂《步韻答王幼
華》中云："永夜同心語，其臭比蘭椒。邇來賦離居，風雨日瀟
瀟。遠塢柳色青，春色渡河橋。仰視星漢明，維斗亦有杓。便
便崎嶇人，分馳不相邀。爾我絕回曲，如波赴東潮。相期勉始
終，仰首指雲霄。"(魏憲《百名家詩選》卷八十五"曹玉珂")

八月居家時，移柿移林檎。

　　《移柿》："烏椑名最好，南陌故移枝。日照纔侵檻，風迴乍
出籬。濃陰邀解帶，落葉映彈碁。紅盡蚪龍卵，他年白露時。"
(《黃湄詩選》卷五《芝陽集》)

　　《移林檎》："微祿侵階出，應符靜者心。春風吹去雁，暮雨
種來禽。果向開襟得，花從坦步深。他時植千樹，何必橘成
林。"(《黃湄詩選》卷五《芝陽集》)

九月初六，下葬亡父。

　　《與顏光敏》："九月六日乃窆先君於祖兆。"(顏光敏輯録《顏氏
家藏尺牘》卷二)

深秋，至武功，拜謁蘇武廟。

　　《謁蘇子卿墓墓左柏樹三百六十餘皆南向》："荒原下馬讀殘碑，
知是當年屬國祠。千古鴻名聞朔漠，一丘黃壤接邊陲。山臨落
照羊來下，路入西風雁去遲。此日茂陵蕪没盡，可憐宰樹尚南

枝。"(《黄湄詩選》卷五《芝陽集》)

　　按:"茂陵",漢武帝陵墓,位於陝西省興平市境内。"宰樹",墳墓上的樹木。

九月,入横山遊途中,經竹源村,重哭友人吴象雲。

　　《入横山經竹源村重哭吴象雲》:"入谷遥投薛荔村,忽從籬落見雲根。幽人一去留庭户,騎馬重來少弟昆。東道生前應作主,西郊秋後最銷魂。孤墳六載多荒草,有淚還能及寢門。"(《黄湄詩選》卷五《芝陽集》)

　　《横山觀二首》:(其一)"乘暄初坦步,一境一清心。九月風霜地,千盤上下林。天依山徑落,路入石壇深。亂後飄零客,幽棲未可尋。"(其二)"身置烟霄上,扶藜一叩局。雲流藏殿閣,樹老斷青冥。坐石雙旌合,看花數騎停。誰憐棲遁處,吹角不堪聽。"(《黄湄詩選》卷五《芝陽集》)

　　按:"西郊秋後最銷魂""九月風霜地"皆言時令,當在秋日九月。"横山觀",位於韓城市象山以西,距離市中心約五公里處。

　　《登横山絶頂》:"山窮得平野,絶頂散牛羊。垂柿低含雨,高榆迥受霜。舉頭空碧落,四面盡青蒼。籬箪吹何處,西風入夏陽。"(《黄湄詩選》卷五《芝陽集》)

　　按:"高榆迥受霜""西風入夏陽",皆言時令,時當在秋日九月。

約本年深秋,有《古從軍詞》三首和馬翀。

　　《古從軍詞三首和馬雲翎》:(其一)"離家從遠戍,荷戈日已深。野風起枯楊,鳴雁多苦音。潮没黄陵廟,雪落雲夢林。沮洳阻長驅,萬馬空駸駸。貳師不好謀,我力恐難任。永捐父與母,男兒豈無心。"(其二)"奉命移舊壘,車徒發皋蘭。四顧莽蕭

蕭,野氣蹙天寒。萬竈駐桃林,男女雜旌竿。紅粉隘大路,馬上
明綃紈。昔日隨都尉,令嚴不遑餐。一鼓斬女子,勳名永不
刊。"(其三)"秣馬臨清漳,漳水咽不流。兩河多綠草,王程尚悠
悠。五日視豆莝,十日飯雕鍭。月餘大蕃息,惜哉時已遒。戈
鋋明落日,獵騎出長楸。淹留將奈何,空與狐兔讎。"(《黃湄詩選》
卷五《芝陽集》)

按:詩中"野風起枯楊,鳴雁多苦音""四顧莽蕭蕭,野氣蹙
天寒"諸語,皆表明時令當深秋。詩作年不詳,依其在集中編排
順序,編年於此。"王程",奉朝廷差遣的旅程。"清漳",水名,
漳河上游,源出於山西省平定縣南大黽谷;"秣馬臨清漳",典出
南朝梁柳惲《贈吳均三首》(其二):"遠遊適伊、洛,秣馬渡清
漳。"(廖元度選編《楚風補》卷四"梁")

"馬雲翎",指馬翀(1649—1678),字雲翎,無錫人,祖父馬
世奇明崇禎末殉甲申國難。三歲喪父。邑令吳興祚試童子,選
馬翀第一,補博士弟子員。嘗從師於邑人黃家舒。康熙壬子舉
於鄉;十一年冬入京,次年三月應進士試落榜。同年識納蘭成
德,其後二人多交遊唱和。十四年冬復入京,十五年三月,應進
士試再次落第,旋歸江南。是年春天,王士禎入京,二人初識,
王極稱馬翀詩,馬遂名噪京師。三十年春,卒於江南,時年僅三
十歲。工詩,以《竹枝詞》有名於時,王士禎譽爲"妙入三昧"。
著有《未學草》《蝶園詩》。生平見秦松齡《馬雲翎傳》(《蒼峴山人文
集》卷四)等記載。

冬日,過方山,至亡女織素墓前哭其夭傷之孤苦。

《過方山哭亡女墓二首》:(其一)"蹉跎不見掌中珍,四十年
來獨汝身。死後吾爲千里客,墳前哭是二毛人。山臨虎豹經行
夜,路轉松楸寂寞春。千仞蓮花西峰路,當年遊處總傷神。"(其

二)"命名織素見家風,惆悵吟詩擬太沖。思子傷心霜雪夜,此身垂老亂離中。重泉地僻無兵火,五匹機殘剩女紅。欲捨哀思歸遠道,渭川烟樹恨無窮。"(《黃湄詩選》卷五《芝陽集》)

按:詩中有"思子傷心霜雪夜"語,時間應爲冬季。"方山",位於郃陽縣境内,居梁山之東,形若覆斗。"太沖",指西晉著名文學家左思,作有《嬌女詩》。

冬夜感懷,作詩寄友人王士禎兼葉方藹。

《冬夜寫懷寄家阮亭十一兄兼呈葉訒庵學士》:"移居生計百不果,鹽豉一箇共糧裹。窮冬況復憂征戰,關塞旌旗飄婀娜。蠨蛸作寇寧無畏,智似顛當門倒鎖。交遊四海歎離居,深夜孤檠對影坐。昂參西轉月初高,清霜勢逼風爐火。哲兄淹留都市間,雄辨還能屈炙輠。已聞舉國來奔波,畫省淒涼計仍左。人生得意非榮名,事與心違終轗軻。過從夙契葉學士,竟日譚笑成憪惰。憶昔書劍客京華,帝采莩菲啓青瑣。草茅賤士喜連茹,朝奏一封暮報可。是日兩君聯騎來,酤酒醍盤笑向我。長言勸我須安貧,直擬瑤華生果蓏。只今臥病大河邊,唯有流雲白一朵。欲往從君道路隔,洪流波浪搖輕舸。"(《黃湄詩選》卷五《芝陽集》)

按:"只今臥病大河邊"言尚在家鄉。"家阮亭十一兄""哲兄",指王士禎,其排行十一;"葉訒庵學士""葉學士",指葉方藹。"憶昔書劍客京華,帝采莩菲啓青瑣。草茅賤士喜連茹,朝奏一封暮報可。是日兩君聯騎來,酤酒醍盤笑向我",蓋言其中進士後三人交遊的情形。

葉方藹(1629—1682),字子吉,號訒庵,江南崑山人。年十二補諸生;順治十六年一甲三名進士,授編修。順治辛丑江南奏銷案起,士紳同日除名者萬有餘人,"葉公方藹以欠折銀一釐左官。公具疏云：'所欠一釐，准今製錢一文也。'時有'探花不值一文錢'之謠"（事見王應奎《柳南隨筆·續筆》卷二"辛丑奏銷"條）。尋授上林苑蕃育署丞。事白，官復原職。康熙十二年，充日講起居注官。十四年，遷國子監司業，再遷侍講。十五年，遷左庶子，再遷侍講學士。十六年，命充《孝經衍義》總裁，進講《通鑑》。十七年，充《鑒古輯覽》《皇輿表》總裁、經筵講官，直南書房。上勤於典學，故事以大臣二人日直，上特以屬方藹，兼掌院學士，兼禮部侍郎。十八年，召就博學宏詞，命方藹閱卷，總裁《明史》。二十年，授刑部侍郎。二十一年卒，賜謚文敏。與王士禎、徐元文、陳廷敬、韓菼等交遊唱和。著《讀書齋偶存稿》（詩集）四卷、《舫齋集》《獨賞集》等，後人編刻其集爲《葉文敏公集》十三卷。其生平見徐秉義《皇清資政大夫經筵講官兼翰林院學士兼禮部侍郎加禮部尚書管刑部右侍郎事訒庵葉公墓誌銘》（載葉德輝等纂修《吳中葉氏族譜》卷六十"下"）、《國朝詩人徵略》卷六、《葉文敏公事略》（《國朝先正事略》卷六"名臣"）、《清史稿》卷二六六《列傳五十三》、《清史列傳》卷九《大臣畫一傳檔正編六》、《清代學者象傳》（第二集）、《清代名人傳略》"葉方藹"、《清詩紀事初編》卷三《甲編上江南》等記載。

本年，作《題瀟湘萬籟圖》《題路振公虎丘烟雨圖二首》詩。

　　《題瀟湘萬籟圖》："漠漠蘆花水滿灣，萬竿修竹映湘山。日高八桂陰初合，雪落三江綠未還。離亂相逢圖畫裏，滄洲空想有無間。傷心雲樹連烽火，灑淚非因帝子斑。"（《黃湄詩選》卷五《芝陽集》）

　　按："離亂相逢圖畫裏，滄洲空想有無間。傷心雲樹連烽火，灑淚非因帝子斑"四句，非僅僅因圖畫而生出感慨，亦有因現實產生的強烈感受。

《題路振公虎丘烟雨圖二首》：（其一）“雲遮花院水侵樓，海湧峰前憶舊遊。烟景無端來畫裏，一天風雨望蘇州。”（其二）“雨打孤篷夜泊舡，生公臺上伴雲眠。別來莫怪朱顏改，客去江南十二年。”（《黃湄詩選》卷五《芝陽集》）

按：“路振公”，指路一麟，字麟趾，一字振公，號天石，陝西澄城縣人。生卒年不詳，路世美仲子，郃陽著名文士康乃心岳父。好讀書，擅詩畫，六舉優行。一麟於順治辛丑以積廩應貢。丁父艱，以服闋，曾停貢，越六年始充。康熙庚戌恩貢。壬戌，詔起山林隱逸，以母老不就。曾官河北東光知縣。與郭傳芳等交遊。著有《華山小志》十二卷、《禹城山水考》、《五雅評林》、《天石子集》、《書畫外史》、《徐庚遺騷》、《步邯鄲》、《畫款》等。

汪楫以明經任淮安府贛榆縣教諭。劉體仁卒。

清聖祖康熙十七年　戊午（1678）　　四十三歲

本年尚居鄉爲圖南公守制。

初春，有詩寄張帝臣。

《寄張帝臣時帝臣攜家住華山》：“他時貨畚似春農，聊就青山策短筇。直豁雲煙樓八口，平攜雞犬入三峰。炎天樹尚留殘雪，靜夜人還伴怪松。我去關東空悵望，城頭出沒碧芙蓉。”（《黃湄詩選》卷五《芝陽集》）

按：“炎天樹尚留殘雪”，時令似應爲早春時分。

“張帝臣”，生卒年不詳，河北魏縣人，似以字行。明崇禎乙卯科舉人，順治元年七月署雞澤縣（隸今河北邯鄲）事。與顧炎武有交往。

春日，與友人楊端本登華山萬壽閣。

　　《同楊樹滋登萬壽閣眺華山放歌》：“渭川楊柳烟濛濛，東西
大道驕青驄。百丈層樓隱深樹，飛甍真欲摩蒼穹。夙昔登臨意
未厭，重來攜友金天宮。坐看芙蓉近咫尺，嵐光天色相磨礱。
茫茫八水作池沼，白帝聊戲抽荷筒。塊圠終古運元氣，豈有斧
鑿驅神工。萬松幽邃不可辨，依稀一綫盤蒼龍。指點天池是落
雁，蔽虧忽逐流雲空。杜陵老人心膽怯，崚嶒遠望終矇矓。安
得仙人九節杖，徒以幻想安其衷。炎暑猶餘古冰雪，高尋何必
須秋風。昌黎老人逞小勇，欲從天上探奇蹤。百計空煩華陰
令，到今舊跡蒼苔封。願摘蓮花種七澤，齎志未遂甘長終。我
昔捫蘿不辭險，微軀竟與雲霄通。妙語。龍湫仙跡縱搜討，無勞
廟史貪神功。豈其猿猱較捷足，幾與前輩爭豪雄。歸向雲臺共
君飲，關門月出高朣朧。屈指年華一十七，可憐月月如旋蓬。
春遊正值花爛熳，銀鞍莫惜香羅蒙。爲君歌罷更惆悵，平舒城
外殘霞紅。”（《黃湄詩選》卷五《芝陽集》）

　　按：“楊樹滋”，指王又旦好友兼親家楊端本。“我昔捫蘿不
辭險，微軀竟與雲霄通。龍湫仙跡縱搜討，無勞廟史貪神功。
豈其猿猱較捷足，幾與前輩爭豪雄。歸向雲臺共君飲，關門月
出高朣朧”諸語，言其康熙三年（1664）夏登臨華山時英姿颯爽
的情形。“屈指年華一十七，可憐月月如旋蓬”是説從上次登華
山到眼下歲月飛逝，已過十七年。此處作者記憶恐有誤，二者
間隔爲十五年，非十七年。

三月，始南遊漢渚，一路遊覽所作詩篇，輯入《續漢渚集》。

　　汪懋麟《黃湄詩選序》：“詩凡七卷。……戊午、己未則《續
漢渚》、《山中》而仍其名也。”

南遊途中，進入湖北境內，先後經過鄂州、漢川、雲夢、鍾祥等地，

有詩紀其見聞。

《曉渡望鄂州》："曉霧壓城頭，蒼茫古鄂州。風烟盤赤壁，波浪下黃牛。星動連江鏃，旌高隔岸樓。由來征戰地，不忍問東流。"（《黃湄詩選》卷六《續漢渚集》）

按："鄂州"，地近古黃州（今湖北黃岡黃州區），"風烟盤赤壁"即指此。

《舟行口號》："春岸徐牽百丈行，垂楊十里解相迎。白雲度水悠然合，黃鳥穿林偶一鳴。小市逢炊唯縷鱠，短墙欲補更移橙。人家艇子容吾借，短笠何妨釣月明。"（《黃湄詩選》卷六《續漢渚集》）

《漢川道中懷古二首》：（其一）"西溯襄樊艤短橈，仙郎此地遇雲翹。人經南郡江千里，路入東風柳萬條。玉杵何年歸紫府，青山幾驛到藍橋。平生擬作蓬壺客，忍使離魂永夜銷。"（其二）"路遠陽臺草色春，高唐舊事最酸辛。明璫翠羽還遺廟，雨散雲收豈有神？作賦徒誇宋公子，采蘺終泣楚靈均。細腰宮畔如花女，却作秦皇夢裏人。"（《黃湄詩選》卷六《續漢渚集》）

按："路入東風柳萬條""路遠陽臺草色春"言時令，可知詩之作時。

《水車歌》："日長雲夢紛烟蘺，襄樊水下江初波。雲夢父老惜苗力，作車上溉高田禾。咿軋不斷轆轤轉，高低就勢臨陂陀。喧聲却恐駭鵝鸛，逆流直欲探蛟鼉。東方紅日上高樹，臺笠不戴濃陰多。淮南小鼓供歌唱，三里五里聲相和。憶余昔作潛陽宰，青簾白舫曾經過。後歌未杳前歌近，經旬不忍離江沱。已喜稻苗入浩渺，更看餘潤分菱荷。虹斷無勞芒種雨，遠山未改青嵯峨。漢陰老人不解事，抱甕何異機拋梭。縱令桔槔真可恥，終勝名利空蹉跎。三閭大夫放澤畔，隱林深處隨漁蓑。一時間答千秋歎，遺文一字同山阿。當年此製應未見，楚詞不入理則那。座客勿誦《漁夫辭》，聽我樽前《水車歌》。"（《黃湄詩選》卷六《續漢渚集》）

　　按：詩作於經過雲夢時，目睹田家用水車灌漑秧苗的情景，抒發心中所感。

　　《浩然亭二首》：（其一）"醉月迷花竟杳冥，亂山空鎖鹿門青。郢中多事王維畫，斷腸今朝刺史廳。"（其二）"路入安州雨雪天，陽春臺畔釣江烟。夜來一事千秋快，果得槎頭縮項鯿。"（《黃湄詩選》卷六《續漢渚集》）

　　按："浩然亭"，亦名孟亭，因盛唐詩人孟浩然而得名；位於今湖北鍾祥市城區蘭臺山西側的鼓樓坡上，即原郡署東舊司馬署所在地，《（康熙）鍾祥縣志》中將"孟亭梅雪"列入"郢中十六景"。"王維畫"，指孟浩然離世後，王維經過郢州（今湖北鍾祥市境内）時，因懷念舊友，在後來的刺史廳内繪孟浩然像，因孟曾騎驢尋梅於蘭臺山下，故題名《孟夫子踏雪尋梅像》，遂建浩然亭以志紀念。"刺史廳"云云，指晚唐咸通四年（864），孟浩然晚輩同鄉皮日休造訪郢中，與刺史鄭誠論及浩然亭，認爲"書名日貶，書字日賢"，遂改名孟亭，並撰寫《孟亭記》以志其事。"安州"，指今湖北孝感安陸市一帶。

　　《解珮亭》："乍向江皋識玉顏，如何只尺恨緣慳。鄭郎終遜裴航點，不去襄陽覓萬山。相傳襄陽萬山，二妃所居地也。"（《黃湄詩選》卷六《續漢渚集》）

　　按："解珮亭"，宋王象之《輿地紀勝》卷八十四《京西南路·郢州·景物下》》"解珮亭"條載："在城北十四里漢江邊（位於今湖北鍾祥境内），或傳即鄭交甫解珮處。"劉向《列仙傳》卷上"江妃二女"條云："江妃二女……出遊於江漢之湄，逢鄭交甫，見而

悦之，不知其神人也。……遂手解佩與交甫。交甫悦，受而懷
之中當心。趨去數十步，視佩，空懷無佩，顧二女忽然不見。"

至茶聖陸羽故里。

《過陸鴻漸里二首》：（其一）"船窗篝火讀《茶經》，桑苧墟烟
傍晚汀。却憶金山明月夜，了公臺上酌中泠。"（其二）"平生嗜
潔古無倫，橘碾銅爐寄興新。可笑盧仝非敵手，長鬚赤脚最憎
人。"（《黄湄詩選》卷六《續漢渚集》）

按："却憶金山明月夜，了公臺上酌中泠"是指陸羽品嘗揚
州揚子江南零水（中泠水）所煎之茶的一段趣聞，見唐張又新
《煎茶水記》中的有關記載。"長鬚赤脚"，語出韓愈《寄盧仝》
詩："一奴長鬚不裹頭，一婢赤脚老無齒。"（《韓昌黎詩集》卷五）揚子
江南零水地近鎮江，金山了公臺係陸羽品茶之地。

過潛江遇雨，賦詩悼亡妻范氏。亦有懷友人詩。

《經潛江縣重悼亡内》："十年轜櫬已歸秦，楚些重招客恨
新。百里烟江中夜雨，棠梨岡下泊舟人。"（《黄湄詩選》卷六《續漢
渚集》）

按：詩中有"十年轜櫬已歸秦"語，范孺人卒於康熙八年，距
寫詩時正好十年。

《寄友人》："酉嚴釀酒熟醉江東，獨愛名花入座紅。欲識花前
常憶汝，梅花風到楝花風。"（《黄湄詩選》卷六《續漢渚集》）

遊潛江舊治，胡承諾因病未能晤面王又旦，作詩紀其事；亦作詩詠
友人不應薦舉之事贈王又旦。

胡承諾《寄懷王黄湄給諫時遊潛江舊治予以卧病未晤》："猗歟青
瑣客，省閣地清優。練紅懷諫草，閒榭鳴鶴舟。脱略驛亭置，瀟
灑芳杜洲。岸陰移筆床，江色净書幬。雉喜到今興，犢憶向時
留。召父行豐稻，花縣聽童謳。桂樹人何許，藜杖扶春鳩。齒

齊晉絳老,甲子四百周。藥椀汲井華,朝夕得所求。拙守東岡
陂,寧翔不下鷗。天際有來雲,車蓋翼西浮。沛吾引長風,三山
仍阻修。自分沮溺耦,夢想非匹儔。知君敦菅蒯,念舊及林
丘。"(《石莊先生詩集·頤志堂詩》"戊午草")

　　胡承諾《從王給諫聞友人不應薦舉之徵爲賦短章因給諫寄
懷》:"不借庫錢買冠幘,寧嫌亭長曳車輪。臺中先有鐫幢記,海
內靡遺扣角人。篋草橫窗韻水木,徵書入谷掛松筠。盛朝微物
偕吹萬,魯放鳧鷗戲廣津。選曹許予長假,故云。"(《石莊先生詩集·頤
志堂詩》"戊午草")

重遊郭鋏謾園。

　　《重題郭園梅花樓》:"高樓春樹近江沱,惆悵三年鐵馬過。
蘆管臨江人盡散,不堪此夜落梅多。"(《黃湄詩選》卷六《續漢渚集》)

潛江之遊結束後,赴荆州。

　　《泊長湖二首》:(其一)"蒲葦茫茫接楚丘,長湖月黑迥生
愁。荆州城上鳴刁斗,却趁西風到客舟。"(其二)"旌旗飄颭影
微微,楚客天涯正憶歸。夜半風高嘶萬馬,滿湖沙鳥背人飛。"
(《黃湄詩選》卷六《續漢渚集》)

　　《渚宮二首》:(其一)"舊跡何勞問,東風草又新。江蘺春秣
馬,啼鳩暮愁人。白積千秋骨,青然幾夜燐。那堪聽畫角,腸斷
是西津。"(其二)"夜宴出房栊,軍城酒似澠。陣雲通白帝,邊月
墮黃陵。垂手花低幕,纏頭柳覆繒。章臺歌舞地,今古恨偏
增。"(《黃湄詩選》卷六《續漢渚集》)

　　按:詩中有"江蘺春秣馬""垂手花低幕,纏頭柳覆繒"語,可
知時令應爲春季。"長湖",位於荆州沙洋縣、荆州區、潛江市交
界處,爲湖北省第三大湖泊。"渚宮",春秋時楚國宮殿名,故址
位於今湖北荆州江陵區,後亦用以指代江陵。"章臺",即章華

臺,春秋時楚國離宮名。

抵達漢陽,邀約友人同遊武昌晴川閣,魏名閥、顧景星二人未能赴約,有詩紀其事。與友人毛會建、朱載震、江非諾、魏師聃登大別山,遊晴川閣,登榴花塔。

　　《登大別山同毛子霞朱悔人江非諾魏師聃》:"石路層城外,空亭落照間。導江傳《禹貢》,對岸指吳關。地坼洲前樹,天青雨後山。招尋成久客,楚月幾回彎。"(《黃湄詩選》卷六《續漢渚集》)

　　按:"大別山",即龜山,又稱翼際山,位於湖北武漢漢陽城北,與武昌蛇山夾江對峙。

　　"毛子霞",指毛會建(1612—1681後),字子霞,號客仙、客山,江蘇武進人,寄籍浙江。明末諸生,補錢塘弟子生員。順治二年副貢,除樂昌知縣。後任儀曹郎、禮部郎中,罷官不歸。十三年前後遊歷鄂西土家容美時,當地土司田舜年拜其爲師爺,主管容美土司的文教事業。康熙庚申建聽雪樓於湖北鍾祥,與陽春、白雪二樓相鼎峙。後漫遊湖廣,廣致千金,僑居武昌遂以爲家。因愛晴川黃鶴之勝,乃欲築墓于大別南嶺,曰"萬里青山",親書"毗陵毛君子霞之墓"碑文并附以詩;復建一杯亭於其側以居之,久之竟卒於漢。會建好奇,嗜古書法,蒼勁樸拙,得力顏真卿。性好遊,足跡幾遍天下。順治十七年嘗遊南嶽,攀援岣嶁之巔,於深山老林之中摹禹碑,重刊於龜山山頭;又嘗傾資爲晴川補樹,皆稱雅事。與傅山、朱彝尊、陳恭尹、金德嘉、董俞、周茂源、陳祚明、陶汝鼐、徐旭旦、夏熙臣、唐訪(釋食苦)、張三異、王廣心、王永命等交遊唱和。朱彝尊《卜算子·毛子霞小像》評價其人其文云:"賦料揚雄敵,詩傳謝朓清。凌雲筆札意縱橫,到處有逢迎。老得滄洲趣,歸來物外情。儼然天竺古先生,圖畫表沖盈。"(《曝書亭集》卷三十"詞")著有《百一詩》十二卷、

《客仙詩略》等。生平見陳玉璂《毛子霞百一詩序》(《學文堂文集》
"序九")等。

　　"江非諾",生平不詳。

　　"魏師聃",生平不詳。

　　"朱悔人",指朱載震,有《陪王黃湄給諫同毛子霞江非諾魏
師聃登大別山憩晴川閣二首》詩。廖元度《楚詩紀》卷十九"國
朝"中錄其中之一云:"江濕危磯峭,侵晨艤短橈。陂山當結夏,
摩碣認前朝。杜渚荷香遠,青天野鶴招。使君縱幽意,步屧向
清霄。"

　　《榴花塔》:"瓦全玉碎最堪嗟,夜夜香魂泣內家。今日天公
如有意,沿江遍發石榴花。"(《黃湄詩選》卷六《續漢渚集》)

　　按:"瓦全玉碎最堪嗟,夜夜香魂泣內家",指孝婦插榴枝辨
冤事。《宋史》卷六十五《五行志》第十八載:"紹興間,漢陽軍有
插榴枝於石罅,秀茂成陰,歲有華實者。初郡獄有誣服孝婦殺
姑,婦不能自明,屬行刑者插髻上華於石隙,曰:'生,則可以驗
吾冤。'行刑者如其言,後果生。"今武漢漢陽區漢陽公園內榴花
塔之得名即緣於此。

　　《晴川閣遲魏名閣顧赤方不至》:"偃帆遵石徑,升降瞰晴
川。白雲與黃鵠,渺渺動我前。西山景欲晏,夏木陰屢遷。之
子期不來,起立看江船。與君異鄉土,相逢誠偶然。金龜何足
惜,聊充酒家錢。眾綠滋巨壑,青靄浮遙天。郭門共遊衍,可以
銷殘年。"(《黃湄詩選》卷六《續漢渚集》)

　　按:魏明閣(1601—1678),名閣,字明閣,以字行,湖北漢川
人,其生卒年考辨見下文。著有《清風遺集》。王又旦與其交
往,蓋始於任職潛江時期,秦鏞《清風遺集原序》:"魏先生閣,明
閣其字,寓鄂時講《易》清風書院,故又號清風處士。邠陽王給

事又旦令潛江,爲建齋於萬魁臺,今無存。"(《清風遺集》卷首)

"顧赤方",指其友人顧景星。顧景星(1621—1687),乳名
仙玉,字赤方,一字黄公、黄石公,别號玉山居士、玉山道人、癡
虎頭、瓊玉、金粟居士、金粟道人、丫髻道人、西塞老漁、瀟湘客、
瀟湘病客、蓬萊病客、花溪病叟、(顧)野王、雨中燕香疊等,原籍
江蘇崑山,先祖顧季徵(顧瑛第七子)元末因功授蘄州路總管,
明初遂家居蘄州,曾祖顧闕、祖父顧大訓、父顧天錫,皆負一時
之望。係清初著名學者、藏書家曹寅之舅父(曹寅《舅氏顧赤方先生
擁書圖記》,《棟亭詩文鈔·文鈔》)。生而頼異,六歲能賦詩,八九歲即
讀經史,時稱"聖童"。長而究心經世之略。明末貢生,崇禎十
二年中副榜,十六年避張獻忠之亂,流寓至祖籍崑山,依族人
居。次年三月明亡;九月,參加南明弘光朝主持的七省(南北直
隸、湖廣等)流寓貢生會試,名列第一;十月典試後授推官,即上
疏言朝政之弊端以及"復經學"的迫切性;不久終因感覺大局難
挽,婉言拒絶授職,離開南京四方漂泊,往來吴越間。順治八年
舉家返回蘄州,入清屢徵不仕。康熙戊午舉博學鴻詞,以病乞
還,杜門息影。與龔鼎孳、王士禛、宋犖、施閏章、董俞、毛際可、
方孝標、孫枝蔚、徐惺、陶澂、邵長蘅、王追騏、李漁、尤侗、周亮
工、方苞、劉子壯、周茂源、徐延壽等交遊。顧景行博通群藝,才
气横溢,"海内莫不奉以通人之號"(喻成龍《白茅堂文集序》,載《白茅
堂集》卷首)。詩文不拘陳規,雄奇峭雅。時人何令遠讚其詩作兼
具"太白之放、少陵之嚴、長吉之精"(載《白茅堂集》卷首),喬億《劍
溪説詩》卷下譽其"不愧作手"。著有《白茅堂集》四十六卷(《賦》
《楚詞》共一卷《樂府》三卷《詩》二十二卷《文》二十卷)、《白茅堂詩選》九
卷、《黄公説字》一百卷、《讀史集論》九卷、《顧氏歷代列傳》十五
卷、《南渡來耕集》七十三卷、《阮嗣宗詠懷詩注》二卷、《李長吉

詩注》四卷、《贉池集》一百一十八卷、《野菜讚》、傳奇《虎媒記》、
《登樓集》、《避地泖澱記》等。編訂《顧氏蘄州志》六十卷。生平
見其三子顧昌《皇清徵君前授參軍顧公黄翁府君行略》(《白茅堂
集》卷首)、顧昌《耳提録》(《白茅堂詩文全集》卷尾)、施閏章《顧赤方詩
序》(《學餘堂文集》卷四)、《國朝詩人徵略》卷十四、《皇明遺民傳》卷
四、陳詩《湖北舊聞》卷四十二"文獻九"、錢林《文獻徵存録》卷
六"李天馥"條"附"、徐承禮《小腆紀傳補遺》卷四《列傳‧文
苑》、《國朝先正事略》卷三十七"文苑　熊先生伯龍"附、孫寰鏡
(靜庵)《明遺民録》卷三十七、《書林藻鑑》卷十二"清"、鄧之誠
《清詩紀事初編》卷二《前編下》、《清史列傳》卷七十《文苑傳一》
等記載。王又旦南遊荆楚時期,與顧景星多有詩文交往。除了
爲王又旦詩集作序外,顧景行現存《酒間託季深寄王幼華》《郃
陽王烈女墓表歌有序》等作品,亦與王又旦有關。

　　顧景星《王黄湄招同清風道人魏名閥毘陵毛子霞登翼際山
晴川樓病不果往書示黄湄》:"漢湘東注江門西,禹功黄鵠巑雙
磯。孤峰遠指翼際立,雲中烟樹樓臺齊。當年息嬀有祠廟,更
傳神女居羊蹄。桃花夫人即息嬀也,陽臺山,乃'羊蹄'之訛。晴川百尺
歷唐宋,得名本以司勳詩。米脂賊馬昔南下,咸陽一炬無遺榱。
毛人連臂擲粉堞,魚鼈顛倒欺冰夷。邇來結搆更丹碧,吊古竟
同丁令威。恒河斯匿看不改,浮屠元度來何遲。西秦才子富文
史,錦囊油素行相隨。前身仲宣無乃是,況有數子偕招攜。江
城景物值初夏,馮高嘯傲同評題。洞庭青草在何處?樓船血戰
巴陵西。風檣迅駛短兵接,落日莫要'要',去聲長戈揮。宜君健
筆磨盾鼻,媿我卧疾支枯藜。詩筒急啓令兒讀,破顔却枕聽新
辭。請君且勿發高唱,恐驚困底巫支祁。衛侯能知杜陵病,即
今我病君當知,北山煮石南山芝。"(《白茅堂集》卷十九"戊午康熙十七

年")

　　按:"晴川百尺歷唐宋,得名本以司勳詩",指崔顥《黃鶴樓》詩"晴川歷歷漢陽樹"句;"司勳",指崔顥,唐天寶間曾任司勳員外郎,故稱。"丁令威",東晉陶淵明《搜神後記》卷一載:"丁令威,本遼東人,學道於靈虛山,後化鶴歸遼,集城門華表柱。時有少年舉弓欲射之,鶴乃飛徘徊空中而言曰:'有鳥有鳥丁令威,去家千年今始歸。城郭如故人民非,何不學仙冢纍纍?'遂高上沖天。""西秦才子""前身仲宣",皆指王又旦;"仲宣",指"建安七子"之冠冕的王粲,字仲宣。"巫支祁",亦作"無支奇""無支祈",古代傳說中淮水水怪名。

乘舟自漢口抵武昌,登黃鶴山南樓。淹留期間,曾身染小恙,作多首《雜興》詩。

　　《舟中》:"落日清江好扣舷,柁樓一縷見茶烟。夢驚荻岸黃梅雨,身倚荷湖白鷺天。戍火千山思息戰,東風兩袖好歸田。却嫌津吏迎官府,高揭明燈夜泊船。"(《黃湄詩選》卷六《續漢渚集》)

　　《步障墨竹》:"步障叢篁迥出塵,檀欒如在漢江濱。他時對爾連宵飲,不向樽前問主人。"(《黃湄詩選》卷六《續漢渚集》)

　　《次漢口將歸武昌》:"雨後停橈古渡頭,漢陽芳草自油油。明燈夜聚三江舸,酒旆春搖兩岸樓。人去桃花猶有廟,水沉鸚鵡尚名洲。來朝歷遍登臨處,直破風濤下鄂州。"(《黃湄詩選》卷六《續漢渚集》)

　　按:"人去桃花猶有廟",指桃花夫人息媯廟。"息媯",楚靈王夫人,劉向《列女傳》卷四《貞順》中載:"楚滅息,虜其君使守門,妻其夫人而納之入宮。楚王出遊,夫人送出,見息君,謂之曰:'人生一死而已,何至自苦,終不以身更貳醮。'遂自殺。"

詩蓋用其意。《左傳》卷九中記載息夫人事，與《列女傳》中不同。

　　《武昌雜興八首》：(其一)"去國何須嘆遠遊，武昌門下好淹留。有心貰酒剛逢客，隨意開窗恰對樓。芳草水塍春舞燕，杏花江店午鳴鳩。短筇消盡危磯路，看到夕陽倦即休。"(其二)"蓴湖東畔呂蒙營，角吹轅門静不驚。大地風濤吞夏口，曉天缺月伴長庚。旗摇酒店分江色，歌入漁航雜櫓聲。猶是昇平佳氣象，兩公節制即長城。"(其三)"畫戟朱門趁曉開，使君年少最多才。金貂照市行春出，鼓吹連江打獵回。到處平蕪堪走馬，誰家庭院好啣杯。長街一道風烟合，共説新頒鹵簿來。"(其四)"細草平沙瀉玉壺，王孫隨地有行厨。金鞭指處花迎馬，畫舫歸時柳映湖。樂部曲傳盧氏女，青樓人伴霍家奴。書生空歎成名晚，徙倚終同繞樹烏。"(其五)"漢陽小户倚江涯，幾束茅菅便是家。穀賤長餘粳米酒，春歸爭賣木棉紗。斷橋榆柳千門雨，亂草池塘兩部蛙。更有眼前真富貴，黄金滿院熟枇杷。"(其六)"江上烽烟接洞庭，風帆萬里正揚舲。天隨峽水茫茫白，地拔湘山處處青。官柳西門高下樹，晴雲南浦短長亭。絳光萬縷如奔馬，夜夜青宵見使星。"(其七)"客愁三日不開顔，扶病今朝始啓關。豈意尋芳逢紫燕，却因行藥見青山。樓頭蒖葵應千里，雲裏帆檣定幾灣。坐覺春光歸掌握，參差兩岸列烟鬟。"(其八)"日出簷花影動摇，斷雲送雨又瀟瀟。客中文字偏多感，愁裏金錢苦易銷。野鶴每横南浦落，江豚常駕北風驕。扶藜不赴青山約，更有何人伴寂寥。"(《黄湄詩選》卷六《續漢渚集》)

離開武昌前，作詩贈別友人。

　　《贈别二首》：(其一)"雨柁江頭舫，風帘郭外村。垂楊多少樹，愁絶武昌門。"(其二)"三日風濤惡，郎舟去幾灣。登城還望

見，只隔鳳皇山。"（《黄湄詩選》卷六《續漢渚集》）

　　按："鳳皇山"，位於今湖北武漢北城武昌解放路東端北側。

初夏，遊武侯拜風臺。

　　《武侯拜風臺》："舟泊楓林岸，崇臺縱目初。月明飛夜鵲，江静抱嘉魚。北渚鳴霜角，南天急羽書。東風今正便，一鼓破衡廬。"（《黄湄詩選》卷六《續漢渚集》）

　　按："拜風臺"，又稱武侯宫，位於今湖北咸寧赤壁市赤壁遺址南屏山頂，相傳爲紀念赤壁之戰中，諸葛亮在此設祭壇借東風，相助東吳周瑜擊退曹操而建。詩中之"嘉魚"，位於湖北東南部咸寧轄境内之長江中游南岸，地近赤壁古戰場。

　　《江上晚眺》："野燒半歸山，城樓全照水。東西過江人，齊入空明裏。"（《黄湄詩選》卷六《續漢渚集》）

蓋與同人遊歷晴川閣不久，本年五月二十日魏明閩即棄世。

　　《哭漢川處士魏名閩三首》：（其一）"遺音猶未滅，藜杖已生塵。吾道尊高士，天心棄古人。烟雲封白帕，風雨老青蘋。三尺荒原墓，孤高絶四鄰。"（其二）"形骸知久棄，貧賤肯容憐。到處堪埋骨，由來不記年。遺言無後慮，自挽已先傳。先生易簀夕，移書中丞張公，累數百言，無一語及後事。先五十歲時，賦《自挽詩》二章，有'夥賓五月中，瘞我不食丘'之句。閩十九年，其言皆驗。多事同遊子，傷心指漢川。"（其三）"尚書禮耆舊，古道始相追。白首猶詼誕，黄冠見表儀。已空徐孺榻，不忝蔡邕碑。想像清風閣，蕭然瘦鶴姿。大中丞張公累延，先生終不至，後許以黄冠見。任誕不拘，張公敬禮愈至，爲之建清風閣。"（《黄湄詩選》卷六《續漢渚集》）

　　按：魏明閩棄世時間，據《清風遺集》"提要"中依其本人所作詩歌分析，定爲本年戊午月戊午日戊午時（十一點到十三點）。上引王又旦三詩收入《清風遺集》"附録"，題作《挽魏清風先生並序》，依詩注"先五十歲時，賦《自挽詩》二章，有'蕤賓五月中，瘞我不食丘'之句。閱十九年，其言皆驗"推斷，則其人享年六十九歲。逆推六十九年，即爲其生年。"多事同遊子，傷心指漢川"句，表明王又旦時尚在漢渚，則其人本年棄世。

　　"大中丞張公累延"云云，"張公"指張朝珍（？—1680），字五筍，隸正藍旗漢軍。順治十八年至康熙十年曾官安徽巡撫。康熙十二年六月始任湖廣巡撫，兼提督軍務部尚書、兼都察院右副都御史。爲官頗多善舉，後卒於官。生平見《清代大學士部院大臣總督巡撫全録》"巡撫　江蘇巡撫"等。

　　"徐孺榻"，典出《後漢書》卷五十三《徐稺傳》："屢辟公府不起。時陳蕃爲太守，以禮請署功曹，（徐）稺免之。既謁而退。蕃在郡，不接賓客，唯稺來特設一榻，去則縣之。"《世説新語》卷上之上《德行第一》"郭林宗至汝南"條注引司馬彪《續漢書》中曰："及（郭林宗）卒，蔡伯喈爲作碑，曰：'吾爲人作銘，未嘗不有慚容，唯爲《郭有道碑頌》，無愧耳！'""郭有道"，指東漢末年名士郭泰，字林宗，人稱"有道先生"。

六月，張惣自武昌歸金陵，有詩送之。

　　《送張南村歸金陵》："徙倚風塵已白頭，那堪六月滯行舟。武昌城上看君發，愁聽江聲入郡樓。"（《黃湄詩選》卷六《續漢渚集》）

　　按："張南村"，先著《張南村先生傳》中載："張南村名惣，字僧持。"（引自張潮《虞初新志》卷十六）先著另有《輓張南村》（《之溪老生集》卷三）詩。張惣與吳綺、梅清等有交遊唱和。方中發有《張南村自金陵過訪賦贈二律》（《白鹿山房詩集》卷五"五言律"）、顧景星有《春柳放舟圖爲張南村僧持》（《白茅堂集》卷十九"戊午康熙十七年"）。後詩收入《白茅堂集》中，其前一首爲《王黃湄招同清風道人魏名閻毗陵毛子霞登翼際山晴川樓病不果往書示黃湄》，後一首爲《答黃湄黃鶴樓夜坐見柬韻》，則與張惣有關的兩首詩作於本年抑或稍前。據此，王又旦與張惣應相識於潛江。"那堪六月滯行舟"句，似表明張惣自他處路過武昌歸鄉。

顧景星《春柳放舟圖爲張南村僧持》："牙檣江上千艨艟，中有一老南村翁。附戰艦來楚。腐儒肯八健兒隊，破浪直乘宗愨風。隨處雲巖留墨渖，盡收烟雨到詩筒。花前酩酊拂圖看，却移清夢歸江東。"

夏秋之際，曾多次與友人顧景星登黃鶴樓，詩文唱和，品詩論文。

《黃鶴樓遲顧黃公短歌》："高樓矗矗臨危磯，水鶴渺渺低江飛。天風送我窮遠眺，西來浩蕩吹絺衣。作客竟似嗷笯馬，依人長嘆爲人犠。却因留滯得嘉會，登臨每喜塵氛稀。蘄州夫子吾所敬，如何咫尺長相違。胸藏甲兵一百萬，借來解我愁城圍。樊山月出粲萬瓦，波光人影同清暉。坐覺肝膽似明鏡，澄徹四望無烟霏。長街漏下三撾鼓，手摇團扇徐徐歸。"（《黃湄詩選》卷六《續漢渚集》）

按："樊山"，又名袁山，位於今湖北鄂州西北。酈道元《水經注》卷三十五"江水"條載："今武昌郡治，城南有袁山，即樊山也。《武昌記》曰：'樊口南有大姥廟，孫權常獵於山下。'"詩中有"長街漏下三撾鼓，手摇團扇徐徐歸"，時令應進入夏季。"顧黃公"、"蘄州夫子"云云，皆指其友人顧景星。

顧景星《（黃湄詩選）序》："康熙戊午（1678）夏，遇黃湄於武昌。每夕酒茗登黃鶴樓，萬屋燈滅，九霄露下，予兩人談飲不休。"

顧景星《幼鐵心聲序》："憶戊午秋，予邀郘陽王黃湄夜坐鶴樓，極論黃湄上溯魏漢、《騷》《風》以至《皇娥》《擊壤》，辨體晰義，作數千言。予曰："詩道無他，譬如今夕，江廣月明，群山動

踊,樓臺有無,賈客榜人、漁師丐妾,莫不以爲佳。"黃湄聽未及
終,拊手歎息。幼鐵即是以思其去于自然幾希矣,蓋詩有性情、
聲色,不可得而揜也。"(《白茅堂集》卷三十五"序")

　　按:顧維禎,字幼鐵,號景原,江蘇崑山人,以蘄、鄂爲家十
餘年,著有《心聲集》等。

　　《黃鵠磯夜坐呈顧黃公二首》:(其一)"石鏡亭高俯釣磯,炎
天竟日對清暉。城頭蕩漾江千里,樹杪參差屋四圍。漁火漸明
聞漏下,暝烟初起見船歸。知君幽意親猿鶴,千仞崗邊一振
衣。"(其二)"旌竿滿眼欲何之?暮倚江樓動客思。未歷楚階空
按劍,偶遊謝墅且陪碁。讀書本陋袁、曹輩,論世寧交大小兒。
愛爾晚年長放誕,鐘殘人静也相隨。"(《黃湄詩選》卷六《續漢渚集》)

　　按:"炎天竟日對清暉",時令當爲炎夏。"黃鵠磯",黃鶴樓
原址所在,位於湖北武漢武昌漢江匯入長江處附近,黃鵠山(蛇
山)、黃鵠岸、黃鵠灣皆因其得名。

　　顧景星《答黃湄黃鶴樓夜坐見柬韻》:(其一)"鸚鵡洲前百
尺磯,晴江空鏡落斜暉。形同北斗城三曲,烟繞浮屠樹一圍。
旋放釣筒先待月,倦飛好鳥盍知歸。此生自合漁樵伴,不是山
中戀白衣。"(其二)"丈人堅坐更何之,日暮樓頭有所思。自愛
振衣招白鶴,誰家吹管亂黃鸝。空留歲月憐雙鬢,敢向乾坤數
二兒。天壤王郎原不俗,筆床茶竈肯相隨。"(《白茅堂集》卷十九"戊
午康熙十七年")

　　按:《答黃湄黃鶴樓夜坐見柬韻》詩,爲王又旦《黃鵠磯夜坐
呈顧黃公二首》之答詩,其中"天壤王郎"即指王又旦。

　　《磯上待月寄懷胡君信》:"雨後綠陰繁,涼氣生七澤。遥念
石莊人,林間岸輕幘。缺月未離海,殘霞忽斂夕。獨鶴下烟江,
渺渺楚天碧。"(《黃湄詩選》卷六《續漢渚集》)

　　按："磯上待月","磯上"應指武昌附近的黄鵠磯。"胡君"、
"石莊人",指胡承諾。"雨後緑陰繁,涼氣生七澤",則時令似應
進入秋天。

**漢渚之遊結束。歸程中,與朱載震一起渡江時遇雨,有詩呈
李瀅。**

　　《同朱悔人大雨渡江呈李鏡月二首》:(其一)"渡口烟初暝,
孤舟客未歸。楚天低遠岸,江雨撼危磯。指顧千峰失,空濛一
葉飛。中流歎奇絶,不敢怨霑衣。"(其二)"淮海人何在,幽尋水
一涯。到來雲遍野,坐久樹棲鴉。雨脚妨山翠,船頭破浪花。
烟江如畫裏,處處可爲家。"(《黄湄詩選》卷六《續漢渚集》)

　　按:李瀅(1618—1682),字鏡月(《四庫全書總目》卷一百三十二
《子部·雜家類》"懿行編"條則作"字鏡石",楊武泉《四庫全書總目辨誤·子
部·雜家類》"懿行編"條已辨其非,其説可信),一字鏡遠,號劬庵,揚州
興化人,明嘉靖時著名青詞宰相李春芳之五世孫,順治乙酉施
閏章、董文驥之同科舉人。中舉后,其父香山公李長盛遭遇仇
家陷害抑鬱而終,李瀅伺機捶殺仇家,遂絶意仕進,遊歷四方。
與新安籍寓居江都的詩人閔麟嗣(字賓連)齊名,與吳偉業、王
士禛、杜濬、施閏章、顧景星、宋琬、梁佩蘭、魏禧、金堡、王士禄
等有交遊。博學工詩文。曾輯有《廬山志》十五卷,另著有《經
濟考》、《敦好堂初集、二集、續集》三十卷、《名勝遊志》、《懿行類
編》八卷等。其生平,參見吳世傑《李鏡月先生墓誌銘》(《覽湖草
堂集》卷六)、宋琬《李鏡月廬遊集序》(《安雅堂文集》卷一)、汪廷儒編
纂《廣陵思古編》卷二十一《興化縣·敷淺原辨·興化李瀅劬
庵》、吳德旋《聞見録》(載李桓輯録《國朝耆獻類徵初編》卷四百二十三)、
姚文田等纂《(嘉慶)重修揚州府志》卷五十一《人物·文苑》、
《國朝詩人徵略》卷一、鄭之僑等纂《(咸豐)重修興化縣志》卷八

《文苑傳》引《舊志》等相關記載。

渡江至黃鶴樓下的清風橋,與朱載震話別。

《同朱悔人宿清風橋賦別》:"欲向離亭稅客驂,暫隨明月宿蒲庵。長橋剩有傷心樹,一夜西風過漢南。"(《黃湄詩選》卷六《續漢渚集》)

按:"一夜西風過漢南",即點明時當深秋,也可以看出渡江方向是自北向南。清代清風橋西建有清風書院。

歸途將要抵達鄂州時,有《放舟》詩。

《放舟》:"我昔看山登落雁,手齧氛霾盪河漢。是時積霧羅青冥,蜃蠪茫茫紛走竄。須臾雲斂海月高,千松萬檜風怒號。却疑身在柂樓底,江湖沆瀁翻波濤。今日征蓬下溳口,楊柳西風滿林藪。過眼如隨孤鶩飛,回頭只見青山走。青山漸近鄂州城,浪花細捲魚龍驚。却疑身在蓮峰上,坐聽中宵松檜聲。"(《黃湄詩選》卷六《續漢渚集》)

按:"溳口",溳水入漢江的地方。溳水發源於隨州西南大洪山麓,經隨州、安陸、云夢流經長江埠至神靈口分三支入湖:北行爲牛落河經朱湖;東南行的名新河亦流注朱湖,東北行爲淪河;南行流入府河,經新溝洩入漢江,即溳口。"楊柳西風滿林藪",則似乎時令至深秋,故而"青山漸近鄂州城"所寫應是歸程。

過河南南陽,遊臥龍崗。

《臥龍岡》:"丞相幽棲處,岡巒晚燒明。勢連襄漢水,氣壓許昌城。龍自何年臥?人傳此地耕。他時懷古意,今日謁先生。"(《黃湄詩選》卷六《續漢渚集》)

按:"丞相""先生",指三國時期蜀國名相諸葛亮。"臥龍岡",位於河南南陽,係諸葛亮早年讀書的地方,時人稱之爲臥龍,故名。

正月詔開博學宏儒科。八月，吳三桂死。

清聖祖康熙十八年　己未（1679）　　四十四歲

依然在家丁父憂。期間所作詩編入《續山中集》。

　　汪懋麟《〈黃湄詩選〉序》："詩凡七卷。……戊午、己未則《續漢渚》，《山中》而仍其名也。……乘興再遊漢上，旋歸山中。往來梁、楚，所得益多。"

春日，使者帶回揚州友人吳嘉紀、郝士儀、汪玠書。

　　《廣陵使還得吳野人郝山漁汪長玉書三首》：（其一）"高齋風雨會，壯志總成虛。老去無長策，年來守敝廬。戰場連陝、洛，荒野沒清、徐。亂後天涯客，殷勤有報書。"（其二）"離群常病懶，蹤跡類巖棲。三戶無人問，千林聽鳥啼。滄波通覽社，楊柳暗隋堤。魂夢輕千里，連宵到竹西。"（其三）"江廣思揚子，年荒惜故人。艱危誰計日，喪亂各經春。杜曲看花眼，潯陽乞食身。十年中夜月，兩地照清貧。"（《黃湄詩選》卷七《續山中集》）

　　按：詩中有"楊柳暗隋堤""喪亂各經春""杜曲看花眼"諸語，知詩應作於春日。上一年春天開始，有漢渚之遊，下一年春天有《哭郝山漁三首》，故而繫其於本年。

十二月大雪，有詩紀之。

　　《大雪書事三首己未十二月作》：（其一）"低空漠漠忽雰雰，更點松窗徹曉聞。天入平郊看不見，風回大壑杳難分。六年獵騎圍關樹，臘月征人度棧雲。欲禦奇寒須毳幙，漢家新已賜將軍。"（其二）"雪滿秦關何處投？茫茫不復辨金牛。救時誰道無良策，抗疏空聞有運籌。西去黃金輸節度，東來赤羽遍諸侯。可憐比戶無烟火，千里齎糧入鳳州。"（其三）"驢背輸糧久未歸，

那堪羸弱犯寒威。殘蔬經歲何人飽，斗米連朝入市稀。棧閣千
層猶不到，關山一望鳥空飛。唯餘灞上行吟者，黃竹歌殘淚滿
衣。"（《黃湄詩選》卷七《續山中集》）

　　　　按：詩題下注"己未十二月作"，其二中"臘月征人度棧雲"，
皆可證明詩作時間。

趙執信中進士。

三月，御試內外諸臣薦舉博學鴻儒一百四十三人於保和殿，授彭
孫遹等五十人侍讀、侍講、編修、檢討等官，與修《明史》，以徐元
文、葉方藹、張玉書爲總裁。

清聖祖康熙十九年　　庚申（1680）　　　四十五歲

初春時節，有感於時事，作《寫愁》詩。

　　　　《寫愁》："觸目烽烟百感增，春寒擁被怕晨興。平生有志追
毛遂，晚節無聊喜信陵。畫閣何妨千日醉，紅裙擬伴十年燈。
樽前賸有殘絲管，欲買雙鬟病未能。"（《黃湄詩選》卷七《續山中集》）

　　　　按：詩中有"春寒擁被怕晨興"句，時當早春。本年九月，孺
人張氏卒，詩中有"紅裙擬伴十年燈"句，故繫於此。

約在本年春天，因缺少食物果腹，農人紛紛去野外挖薺菜，感而
賦詩。

　　　　《野菜行》："白草原頭日暗曖，田父鋤田除野菜。今年春到
羈馬城，麥花不生菜花生。野人儲無升斗米，戶戶提筐采春薺。
也知煮菜一飽難，傷心且緩須臾死。城中胥隸何披猖，經過寶
馬爭輝光。白酒黃雞不敢獻，鞭箠嫚罵難遮防。朝朝縣令出廳
事，縣門仍掛恤民字。上官不復采風謠，許君原是循良吏。吁
嗟乎野人偷生守蓬麻，但願滿地麥花兼菜花。"（《黃湄詩選》卷七《續

山中集》)

　　按：詩中描寫農人少食情形，與"城中胥隸何披狷，經過寶馬爭輝光。白酒黃鷄不敢獻，鞭箠嫚罵難遮防。朝朝縣令出廳事，縣門仍掛恤民字"恰成鮮明對比，其體恤百姓之心可謂真切。

春日，讀陸游詩有感而思念孫枝蔚。

　　《讀放翁詩有懷豹人二首》：(其一)"點檢遺編憶放翁，故人落拓與君同。心灰萬事猶耽酒，白盡髭鬚兩頰紅。'白盡髭鬚兩頰紅'，放翁句也。"(其二)"鳳池縱脱黑羊裘，便向江南覓釣舟。滿眼春濤風雨急，人來傳説在真州。"(《黃湄詩選》卷七《續山中集》)

　　按："人來傳説在真州"，言有人自江南來告，知孫枝蔚時在真州(今江蘇揚州儀徵市)。

春天時節，聞友人郝士儀已於上年卒，哭之以詩。

　　《哭郝山漁三首》：(其一)"之子今長往，哀歌憶昔遊。飄零一身賤，喪亂此生休。壁蠹侵書架，金貂散市樓。夢中多少路，夜夜向揚州。"(其二)"宿草生南國，銜哀出寢門。十年空望遠，一別竟銷魂。夢去江濤黑，神來隴月昏。唯應圖畫裏，展卷對清言。西湖戴蒼曾寫《五子論文圖》，今藏篋中。庚申冬，屢夢山漁；次年三月，始聞訃。逆計之，則見夢之夕，山漁撤瑟之日也。"(其三)"垂老長爲客，波濤歷畏途。魚鹽埋姓字，形影落江湖。歲訝龍蛇過，堂延魑魅俱。素車將白馬，何日下三吳。"(《黃湄詩選》卷七《續山中集》)

　　按：王士禛《黃湄詩選序》曰："有郝士儀者，善詩，隱於賈，嘗與幼華爲友。後數年死，幼華哭以詩，其詞甚悲。"

　　郝士儀(1632—1679)，字羽吉，號山漁。終身爲布衣。著《損齋集》。孫枝蔚《溉堂續集》卷四"辛亥"有《舟中有懷郝羽吉四十初度賦寄》詩，康熙辛亥逆推四十年爲崇禎五年壬申

(1632)。又《漑堂後集》卷二"庚申"有《哭郝羽吉》七律二首。
郝士儀以經商爲業，家居揚州，與汪楫爲近鄰。其生平狀況，在
詩人《送汪舟次》（其二）中有以下描述："我生草野中，竊比褌中
虱。饑寒苦累人，五嶽遊不得。君今上江船，我亦還山宅。小
市販魚鹽，窮村菽黍稷。暇時陟高岫，望遠神超忽。"（載曾燦輯選
《過日集》卷三）與王又旦、孫枝蔚、吳嘉紀、汪楫並稱"五友"。同方
文、吳苑、陳維崧等交遊唱和。其甥吳彥懷亦曾从學於吳嘉紀。
孫枝蔚《郝羽吉詩序》評其詩歌創作曰："其形於篇者，至性纏
綿，油然足以感人，而一以唐人風調爲宗。"（《漑堂文集》卷一）《哭
郝山漁三首》（其二）中有"宿草生南國"語，則詩應寫於郝卒後
一年時；"宿草"，指墓地上隔年的草。

　　孫枝蔚《哭郝羽吉》：（其一）"真州酒肆昨追隨，豈料樽前永
別離。河涸還流如老淚，星稀易盡似交期。才人不合常談鬼，
孝子如何誤信醫。野葛生金翻可食，於今始驗後村詩。劉後村有
云：'寧餌生金餐野葛，有身不可試庸醫。'"（其二）"畫像依然立翠微，余
舊爲羽吉題《遠望當歸圖》。未知遼鶴幾時歸。三遷孟母身何倚？
十首任藩願不違。羽吉詩所存最少，嘗云：'願得如唐人任藩足矣！'蝦菜
船中風月在，魚鹽市上友朋稀。揚州烈士惟張琰，獨恨曾無塚
可依。"

　　《閱五子論文圖重哭山漁》："白社何年散？清樽舊日同。
縹緗雙淚眼，生死五齡翁。有友今皆老，無途不歎窮。廢墟風
物改，何計處王戎？"（《黃湄詩選》卷七《續山中集》）

　　按：孫枝蔚《郝羽吉詩序》："其生平所交遊，實惟吳野人、
（吳）後莊、湯巖夫、王幼華、汪長玉、（汪）舟次及余數人而已，而
尤篤念野人貧乏，時出粟與布周之。"（《漑堂文集》卷一）"吳野人"
指吳嘉紀，"後莊"指吳周。"湯巖夫"，指湯燕生（1616—1692），

字玄翼,號巖夫、黃山樵者,江南太平(今安徽黃山)人。明末諸生。入清後,寓蕪湖,其居曰"補過齋",棲山素食優遊隱居,教書自給。精篆隸,古澹入妙;善於繪畫,究心易理。"汪長玉",指汪楫長兄汪玠(1633—?),字長玉,安徽休寧人,寓江都,郡庠生。與孫枝蔚、王又旦、汪懋麟、雷士俊、吳嘉紀等交遊唱和,吳嘉紀有《汪長玉生日》詩。孫枝蔚《壽汪生伯先生閔老夫人有序》"序"中曰:"先生之子長玉、舟次工詩知言者也。"(《溉堂前集》卷二)有《概庵集》行世。生平見《休寧西門汪氏宗譜》卷十二、《兩淮鹽法志》卷三十三中相關記載。"汪舟次",指汪楫。

陽春三月,叔命南遊雎上,謁后土祠,有詩述其事。

《送家叔季鴻遊雎上謁后土祠三首》:(其一)"綠楊連岸曉風斜,東渡汾陰泛客槎。天際兩崖馳竹箭,春流三月湧桃花。黃雲寶鼎淪衰草,絳氣靈壇落暮鴉。舊事於今何可問?市樓沽酒是生涯。"(其二)"東風紫燕入叢祠,河上人家記舊儀。古砌半沉天上水,蒼松全折雨中枝。依稀三燭流光夜,想像千官立仗時。獨喜啼鶯猶未歇,看花一路到汾雎。"(其三)"玉果犀錢伴客醺,此生投老恨空聞。對人敢說青箱字,隔水徒湔白練裙。三月扶筇登殿閣,一天垂柳下河汾。靈祠颯颯如風馬,應有神光入夜分。"(《黃湄詩選》卷七《續山中集》)

按:詩中有"春流三月湧桃花""三月扶筇登殿閣,一天垂柳下河汾",可知時令當陽春三月。

清明時節,桃杏盛開,與諸弟共賞。

《同諸弟村中看桃杏花》:"小塢春來不當春,淒風卷地最傷神。門前池凍開三月,墻角花繁借四鄰。雨暗還驚香撲馬,清明常使杖隨人。狂夫近識幽居樂,十里芳華伴此身。"(《黃湄詩選》卷七《續山中集》)

按：“狂夫”，王又旦自稱。

四月，爲亡姐王玉墓刻碑。

《書先姊墓表後二首有序》“序”：“先姊於順治戊子十月因寇
亂死于井，初葬莊西南，後改葬先夫人兆側，遵遺命也。又旦客
揚州時，乞王築夫文表其墓。新安汪秋潤集顏尚書字，篋藏十
餘年矣。又旦遠遊四方，未暇摹刻也。庚申四月乃募工人鑱諸
石，詩以紀之。”（其一）“孤墳三尺没荒原，石碣新看屋漏痕。近
得松陽道人法，直追魯郡國公魂。申申怨入常楸黑，渺渺靈歸
落月昏。我薦溪毛來展謁，傷心未忍返蓬門。”（其二）“茂柏深
松最愴神，已經戊子到庚申。魂來應跨青田鶴，墓近長依白髮
親。筆札千秋追漢史，金錢一字繼懷仁。表章每自慚遲暮，埋
没幽光數十春。”（《黃湄詩選》卷七《續山中集》）

按：“王築夫”，即王巖，本名天佑，字平格，明清鼎革後改今
名，字築夫，祖籍陝西長安，曾祖時遷居江蘇寶應，遂家焉。事
母以孝聞。早年“試高第，聲譽動州郡”，明亡後“棄諸生業，授
徒養母”，絕意仕進，爲人端嚴，頗得鄉人好評。工於古文，執經
問學者肩踵相接，如李念慈、汪懋麟、汪耀麟等，皆從之學文。
以“肆力于古人，獨窮其奧而身任立言之事”（朱克生《王築夫文集
序》，載汪廷儒編纂《廣陵思古編》卷二十六“寶應縣”中）爲作文宗旨，與錢
謙益、孫枝蔚、汪楫、杜岕、雷士俊、方文、朱克生、魏禧、宗元鼎、
王士祿、李長祥、鄧漢儀等友善。朱彝尊譽其“可謂有才而不亟
於自見也矣”（《王築夫白田集序》，《曝書亭集》卷三十六“序三”）。有遺
文盈尺，名曰《異香集》《白田布衣集》，爲當時所稱。其集《白田
文集》二十卷、《異香集》二卷傳世。其生平見錢謙益《贈王平格
序》（《牧齋有學集》卷二十二）、陳鼎《留溪外傳》卷六“隱逸部下　王
平格傳”、李淦《（白田先生）傳》（《白田文集》卷首）、汪楫《贈王築夫

先生》(《悔齋詩》"五古")、黄容《明遺民録》卷九、《(乾隆)江南通志》卷一百六十六《人物志》、《皇明遺民傳》卷五等。《白田文集》目録卷十五有《王烈女墓表》,然正文未收,或已散佚,僅存目而已。

"汪秋澗",指寓居廣陵的休寧籍文士汪濬,字秋澗,號耳公,周亮工、杜濬、石濤、方文等好友,擅長書、畫。清初石濤爲其《先春圖》所作題跋中云:"筆立鍾、王,書、畫兩奇,世稱完璞。"其生平爲人,吴嘉紀《贈汪秋澗》詩云:"秋澗九尺軀,雙腕最有力。自稱草野臣,提刀能殺賊。家破讐未報,亡命走江北。黄金買紅袖,將身委聲色。荒淫不得死,無聊弄筆墨。褚顏與董黄,生氣盈絹幅。時賢慕絶技,他鄉遂謀食。懷中一寸心,到老無人識。"(《吴嘉紀詩箋校》卷一)

暮春四月,頗感生活閒適,作《初夏作二首》詩。

《初夏作二首》:(其一)"苦愛山村四月時,清和天氣與人宜。行看秧馬遥臨水,卧聽繰車近隔籬。風柳移陰摇白板,晴槐積緑隱黄鸝。閨中小婦蒸藜罷,坐領微涼入縐絺。"(其二)"手摇團扇踏青鞋,小市蓬門好放懷。曉日槐陰初夾道,東風酒旆正闌街。買奴何似千頭橘,食菜今餘幾種鮭。室婦藏醅須五斗,老夫不作太常齋。"(《黄湄詩選》卷七《續山中集》)

按:詩中"閨中小婦蒸藜罷,坐領微涼入縐絺""室婦藏醅須五斗,老夫不作太常齋",當是對張孺人的寫實,可見寫詩時其尚在世。"太常齋",指清冷孤寂的生活。太常爲官名,秦時置奉常,漢景帝六年更名爲太常,掌管宗廟禮儀,兼管選試博士。其職責對任職者自身品格要求較高,故而"太常齋"用來指代清貧落寞的日常狀態。"買奴何似千頭橘",典出《三國志》卷四十八《吴書三·孫休傳》南朝宋裴松之注引《襄陽記》:"(李)衡每欲治家,妻輒不聽,後密遣客十人於武陵龍陽氾洲上作宅種甘橘千株。臨死,敕兒曰:'汝母惡我治家,故窮如是。然吾州里有千頭木奴,不責汝衣食,歲上一匹絹,亦可足用耳。'衡亡後二十餘日,兒以白母,母曰:此當是種甘橘也,汝家失十户客來七八年,必汝父遣爲宅。汝父恒稱太史公言'江陵千樹橘,當封君家'。"後世即以"木奴"或"橘奴"作爲橘的代稱,或者維持生計的少許資財。

端午日,有詩懷老友徐惺、朱載震。

《五日懷徐子星方伯朱悔人秀才二首》:(其一)"江漢傳烽日,同纏繫命絲。至今煩廟算,何處吊湘纍。芳草青山郭,高花白鷺池。舊遊如在眼,悵别有餘悲。"(其二)"令節山村過,窮愁頗自諳。全家辦菰黍,一室對松楠。楚樹明榴火,江雲散蔚藍。當年高會地,客盟墮湘潭。"(《黄湄詩選》卷七《續山中集》)

按:詩題中"五日",指中國傳統的端午節,亦稱午日。"墮湘潭",亦着眼於端午傳説和屈原的關係。清代湘潭州屬長沙府,其附近長沙尚存三閭大夫祠、屈子祠;湘潭縣存三閭祠等與屈原有關的遺跡。"徐子星方伯",指徐惺(1630—?),字即山,號子星,江南江寧(今江蘇南京)人,順治六年(1649)進士,典中書,升任禮科給事中,後轉兵科;曾爲世祖侍從。康熙十年任湖廣布政使、司參議分守藩蘄黄,十六年重修武昌湖北撫院衙門楚雄樓,並曾在黄鵠山麓築東山小隱。與顧景星、魏象樞、龔鼎孳、宋犖、于成龍、張三異等交遊,顧景星晚年與其交往尤爲密切。有《横江詞》五卷。

夏夜,與諸弟飲於蓧園。

《夏夜同諸弟飲家叔蓧園》:"高齋晏坐惜流光,夜久霏微月轉廊。群從那能追驃騎,一門今賸有中郎。年荒實怕秋風入,世亂還愁夏夜長。何似園林長縱酒,遠階鼓吹按《伊》《涼》。"
(《黃湄詩選》卷七《續山中集》)

《同諸弟再飲蔭園》:"耕罷東菑共酒杯,夜涼如水漾池臺。
何妨南阮無家業,一任蒙莊是散材。星漢離離初上樹,月明皎
皎欲侵苔。階前賸有橫窗竹,管領幽人日再來。"(《黃湄詩選》卷七
《續山中集》)

　　按:"南阮",指阮籍、阮咸叔姪,因其居道南而稱。《世說新
語》下卷上《任誕》載:"阮仲容、步兵居道南,諸阮居道北。北阮
皆富,南阮貧。""蒙莊",指莊周,楚國蒙人,故稱。

七夕,有詩抒懷。

《七月七日書懷》:"新秋一葉下孤村,野果筠籃遠市門。欲
問雙星過漢渚,不知幾日到河源。亂離那用蛛絲網,窮老寧無
犢鼻褌。可笑柳州狂刺史,空將心事白天孫。"(《黃湄詩選》卷七《續
山中集》)

《讀星緯書有感》:"星緯遺書向夜看,手然松火到更闌。長
貧何用占牛骨,投老深悲作鼠肝。旗鼓常搖天漢震,旗鼓二星在
天河上。斗箕偏管世途難。欲推休咎吾何敢,願博支機石一觀。"
(《黃湄詩選》卷七《續山中集》)

　　按:詩中有"願博支機石一觀",則詩之作亦因七夕而起。

《寄沔水老人王煜昇》:"沔水老人沔水濱,由來日者術通
神。竹林不共山王侶,東市常教賈、宋嗔。尚憶銅鞮歌漢渚,豈
期鐵馬暗江津。窮愁莫訝偏多驗,此日無多得意人。"(《黃湄詩
選》卷七《續山中集》)

　　按:詩中有"由來日者術通神""窮愁莫訝偏多驗,此日無多
得意人"語,或與《讀星緯書有感》創作有關,姑附於此。"王煜
昇",生平不詳。"沔水",即今東荊河,古亦稱蘆洑河、沖河、潛

江,民間又稱南襄河,爲漢江下游的分支河道,位於湖北省潛江市、仙桃市與監利縣、洪湖市四縣市交界處;在潛江市由漢江分支流出,穿過潛江市向東注入長江。"沔水老人"言其居所在潛江境內的沔水附近。"日者術",占卜之術;"日者",古代占候卜筮之人。

約初秋時分,夜坐不寐,有詩懷故人顧景星。

　　《夜坐長歌懷顧黃公》:"梅雨已過風披帷,楊柳百尺涵晚漪。荆扉下鍵林鳥卧,獨立夜半還支頤。憶昔騎馬遊鄂渚,銀鞍金絡纏青絲。黃州遺老不我棄,十旬竝坐行相隨。旅食遷次近黃鶴,半天雲氣扶華榱。日輪當午凝不散,登樓偏喜風颸颸。指點江山縱雄辨,大言畏爾揮神椎。巴陵此日尚戎馬,洞庭六月勞王師。扶顛賴有兩節制,坐撅波底巫支祁。郊外芳華綴紅糁,市樓仍貯千蛾眉。不惜金錢買歌笑,桃花廟畔乘斑騅。是夕月明天宇闊,江門萬頃堆琉璃。先生特遣長鬚喚,夜攜百榼何淋漓。六街燈火半明滅,遙與樹色爭離奇。醉來意氣壓山簡,顛狂傲殺并州兒。揮手不覺年髣改,幽居無計留奔曦。只今南郡息烽火,戰場新草生江蘺。樊口春風三十度,惜哉不復賒醇醨。蒼龍角轉明河上,星蟾照户光參差。徘徊未寢天雞叫,姬人應訝來何遲。"(《黄湄詩選》卷七《續山中集》)

　　　　按:顧景星下一年春天有和詩《撿書得王黄湄去夏關中所寄詩次韻》(《白茅堂集》卷二十一"庚申康熙二十年");詩中"梅雨已過風披帷"句,言梅雨季節已過,秋風漸起,詩之作時亦據此兩點推定。

八月三日,赴北澗看杏花,作詩紀之。

　　《閏八月初三北澗看杏花二首》:(其一)"北澗芳華晚,遙天露氣深。青春仍滿目,黃葉忽驚心。暫近霜前日,難忘夕後參。

《古詩》：‘二月中，參星夕。杏花盛，桑葉白。’涼颼何太急，颯颯動衣
襟。”（其二）“誰遣東皇至，淒涼曉露中。蒼天寧有意，白帝竟貪
功。冷豔羞鳴鳩，繁香詫斷鴻。感時常萬慮，搔首對西風。”（《黃
湄詩選》卷七《續山中集》）

　　按：本年八月爲閏月。

秋日，至潼關城南遊歷，有感於秦地戰亂，賦詩抒發感慨。

　　《漫興四首》：（其一）“潼谷城南白日遒，盲風怪雨出商州。
蛟龍怒捲三川浪，鳥鼠平連百丈湫。都尉門前停野舫，將軍幕
外散鳴騶。傷心萬戶窮愁骨，底柱橫填咽不流。”（其二）“夢入
蠶崖客感增，烏皮几在恨難憑？鄧、鍾漫道多功伐，廉、藺分明
有怨憎。關塞徵輸愁蔀屋，安危事業付中丞。黃羊仙酪玻瓈
椀，醉放霜毛海國鷹。”（其三）“重門新課阻秦山，楚練吳綾避市
闤。月出征人猶在野，雞鳴使者已臨關。弦高牛去空遺恨，陳
兆符來竟不還。憶昔桃林通估客，秋風車馬夜班班。”（其四）
“武功漢制舊鴻都，白面兒郎竟剖符。行縣齊看金鵔鸃，升堂還
挽繡蝥弧。荒村人散荆榛合，諸部烽高草木枯。可歎金錢歸賤
隸，笙歌夜夜醉氍毹。”（《黃湄詩選》卷七《續山中集》）

　　按：據“荒村人散荆榛合，諸部烽高草木枯”句，可知詩作於
秋日。“鄧、鍾”指三國時期魏國大臣鄧艾、鍾會。“廉、藺”，指
戰國後期趙國將相廉頗、藺相如。“弦高牛去”云云，典出《左
傳》“秦晉殽之戰”篇。“鴻都”，指鴻都門學，創立於東漢靈帝光
和元年（178），因地近京城洛陽鴻都門而得名。

九月七日，張孺人子翛出生。

　　毛奇齡《王給事孺人張氏墓誌銘》：“既而產一子，越七日孺
人死。死之日，孺人所手藝秋花，參差雜列于盆盎間者，繞帷幔
几榻扈扈然，一夕死。時康熙十九年九月一十三日。”（《西河合

集》卷九十七）

　　按：張孺人卒於九月十三日，逆推七天正是此日，即儁出生之日。

九月十三日，孺人張氏卒，年二十八。此後有《後悼亡詩》以表哀思之情。

　　毛奇齡《王給事孺人張氏墓誌銘》：“孺人張氏，西安人，其父興由大同來遷生孺人，即以官柳州城守都司，攜孺人柳州有年。逮歸，道荆南，會郃陽今給事王君，知潛江有聲而亡其雌。荆南道使君知孺人賢，謂兩家同鄉，請合好爲婚姻，孺人遂歸君。時官居無廟見禮，然猶奠菜扱地，問尊章起居，乃以不逮事老姑，臨扱垂涕洟，人稱賢焉。既而君應取赴京，天子嘉之，命給事門下，隨以丁外艱西歸；且承重先王母，與孺人共執三年喪有年。先是孺人夢姑來寋帷坐，陽陽召孺人飲食而慰勞之言語。于于醒而舉似君，君大驚曰：‘此真吾母容也。’至是孺人甫有身，復夢姑來，喜且感不語。時孺人已病，咨嗟曰：‘姑之喜，以此身也。其感者，豈以吾病，有難言者耶？’既而產一子，越七日孺人死。死之日，孺人所手藝秋花，參差雜列于盆盎間者，繞帷幔几榻扈扈然，一夕死。時康熙十九年九月一十三日。嗚呼！孺人生二十二年而歸君，一年還郃陽，越二年而相繼服三年喪，四年而生子以死。死二年，君始再赴京補給事門下，乃始葬孺人。”（《西河合集》卷九十七）

　　按：依王又旦康熙二十年始任給事中推算，張孺人應卒於本年，文中“時康熙十九年九月十三日”語，亦可驗證。

秋，顧景星應其請爲其近作作序。

　　顧景星《〈黃湄詩選〉序》：“康熙戊午夏，遇黃湄于武昌。……黃湄既歸關中，益修其業。居二歲，庚申，信使惠所作

問序。值僕卧病，遣報名刺而已。秋病良已，與潛江朱悔人語
及六經莫先之説。悔人仰而思，涣然而悟曰：‘子之言善
矣哉！’”

　　按：依《序》中“黃湄既歸關中，益修其業”云云，則“信使惠
所作問序”中“序”之對象，爲王又旦自漢渚歸鄉後所作詩篇。

**本年秋，有來自南鄭的爲軍隊提供運輸的挑夫一類體力勞動者備
言南鄭官府酷苛之狀，作詩紀之。**

　　《自南鄭輓運來者備言縣吏逼勒狀感憤賦此》：“千里軍儲
出塞門，西風閣道最銷魂。辭巢鳥雀心先苦，得食豺狼喜自喧。
袖鐵誰能繼朱亥，買絲吾欲繡平原。白頭涕淚蓬蒿裏，天遠何
由達九閽。”(《黃湄詩選》卷七《續山中集》)

門人朱載震入太學，因王又旦之介紹，成爲王士禛弟子。

　　王士禛《東浦詩集序》云：“蓋予始知朱君，以黃湄云。比予
官國子祭酒，朱君適貢於太學，日與其遊處，盡發其詩筆數百
軸，益知黃湄非妄歎者。”(《帶經堂集》卷四十一“漁洋文三”)

　　甘雲鵬《潛江舊聞録》卷四“朱石泉篤師友之誼”：“朱石泉載
震生有至性，師友之誼最篤。初以郃陽王黃湄給事爲師，事黃湄
甚謹。嗣師漁洋，其事漁洋與黃湄無以異也。”

**王又旦居喪期間，勤於筆耕，屢寄新詩給王士禛，士禛題詩於其詩
卷後。**

　　王士禛《給事幼華弟屢寄新詩題卷後》：“令弟讀書處，龍門天
下奇。人煙馮翊部，喬木子長祠。雲物高連嶽，波瀾卷入詩。遥
知相見日，吟苦鬢成絲。”(《帶經堂集》卷三十六《漁洋續詩十四》“辛酉稿”)

　　按：其時王士禛官拜國子祭酒不久。詩中有云“令弟讀書
處，龍門天下奇”“遥知相見日，吟苦鬢成絲”諸語，可見王又旦
時尚未入京。

約本年前後，王岱有詩寄贈王又旦，對其進行了高度評價。

　　王岱《寄贈家幼華黃門》：（其一）"天府金城地，人文氣概中。勝留河嶽跡，俗有漢秦風。魏相曾高第，王嘉屢上封。古今應不遠，卓絶幼華公。"（其二）"干將南郡試，鎖鑰北門懸。叱馭家聲舊，埋輪里巷傳。書藏聞白鶴，譜序及青氊。不厭蕭疏意，高歌答曉天。"（《了庵詩文集・詩集》卷十）

　　按：詩中"勝留河嶽跡，俗有漢秦風""叱馭家聲舊，埋輪里巷傳"似表明王又旦此時尚在鄉里，故繫年於此。

約本年或稍後，王嗣槐、金德嘉作詩評論《黃湄集》贈王又旦。

　　王嗣槐《讀幼華給諫黃湄集歌以贈之》："秦詩删後傳十篇，其氣壯屬風土牽。武人事出文人口，雄勁還如挽强手。賈、馬、諸班弟與兄，文詞典麗抗西京。開元蘇頲詩律好，香山、長吉肯猶人。宋元以後乖舒雅，其調彌高和彌寡。郝寶終身唱行天，那識真傳麗音者。郃陽今日見偉人，古曲能追朝日新。質如尺玉蘊白石，文若花抽翠柏春。吁嗟獻吉則古先，披襟射矢集兩肩。大才豈無負俗累，後有作者傷其賢。太華岧亭俯莽野，黃河百折崑崙下。幾人歷塊馭龍文，君今緩步追班、馬。"（《桂山堂詩文選・詩選》卷十一"七古"）

　　金德嘉《黃湄詩卷歌》："黃門疇昔官潛江，襄水漢水流衝撞。樞戶隤竹蛟螭伏，是時治行真無雙。璽書徵入位瑣闥，寨帷露冕辭南邦。人言廳事徒四壁，賸有杞菊圍罌缸。擄載水行何長物，《涉江》《漢渚》詩盈艎。入朝縹囊盛霜簡，風行鼓盪鳴天杠。公餘壇坫冠裳會，搖筆一掃千夫龐。生長龍門古祠里，手攀二華爲低降。長嘯短歌總兀兀，經營慘澹依松窗。詞場寢食今老宿，單辭隻字休群咙。即今黃湄詩幾卷，天涯往往看旌幢。夜來手把空亭坐，星河爛熳搖鐙釭。"（《居業齋詩鈔》卷六《續京邸集》）

　　按：王、金二人詩作年不詳，繫年據七卷本《黄湄詩集》於本
年編訂而推定。

清聖祖康熙二十年　辛酉（1681）　　四十六歲

初春日，顧景星偶然發現王又旦上年夏天所寄詩篇《夜坐長歌奉
懷》，遂次韻作詩，高度評價王又旦的詩歌創作。

　　　顧景星《撿書得王黄湄去夏關中所寄詩次韻》：“梅蘭水仙
香滿帷，帷前綠水吹春漪。開箱喜得邰陽句，酒潮紅暈生兩頤。
當年金馬竟下直，沱江花甸來牽絲。聲華自許夕郎貴，迢遞不
獲相追隨。盛世需材要梁木，扶持如得棟與榱。白衣不肯服黲
紫，黄湄在憂。布帆南下張輕颿。相逢稱意倍俶儻，自媿少文真
樸椎。千觴不惜爲君瀉，一字便可稱吾師。華鬘小妓我所暱，姬
唐兒。粧梳被服何祁祁。背人濃笑作唐字，有時無語低雙眉。
馱將駿馬號白鼻，膾就躍鯉名黄雛。良宵三五天色净，玉鏡掛
向青琉璃。荷筒勸酒葉作坫，蔗漿藕汁還淋漓。竟忘鐘筵別纖
鉅，未覺石鼎誇新奇。鶴樓千尺雷雨至，似向嵩頂啼嬰兒。吁
嗟此樂難數得，飄蕭素髮奔朱曦。閤中一賜大官饌，江頭還采
幽人蘺。感君義氣飲醇醨，誰言漁父貪糟醨。長歌寄我索我
和，病起作答仍參差。今春鴻雁正北鄉，臨風莫怪戚書遲。”（《白
茅堂集》卷二十一“辛酉　康熙二十年”）

　　　按：詩中有“帷前綠水吹春漪”“今春鴻雁正北鄉”語，正初
春時節。“金門”，金馬門省稱，爲待詔或對策之所。

寒食時分，爲張孺人上墳，賦《後悼亡詩五首》。

　　　《後悼亡詩五首》：（其一）“蕙帳無人黯自憐，悲來華髮早盈
顛。十年再灑安仁淚，百畝新荒冀缺田。虛室燈明螢火地，孤

壙月黑塞鴻天。平生不識泉臺路，欲問音容竟惘然。"（其二）
"南郡當年始締盟，珠娘原住柳州城。王孫路上尋芳草，遊女江
邊采杜蘅。萬里人歸空葬骨，兩河春老最傷情。夜闌更譜《朝
飛雉》，獨倚絲桐坐到明。"（其三）"鼜鼓荊南勢未分，憂時紅淚
灑江濆。覬親特爲蘋蘩計，避地曾穿虎豹群。萬事俱灰唯有
我，百年將半苦思君。梨花風雨催寒食，裹飯初來上汝壙。"（其
四）"手種名花自護持，種花人去不勝悲。只今春到清明節，忍
見花開爛熳枝。母在三川唯賴汝，兒生七日更依誰。傷心最是
花間月，夜夜流光照薄帷。"（其五）"星光三五爛明河，夜静房櫳
語笑多。取女吾應媿司馬，題詩汝不恨連波。春來小閣流塵
滿，亂後人家鐵騎過。博得九原無戰鬪，萬松深處避干戈。"（《黃
湄詩選》卷七《續山中集》）

　　按：詩中有"只今春到清明節，忍見花開爛熳枝""梨花風雨
催寒食，裹飯初來上汝壙"諸語，言明詩之創作背景。"南郡當
年始締盟，珠娘原住柳州城。王孫路上尋芳草，遊女江邊采杜
蘅"述及與張孺人結縭情形。"十年再灑安仁淚"是指遭受范夫
人之喪距今十年，此處概大略言之，范夫人卒於康熙七年，距作
詩時已十三年。"灑安仁淚"，指遭遇喪妻之痛，西晉詩人潘岳
有《悼亡詩三首》痛悼亡妻，聞名於世；潘岳，字安仁。"媿司
馬"，似用北宋司馬槱（字才仲，司馬光侄兒）與蘇小小人鬼相愛
事典，最早見於宋人何薳《春渚紀聞》卷七"司馬才仲遇蘇小"
條。"恨連波"，指東晉十六國時期秦州刺史竇滔（字連波）與其
妻蘇蕙情事；竇滔移情別戀趙陽臺後，蘇蕙思念不已，作五彩織
錦《璇璣圖》回文詩訴説内心苦悶，千古流傳。

春日，内心鬱結難解，作詩排解。

　　《長歌續短歌效劉文成》："長歌嫋嫋如飄絮，短歌切切寒螿

語。歌聲宛轉百感生，男兒居世苦多情。春花漠漠春草稠，我欲酣飲登高樓。長歌纔罷短歌續，對此嗚咽誰能收。眼枯氣結將何補？臥看缺月墮烟浦。千回百轉不成眠，却向燈前獨起舞。樓頭撫劍光射天，攬衣欲去行不前。此生作事大可憐，出戶入戶俱茫然。"（《黄湄詩選》卷七《續山中集》）

　　按："短歌切切寒螿語""春花漠漠春草稠"，時當春日。"千回百轉不成眠，却向燈前獨起舞"言己形影相弔，應爲張孺人卒後作品。"劉文成"，指劉基（1311—1375），字伯温，封誠意伯，卒謚文成，青田縣南田鄉（今浙江温州文成縣）人。元末明初軍事謀略家、政治家、詩人。通經史，曉天文，精兵法，因輔佐明太祖朱元璋一統天下、建立明王朝而馳名天下。劉基《長歌續短歌》載《誠意伯文集》卷十《古樂府》中。

約本年夏收時節，郃陽一帶糜麥剛剛收割上場，遭遇十日陰雨連綿和冰雹災害，官府却催租不斷，作《糜麥嘆》《夏日偶作六首》詩。

　　《糜麥嘆》："夏陽城邊麥欲落，婦姑腰鐮壼頭穫。連村靡靡纔登場，仿佛如聞餅餌香。催租昨夜府帖下，倉皇先問西市價。輸官營私那得停，十日陰雨何冥冥。滿場糜爛真可惜，淒涼半掩苔花青。君不見南鄭倉中粟粒黑，雨淋日炙馬不食。赤羽使者又下鄉，野水光照黄金勒。"（《黄湄詩選》卷七《續山中集》）

　　按："赤羽使者"，指衙役。

　　《夏日偶作六首》：（其一）"刈麥惜餘曛，催租處處聞。三時勞八口，萬里饗千軍。天靳披蓑雨，人看出岫雲。忽傳冰與雹，昨夜下河汾。"（其二）"群從醉陂陀，涼風此夕多。雨餘低岸柳，夜静漲明河。秦棧驅流馬，周原嘯紫駝。微軀免行役，得酒即高歌。"（其三）"學稼南陂外，尋僧北碉邊。寺藏唐殿閣，村對晉山川。髀肉消劉備,殘經老鄭玄。却將垂白淚,沾灑唾壺前。"
(其四)"雨霽牛羊野,雞鳴薜荔村。攬衣初視夜,太白上東門。
露濯槐花濕,風披豆葉翻。名叨編户版,躬稼答君恩。"(其五)
"千山雲欲散,九曲漲初還。笭箵村村急,魚鱗個個斑。濤通星
宿海,日下紫微山。釣侣歸應晚,荆扉緩夜關。"(其六)"晝長宜
晏起,批頰唤墙東。一徑山雲黑,三竿海日紅。樹迎芒種雨,户
納楝花風。冀缺躬耕處,千秋有夢通。"(《黄湄詩選》卷七《續山
中集》)

約本年夏秋之際,自鄉歸京,就任吏科給事中。

　　汪懋麟《(黄湄詩選)序》曰:"予别君十六年矣,辛酉秋始相
聚於京師。"

　　按:約康熙五年末,結束江南之遊,距本年正好十六年,與
"予别君十六年"相吻合。

　　朱彝尊《儒林郎户科給事中郃陽王君墓誌銘》:"服除,補吏
科給事中。"

　　姜宸英《户科掌印給事中黄湄王公墓表》:"又數年間,其入
爲給事中,論事大廷,不激不阿,惟事之宜,如古所稱名諫臣。"

　　《(雍正)陝西通志》卷五十七下《人物三·廉能下》"本朝":
"(王又旦)擢給事中,歷吏、户二垣。"

　　《(乾隆)郃陽縣全志》卷三《人物》"國朝":"(康熙)二十年,
(王又旦)授吏科給事中。"

　　錢林《文獻徵存録》卷十:"服除,(王又旦)補吏科給事中。"

**王又旦就任吏科給事中不久,王士禛應其請爲《黄湄詩選》作序,
其中詳敍二人交往始末、王又旦詩歌創作的特點及其風格演變,
並給予高度評價。**

　　王士禛《黄湄詩選序》:"順治己亥歲,予以選人在京師,始

與幼華相見。其年冬,予之官揚州,諸詞人賦詩祖道,聯爲巨軸,推幼華詩最工,然予實未與深言詩也。康熙丙午,予在禮部,幼華自江南寄《黃湄漁人詩》一卷,一變而清真古澹,踰於其舊。戊申己酉間,幼華知潛江縣,則再變而爲奇恣雄放,類昌黎所謂'妥帖排奡'者。又十年丙辰,幼華自潛江以治行第一,徵拜給事中,益朝夕就予論詩。及歸龍門,讀書太史公祠下,其詩益變而淪泫澄深,渺乎莫窺其涯涘。蓋予束髮已來,所見海內賢士大夫多矣,而聚散遠近、離合久暫,未嘗不及于詩者,惟幼華一人;故幼華之詩,二十年間凡數變,而予皆能道其所以然。幼華才高而氣雄,心虛而善下,于其鄉交孫豹人,于楚交顧黃公,于江淮交吳賓賢、汪舟次季角。有郝士儀者,善詩,隱於賈,嘗與幼華爲友,後數年死,幼華哭以詩,其詞甚悲。又有吳周者,貧士也,嘗賦《杜鵑行》,幼華見之,與定交杵臼間;在潛江聞周死,序刻其遺詩傳之。其力行古道皆此類。予習見近人言詩,輒好立門户,某者爲唐,某者爲宋,李、杜、蘇、黃,强分疆域,如蠻、觸氏之鬭於蝸角,而不自知其陋也。唐詩三百年,一盛于開元,再盛于元和。退之《琴操》,上追三代。李觀之言曰:'孟郊五言,其有高處,在古無上;其平處下顧二謝。'李翱亦云:'蘇屬國、李都尉、建安諸子、南朝二謝,郊皆能兼其體而有之。'今人號爲學唐詩者,語以退之之《琴操》、東野之五言,能舉其目者蓋寡矣!歐、梅、蘇、黃諸家,其才力學識皆足凌跨百代,使俯首而爲撏撦吞剥禿屑俗下之調,彼遽不能耶? 其亦有所不爲耶? 河水發源崑崙,七萬里而入海;江水發源天彭闕,亦萬里而入海。至其生于天,一放乎歸墟,則一而已矣。世人顧欲以坳堂之見,測江、河之大,其不長見笑於大方之家者幾希。幼華論詩,獨能破流俗之說,泛濫於唐、宋諸名家,上溯《騷》《選》,以成一家之

言。故其詩每變益上，其足以行遠而傳後無疑。然幼華方以才望爲天子諫官，其所重者固有在，吾未敢以詩人盡之也。濟南王士禛序

　　按：王士禛《序》中有"又十年丙辰，幼華自潛江以治行第一，徵拜給事中，益朝夕就予論詩。及歸龍門，讀書太史公祠下，其詩益變而斂法澄深，渺乎莫窺其涯涘。……然幼華方以才望爲天子諫官，其所重者固有在"諸語，可以推定其作時在王又旦歸京任吏科給事中不久。

十月初四日，上疏言河防之事，復疏湖北堤工協濟之害，令荆、郢分界治堤，絶委卸而專考成，帝從之。

　　《敬陳湖北堤工協濟之害伏乞》："敕部速行禁止以甦殘黎事。臣竊惟湖北荆、安諸郡，負漢水以居，百姓以堤爲命；一經潰決，各官處分照黄河之例革職，督催立法，亦綦嚴矣。然黄河堤工歲支，國帑有一番費用，則有一番報銷；而湖北諸郡縣，堤工則皆問之百姓，水利諸臣派夫議價，遂得任意以爲輕重，百姓既竭其力，復竭其財。本境既勞胼胝，他邑又復告協。嚴檄之下，分身無術，其屬民爲最甚者也。臣查安陸府自鐵牛關以下，皆係鍾祥泛地，又扳潛江、景陵矣。潛江自長老垸以下，皆其泛地，又扳江陵、監利、沔陽矣。關廟係荆門州泛地，又扳潛、沔、江、監諸州縣矣。臣以爲扳協之不便，其害有五：天氣寒凝，畚築斯興，百姓裹糧數百里之外，多有凍餒而死者，一害也；夫役上堤到工完工，不得不假于胥吏之手，包折需索，勢所不免，二害也；舍己芸人，致使本院之堤一概廢弛，三害也；協夫不便，因議協銀，水利各官未必清白自矢，苞苴既入私槖，上司無從稽查，四害也；文牒紛紜，彼此争辯，動需時日，致誤修築之期，五害也；而水利諸臣不肯毅然去之者，爲其利在于己耳。臣七年

楚吏，備悉此情，誠有見荆、安百姓之苦，大半由此。臣查各州縣堤工多寡，有七八十里者，有一二百里者，惟荆門州屬地，堤工纔十餘里耳；該州向有水利州同一員。關廟一堤，年年加帮，是其尚責。臣在楚時見其一簣不施，必俟其潰決而始告協於鄰邑，曠官費事。朝廷亦何樂有此坐視成敗（之）人，使之虛縻俸祿乎？臣請皇上敕部永禁協濟之例，使州縣各築汎地，不得彼此扳扯。一有潰決，照例處分，庶免推諉。其於兩郡之國賦民命，不無小補也。康熙二十年九月二十六日題十月初四日奉。"（《（康熙）潛江縣志》卷十《河防志》）

　　按：按文末所題，王又旦奏疏完成於康熙二十年九月二十六日，十月初四上達。上疏時間，《（康熙）潛江縣志》卷十《河防志》載："康熙二十一年，吏科給事中王又旦疏請禁協濟堤功之害，民永賴之。"與王又旦疏原文所標有出入，原文時間標識完整，應以奏疏所題爲準。

　　姜宸英《户科掌印給事中黄湄王公墓表》："既爲言官，復疏湖北堤工協濟之害，令荆、郢分界治堤，絕委卸而專考成，得旨報：'可已。'"（《湛園未定稿》卷六）

　　《（乾隆）郃陽縣全志》卷三《人物》"國朝"："初，漢水多決屯營灣，屯營爲荆州保障。決則直沖郡治，而害及於鍾祥、荆門、景陵、京山、潛江諸邑。故堤必諸邑合修。事權不一，官吏因以高下，弊叢生，旋築旋潰，成勞盡棄。公（王又旦）乃首陳其弊，請令各堅所轄，罷協濟以杜諉卸，而專考成，從之。由是湖北免漢水之患。"

　　王又旦："楚之荆、安兩郡，介江漢之間。江流帶荆，漢派繞安；而江之東南，過安屬之沔陽；漢之西支，入荆之江陵、監利，是皆有分土矣。自堤工協濟之議行，勢豪藉以扳扯：則主客易位,而多寡勞逸之分殊矣;且有風馬牛之不相及,而驅之往役賦工者矣。奸蠹因而牟利,則徵派無藝,而侵蝕包攬之弊滋矣。此捨己而營人,彼安坐而計功。文移往來,日月虛糜。有辯爭之口,即有調停之術,觸事增長,爲變百方,病民虐鄰,莫此爲甚。"(節引自黃里《禁止協濟堤工碑記》,載《(康熙)潛江縣志》卷十《河防志》)

　　按:黃里《禁止協濟堤工碑記》中所引,恐非王又旦原文,係抄撮改編而成。

本年冬,袁啓旭離京歸江南,宋犖招飲洪昇、朱載震等人爲袁送行,袁即席賦詩兼呈王又旦等。

　　袁啓旭《復歸江南宋牧仲郎中招同潛江朱悔人錢塘洪昉思集飲賦別兼呈王阮亭祭酒王黃湄給諫謝方山員外》:"高粱尊酒思依依,岐路空將涕淚揮。萬里關河吾又去,三冬霜雪雁俱飛。敝裘欲聽雞鳴出,短劍仍從馬上歸。爲語故人休慰藉,生涯久已伴漁磯。"(《中江紀年詩集》卷二"辛酉")

　　按:詩中有"三冬霜雪雁俱飛"句,可知作於冬日。"宋牧仲郎中",指宋犖;"潛江朱悔人",指朱載震;"錢塘洪昉思",指洪昇;"王阮亭祭酒",指王士禛;"謝方山員外",指謝重輝。

　　袁啓旭,字士旦,號中江,又號江湖一客,江南宣城人,著有《中江紀年稿》。與施閏章、宋犖、屈大均、陳恭尹、梅庚、錢柏齡、宋至、宋基、宋著等交遊唱和。生平見《國朝先正事略》卷三十七《文苑》"梅瞿山先生事略"附"袁啓旭"等。

約在本年,王嗣槐作《放歌行》,盛讚王士禛、王又旦的詩歌創作。

　　王嗣槐《放歌行呈阮亭大司成兼示幼華給諫六十六韻》:"古來才人千輩出,上下説詩道則一。李唐承統風雅興,洗蕩淫靡論格律。音諧憂擊神骨高,渾脱瀏灕氣超軼。開元、大曆廣揚內，千人一探驪龍窟。當時驚誦若天文，至今光彩流初日。貞元以來變體聞，別有機抒（按：‘抒’，應作‘杼’）成織文。元、白抒寫在流暢，郊、島瘦削絕埃氛。長吉妖艷工鈒鏤，昌黎詰屈窮丘墳。其餘諸家各矯矯，一往孤詣吐奇芬。生前單行各自許，沒後評隲尺寸分。斯道大成集杜甫，千載到今罕與伍。原其積氣負高厚，苞羅百氏恣吞吐。疾彼末學窺一班，嗤點流傳肆輕侮。託爲六絕警後生，推獎前人善師古。山河百寶入鑪錘，怪幻精靈雕刻苦。五季遞降日凌遲，前賢風格不堪追。宋之傑出人尊杜，亦趨亦步稱吾師。江西宗派首魯直，蘇、黃諸子咸攝齊。自云規摹意象外，超凡入聖道在茲。相彼形神離合間，辟諸臭味何差池。語其奮迅得卑蕭，絜以研練多駢枝。豈真無可無不可，筋弛脉緩神更癡。他若天聖、雍熙時，歐、梅、蘇氏富篇什。中多雅質亦殊倫，各自成章自編輯。豈若蘇、黃宗是人，引弓貫矢誰中的。自茲南渡絕無詩，標以江湖昏霧塞。止緣《江西宗派圖》，煎灰沃腸難洗滌。比及元世及明初，蕪穢猶沿孰掃除。弘、正之代北地出，濟南繼起相吹噓。竟陵二子乘其弊，直唾聲華土苴餘。兩家彈射各嶽嶽，虞山連拄折其角。笑詆王、李墜魔障，俯視鍾、譚直蝸殼。就彼訶李學杜誤，雋氣誰能並卓犖。亦是一代有數人，相輕何至如謠諑。自揣風調難比肩，墜宋寠白誇老斲。間嘗私論《三百篇》，似與諸經別有傳。如抗如墜叶宮羽，草木鳥獸何鮮妍。襃功頌德尚麗則，憂時憫事音纏綿。方言里謠色斑駁，金聲石韻根自然。所以《楚》《騷》紛陸離，士雲歎如水涓涓。世人好異惡因人，人棄我取求鮮新。所惡爬搔索垢賦，所好腐宿如芳珍。質文偏勝譏野史，出奴入主空搖脣。昔人不朽無他術，信而好古慎傳習。神明造極原獨喻，人力所至匪執一。孔門有教取別才，子桑子反皆入揖。苟

有偏至皆足存,温、李、皮、陸亦隻立。豈因阿好尊一家,阿前訾
後蔑等級。須知鵠的本灼然,百中爭奇貴能及。國朝詩賦蔚彬
彬,凌唐跨宋堪評論。至尊天縱駕百代,穩順律切歸雅醇。公
卿大臣際昌會,形容褒贊何炳麟。先生才擅班、揚美,枕藉經書
樹風軌。初讀新詩氣若蘭,芊眠綽約風神旋。十年更見筋骨
堅,百尺蒼松拔地起。比來絢爛得歸宿,排宕空虛析肌理。時
從行墨平澹中,真氣勃窣見根柢。矧今道爲成均長,一言判別
斗枓指。黃湄漁人今作者,其詩净潔如澄水。未嘗左宋及祖
唐,强分部黨相角犄。但拾菁英便咀嚼,却似鸞蜂釀甘旨。相
其迅疾若追風,那能棧樐羈駼騑。僕也樸陋守師説,竟日苦吟
夜不輟。窮老才盡筆花落,低頭答問似吃喀。老生重爲衍常
談,聞言大笑寇縷絶。尚賴英絶領袖人,直指大道掃旁轍。"(《桂
山堂詩文選·詩選》卷十一)

　　按:詩中并未涉及二王出使嶺南事,其中"黃湄漁人今作
者,其詩净潔如澄水。未嘗左宋及祖唐,强分部黨相角犄。但
拾菁英便咀嚼,却似鸞蜂釀甘旨。相其迅疾若追風,那能棧樐
羈駼騑"諸語,似有王士禛《黃湄詩選序》影響的痕跡,或係因其
影響而作。作年不詳,姑繫於此。

本年三藩之亂平。

清聖祖康熙二十一年　　壬戌(1682)　　　　　四十七歲

正月初九日,顧炎武卒,年六十九。

初春,爲汪懋麟《少壯三好圖》題詩。

　　《題汪舍人少壯三好圖》:"堂下彈錦瑟,堂上羅金巵。座中
誰作使?一一皆蛾眉。左圖右書插滿架,詩成落筆傳烏絲。人

生如此自足樂，拘束世故空爾爲。廣陵汪五最倜儻，風流名滿天南陲。梧桐小閣户常鍵，縹緗萬卷無停披。有時忽走陸郎馬，花陰醉泛銀留犁。自言平生有三好，畫圖點染何葳蕤。憶昔邙上握君手，森如百尺青松枝。貂裘狐帽逞豪縱，興酣紅暈生雙頤。春明門外再相見，風塵滿面衣空緇。他時少壯今已老，試問行樂當何時？近來啓事積薪似，東曹誰復論官資？九閽萬里困方朔，五年待詔還無期。長安珠桂古所歎，俸錢那得分歌姬。我展此圖倍惆悵，已知畫餅難充飢。春城雪融淑氣轉，御溝弱柳搖輕颺。且拋書卷去遊衍，共攜一斗聽黄鸝。"（《黄湄詩選》卷八《掖垣集》）

按：詩之作年，據楊鍾義《雪橋詩話》卷二載："汪蛟門，江都人，康熙四年進士，爲中書舍人，後以主事入史館，充纂修官，尋補刑部，仍值史館。予嘗見其小像曰《少壯三好圖》，蓋取《南史》蕭彦瑜語。其卷後有幼華題句，亦在是年壬戌之春。蓋諸公相聚都門時紀勝，又得慎齋名筆寫之。令人嘆羡不置，恍若置身其間與諸公相晤對者。"詩中有"春城雪融淑氣轉，御溝弱柳搖輕颺"，則時當初春。

時人題《少壯三好圖》的作品，尚有施閏章《汪蛟門舍人三好圖謂書酒聲伎》（《學餘堂詩集》卷二十二"七言古"）、汪楫《余既爲蛟門作十二硯齋歌及聽色圖題句蛟門又索題少壯三好圖走筆嘲之》（《山聞續集》）、李念慈《題汪蛟門舍人少壯三好小像》（《谷口山房詩集》卷十五）、孫枝蔚《題汪季用舍人三好圖》（《溉堂續集》卷五"甲寅"）、姜宸英《題三好圖》（《湛園集》卷八）、徐釚《題汪蛟門舍人少壯三好圖》（《南州草堂集》卷五）、陳維崧《沁園春·題汪舍人蛟門少壯三好圖》（《迦陵詞全集》卷二十五）、朱彝尊《祝英臺近·題汪舍人少壯三好圖》（《曝書亭集》卷二十五）、梁清標《高山流水·題汪蛟門少

壯三好圖》(《棠村詞》)、吳綺《水調歌頭‧題汪舍人蛟門少壯三好
圖》(《林蕙堂全集》卷二十五《藝香詞》)、嚴繩孫《小桃紅‧汪蛟門禮部
小照三好圖》(《秋水集》卷十"詞下")、陸進《摸魚兒‧題汪蛟門舍人
少壯三好圖》(載佟世南《東白堂詞選》卷十四"長調")等。

　　後世多有題詠《少壯三好圖》者,如王昶《追題汪蛟門先生
少壯三好圖長卷》(《春融堂集》卷二十三)、阮元《題汪蛟門先生少壯
三好圖梁蕭琛自言少壯三好音律書酒也》(《揅經室詩録》卷二)、馬曰琯
《題汪蛟門先生少壯三好圖》(《沙河逸老小稿》卷一)、王文治《題少
壯三好圖》(《夢樓詩集》卷二十一《小止觀齋三集》)、吳蕭《題汪蛟門少
壯三好圖》(《吳學士詩文集‧詩集》卷五)、趙翼《秦敦夫編修得其鄉
先輩汪蛟門少壯三好圖……》(《甌北集》卷三十三)、姚鼐《汪蛟門少
壯三好圖康熙間題詠數十家今藏秦敦夫編修處屬題其末》(《惜
抱軒詩文集‧詩集》卷十)、屠倬《汪蛟門少壯三好圖爲秦敦夫太史
題》(《是程堂集》卷六)、錢榮《沁園春‧題秦敦夫太史所藏汪蛟門
比部少壯三好圖》(載王昶輯選《國朝詞綜》卷四十四)、彭兆蓀《齊天
樂‧汪蛟門少壯三好圖爲秦敦夫太史題》(《小謨觴館詩文集‧詩
餘》)、錢大昕《汪蛟門少壯三好圖爲秦敦夫太史題》(《潛研堂集‧詩
續集》卷十)、郭麐《摸魚子‧汪蛟門先生少壯三好圖藏秦敦夫太
史家,太史屬題》(《靈芬館詞四種》"懺餘綺語"卷一)、鐵保《題蛟門先
生三好圖卷》(《梅庵詩鈔》卷六)、翁方綱《秦敦夫編修購得其鄉前
輩汪蛟門少壯三好圖遺照屬題三首》(《復初齋詩集》卷三十九)、吳
清鵬《三好圖並序》(《笏庵詩》卷十四)、張雲璈《少壯三好圖爲秦敦
夫編修題》(《簡松草堂詩文集‧詩集》卷十二)等。

**春日,王又旦招同梁佩蘭、郭襄圖、梅庚、周在浚、方中德宴集
唱和。**

　　梁佩蘭《春日王黃湄給諫招同郭匡山梅耦長周雪客方田伯

宴集次耦長韻》："旅思燕雲一片孤，閉門誰復過相呼？人從諫議高韓注，客有文章愧左徒。宴會即今同輦轂，行藏終擬向江湖。嶺南天外扶胥海，歸去何由賦兩都？"（《六瑩堂二集》卷七"七言律詩"）

　　按：梁佩蘭（1629—1705），字芝五，號藥亭、柴翁、二楞居士、漫溪翁，又號鬱洲，友人贈其諡號"文介先生"，南海芙蓉洲（今廣東廣州芳村區境內）人，族侄梁無技亦有詩名。童時日記數千言。少時從學於陳邦彥。順治十四年鄉試第一，曾多次北上應試，結交朱彝尊、王士禛、陳維崧、徐乾學、查慎行、博爾都等詩壇名流，唱和甚多。居於北京宣武門外永光寺時，與朱彝尊等主持"金臺詩社"，被公認為詩壇宗匠。納蘭成德慕其名，特修書邀請梁佩蘭共同選編宋元詞集，不久因成德早逝而未竟。康熙二十七年會試第十名，殿試二甲三十七名，授職庶吉士。館中推為祭酒，不一年假歸，里居十五載。會詔詞臣就職，四十二年，復入都；踰月散館，以不習國事罷歸。與屈大均、陳恭尹合稱"嶺南三大家"，又與同邑程可則、番禺方殿元、王邦畿以及陳恭尹、方遠、方朝等結蘭湖社，稱"嶺南七子"。梁佩蘭於清初南海地區詩社活動的開展，尤受推重，"是時嶺海文社數百人，推梁佩蘭執牛耳"（《清史列傳》卷七十一）。其詩以七言樂府最為著稱，清中葉的黃培芳在《論粵詩絕句十首》（其八）中譽其"藥亭樂府創新聲"（《粵東三子詩鈔》卷六）。康熙三十一年，王準選梁佩蘭與屈大均、陳恭尹三家詩而成《嶺南三大家詩選》二十四卷（三家各八卷）。後來，康熙四十三年至四十五年，應梁佩蘭之邀，沈用濟編選《嶺南三大家詩選》若干卷（屈大均《道援堂詩集》十卷，梁佩蘭《六瑩堂集》和陳恭尹《獨漉堂集》卷數不詳）。上述二選，雍正、乾隆之世皆遭到禁燬。著有《六瑩堂集》九卷《二集》八卷

等。編纂《(康熙)陽春縣志》。生平見屈大均《六瑩堂詩集序》
(《翁山文外》卷二)、《國朝詩人徵略》卷十五、《廣東文獻》卷十九
《國初七子集·姓氏》、《國朝先正事略》卷三十八《文苑·陳先
生元孝》附、吳道鎔《廣東文徵作者考》卷七、《清史稿》卷四八四
《列傳二百七十一·文苑一·梁佩蘭傳》、《清代學者象傳》(第
二集)、《清代七百名人傳》(第一編)"藝事　文學"、《清史列傳》
卷七十一《文苑傳二》、《清代名人傳略》"梁佩蘭"、呂永光《梁佩
蘭年譜簡編》(呂永光校點補輯《六瑩堂集》附)、劉寶光《梁佩蘭年表》
(載氏著《梁佩蘭》"附錄一"中)等記載。王又旦典試粵省期間,與梁
佩蘭交遊唱和。

　　"郭匡山",指郭裏圖,字皋旭,號匡山,平湖人,貢生。早年
爲張溥等名流賞識,頗有名於三吳社集。嗜交遊,爲人落拓倜
儻,自壯至老,奔走四方,久無所遇。與孔尚任、沈皥日、陳恭尹
等交遊唱和。著有《更生集》(見《檇李詩系》卷二十七)。

　　"梅耦長",指梅庚(1640—1716),字耦長、耦耕,一字笙餘,
又字子長,號雪坪,晚號聽山翁,安徽宣城人,梅清從孫,著名作
家梅鼎祚孫,父梅朗中爲復社名士。清代書家。康熙二十年舉
人;次年進京,與同鄉前輩施閏章結爲忘年交,經其引薦結識了
文壇宗師朱彝尊、王士禎。旋離京,官泰順(今浙江温州泰順
縣)知縣,五年後辭官歸鄉。詩畫兼擅,爲清初"黄山畫派"和
"宣城詩派"的代表性人物。著有《天逸閣集》《雪坪詩鈔》《聽山
詩鈔》《漫興集》《南雅集》《玉笥遊草》《知我録》等。生平見《國
朝詩人徵略》卷九、《國朝先正事略》卷三十七"文苑　梅先生
清"附等記載。

　　"周雪客",指周在浚(1640—1696後),字雪客,一字龍客,
號梨莊、蒼谷、耐龕,河南祥符(今河南開封)人,周亮工之子。

少承家學,淹通史傳。有名於當世,康熙十年之秋水軒倡和,即由其幕後倡導。嘗官太原府經歷,隱居金陵攝山(今江蘇南京棲霞山)遺谷,潛心讀書治學。歷十年之久,完成《南唐書注》十八卷,爲王士禛所稱道。亦工詩,鄧漢儀稱其"往往造微而入變"(《詩觀初集》)。著有《梨莊遺谷集》《天發神讖釋文》《雲煙過眼錄》《秋水集》等。

方中德(1632—?),字田伯,號依巖,安徽桐城人。方以智長子。年十三,即知爲父鳴冤。父出亡,不顧艱辛,偕諸弟徒步追從。隱居不仕,年八十猶讀書不輟。曾與弟方中通、方中履在桐城浮山(位於今安徽銅陵樅陽縣境内)營建報親庵,卒後即葬於浮山。著有《古事比》五十二卷、《遂上居集》、《經學撮鈔》、《繼善録》、《心學宗續編》、《易爻擬論》、《性理指歸》等。

春,林堯英視學河南,有詩送之。

《詠古四首送林澹亭視學中州》:(其一)"迢迢許昌城,鬱鬱西湖柳。朗陵與太丘,此地相爲友。尋常一相見,光芒動星斗。千載何寥寥,今還有後否?雖魖叫荒祠,荆榛蔽隴首。憑君一問訊,爲世存忠厚。"(其二)"巷南炊烟絶,巷北紈綺新。貧富偶然耳,相耀在比鄰。君勿輕南阮,庶使道氣伸。安知蓬茅下,不有白眼人。"(其三)"中郎不再作,六經成棄擲。荆棘刺天高,不見鴻都石。丈夫圖不朽,緜纙那可惜。何當重刻摹,金薤光千尺。"(其四)"二室峙中天,蒼蒼積煙霧。我昔策疲驂,曾過岳祠駐。炎暑疑有雪,翠壁若無路。惝怳聞笙鶴,颯颯神靈聚。使君静者流,青雲隨杖屨。長嘯陟重顛,曠如生毛羽。緬懷明月夜,西風吹貝樹。"(《黃湄詩選》卷八《披垣集》)

按:林堯英(1629—1685),字蜚伯,號澹亭,福建莆田人。明禮部尚書林堯俞弟。生於明崇禎四年(據《莆田前棣林氏九牧大宗

族譜》"年五十七"記載推算）。順治十八年進士。康熙八年，任户部
江西司主事。十八年，應博學鴻詞試，未中。次年任江西饒陽
縣令。二十年任刑部郎中時，充山東鄉試考官。二十一年由兵
馬司指揮歷官河南提學道僉事。二十四年卒（據曹貞吉《答朱立山》
云"前年澹亭殁，去年黄湄死"語，載《鴻爪集》。又耿介《敬恕堂文集》卷七"乙
丑"有《輓林澹亭先生》）。書法有名於時。與宋犖、田雯、陳廷敬、汪
懋麟、葉封、丁煒、耿介等交遊唱和。著《澹亭詩略》二卷、《偶
存》一卷、《克復講章》等。《澹亭詩略》經王士禎刻入《十子詩
略》。生平見丁煒《哭河南提學僉事林蜚伯文》（《問山文集》卷五
"文"）、《已未詞科録》卷七等記載。林堯英《十月初雪過訪愚齋
兼懷修來幼華千仞之作》詩與王又旦有關，今似不存。

　　林堯英視學中州事，與王又旦詩同題材者，尚有馮溥《送林
澹亭督學中州》（《佳山堂詩集》卷五）、汪懋麟《送林澹亭視學中州》
（《百尺梧桐閣遺稿》卷四"壬戌稿"）、方象瑛《送林澹亭督學中州》（《健
松齋集》卷十九"壬戌"）、徐嘉炎《送林澹亭視學中州》（《抱經齋詩集》卷
四）、毛奇齡《送林使君督學河南》（《西河合集》之"七言古詩十一"）、高
詠《送林澹亭農部眡學中州》（《遺山詩》卷二"京臺作"）、李霨《送林
澹亭之河南》（《心遠堂詩二集》卷四）、姜宸英《送河南林學使》（《湛園
詩稿》卷一）等。

　　王又旦詩所寫季節不明，汪懋麟《送林澹亭視學中州》中有
云"名藩既隳汴流決，碧紗朱邸成蒿蓬。燕歌趙舞一時盡，豈但
網户飛春蟲"；依汪懋麟、方象瑛詩之編年，詩應作於本年春。

爲陳維崧《洗桐圖》題詩。

　　《題陳其年檢討洗桐圖》："溪山春樹分穠纖，小亭晝静開湘
簾。延陵高士恣盤礴，倪公老去推陳髯。先生嗜潔世無匹，北
窗清夢追羲炎。座中拂拭當四五，碧梧白日看霾曀。畫溪分貯

素瓷水,翠陰正撲紅牙籖。天子同時憶司馬,徵書急遣離茅檐。
嗚呼元鎮遭至正,極天鬼火高星蟾。丈夫遠蹈未爲恥,清閟閣
下應長淹。只今四海皆樂土,君門洞闢無猜嫌。集賢學士重文
藻,北扉鵠立何清嚴。賦成誇汝好筆陣,儼如萬馬森珠鈐。素
心雖爾愛丘壑,大義未可輕帷幨。五湖三泖豈君所?不妨園徑
生蒼蒹。還君此圖飲君酒,巷南巷北搖青帘。"(《黃湄詩選》卷八《袯
垣集》)

　　按:《洗桐圖》題詩時間,依王又旦行蹤,在本年或下年,姑
繫於此。

小春之後,爲張貞題《浮家泛宅圖》。

　　《題張杞園浮家泛宅圖二首》:(其一)"學劍學書俱等閒,聊
從江上看烟鬟。心輕西塞千層浪,目送南徐一角山。"(其二)
"風塵十載歎衣緇,苦憶江南踏浪兒。畫裏逢君當結社,座中着
我好論詩。"(《黃湄詩選》卷八《袯垣集》)

　　按:王士禛有詩《題張杞園浮家泛宅卷三首》(《帶經堂集》卷三
十七《漁洋續集十五》)。張貞《渠亭文稿》卷十三《新城東亭王公誄
並序》中云:"當余承訃,家累紛綸。及往哭公,已逾小春。""東
亭",指王士祜,字子側,號東亭,又號古缽山人,山東新城人,王
士禛之兄,康熙庚戌進士,有《古缽山人集選》。卒於上一年。
依《新城王公東亭誄》所載,士祜卒後,張貞曾去吊喪,復上京慰
問王士禛,時已過小春,當是跨年的小春,王士禛詩蓋作於此
時,王又旦詩應爲同時之作。

　　張貞有《浮家泛宅圖》詩一卷。與王又旦詩同題材者尚有:
馮廷櫆《題張杞園浮家泛宅圖》詩(《馮舍人遺詩》卷一)、李澄中《題
張杞園浮家泛宅圖》(《卧象山房詩集》卷二十二)、洪昇《錦纏道·題
張杞園浮家泛宅圖》(載張貞《渠丘耳夢錄·乙集》,作於康熙庚午辛未

間；章培恒《洪昇年譜》繫於本年）、吳雯《題張杞園浮家泛宅圖》（《蓮洋
詩鈔》卷一）、高鳳翰《題張杞園浮家泛宅圖》（《南阜山人詩集類稿》卷
二《湖海集》，作於康熙辛丑）。

**四月初七，禮部遣往冊封琉球國王，翰林院檢討汪楫爲正使，中書
舍人林麟焆爲副使。王又旦與王士禎、尤侗、陳廷敬等均有詩贈
別送行。**

　　《送汪舟次檢討奉使琉球四首》：（其一）"詔入中山萬里賒，
詞臣特遣降黃麻。翠毛已賜三宮錦，銀漢真乘八月槎。滿路楓
林搖荔子，極天雲海近梅花。梅花所，在福州之琉球開洋處也。征帆
莫歎經行遠，徼外車書本一家。"（其二）"夏至風來海霧收，掛天
帆影趁潮流。須臾彩鷁三千里，《古賦》'一越三千'。仿佛銀山十
二樓。黿嶼過時濤勝雪，蚌珠開處月如鈎。書生更欲探奇跡，
笑問何洲是祖洲。"（其三）"路近高華好泊船，蠻王出郭簇鞍韉。
府名刻漏連雲出，樂擬歌鐘傍水懸。黥手佳人行蔗酒，黃頭大
吏奉甘泉。淹留不覺波濤惡，又是秋風白雁天。"（其四）"不向
殊方涉險來，誰知恩遇信奇哉？青山一髮天爲岸，絳闕千重蜃
作臺。驪衍著書徒浪語，張融作賦豈多才？何人得似西園客，
親自蓬壺舶上回。"（《黃湄詩選》卷八《披垣集》）

　　《送林石來舍人之琉球三首》：（其一）"奉使寧辭遠，舟航萬
里通。那知瀛海外，只在故鄉東。路指扶桑日，帆迎舶趠風。
島人占象緯，遙出太微宮。"（其二）"颶母靜狂流，危橋日夜浮。
三山連海市，一氣拱神州。旌節天邊合，文章徼外收。須令殊
域見，上國有枚、鄒。"（其三）"傳聞隋大業，郎將竟揮戈。奉義
何年使，承恩此日多。風濤移地軸，客舶壓星河。此後看閩海，
遙天净白波。"（《黃湄詩選》卷八《披垣集》）

　　按：汪楫、林麟焆出使琉球，時人送別作品頗多，特別是送

別汪楫者不勝枚舉，計有王士禎《送汪舟次太史林石來舍人奉使琉球六首》（《漁洋續集》卷十五）、尤侗《送汪舟次檢討使琉球四十韻》（《西堂全集·于京集》卷五"戊戌稿"）、陳廷敬《送汪舟次檢討使琉球二首》（《午亭文編》卷二十四）、馮溥《送汪舟次奉使冊封琉球國王》（《佳山堂詩集》"七言律詩"）、孫枝蔚《送汪舟次冊封琉球》（二首，《溉堂後集》卷四）、王熙《送汪舟次出使琉球》（《王文靖公集》卷八）、吳嘉紀《送汪悔齋使琉球》（共八首，《陋軒詩》卷十一）、高詠《送汪悔齋年兄奉使琉球四首和益都相公原韻》（《遺山詩》卷三）、方象瑛《和益都公韻送汪悔齋檢討奉使冊封琉球國王》（《健松齋集·展臺詩鈔卷十九》）、梁佩蘭《送汪舟次檢討出使琉球》（《六瑩堂二集》卷三"七言古"）、嚴繩孫《送汪舟次同年奉使琉球》（《秋水集》卷六）、鄭爲霆《送汪悔齋太史出使琉球》（載王豫等輯《淮海英靈續集·巳集》卷二）、湯彭年《送汪悔齋太史出使琉球》（載《淮海英靈續集·巳集》卷二）、周之翰《送汪悔齋太史出使琉球》（載《淮海英靈續集·巳集》卷二）、張琬《送汪悔齋太史出使琉球》（載《淮海英靈續集·巳集》卷二）、蕭玥《送汪悔齋太史出使琉球》（載《淮海英靈續集·巳集》卷三）、吳志祖《送汪悔齋太史出使琉球》（載《淮海英靈續集·巳集》卷三）、鄭爲旭《送汪悔齋太史出使琉球》（載《淮海英靈續集·巳集》卷四）、須秉真《送汪悔齋太史出使琉球》（載《淮海英靈續集·巳集》卷四）、蘇宇《送汪悔齋太史出使琉球》（載《淮海英靈續集·庚集》卷二）、阮士悦《送汪悔齋太史出使琉球》（載《淮海英靈續集·庚集》卷三）、徐元文《送汪舟次使琉球》（《含經堂集》卷八）、彭孫遹《送汪舟次使琉球》（《松桂堂全集》卷二十一）、王鴻緒《送汪舟次太史冊封琉球》（十首，《橫雲山人集》卷十三）、周燦《送汪舟次檢討冊使琉球序》（《顧學堂集》卷三）、顏光敏《送汪舟次使琉球》（《樂圃集》卷一）、高士奇《送汪舟次檢討使琉球》（《高士奇集·苑西集》卷四）、湯斌《送汪檢討奉使琉球序》（《湯

子遺書》卷三“序”）、汪琬《送宗人舟次出使琉球序》（《鈍翁續稿》卷十
三、《堯峰文鈔》卷二十四）、施閏章《送汪舟次檢討册封琉球》（《學餘堂
詩集》卷二十三）、姜宸英《送汪檢討出使琉球》（《湛園未定稿》卷三）、
姜宸英《送汪檢討出使琉球序》（《湛園未定稿》卷六）、姜宸英《送汪
檢討出使琉球五首》（《姜先生全集》卷三十《湛園詩稿》）、汪懋麟《送舟
次二兄册封琉球》（《百尺梧桐閣遺稿》卷四）、汪懋麟《送兄舟次册封
琉球序》（《百尺梧桐閣文集》卷二）、毛奇齡《送汪檢討林舍人奉使琉
球册封中山王四首》（《西河合集》卷一百七十三“五言律詩六”）、吳世傑
《送汪悔庵太史册封琉球》（《甓湖草堂集》“近詩”卷二）、徐釚《送汪舟
次同年奉使琉球二首》（《南州草堂集》卷九）、顧汧《送汪檢討舟次林
中翰石來册封琉球》（《鳳池園詩集》卷二）、潘耒《送汪舟次同年奉使
琉球》（《遂初堂詩集》卷四）、潘耒《送汪舟次奉使琉球序》（《遂初堂文
集》卷九）、李澄中《送汪舟次檢討出使琉球》（《臥象山房詩集》卷二十
二）、秦松齡《送汪舟次檢討册封琉球》（《蒼峴山人集》卷四）、胡會恩
《送汪悔齋檢討奉使琉球二十韻》（《清芬堂存稿》卷一）、張遠《汪太
史册封琉球》（《梅莊集》“五言律詩”）、王頊齡《送汪舟次檢討册封琉
球》（《世恩堂詩集》卷七）、宗元鼎《送汪舟次翰林册封琉球國歌》
（《新柳堂集》卷二）、李天馥《送汪檢討出使琉球》（《容齋千首詩》“五言
古”，魏憲編選《詩觀三集》卷七）、吳苑《送汪舟次太史奉使册封琉球
四首》（《北黔山人集》卷五）、吳震方《送同年汪舟次使琉球》（載阮元
輯《兩浙輶軒録補遺》卷二）、盧琦《送汪舟次使琉球》（載《兩浙輶軒録補
遺》卷九）、曾燦《送汪舟次檢討册封琉球》（《六松堂集》卷八）、毛際可
《送汪舟次使琉球序》（《安序堂文鈔》卷八）、鄧漢儀《送汪舟次太史
奉使册封琉球》（鄧漢儀撰，夏荃輯録《慎墨堂詩拾》卷四“七言古”，録自
《奉使贈行詩》）、王巖《送汪舟次封王序》（《白田文集》卷五“贈送序
引”）、丁澎《送汪舟次檢討奉使册封琉球》（《扶荔堂詩集》卷八）、王

仲孫《送汪悔齋册封琉球》(《西齋集》"西齋癸亥詩")、鄭熙績《送太史汪悔齋老伯册封琉球二十四韻》(《含英閣詩草》卷七"五言排律")、王嗣槐《送汪太史册封琉球序》(《桂山堂詩文選·文選》卷八)、王嗣槐《送汪悔庵太史册封琉球和益都相國原韵》(四首,《桂山堂詩文選·詩選》卷十二)、陸菜《奉和益都先生送汪舟次檢討出使琉球》(四首,《雅坪詩稿》卷二十八)、魏象樞《送汪舟次翰林册封琉球》(二首,《寒松堂全集》卷七)、吳綺《送汪舟次太史奉使中山》(《林蕙堂全集》卷二十《亭皋詩集》)、沈進《送汪舟次檢討册封琉球四首録二》(李稻塍編次《梅會詩選》"二集"卷十一)、龐塏《送汪舟次太史奉命册封琉球使》(《叢碧山房詩集·翰苑稿》卷七)、汪文柏《送悔齋叔翁奉使册封琉球》(《柯庭餘習》卷八"七言長律",《小方壺存稿》卷三)、徐嘉炎《壬戌秋送別翰林檢討汪楫奉使琉球序》(《抱經堂文集》卷十二)、王岱《送汪悔齋使琉球序》(《了庵文集》卷六)、查士標《汪舟次太史出使琉球》(《種樹堂遺稿》卷二)、張潮《送汪悔庵太史奉使琉球》(載倪匡世輯評《振雅堂彙編詩最》卷六)、李霶《送汪舟次檢討册封琉球》(《心遠堂詩二集》卷四)、嚴我斯《送汪簡討册封琉球四首》(《尺五堂詩删》卷三)等傳世。另顧景星有詩《聞汪舟次楫出使琉球》(《白茅堂集》卷二十二);汪楫有詩《拜命出使琉球恭記八首》(《觀海集》),著《使琉球雜録》五卷。

　　送別林麟焻的作品,有汪懋麟《送林石來舍人奉使琉球》(《百尺梧桐閣遺稿》卷四)、馮溥《送林玉巖副使册封琉球國王》(《佳山堂詩集》"七言律詩")、湯斌《送林玉巖奉使琉球十二韻》(《湯子遺書》卷十)、韓菼《送林舍人使琉球》(《有懷堂詩稿》卷一)、袁佑《送林石來中翰充册封琉球副使》(《霽軒詩鈔》卷二《西清集》)、彭孫遹《送林石來使琉球》(《松桂堂全集》卷二十三)、李來泰《送林玉巖使琉球二首》(《蓮龕集》卷四)、葉燮《贈同年莆田林石來奉使琉球》(《己畦詩集》卷一〇）、王嗣槐《送林中翰玉巖副使琉球册封和益都相國韻》(二首,《桂山堂詩文選·詩選》卷十二)、陸棻《再和益都先生送林石樓內翰出使琉球》(兩首,《雅坪詩稿》卷二十八)、方象瑛《又和益都公韻送林玉巖舍人使琉球》(二首,《健松齋集·展臺詩鈔》卷十九)、李霨《送林玉巖舍人册封琉球》(《心遠堂詩二集》卷四)、魏鏸徵《送林石來奉使册封琉球》(《石屋詩鈔·補》)等。

　　林麟焻(1646—1723?),字石來,號玉巖,一號竹香,福建莆田人。明末清初福建名詩人林嵋侄孫,王士禛門人。康熙八年舉鄉試,九年(1670)登進士第,授官中書舍人。二十年充順天府鄉試考官,選拔皆知名人士。二十一年奉命出使琉球國爲副使;使畢復命,清帝召對瀛臺,嘉獎之,升遷戶部廣西司員外郎。二十六年充四川鄉試副考官,遷禮部郎中。三十三年,擢爲朝議大夫、按察司僉事、提督貴州學政。總督、巡撫聯名保奏,擬授候補布政司參議,未赴任,即退休歸里。四十三年,主修《莆田縣志》。雍正元年,作《莆田南渚林氏族譜序》。與王士禛、施閏章、陳維崧、馮溥、林堯英、許孫荃等交遊。有《玉巖詩集》七卷、《竹香詞》等。輯録《列朝外紀》若干卷。生平見《國朝詩人徵略》卷八、《清史列傳》卷七十《文苑傳一》。

暮春,招集王士禛同諸同人遊祝氏園林。

　　王士禛《幼華給事招同愚山健庵大可舟次季用集祝氏別墅》:"黃門休沐暇,池館愜招尋。人語碧苔徑,鶴鳴修竹林。微風交落絮,流水澹春陰。坐愛鯈魚樂,悠然濠上心。"(《帶經堂集》卷三十七《漁洋續詩十五》"壬戌稿")

　　按:"愚山",指施閏章;"健庵",指徐乾學;"大可",指毛奇齡;"舟次",指汪楫;"季用",指汪懋麟。

　　徐乾學(1631—1694),字原一、幼慧,號健庵、玉峰先生,清

代大臣、學者、藏書家。江蘇崑山人,"清初三大家"顧炎武外
甥,乾隆朝學者秦瀛之曾外高祖。與弟秉義、元文皆官貴文名,
人稱"崑山三徐"。幼聰慧,八歲即能文,年僅十三已通《五經》。
早年入滄浪會,與吳兆騫同爲慎交社成員,並奠定終生友誼。
順治七年(1650),與吳偉業、尤侗、朱彝尊等在嘉興組織十郡大
社。康熙九年進士高中探花,與吳綺、王士祐、汪蜿、王原祁、葉
燮、陳夢雷等爲同年,官授編修。十一年作爲同考官,與蔡啓觀
同典順天府鄉試,從被棄墨卷中挑出韓菼,使其獲取機會,終成
狀元,此舉使時文風格發生了古樸向清新文雅的轉變;因副榜
遺漏漢軍卷未取,遭給事中楊雍建彈劾,蔡、徐皆被降一級調
用。十四年捐復原官,後升爲左春坊左贊善,充任日講起居注
官。旋因父母先後去世,歸鄉丁憂。第二年,着手主持《讀禮通
考》一百二十卷編纂事。十八年,在家鄉刻印吳兆騫《秋笳集》
成。十九年,應弟子納蘭成德之請,廣搜唐、宋、元、明以降的解
經之書,纂輯成《通志堂九經解》一千七百六十九卷。二十一
年,任《明史》總裁官。次年,擢翰林院侍講,後升任侍講學士。
本年,流放關外的吳兆騫終得生還,居中斡旋,徐氏昆仲出力尤
多。二十三年,子樹屏、侄樹聲中順天府鄉試;因中式者多浙江
籍考生,引起皇帝的警覺,亦因中第墨卷中有文理悖謬、文體不
正者,朝廷下詔再勘察考卷,結果考官被革職嚴辦;樹屏、樹聲
亦雙雙落選。同年年底,遷任詹事府詹事。第二年,在保和殿
舉行的翰林詹事大考中,徐乾學名列一等,與韓菼、孫岳頌、歸
允肅等獲皇帝褒獎賞賜,隨即擢升內閣學士、在南書房值班。
同時出任《大清會典》《一統志》副總裁,教習庶吉士,編纂《教習
堂條約》(後收入《學海類編》)爲其修習之用。本年,由他主持編訂
的《欽定古文淵鑒》六十四卷完成。在是否禁用明代舊錢的爭

議中,康熙採納了徐乾學新、舊並用的提議。二十五年,任禮部侍郎,充經筵講官。次年,升左都御史,兼任《一統志》編纂局總裁。因事與明珠親信佛倫、余國柱結怨,遂與索額圖、熊賜履聯手,反擊明珠,後明珠、余國柱皆罷相。同年,擢升刑部尚書。任上,整肅臺綱,劾罷甘肅、山東兩總兵。二十七年任會試主考官。第二年,湖廣巡撫張汧貪污案發,徐乾學被指行賄,並牽扯到高士奇和陳廷敬,因帝之庇護,事遂不了了之。復遭許三禮彈劾,上疏請"放歸田里",帝允其請,於是攜書局歸里,閻若璩、顧祖禹、胡渭與黃虞稷諸人隨行,擇太湖之濱的東洞庭山留居,專力於《大清一統志》的編修。與此同時,仿《資治通鑑》體例,與萬斯同、閻若璩、胡渭等,排比正史、參覈衆書,纂成《資治通鑑後編》一百八十四卷。三十年,因此前寫信給前任山東巡撫錢鈺,包庇朱敦厚事發,徐、錢均遭到革職;其子徐樹敏亦被舉發私收饋金。同年,明珠外甥、江南江西總督傅拉塔彈劾徐乾學及其弟徐元文不法之事"招搖納賄,爭利害民"共十五款,徐元文閏七月二十七日因之"驚悸嘔血而死"(李光地《榕村續語錄》卷十三《本朝時事》)。三十三年,康熙下諭大學士舉薦文章學問超卓之士入朝修書,王熙、張玉書等舉薦徐乾學與王鴻緒、高士奇;此前不久,徐乾學已逝。臨終時遺疏將主持編修的《一統志》進獻朝廷,康熙帝遂下詔恢復其原任官職。徐家富藏書,建有藏書樓"傳是樓",在中國藏書史上頗負盛名。著有《憺園文集》三十六卷、《讀禮通考》一百二十卷、《傳是樓書目》六卷等。輯錄《遂園禊飲集》三卷、《葉赫國貝勒家乘》等。輯纂舅氏顧炎武《一統志案說》十六卷。其生平見韓菼《資政大夫經筵講官刑部尚書徐公(乾學)行狀》(《有懷堂文稿》卷十八"行狀二";亦載《憺園文集》卷首、《碑傳集》卷二十)、計東《憺園記》(《改亭文集》卷九)、王晫《今世

説》卷六"企羨"、法式善《槐廳載筆》卷三、《郎潛紀聞·四筆》卷
五"徐乾學論古今錢相間行使"、唐鑒《學案小識》卷三十三《經
學學案》、《(乾隆)江南通志》卷一百六十五、《國朝詩人徵略》卷
八、馮桂芬《(同治)蘇州府志》卷九十五、《清代大學士部院大臣總
督巡撫全錄》"部院大臣　刑部　刑部尚書"、《藏書紀事詩》卷
四、《清代學者象傳》(第一集)、《清史稿》卷二七一《列傳五十
八》、闕名《高士奇與徐乾學相比中傷朱竹垞》(載《清代名人軼事》)、
《清史列傳》卷十《大臣畫一傳檔正編七》"徐乾學"條、徐世昌
《清儒學案》卷三十三《健庵學案》、《清儒學案小傳》卷四《徐乾
學健庵學案》、閻蕙湘編輯《國朝鼎甲徵信錄》卷一、曼孺《伏跌
室叢錄》"徐乾學"、《清代七百名人傳》(第四編)"學術　樸學"、
《清代名人傳略》"徐乾學"、《清詩紀事初編》卷三《甲編上江南》、
王逸明編《新編清人年譜稿(三種)·崑山徐乾學年譜稿》等。

　　"祝氏別墅",又名祝園、祝家園,戴璐《藤陰雜記》卷四載:
"《西河詩話》:安定門西有祝家園,關左祝御史別業也,春末京
朝官多休沐其地。"

　　諸人祝氏山莊雅集,似乎不止一次,各家所記參與者,互有
出入(毛奇齡筆下的兩處記載即有差異),其中相關具體詳情,
俟考。毛奇齡《西河合集》之《詩話三》載:"王給事黃湄招集祝
侍御山莊,同集者徐學士、施侍讀、曹春坊、顏考功、陳檢討、汪
主事,皆一時名士,即席賦五律二首,用'山''莊'二字作韻。予
詩落句'相逢王給事,錯認輞川莊',人謬稱之。既其稿已不存,
給事亡後,其家人出所書扇于報國寺,易磁斗得此詩,如復見給
事,爲之墮淚。""相逢王給事,錯認輞川莊"出自毛奇齡《王黃門
招遊祝氏山莊同施侍讀王祭酒徐大贊善曹編修汪二檢討汪五
主事即席限山莊二字》二首之二。"徐學士"指徐乾學;"施侍

讀”指施閏章,《學餘堂詩集》卷二十三收《王給諫招集祝氏園林是日同阮亭健庵果亭舟次蛟門峨嵋》詩,其中的“果亭”指徐乾學之弟徐秉義,即毛奇齡詩題中的“徐大贊善”,果亭係其號,著有《培林堂集》等。“汪(五)主事”指汪懋麟,《百尺梧桐閣遺稿》卷四“壬戌”今存其《幼華給事招同諸公飲祝園亭子限山莊二韻》詩。“顔考功”指“金臺十子”之一的顔光敏,“陳檢討”指陳維崧,“曹春坊”指曹禾(“編修”“峨嵋”)。

　　毛奇齡《王黄門招遊祝氏山莊同施侍讀王祭酒徐大贊善曹編修汪二檢討汪五主事即席限山莊二字》:(其一)“尋花來杜曲,載酒到柴關。朝士此時集,春風竟日還。菰蒲依檻外,柳絮落衣間。相對塵襟豁,渾疑返故山。”(其二)“頗覺春光盡,真成野興狂。城南天自近,杯底日初長。草閣迴林薄,花塍間水坊。追陪王給事,認作輞川莊。”(《西河合集》卷一百七十三“五言律詩”)

　　按:毛奇齡(1623—1716),字大可,一字齊于、于一,原名甡,號河右,別號西河(以郡望而得名),學者稱“西河先生”,別署秋晴、初晴、晚晴、春莊、春遲、僧彌、僧開等,浙江蕭山人。早慧,有“神童”之譽。年十三應童子試,得陳子龍賞識,補諸生,與兄毛萬齡並有文名,人稱“江東二毛”,毛奇齡爲“小毛生”。曾與南明魯王軍事。魯王敗,削髮入山中,事稍解,乃歸里。後爲避寇仇,改名王彦,字方士,匿跡江淮間十餘年。施閏章分守湖西道期間,延毛奇齡講學於白鷺洲書院,撰作《白鷺洲主客説詩》一卷。康熙己未,召試博學鴻詞名列第二,官翰林院檢討、國史館纂修,預修《明史》。二十四年任會試同考官;同年乞假歸里,以痹疾不復出,卜籍杭州竹竿巷,專心著述。二十六年寓居福州,以經術自負。與陳廷敬、柳敬亭、潘江、汪懋麟、王源等交遊唱和。平生以辨訂諸經爲己任,力主治經應立足於原文。兼善

駢散文及音韻學研究，名震四海，與毛先舒、毛際可齊名，時稱
“浙中三毛，文中三豪”。學者李塨、邵廷寀、“揚州八怪”之一的
金農及陳撰等曾從學於毛奇齡。著作著録多達一百七十餘种、
四百九十三卷（《經集》二百三十六卷、《文集》二百五十七卷），號稱“著
述之富，甲於近代”（《四庫全書總目》卷一百七十三）。作詩初受知於
雲間陳子龍，反復變化，規模唐音而上溯齊梁，自出新意。論
詩承繼明前後七子格調論，強調“涵蘊”，採用“以詩解詩”之法，尊
唐抑宋，對蘇軾頗有微詞。爲學好辯駁逞意氣，爭強好勝。其
集刻爲《西河合集》（又名《毛西河先生全集》）總四百九十三卷，
計有文集《毛檢討詞》（又名《桂枝詞》）一卷、《詩集》五十四卷、
《文集》一百一十九卷、《西河詩話》二卷《詞話》二卷、《蕭山縣志
刊誤》三卷、《湘湖水利志》三卷、《論釋〈西廂記〉》、傳奇《放偷
記》《買家記》等六十八种；經集《古今通韻》十二卷、《聖諭樂本
解説》二卷、《詩札》二卷、《國風省篇》一卷、《竟山樂録》四卷、
《四書改錯》二十二卷、《詩傳詩説駁議》五卷、《仲氏易》三十卷、
《推易始末》四卷、《太極圖説遺議》一卷、《論語稽求編》七卷、
《聖門釋非録》五卷、《春秋毛氏傳》三十六卷、《春秋屬辭比事
記》四卷、《春秋簡書刊誤》二卷、《河圖洛書原舛編》一卷、《古尚
書冤詞》八卷、《毛詩寫官記》四卷、《易齋馮公年譜》一卷（《西河合
集》“附”）等四十九種。其生平見自撰《自爲墓誌銘》（《西河合集》卷
八十八）、全祖望《蕭山毛檢討別傳》（《鮚埼亭集外編》卷十二“傳”）、
《國朝詩人徵略》卷十、《本朝名家詩鈔小傳》卷一“《西河詩鈔》
小傳”、《清代學者象傳》“第一集　毛奇齡”條、《清史稿》卷四八
一《列傳二百六十八·儒林二》、《清史列傳》卷六十八《儒林傳
下一》“毛奇齡”條、韓係同編《毛西河先生年譜殘稿》、《清代名
人傳略》“毛奇齡”條、《書林藻鑑》卷十二“清”、干人俊編《毛西

河年譜》二卷（稿本）等。毛奇齡有《王給事孺人張氏墓誌銘》等，亦與王又旦有關。

　　施閏章《王給諫招集祝氏園林是日同阮亭健庵果亭舟次蛟門峨嵋》："一春無日無風沙，昨宵微雨今朝霞。城南窈窕好園館，攜壺並轡來看花。白晝陰陰楊柳綠，梓澤蘭亭叢一曲。孤嶼回溪面草堂，攢雲疊石成書屋。就中縹緲飛丹樓，簾捲西風在上頭。主人況是王給事，相將直作輞川遊。去年與客同登臺，今日追懽取次來。狂思白鹿騁五嶽，老憶青山倒一杯。四座高談不得住，尊酒纔酣春欲暮。多少游魚唼落花，行吟細繞池邊樹。"（《學餘堂集・詩集》卷二十三"七言古"）

　　按：施閏章（1618—1683），字屺雲，後字尚白，號愚山，又號蠖齋，晚號矩齋，宣城（今屬安徽）人。少孤，養於祖母，事親至孝。清順治六年進士，官刑部主事。十二年補刑部廣西司員外郎。次年舉行自曹郎選拔學使試中，御選名列第一，擢山東學政。十八年轉官江西布政司參議、分守湖西道。康熙七年歸里門。十年，以部檄敦迫入都補官，以叔父年老爲由辭歸。十七年入都，第二年召試博學鴻詞，列二等第四名，授翰林院檢討，旋轉官翰林院侍講，充《明史》纂修官。二十年出典河南鄉試，任主考。二十二年轉侍讀，充《太宗聖訓》纂修官，不久辭世。爲人注重道德完善，任職地方官時，多行善政，體恤民生，重視文教。江西布政司參議任上時，民間以"施佛子"呼之。京師成名後，與宋琬、嚴沆、丁澎、張文光、趙賓、周茂源詩文唱和，時人稱"燕臺七子"。與錢謙益、馮溥、顧炎武、陳廷敬、毛奇齡、葉封、徐乾學、劉體仁、董俞、張英、魏象樞、梅清、孫光祀、程可則、江湜、王弘撰、王時敏等交遊唱和。著有《學餘堂集》七十八卷（亦稱《施愚山先生集》，其中《文集》二十八卷、《詩集》五十卷）、《學餘堂別

集》四卷(《蠖齋詩話》二卷、《矩齋雜記》二卷)、《學餘堂外集》二卷、《端
溪硯品》一卷、《施氏家風述略》一卷等。主修《(康熙)袁州府
志》二十卷、《(康熙)臨江府志》十六卷等。補定明人俞策《閤皂
山志》二卷。王士禛賞其五言詩之"溫柔敦厚"(《池北偶談》卷十
三),沈德潛《清詩別裁集》卷三評其詩"以溫柔敦厚勝"。詩體有
"宣城體"之稱,頗受王士禛推重,摘其中清辭麗句而作《摘句
圖》。詩與宋琬齊名,稱"南施北宋"(《池北偶談》卷十一)。詩風雅
正醇厚,最工五言律,亦長七言歌行,法王、孟、韋、柳;亦多雄偉
兀屬之音。生平見高詠《施愚山先生行狀》、錢謙益《施愚山詩
集序》(《牧齋有學集》卷十七"序")、徐乾學《送施少參尚白還宣城序》
(《憺園文集》卷二十三)、毛奇齡《誥授奉政大夫翰林院侍讀加一級
施君墓表》(《西河合集》卷八十六"墓表一";亦載《碑傳集》卷四十三,題作
《翰林院侍讀施君閏章墓表》)、毛奇齡《施愚山詩集序》(乾隆十年刊本
《西河合集·文集》卷六;《四庫全書》本《西河集》卷二十九"序")、湯斌《翰
林院侍讀前朝議大夫愚山施公墓誌銘》、梅文鼎《祭侍讀施愚山
文》(《績學堂文鈔》卷六)、王士禛《題施愚山少參賣船詩後》(《帶經堂
集》卷二十三《漁洋續詩一》)、汪琬《愚山先生詩序》(《鈍翁續集》卷十五
《文稿七·序三》)、孫光祀《施愚山觀海集序》(《膽餘軒文集》"序")、尤
侗《施愚山薄遊草序》(《西堂雜俎三集》卷四)、王晫《今世說》卷二
"施愚山語所親"、焦循《施愚山遺事》(《里堂道聽錄》卷二十八)、施
念曾編《施愚山先生年譜》(載《清初名儒年譜·第七冊》中)、施琮編
《施侍讀年譜》(載《清初名儒年譜·第七冊》中)、錢林《文獻徵存錄》
卷二"施閏章"條、《國朝詩人徵略》卷一、《清史稿》卷四八四《列
傳二百七十一·文苑一》、《本朝名家詩鈔小傳》卷一"《宛陵詩
鈔》小傳"、《清代學者象傳》(第一集)、姚永樸《施愚山先生》(《舊
聞隨筆》卷一)、葛虛存編《清代名人軼事·學行類》"施愚山講學"

“施愚山造詣”、金天翮纂輯《廣清碑傳集》“施閏章”條、《清史列傳》卷七十《文苑傳一》、《清儒學案小傳》卷三《施閏章愚山學案》、《清代七百名人傳》（第五編）“藝事　文學”等。施閏章與王又旦叔父王命南亦有交往，其集中現存《送王季鴻孝廉歸吳下》詩（《學餘堂詩集》卷二六“五言律”）。

　　“果亭”，指徐秉義（1633—1711），初名與儀，字彥和，號果亭，江蘇崑山人，徐乾學之弟、徐元文之兄。早歲入縣學爲生員，順治十八年“奏銷案”時功名被削，改名秉義。康熙十二年癸丑科一甲第三名進士（探花），授編修。十四年任浙江鄉試主考，“一時名士搜羅殆盡”（《（同治）蘇州府志》卷九十五）。二十一年升右春坊右中允，任《一統志》總裁。次年升任翰林院侍講，旋辭歸，醉心訪求古書。徐乾學去世後，入朝復原職，擢侍讀庶子。三十六年，任少詹事，充日講起居注官。三十八年，晉詹事，備顧問，與狀元韓菼同司代言之職。旋充任庚辰科殿試讀卷官，任《明史》總裁官。後升任禮部侍郎，遷吏部，兼管詹事府；不久授《律例》館總裁官。四十一年，與刑部侍郎綏色克同赴陝西審理糧鹽道受賄案，因擬罪失當，被革職，以翰林官留用。後補爲詹事，任順天府壬午科鄉試正考官。次年，擢升內閣學士兼禮部侍郎。四十三年辭官歸鄉，在玉峰山南築耘圃，鑽研經學。時人評爲“文行兼優”。著有《（耘圃）培林堂詩集、文集、別集》、《代言集》、《經進集》、《明季忠烈紀實》二十卷、《殉難録集》、《五經識餘》、《宋儒學案續》、《培林堂書目》等。生平見許汝霖《座主徐果亭墓誌銘》（《德星堂文集》卷四）、《清史稿》卷二五〇《列傳三十七·徐元文傳》附、《清史列傳》卷十、《（同治）蘇州府志》卷九十五等。

　　汪懋麟《幼華給事招同諸公飲祝園亭子限山莊二韻》：（其

一)"三月已云暮,一亭今始聞。柳花何滚滚,谿水自潺潺。只
此便高枕,未須思故山。林鶯如愛客,作意語綿蠻。"(其二)"醉
來呼給事,曾否卜西莊。種樹他年約,看花且衆狂。真宜臨曠
野,最好是斜陽。獨媿何居士,嘲余似太常。余是日齋。"(《百尺梧
桐閣遺稿》卷四)

**據《澄鑒堂石刻》載,本年夏初,應友人宋犖命,有題文同墨竹詩作
二首;因石刻真實性受到質疑,作品存疑。**

　　《題文與可墨竹四言詩二首》:(其一)"石潤欲滴,竹風交
横。筆墨不死,文蘇長生。"(其二)"寫竹傳神,何曾逼真。會知
此意,竹是前身。"(《澄鑒堂石刻》"文十八")

　　按:詩尾題款"壬午夏初拙詠二章敬題應牧仲先生命　嫠
里弟王又旦",壬戌即康熙二十一年,"牧仲先生"指宋犖,字牧
仲;"嫠里"即"莘里",《玉篇·女部》載:"嫠、嫘,二同,有莘國。"
王又旦家鄉陝西郃陽爲古莘國故地,"嫠里"云云,即源於此。
依碑刻中諸家題款,最早題識者應爲顏光敏"辛酉正月十一日,
瑞雪初霽"(有些題款未提供題寫時間),則此前畫已爲宋犖收
藏;應宋犖之請爲其題識者,按石刻排列順序,分別有梁清標、
魏象樞、王士禎、沈荃、徐元文、葉封、王又旦、曹禾、顏光敏、徐
倬、歸允肅、汪楫、陳光緒、姜宸英等。需要説明的是,姜宸英所
題二幅,詩作者分別爲薛公樸和馮京。澄鑒堂爲曾任南河總督
張井(芥航)收藏書畫的齋名,據説其道光年間收得宋代文同和
蘇軾所畫巨幅風竹各一軸,左右分列宋、元、明、清四朝七十四
位名家題詠,八年請無錫金石名家錢泳將諸名家墨跡鈎勒上
石,共計四十二方,名爲《澄鑒堂石刻》。對其真僞,張伯英原
著、李天馬編述《張氏法帖辨僞》"宋　蘇東坡《題文竹畫石》
澄鑒堂石刻　清　張井　焦山本"條云:"文竹,宋元人題詠有

蘇東坡、范純仁、米元章、虞集、柯九思、黄溍、鄭元祐、吳仲圭、楊廉夫、倪雲林。……明人不必説，清在宋仲牧家，當時名流應有盡有，可謂偉觀。竹爲巨軸，不能摹，止摹題跋，各成二卷。此物不惟宋、元皆僞，即清代皆無一真。范純仁題全襲白香山詩，改蕭郎爲文翁，其他蕭字皆改文，豈非笑柄。東坡自題語尤鄙淺，直是厚誣古人。”（亦見《張伯英碑帖論稿・釋文卷》“附録　澄鑒堂石刻四卷焦山石本”、《續修四庫全書總目提要》“澄鑒堂石刻四卷焦山石本”條。）今人江澄波《版本目録之屬・江蘇明清叢帖考略》（載氏著《吳門販書叢談》）亦以其爲僞作。丁政《碑帖書畫與詩歌文獻研究》“附録　《澄鑒堂石刻》中的蘇軾書作係僞跡”中主要談及蘇軾書法真僞，對其他墨跡真僞的判斷思路略有涉及，也有所考辨，没有明確的結論，持存疑的態度。據《新發現宋代巨幅墨竹圖——與焦山碑林澄鑒堂石刻之淵源》一文中載：“泰籍華人蘭蓬雅集主人家亦藏有祖傳《宋代巨幅墨竹》一幅，其上所有題跋内容及印章在澄鑒堂石刻中均能得到印證。通過石刻與畫作相互印證、比較，爲研究《澄鑒堂石刻》的成因、流傳情況、藝術價值等方面提供了珍貴的資料和進一步研究拓展的空間。去冬，焦山碑林將《澄鑒堂石刻》整理出版；今天，《北宋巨幅墨竹之發現——從文同蘇軾到焦山碑林》一書又在臺灣出版，這兩輯資料的出版爲海内外研究者提供了詳實、珍貴的資料，爲今後解開文同墨竹是否有真跡傳世及澄鑒堂石刻的本原面目，將會有極大的幫助。”經筆者檢索，《北宋巨幅墨竹之發現——從文同蘇軾到焦山碑林》爲蘭蓬雅集編撰，大果文化顧問股份有限公司2013年出版；限於條件，該書筆者尚未寓目，難以得知其間詳情。《澄鑒堂石刻》中所收王又旦詩之真僞，暫時存疑。

五月初七日，友人陳維崧卒，年五十九。

　　陳維崧編選《篋衍集》中，收王又旦詩多首。張孺人卒後，
陳維崧作有《王母張孺人哀辭》。

　　按：陳維崧卒後，友朋多有悼亡詩作，如魏象樞《哭陳其年
檢討和益都公韻》(《健松齋集》卷十九"壬戌")、馮溥《輓陳其年》(《佳
山堂詩集》"七言律詩")、尤侗《哭陳其年二首》(《于京集》卷五)、尤侗
《公祭陳其年檢討文》(《西堂雜俎三集》卷八)、徐乾學《陳檢討志銘》
(《憺園文集》卷二十九)、王士禛《輓其年檢討》(《漁洋續集》卷十五)、洪
昇《哭陳其年檢討》(《稗畦集》)、張遠《輓陳太史維崧》(《梅莊集》"五
律")、曹寅《哭陳其年檢討》(《楝亭詩文鈔·詩別集》卷二)、龐塏《哭陳
其年檢討》(《叢碧山房詩初集·翰苑稿》)、王嗣槐《輓陳其年太史》
(《桂山堂詩選》卷十二)、吳綺《哭陳其年太史》(《林蕙堂全集》卷十八《亭
皋詩集》)等。

　　陳維崧(1625—1682)，字其年，號迦陵，江蘇宜興高塍人。
詞人、駢文作家。明末諸生，爲明末東林黨中堅陳於廷之孫，明
末四公子之一陳貞慧長子，以清癯多鬚，海內稱爲"陳髯"，與字
並行。幼時即以才思敏捷著稱。崇禎三年拜雲間陳子龍爲蒙
師。七年即代祖作文《楊忠烈像讚》，殊有可觀之處。十七歲時
應童子試，列第一。順治七、八年間，時與常州鄒祇謨、董文友
爲文酒之會，以詞唱和。十年三月三日，慎交社與同聲社在蘇
州虎丘集會，陳維崧與彭師度同賦《上巳篇》，因詞采瑰偉，盟主
吳偉業讚譽二人與吳兆騫爲"江左三鳳凰"。十二年，隨父至金
陵，應父命事吳應箕。康熙十八年，博學鴻詞科廷試一等第十
名，授翰林院檢討，五十四歲時參與修纂《明史》。二十一年卒。
早歲交好顧貞觀。與侯方域、龔鼎孳、冒襄、余懷、方以智、宋徵
輿、納蘭成德、王士禛、馮溥、姜宸英、徐乾學、孫枝蔚、董以寧、
董俞、方文、汪懋麟、喬萊、方象瑛、吳綺、毛先舒、毛際可、吳兆

騫、鄒祇謨、汪琬、李澄中、大汕和尚、曹亮武等交往唱和。文工
駢體，與吴綺、章藻功並稱"清初駢體三大家"。長於行草書。
尤以詞知名，爲一代詞家，存詞一千六百多首。開創陽羨詞派，
其詞風格豪邁，筆勢雄放，情辭兼盛，骨韻奇高，頗類蘇、辛；晚
清詞評家陳廷焯早年評其《洞仙歌》"碧雲耿耿"詞云："其年才
大如海，其於倚聲，獨開門徑，别具旗鼓，足以光掩前人，不顧後
世。如神龍在天，變化盤屈，他手自不能到。"(《雲韶集》卷十六"國
朝"。上引文字後收入《詞壇叢話》中，其後尚有以下論述："如鯨魚掣海，杳冥
悠肆。視彼淺斟低唱者，固無論矣。")與朱彝尊齊名，二人詞"合刻一
稿，名《朱陳村詞》，流傳至禁中，蒙賜問，時以爲榮"(蔣景祁《迦陵
先生外傳》，載《碑傳集》卷四十五《翰詹上之下》；亦見《清史稿》卷四八四《列
傳二百七十一·文苑傳·陳維崧傳》)；亦與朱彝尊、納蘭成德並稱清
初三大家。詩歌格調以悲冷爲主，激昂悲慨、"雄邁惻摯"，崇尚
懷古寄託、借物起興，尤工歌行體，先後師從吴偉業、陳子龍學
詩。其文駢散兼擅，長洲汪琬不輕易許可，於其文則評曰："唐
以前不敢知，自開寶後七百年，無此等作矣。"(《國朝先正事略》卷三
十九引)駢文創作與吴綺、章功藻齊名，代表了順康年間的最高成
就。著有《迦陵文集》十六卷、《湖海樓詩集》八卷、《湖海樓詞
集》三十卷(又名《迦陵詞全集》)、《兩晉南北史集珍》六卷、《婦人集》
一卷、《才子西廂醉心篇》(金聖歎評點、陳維崧訂《貫華堂第六才子書
西廂記》八卷"附")等。編選時人詩歌成《篋衍集》十二卷，另編選
《四大家文選》二十二卷附録一卷(選録歸有光、王猷定、侯方域三家
文，分别爲《歸震川文選》八卷、《王于一文選》兩卷、《侯朝宗文選》六卷；程康
莊詩、詞、文兼選，計有《程崑崙文選》四卷《詩選》二卷附《詩餘》四十三首)。
與潘眉等同輯《今詞選》三卷，與曹亮武等編《荆溪詞初集》七
卷，與冒禾書昆仲共同編選《今文選》八卷。參與編輯《宜興陳

氏家言》十四卷。生平事跡見《亳里陳氏家乘》、徐乾學《陳檢討誌銘》(《憺園文集》卷二十九)、徐乾學《陳檢討湖海樓詩序》(《憺園文集》卷二十一)、蔣永修《陳檢討迦陵先生傳》(《碑傳集》卷四十五引)、蔣景祁《迦陵先生外傳》(《碑傳集》卷四十五引)、毛際可《陳其年文集序》(《安序堂文鈔》卷五)、《國朝詩人徵略》卷十二、《國朝先正事略》卷三十九《文苑·陳其年先生事略》、《清代學者象傳》(第一集)、《清史稿》卷四八四《列傳二百七十一·文苑一》、《清史列傳》卷七十一《文苑傳二》、《清代七百名人傳》(第五編)"藝事文學"、《清代名人傳略》"陳維崧"、高拜石《詞家氣魄稱第一──陳迦陵創作天才》(載氏著《古春風樓瑣記》)、周韶九《陳維崧年表》(《陳維崧詩選》後附)等記載。今人陸勇强、馬祖熙、周絢隆、侯榮榮分別撰有《陳維崧年譜》。

六月,上避暑瀛臺,詔衆大臣赴臺畔打魚,有詩紀之。

《瀛臺打魚歌有序》"序":"康熙二十一年六月,上避暑瀛臺,詔大臣赴臺畔打魚。臣又旦以事得預,謹記以七言長句。""曙星纔上遊氛開,苑西嫋嫋蘋風來。萬柳陰中簇鞍馬,側身直入雲濤堆。初聞樹根響綫溜,遥與鳴珮同喧豗。却轉紅墻取微徑,天門洞闢銀河隈。彩虹垂下一千尺,乃知捨此無蓬萊。半規海日光照水,中央湧出金銀臺。錦鱗吹潝動地軸,上下荷菱藏灣洄。釣筒雖設常不用,却歎天網何其恢。是時海内正清晏,府中日暇唯啣杯。詔下共汝樂濠濮,君臣一德無嫌猜。喜見銀刀出笭箵,便折御柳穿鬐鰓。在廷宜上《靈沼頌》,一時袞袞皆鄒、枚。小臣珥筆紀盛事,願攜芳餌長趨陪。"(《黄湄詩選》卷八《披垣集》)

按:"瀛臺",位於京師南海中的仙島皇宫;明時稱"南臺",清順治、康熙年間在島上修筑大量殿宇,順治十二年改今名;是

帝王、后妃听政、避暑和居住之所。因四面臨水，襯以亭臺樓
閣，頗類海中仙島，故名瀛臺。

張衡得雷氏琴。夏日，作詩紀其事。

　　《雷琴詩爲張晴峰水部作二首》：（其一）"雷氏居峨嵋，戴笠
深雪中。聽松得妙理，遺響傳無窮。天籟入沉寥，顥氣蕩肺胸。
當其慘澹時，乃與正始通。神物一千年，護持煩鬼工。得之都
市間，十丈埃塵紅。美人重拂拭，高懷寄虛空。願言侶祝牧，攜
去東陽東。寥寥太古意，付之焦梧桐。"（其二）"遥夜暑雨歇，華
月流中天。六街闃無人，坦步房櫳前。平生多積懷，鬱鬱何由
宣。高張促其軫，寄之朱絲絃。驊騮塞廣路，竟日空駢闐。誰
從塵土中，覓此山木緣。涼風動檐際，石鼎颺茶烟。曲終正安
坐，露下山蒼然。"（《黃湄詩選》卷八《披垣集》）

　　按："張晴峰水部"，指張衡，生卒年不詳，河北景州人，字友
石，又字義文，號晴峰。順治乙丑進士，官水曹郎，遷浙江提學
道。工於書法。貧不能舉火。一日，貸錢過慈仁寺，見書，即買
歸展讀，怡然忘饑。著有《古韻葉考》等。生平見王晫《今世説》
卷六、徐世昌《大清畿輔先哲傳》卷十九"文學傳一"等。

　　張衡"雷氏古琴"，據顏光敏《顏氏家藏尺牘》"姓氏考"記
載："（張衡）喜彈琴，後得雷氏古琴，修而銘之，紀以長歌。一時
名士屬和者數百。"（亦見王晫《今世説》卷六）王士禛詩中，與張衡及
彈琴有關的詩歌有《聽張晴峰員外彈琴》（《帶經堂集》卷三十一《漁洋
續詩九》"丙辰稿"）、《張友石户部得雷氏琴》（《帶經堂集》卷三十一《漁洋
續詩九》"丙辰稿"）、《張晴峰員外園亭聽金山人彈琴同訒庵學士北
山都諫作》（《帶經堂集》卷三十二《漁洋續詩十》"丁巳稿"）等。其他尚有
朱彝尊《雷琴篇送張僉事衡視學浙江》（《騰笑集》卷二，亦見《曝書亭
外稿》卷一"七言古"）、方象瑛《雷琴歌爲張晴峰水部作》（《健松齋集·

展臺詩鈔》卷十九）、顔光猷《雷琴歌上張農部晴峰》（《水明樓詩》卷二“七言古詩”）、王澤弘《張晴峰户部購得舊琴……蓋雷琴也詩以紀之》（《鶴嶺山人詩集》卷四“丁巳年稿”）、梁佩蘭《大唐雷氏琴歌並序》（《六瑩堂二集》卷三“七言古”）。張衡編選《听雲閣雷琴篇》十卷，收錄詩作達百首之多，《顔氏家藏尺牘》所言不虛。

　　兹録王士禛詩一首如下。《張友石户部得雷氏琴》：“枯木向千載，中有太古音。君子重拂拭，寄此山水心。閒庭何蕭條，苔色上衣襟。爐煙方斷續，房櫳杳森沉。遥懷託散暢，古調删哇淫。良以辨廉志，詎必有黄金。相賞在松石，蕭然滿風林。”

本年七月，與王士禛、徐乾學、陳廷敬、汪懋麟集京都城南祝氏山莊，禹之鼎繪《五客話舊圖》紀其事。

　　徐乾學《十種唐詩選書後》（節録）：“往歲郃陽王黄湄、江都汪季用，邀澤州陳説巖、新城王阮亭及余五人集於城南祝氏之園亭，爲文酒之會。余與諸公共稱新城之詩爲‘國朝正宗，度越有唐’。季用爲新城門人，舉觴言曰：‘詩不必學唐。吾師之論詩，未嘗不采取宋元。辟之飲食，唐人詩猶粱肉也。若欲嘗山海之珍錯，非討論眉山、山谷、劍南之遺篇，不足以適志快意。吾師之弟子多矣，凡經指授，斐然成章，不名一格；吾師之學無所不該，奈何以唐人比擬？’余告之曰：‘季用，君新城弟子，升堂矣未入於室。新城先生之才，足以揮斥八極，丹青萬物，其學問廣博而閎肆，年少通籍，四十餘年爲風雅宗主，海内學者趨之如龍魚之歸淵澤。先生誨人不倦，因材而篤，各依其天資，以爲造就。’季用但知有明前後七子剽竊盛唐，爲後來士大夫訕笑，嘗欲盡祧去開元、大曆以前，尊少陵爲祖，而昌黎、眉山、劍南以次昭穆。先生亦曾首肯其言。季用信謂固然，不尋詩之源流正變，以合乎《國風》《雅》《頌》之遺意，僅取一時之快意，欲以雄詞震盪一時，且謂吾師之教其門人者如是。先生《漁洋前、後集》具在，惟七言古頗類韓、蘇，自餘各體持擇不可謂不慎，選練不可謂不精，其造詣固超越千載，而體制風格未嘗廢唐人之繩尺。君熟讀自得之，何可誣也？……是爲癸亥歲孟秋之月。……"（《十種唐詩選》卷末）

　　按：徐乾學以五人集會并請人繪圖事在"癸亥歲孟秋之月"，即下一年深秋。需要説明的是，徐乾學的説法屬於事後回憶，五人集會本身也非其話題核心。正是在這次文酒之會上，王士禛、徐乾學、汪懋麟諸人討論了王士禛詩歌創作觀的宗尚問題，引發了王士禛對詩壇創作風氣的重新審視，開啓了其對盛唐詩風的推崇。對此，汪懋麟《城南山莊畫像記》中提供了不同的説法，以爲事在本年。"江都汪季用""季用"，指汪懋麟；"澤州陳説巖"指陳廷敬；"新城王阮亭""新城"，指王士禛。

　　汪懋麟《城南山莊畫像記》："懋麟自順治末受知于濟南王公。及康熙初舉鄉試，始通賓客，與海内名賢相結納。乙巳，得交邵陽王公；丁未，得交崑山徐公；己酉，應閣試入京，得交澤州陳公，相與論詩有合焉。時陳公官侍讀，徐公爲孝廉，王公領縣潛江，而濟南公則由揚州推官遷禮部主客矣。歲庚戌，徐公取上第入詞館，濟南公歷户部郎，懋麟在中書，四人者相聚于闕下；惟王公隔江漢，相去三千餘里之外，雖時見其詩，思其人而遠莫能致也。壬子秋，濟南公試士入蜀，尋以太夫人憂去。明年癸丑，徐公覲省去，懋麟遭母喪去，陳公方侍講崱蒙上知，凜然公輔，不似予輩之憔悴而潶落也。又三年丙辰，王公自潛江被召授給事中；余與徐公服滿入京，而王公先以憂去不得見。惟予四人者復聚于闕下，暇輒論詩。未幾，徐公與余再以憂去。越三年己未，予兩人再來，濟南公已改館閣拜祭酒，而陳公久領翰林學士，先數月以太夫人喪歸里，又不得見。又二年辛酉，王公始來給事門下；陳公既入，再領翰林，五人者始聚而不散。回憶二十年來，聚復散，散復聚，中更憂患，情事不殊，若有不期然而然者，陳公於此有深感焉。於是壬戌七月，相聚於城南山莊，賦詩飲酒相娛樂，命興化禹生貌五人像爲一圖，屬懋麟爲之記。夫古人以道義文章相合者，其遊處與共，後人慕其風，輒見於圖畫，若香山《洛社、西園諸圖記》，流傳最廣，雖市兒、販夫皆知之。至於齊名比肩，聯類以稱者，如厨顧、俊及、七子、五君諸品目，大抵皆一時矜飾之詞，而千載而下，亦遂以爲不可易，或亦不僅以其名也與。圖既成，亭榭橋樑、水石竹樹、筆床茶具之屬，罔不畢肖。陳公據石案搦管欲書，濟南公倚案左側視，王公面案企脚坐，握手語林木間者，則徐公與懋麟也。懋麟於此竊有愧。陳公與濟南公各以名德爲帝師，徐公翊贊青宮，與陳公並領史局，王公方拾遺補闕，而予庸碌無狀，無所表見。齒僅少陳公一歲，徒以浮名受筆札趨走纂局，而諸公以故人不即擯棄，許共朝夕譚議。每攬鏡自顧，顚毛半秃，白髭日生，枯槁無聊之狀，不堪向人，何復以畫爲哉？他日諸公勳業既盛，宦遊或倦，欲借川澤須臾之暇而休沐焉；予得幅巾方袍杖笠以從，縱譚山川雲物之美，或有可以把臂無愧者。姑藏斯畫以待之。”（《百尺梧桐閣文集》卷三）

按：汪懋麟的記載，亦名《五客話舊圖序》，從五人相知相識到聚散離合，事無鉅細；集會的具體情形，曲折詳盡，歷歷在目；故而其可信度更大一些。《汪懋麟年譜》亦將其事繫於“清聖祖康熙二十一年壬戌”。

蔣寅《王漁洋與清初宋詩風之興替》中說：“直接給他（按：指王士禛）強烈刺激的，是康熙二十二年（1683）七月與徐乾學、陳廷敬、王又旦、汪懋麟在北京城南祝氏園亭的一次聚會。"(《文學遺産》1999 年第 3 期）其中諸人祝園雅集繫年"康熙二十二年（1683）"。持類似觀點的尚有凌郁之《蘇州文化世家與清代文學》和楊瓊《王士禛刪訂〈十種唐詩選〉版本研究》等。前者有云："康熙二十二年七月，王又旦、汪懋麟邀陳廷敬、徐乾學、王士禛集於城南祝氏園亭，爲文酒之會。"後者説："關於王士禛編選《十選》（按：指《十種唐詩選》）與《三昧集》的直接原因，大抵與徐乾學在《〈十種唐詩選〉書後》記載的康熙二十二年城南祝氏園亭中的一次文酒之會相關。"諸人京都城南山莊雅集詳情，陳康祺《郎潛紀聞》卷七中載："康熙壬戌七月，王文簡公士禛、陳文貞公廷敬、徐健庵尚書乾學、王幼華給諫又旦、汪蛟門比部懋麟集城南山莊，禹慎齋鴻臚之鼎作《五客話舊圖》，蛟門爲紀，卷藏澤州陳氏。"陳用光《題五客話舊圖》中也以事在壬戌："慎齋圖寫《城南園》，蛟門記作壬戌年。廿年五客重語舊，相公感此情拳拳。香鱗蟠空落翠雨，鳳葉離□接簷宇。平泉風月復何如，相業他年知並數。我讀午亭記事詩，觴詠曾爲王黄虁。感舊乃有早衰語，禹生此幅猶前時。如何翰墨流傳處，卷尾獨軼自題句。不識拈毫據案時，説史論文底深悟。我輩亦復居城南，雋遊愧説聯騑驂。百年耆舊思鄉接，不獨漁洋與健庵。"(《太乙舟詩集》卷四）翁方綱《五客話舊圖》詩題下注云："康熙壬戌七月，王阮亭、陳午亭、徐健庵、王幼華、汪蛟門集城南山莊，禹慎齋作圖，蛟門爲記。卷藏澤州陳氏。"(《復初齋詩集》卷四十二《石墨書樓集三·小石帆亭稿上》)值得一提的是，對雅集事在壬戌年，翁方綱《跋五客話舊圖》言之甚詳："公（按：指陳廷敬）官户部尚書時，曾屬虞山王石谷爲作《午亭山邨圖》，此蓋在其前之十有五年，公年尚壯；與四公爲文酒之會，是時康熙二十一年也，新城王漁洋、崑山徐健庵兩先生與午亭同遊，人所習知矣。……予嘗見其小像曰《少壯三好圖》，蓋用《南史》蕭彥瑜語，後有幼華題句，亦在壬戌之春，蓋諸公相聚都門，一時紀勝，又得慎齋名筆寫之，令人歎羨，不啻置身其間，與諸公晤對者。"(《復初齋文集》卷三十四) 還有另外一種說法，亦來自城南雅集的參與者汪懋麟，據曾燠《澤州陳文貞公五客話舊圖五客者王漁洋徐健庵王幼華汪蛟門同集公城南山莊而禹慎齋爲之圖》中載："辛壬之際干戈戢，掃盡欃槍朗天日。碧雞金馬關塞通，鹿耳鯤身版圖入。諸公此時效廣颺，《圖》後汪蛟門記：話舊在辛酉、壬戌間。鐃歌鼓吹聲浪浪。"(《賞雨茅屋詩集》卷十四) 雅集年份並未明確。諸人聚會到底在康熙二十年、二十一年抑或二十二年，或者爲兩(三)次聚會，俟考。

　　"禹生"，指清初著名畫家禹之鼎(1647—1715)，字尚吉，一字尚基，亦作尚稽，號慎齋，寄籍江都，清初著名畫家。擅山水、人物、花鳥、走獸，尤精肖像。初師藍瑛，後出入宋元諸家，轉益多師，精於臨摹。康熙中，授鴻臚寺序班。因愛洞庭山水，欲居之，遂辭官歸居。朝貴名流，多屬繪圖像，多有流傳。生平見《清史稿》卷五〇四《本傳》。

　　王士禛《幼華給事招同愚山健庵大可舟次季甪集祝氏別墅》："黃門休沐暇，池館愜招尋。人語碧苔徑，鶴鳴修竹林。微風交落絮，流水澹春陰。坐愛儵魚樂，悠然濠上心。"(《帶經堂集》卷三十七《漁洋續詩》十五"壬戌稿")

　　陳廷敬《祝氏園同王幼華給諫汪蛟門舍人作》："斜日秋城隈，丘冢如履綦。念我爲娛遊，懷古心翻悲。花荒奉誠園，草積平泉池。食客一朝散，朱門生棘茨。昔者場牧地，高樓浮雲齊。飛除通窈窕，曲榭迂攀躋。夜涼增脂燭，柔指彈哀絲。迴谿激清風，音響何淒迷。椎牛擊肥豕，行爵正逶迤。東方日欲出，霜落凋華滋。不見幽居客，貧賤甘如飴。"(《午亭文編》卷四"古體詩")

按：陳詩僅提到王又旦(幼華給諫)與汪懋麟(蛟門舍人)，據"斜日秋城隅"，爲秋日之遊，是否爲三人單獨地出遊，俟考。

七月某日，酒醉，作詩寄贈顧景星。

《壬戌七月醉歌柬顧黃公》：階下一聲吟蟋蟀，幽人起坐心戰慄。男兒老大不成名，却悔從前厭圭篳。主恩雖許入明光，伐檀竊愧東臺秩。有口但能飲醇酒，西風零落囊中筆。致身卿相亦徒然，高臥林泉未爲失。弱齡抗志學前人，一屋蕭然惟兩膝。生來年命同蘇公，懷抱欲展終無術。憶昔公爲赤壁遊，元豐七月歲壬戌。三湘風露正蒼涼，萬里峽江空蕩潏。最喜洞簫起水面，少焉月向東山出。異代風流不可追，我亦行年四十七。余丙子生，今年壬戌，正蘇公遊赤壁之年也。多少名山未到眼，紙上徒勞論甲乙。兒童黃口聲嘈嘈，試問婚嫁何時畢？白帝可憐行顠氣，槐街柳陌秋瑟瑟。青銅三百頗易求，市樓醉臥復何恤？眼花耳熱扶歸舍，仰空但覺明河溢。黃州老人知我心，聊寄新詩當尺一。(《黃湄詩選》卷八《掖垣集》)

按："我亦行年四十七"及詩題"壬戌"云云，皆表明作時。

"明光"，指西漢明光宮，建於漢武帝太初四年(前101)秋，位於長樂宮北(今陝西西安西北未央區境內)。"伐檀"，蓋取其"彼君子兮，不素餐兮"之意。"東臺"，東京(唐洛陽、宋東京即中央)御史臺之省稱。"黃州老人"，指顧景星。

八月二十五日，汪楫、林麟焻出使琉球陛辭。王士禛此後有詩懷汪楫。

王士禛《秋日幼華季甪再招同說巖翰長健庵宮贊集祝園懷舟次奉使琉球》："重過碧溪上，秋色尚粼粼。釣石思何楷，林池想庾詵。霜清聞唳鶴，水落減遊鱗。忽憶滄溟客，乘槎獨問津。"（《帶經堂集》卷三十七《漁洋續詩十五》"壬戌稿"）

　　按："再招""重過""秋色尚粼粼"云云，似針對壬戌七月而言；此次出遊，據詩題"懷舟次奉使琉球"在八月二十五日之後。

再至瀛臺觀打魚，有詩述其事。

　　《瀛臺再觀打魚歌》："炎風漸退來西風，荷香柳色藏沖瀜。清曉氤氳不一狀，氣勢遥與溟渤同。侍臣唧命尋舊樂，竚立橋上皆上公。衆罾齊下盪初日，波光翻動車輪紅。却思羽騎指東北，威加海内歸沛、豐。天畢前導後梁野，驕馬十萬營州東。手投長竿釣鴨緑，一時河伯皆效忠。扈從歸來向余説，盛事未見心忡忡。兹來趨侍赤墀下，君恩長許遊空濛。眼前疏豁對極浦，使我吐氣如長虹。銀絲縷鱠古所羨，一鱗亦荷天王功。微臣家住大河岸，簑笠長伴菰蘆中。夙昔學用五十犗，操術太拙何能工？願得一魚給萬戶，敢將此語干宸聰。臨風悵望却迴首，天水一碧磨青銅。"（《黃湄詩選》卷八《掖垣集》）

　　按：詩中有"炎風漸退來西風，荷香柳色藏沖瀜"句，時令已是秋天。

九月二十八日，將入奏省中，候曉，有詩呈孫蕙、姚締虞二人抒懷。

　　《九月二十八日將入奏省中候曉寫懷呈姚岱麓孫笠山二垣長三首》：（其一）"荒郊野外叫何曾，假寐東臺暫曲肱。身病祇應添白髮，君恩常許伴青繒。省中故事，以青繒盛印。何當獻納通霄漢，豈爲飢寒就斗升？坐覺九關啓魚鑰，五更微月上觚棱。"（其二）"風清六詔已休兵，父老爭傳見太平。東井星芒如練白，南天禾稼照波明。諫官鎮日隨三品，中堊何年著五行。盛世封章無譴責，小臣唯有涕沾纓。"（其三）"上林啼鳥喚朝暉，淡月朦朧入瑣闈。三殿宿雲輕上屨，九秋零落冷侵衣。已知司馬無冰

鑑，敢慕劉殷有是非。八舍浮沈殊忝竊，何如歸掩故園扉。"(《黃
湄詩選》卷八《掖垣集》)

　　按:姚締虞(?　—1688)，字歷升，號岱麓，先世自江西遷徙
湖北黃陂，亦稱姚黃陂。順治甲午舉人，己亥二甲進士，與徐元
文、葉方藹、彭孫遹、葉封、姚文燮、周燦、曹玉珂等同科，授四川
成都府推官。康熙六年改任陝西安化(今甘肅慶陽慶城區)知
縣。行取御試第一，授科員。十五年四月任禮科給事中。十七
年充江西鄉試正考官，任起居注、吏科給事中;次年十二月轉職
工科掌印給事中。二十二年內陞鴻臚少卿，歷光禄少卿、通政
司左右參議、督捕理事官。二十四年官都察院左僉都御史，本
年八月任四川巡撫。二十七年四月卒於任。多善政，直言敢
諫。與田雯、彭孫遹、王岱、程正揆、陳光龍、歸允肅等交遊。生
平見徐乾學《巡撫四川等處地方兼理糧餉都察院右僉都御史岱
麓姚公墓誌銘》(《憺園文集》卷二十八)、徐乾學《祭姚岱麓先生文》
(《憺園文集》卷三十三)、劉湘煃纂《(乾隆)漢陽府志》卷三十三《人
物·鄉賢志》、《清史稿》卷二七四《列傳六十一·姚締虞傳》、
《清代大學士部院大臣總督巡撫全錄》"巡撫　四川巡撫"等
記載。

　　孫蕙(1632—1686)，字樹百，號泰巖，又號笠山，山東淄川
人。早歲以文章氣節顯。順治十四年中舉，十八年舉進士第中
二甲第四十二名，例選刑廳。康熙八年授寶應知縣，循卓有聲。
次年擔任寶應縣令的同時，兼攝高郵州印務，一身而兼兩件政
事。時蒲松齡應其聘，在其幕中幫辦文牘，有《代孫樹百與高司
寇念東書少宰高珩》一文傳世。十五年，以政績卓異行取入都，擢
陞戶科給事中，兩年後陞任掌印給事中。二十年，充福建鄉試
正考官，舟車行役，未嘗廢吟詠。其人工于文，尤喜作詩歌，格

調清麗。王士禛序稱其五七言爲"雖古作者無以加"(《〈笠山詩選〉序》)。與高珩、汪懋麟、吴綺、唐夢賚等人有交往。著有《笠山詩選》五卷、《歷代循良録》一卷、《安宜治略》、《笠山奏議》、《心穀製藝》、《感應箋注》等。其生平見同時代人王士禛《笠山詩選序》(《帶經堂集》卷四十《漁洋文二》)、高珩《户科給事中樹百孫公墓誌銘》(《棲雲閣文集》卷十四)、《國朝詩人徵略》卷六、《清代七百名人傳》(第一編)"政治 政事"等。

秋冬之際,題詩徐元文小像。

《題徐立齋都憲小像三首》:(其一)"文獻江東數顧厨,南床日暖近中樞。偶然七字傳刀筆,獨座終歸上大夫。"(其二)"漏下松廳退食餘,蕭蕭人静夜窗虚。烏皮幾冷霜華落,猶校蘭臺四部書。"(其三)"銀杏騎來歸院時,君才久已壓南司。誰知論事回天日,一紙賢于十萬師。"(《黄湄詩選》卷八《掖垣集》)

按:詩中有"烏皮幾冷霜華落"語,則時令當爲深秋或初冬。"顧厨":典出《晉書》卷九十二《列傳六十二·文苑·顧愷之傳》:"愷之嘗以一櫃畫,糊題其前,寄恒玄,皆其深所珍。""七字傳刀筆",疑與東漢大儒"關西孔子"楊震有關,待考。"蘭臺",兩漢宫中藏書之所,以御史中丞掌之,後世因稱御史臺爲"蘭臺"。東漢史學家班固曾任蘭臺令史,奉詔撰史,後世亦稱史官爲"蘭臺"。"南司",亦稱南衙門,唐代宰相治事之所;因中書、門下、尚書三省均在内廷(皇宫)南面,故稱;亦作官署通稱。

徐元文(1634—1691),字公肅,號立齋,江蘇崑山人。祖籍常熟,其母爲清初三大家顧炎武之姊,初冒姓陸,出仕通籍後恢復徐姓。與長兄乾學、二兄秉義有聲於時,稱爲"三徐"。順治四年中秀才,十一年中舉。十六年進士第一,與探花葉藹同榜。蒙世祖召見乾清門,還啓皇太后曰:"今歲得一佳狀元。"賜

冠帶、蟒服,授翰林院修撰。從幸南苑,賜乘御馬。嘗奉命撰
《孚齋説》,"孚齋"者,世祖讀書所也,上覽之稱善,命刊行。康
熙初,江南逋賦獄起,元文名隸籍中,坐謫鑾儀衞經歷,事白,復
原官。丁父憂,居喪行古禮。八年起補國史院修撰,遷秘書院
侍讀,同年出任陝西鄉試主考,唯才是舉。次年,遷國子監祭
酒,充經筵講官。同年納蘭成德入太學,深得徐元文器重。十
三年,遷内閣學士。次年改翰林掌院學士,兼禮部侍郎,充日講
起居注官,教習庶吉士,充《(重修)太宗實録》副總裁。十五年,
丁母憂歸鄉。吳兆騫自寧古塔賜還南歸事中,徐元文曾"捐金
贖之",頗得士林稱譽。十八年,特詔爲《明史》總裁官,薦故給
事中李清、主事黃宗羲及原任副使曹溶、主事汪懋麟、布衣黃虞
稷、諸生姜宸英等,部議不允,特旨從之;黃宗羲、曹溶并以年老
不至,而各上所著書,詔並付史館;尋補内閣學士、吏部題補給
事中。第二年擢都察院左都御史,兼經筵講官,遇事敢言。二
十二年冬,坐薦湖北按察使不當,降官三級。第二年專領史局,
任《明史》監修總裁官、《大清一統志》副總裁。二十七年十二
月,任刑部尚書,十日後,遷户部尚書。二十八年,拜文華殿大
學士,兼掌翰林院大學士,充《政治訓典》《方略》《一統志》總裁。
次年,爲《三朝國史》總裁官。因兩江總督傅拉塔彈劾,休致回
籍,第二年七月憂懼而逝,黃宗羲有《哭相國徐立齋先生》詩(黃
炳編《黃氏續録》卷四),表示哀悼。與葉方藹、沈荃、姜宸英、萬斯
同、馮溥、納蘭成德、朱彝尊、張玉書、梁清標、曾燦、曹玉珂、蔣
伊、吳之振、徐釚、張雲章、喬萊、魏象樞、閻爾梅、曹玉珂、汪霦、
湯斌、汪琬、郭棻、王源、梅清等交遊唱和。撰著有《含經堂集》
三十卷《别集》二卷、《大清國與鄂羅斯議定疆界之碑記》、《含經
堂書目》等,主持監修《明史稿》《平定三逆方略》等。生平見韓

茭《資政大夫文華殿大學士戶部尚書掌翰林院事徐公行狀》(《有懷堂文集》卷十七"行狀一"；亦載《碑傳集》卷十二、《國朝耆獻類徵》卷八"宰輔八")、王次山《徐立齋傳》(吳翌鳳編《清朝文徵》卷二十六)、陸言輯纂《政學錄初稿》卷四《徐元文》、《國朝詩人徵略》卷六、李元度編《徐相國元文事略》(《國朝先正事略》卷六"名臣")、《清史稿》卷二五〇《列傳三十七》、朱壽彭原著、朱鼇等改編整理《清代大學士部院大臣總督巡撫全錄》"大學士　文華殿大學士"、說元室主《紀徐立齋之力爭大計》(載王瀛洲《清代名人軼事》)、《清儒學案小傳》卷一《顧炎武亭林學案下》"附　徐元文"條、《清史列傳》卷九《大臣畫一傳檔正編六》、《清代七百名人傳》(第一編)"政治政事"、《清代名人傳略》"徐元文"、《清詩紀事初編》卷三《甲編上江南》等記載。

嚴我斯《題徐立齋前輩小影》(《尺五堂詩刪近刻》卷一)中有"長松挺虯枝，明月照秋水。露白兼葭蒼，天末涼風起"，似與王詩作於同時。另王士禛有《題徐立齋都憲寫真二首》(《帶經堂集》卷三十七《漁洋續詩十五》)、朱彝尊有《奉題徐公元文小像》三首(《騰笑集》卷四；《曝書亭集外詩》卷四)、魏象樞有《徐立齋小像贊》(《寒松堂全集》卷十二"贊")、郭棻有《題徐立齋總憲小像卷》(《學源堂詩集》卷十"七言絕句")。

冬日，汪懋麟爲王士禛刪定之王又旦詩集作序。

汪懋麟《〈黃湄詩選〉序》："郃陽王君幼華詩若干篇，濟南王先生刪定之矣，屬予序。"

按：汪序創作時間，據文末所載，爲"康熙二十年辛酉冬"。

臘月，有詩題王岱像。

《題山長兄教授像》："開卷北窗下，清風生座隅。何人染縑素，寫此《幽居圖》。潭州先生負道氣，抗志直與千秋俱。夙昔

好書兼好畫,墨花遍灑東西湖。世人擬公鄭司户,文章運數同
崎嶇。一官憔悴居帝里,破屋何有空書厨。臘月雪花大於掌,
疏櫺紙壞侵衣襦。騎驢朝天怯路滑,徘徊不敢臨中衢。昭潭潭
上好風景,湘蘭澧芷冬不枯。本是騷人舊遊地,長嘯可以忘朝
晡。如何荏苒離鄉土?坐令白髮生頭顱。先生潔性何所須?
破琴五絃一絃無。胡不攜此徑歸去,洞庭雲氣連衡、巫。"(《黄湄
詩選》卷八《披垣集》)

　　按:"山長兄教授""潭州先生",指王岱,字山長,湖廣潭州
人。"鄭司户",指盛唐詩、書、畫三絶之鄭虔(705—764),安史
之亂平後,被貶台州司户參軍。

　　時人題王岱小像詩作傳世頗多,如陳維崧《沁園春·題王
山長小像》(《迦陵詞全集》卷二十五)、施閏章《題王山長小像》(《學餘
堂詩集》卷十三"五言古")、施閏章《再題王山長小像二首》(《學餘堂詩
集》卷五十"七言絶")、嚴繩孫《題王山長教授小照》(《秋水集》卷五)、
袁啓旭《王山長廣文索題小像》(《中江紀年詩集》卷二"庚申")等。王
岱有《阮亭題余像次韻》(《了庵詩集》卷十六"七言律")。

　　王又旦詩,王岱亦有和作《和家幼華題像韻》:"鍾期不再知
音少,有琴無絃置坐隅。向平五嶽願難畢,江山一覽歸畫圖。
我用我法只如此,人心不同如面殊。浮生寄跡此天地,任意舒
卷浮雲俱。河北自應嘆秋水,海若不復驚江湖。太空野馬無色
相,厚地山嶽憑嶔嶇。未生之前本無物,安分溷厠兼雲厨。既
無乘木爲涉險,何用終日戒衣襦。此心安處家即在,到來瀟灑
如神衢。優遊不覺老將至,鬢髮雖艾神不枯。嗜欲久斷寡内
疚,旦氣直欲過午晡。藿食茗飲寧負腹,葛巾自不慚圓顱。靈
均内窄徒鬱鬱,離憂展轉招神巫。百年榮辱同一瞬,泡影夢幻
終虛無。"(《了庵詩文集·詩集》卷六)"向平五嶽願難畢",事見《後漢

書》卷八十三《逸民列傳第三十七》:"向長字子平,河內朝歌人
也。隱居不仕,性尚中和,好通《老》《易》。……男女娶嫁既畢,
敕斷家事勿相關,當如我死也。於是遂肆意,與同好北海禽慶
俱遊五嶽名山,竟不知所終。"

爲戴廷栻古鼎作詩。

《古鼎歌有序》"序":"祁縣戴楓仲有古鼎,鼎中一馬一鼠,引
《吕氏春秋》爲證,據知爲周鼎也。屬予作歌。""夜坐金景流房
櫳,一南一北雲逢逢。誰爲此者驚愚蒙,戴氏之鼎來河東。子
水母土木火功,古色不辨貫與崇。翡翠青間齊玫紅,饕餮怒張
雜夒龍。蜒蜿之勢何其工,中有一馬方雙瞳。其下隱約憑社
蟲,或云乾與艮相從。不然子午識夏冬,紛紜衆説胡能同?魯
真齊贗空懵懵,何人博雅爲譚宗?考圖論世自鎬、豐,憶昔神廟
稱時雍。斯器原出蓬萊宫,天球河圖與大鏞。蚩敦紀甗争春
容,金耶張耶椒房雄。乞而有之作清供,大梁左右興兵戎。豪
門散盡隨霜蓬,零落不復求亡弓。嗚呼治亂何匆匆,使我感歎
填心胸。大烹杳矣難繼蹤,此物合依蒲葦叢。主人有閣名丹
楓,閣前後百花纖茸。兩耳三距位當中,玩視聊寄疏且慵。王
生作歌紀始終,愧無長管摇白虹。"(《黄湄詩選》卷八《披垣集》)

按:"王生",王又旦自稱。

戴廷栻(1618—1691),字楓仲、維吉、補巖,號符公、嗇廬
子。原籍代州(今山西忻州代縣),明初遷居祁縣戴家堡。學
者、藏書家。生於世宦之家,自幼聰明好學,出應童子試,三試
皆第一。二十歲時入太原三立書院讀書,與傅山結爲莫逆之
交。甲申之變後,二人曾秘密從事反清活動。初與顧炎武交往
密切,後交惡。清順治十七年(1660)九月,爲紀念明亡,出資在
祁縣城内興建規模宏大的"丹楓閣",作爲明遺民秘密活動的據

點，與如皋冒襄之"水繪園"南北齊名。康熙中舉鴻博未遇。後出任聞喜縣司訓兼曲沃縣教諭。卒諡文毅。生平著述頗多，傳世者如下：《半可集》若干卷，後以《半可集備存》名存世；《楓林一枝》一卷；輯選《四晉人詩》（又名《晉四家詩》）四卷、《丹楓閣唐詩選》三卷，與傅山共同編選父執王邵遺集而成《王太史遺稿》。另有《補巖集》、《歲寒集》、《杜遇》（又名《丹楓閣鈔杜詩》，詳參周采泉《杜集書錄》卷七"選本律注類二"）、《皇明百家詩選》、《王仲初宮詞》、《晉逸詩》、《歷科程墨選》、《子堅遺詩》、《張輅詩略》、《王奕光制義》等，因丹楓閣的焚燬等原因而散佚不存。清初山西頗多文獻，包括傅山的一些著述，賴戴氏贊助之力而得以付梓傳世。生平見張英《平陽府聞喜縣儒學司訓兼署曲沃縣教諭戴工暨文孺人合葬墓誌銘》（《半可集》卷首）等記載。

　　戴氏喜收藏，大凡典籍、書畫、古代器物，皆有藏庋。王士禎曾作《戴氏鼎》詩，注云："爲楓仲作，同山長教授、愚山侍讀。"施閏章（愚山）《戴楓仲古鼎詩》（《學餘堂詩集》卷十四）、王岱（山長）《文王鼎》（《且園近體》卷一、《了庵詩集》卷五），與王詩爲同時之作。王岱另有《戴氏周鼎記銘》文（《了庵文集》卷七）。

本年，王又旦有詠幼子鳩之作《珏兒》。

　　《珏兒》："珏兒兩歲學傳呼，蕭願當年事不殊。願兒時在京師，學傳呼聲。弱子敢希天上種，乃翁偶向府中趨。青箱名字愁難副，黃閣風光莫浪圖。女績男耕良不惡，吾家舊業近枌榆。"（《黃湄詩選》卷八《袚垣集》）

　　按：姜宸英《户科掌印給事中黃湄王公墓表》載："鳩今纔五歲，君没年亦止五十有一。"王又旦卒於康熙二十五年，逆推五年，則王鳩生於康熙二十一年，時年兩歲。《珏兒》詩中云："珏兒兩歲學傳呼，蕭願當年事不殊。"當爲珏兒兩歲時作。據年齡等資料推斷,珏兒應爲王鳩小名。

"黃闈",本指天子禁門,後用來借指皇帝。"枌榆",據西晉葛洪《西京雜記》卷二載,漢高祖即位後,移家鄉,豐縣之榆楊社置於秦故驪邑(今陝西西安臨潼區),此處或有借指秦漢帝都之意。

約在本年城南文酒之會後,陳廷敬爲王又旦藏戴蒼繪製之《五君圖》題詩。

陳廷敬《爲王黃糜給事題戴蒼五君圖》:"黃門逸氣空雲烟,翰林風度豪且妍。舟次。眼中兩人吾所賢,餘子意態皆翩翩。摩挲久視心茫然,群遊憶昔城南園。禹生畫我黃門間,蚤衰影人秋毫顛。我爲生誦蘇公篇,潞州別駕電目懸。浩然吟詩肩聳山,飢寒富貴雲在天,髣髴圖畫空流傳。人生是幻繭自纏,童牙華髮俱可憐。不見戴蒼寫真年,黃門顏色得似前。"(《午亭文編》卷四"古體詩")

按:"王黃糜給事",原文如此,"糜"應作"湄";與"黃門"皆指王又旦。"翰林""舟次",皆指汪輯。"禹生",指禹之鼎,《五客話舊圖》的作者。"我爲生誦蘇公篇,潞州別駕電目懸。浩然吟詩肩聳山,飢寒富貴雲在天,髣髴圖畫空流傳"幾句,化用蘇軾《贈寫真何充秀才》"君不見,潞州別駕眼如電,左手掛弓橫撩箭。又不見,雪中騎驢孟浩然,皺眉吟詩肩聳山。饑寒富貴兩安在,空有遺像留人間"(王文誥輯注《蘇軾詩集》卷十二)句意。"潞州別駕"指唐玄宗,杜佑《通典》卷三十三"職官十五"載:"天寶八載,以玄宗由潞州別駕入,定内難遂登大位,乃廢別駕官。"詩之作年不詳,其中"摩挲久視心茫然,群遊憶昔城南園。禹生畫我黃門間,蚤衰影人秋毫顛"幾句,所言似乎指二人與徐乾學、王士禛、汪懋麟共同參與的城南祝氏園文酒之會,姑繫於此。

約本年或下年,納蘭成德有題李夢陽詩卷和王又旦韻詩作。

　　納蘭成德《題李空同詩卷和王黃湄韻》:"李侯卓犖人,骨體本不媚。貂璫餤屢觸,全生偶然遂。昌言勖友朋,贈答不無謂。想其詩成時,良亦自矜貴。果得身後名,譏讒復何畏。"(《通志堂集》卷三)

　　按:"和王黃湄韻"云云,則納蘭之作爲和作,王之原作不存。詩之作年不詳,依其在集中的編排順序,似作於本年或下年,姑繫於此。

應其後代之請,爲明丁孝子應正題詩二首。

　　《丁孝子詩二首有序》"序":"蕭山丁孝子名應正,號東皋,嘉靖時人。父疾,百醫不能療,值元日,東皋禱於神,請以身代。焚紙幣,出袖中一箋,雜幣中。父臥視,若有神物攫幣去者。越五日,東皋不疾死。死之明日,父良愈。後數月,撿室中,見讓年文稿,傍有竄字,執而泣,因悟元旦焚幣時,其雜投之箋即是也。康熙二十一年,其五世孫文龍來京師,屬同邑毛大可檢討記其事,命予制詩。"(其一)"神祇不可信,君子道其常。如何庭幃間,異事見祈禳。疾疢自有數,展轉伏空床。子情固匪石,能無籲彼蒼?鬼物瞰人賄,予奪逞所長。悠悠百餘年,議論殊荒唐。古來至性人,豈復區彭殤? 江革與王裒,不必身俱戕。掩卷中夜坐,燈燭搖青光。"(其二)"輕賫奡中庭,運數遘陽九。行矣誰能延,誓將飭萋柳。禱祀尊昔聞,倉皇及歲首。詞云丁應正,敢薦椒與酒。讓年中所愜,倖生義無取。仿佛神之來,香煙青以黝。五日慰兒懷,甘向重泉走。嗟哉骨肉情,豈爲垂永久。千秋不死者,蕭山有東皋。"(《黃湄詩選》卷八《披垣集》)

清聖祖康熙二十二年　癸亥（1683）　　四十八歲

在京師吏科給事中任上。

正月二十七日，禮部員外郎周燦使安南，有詩送之。

　　《送周澹園禮部奉使諭祭安南四首》：（其一）"典禮遥頒出上京，南宫共識使君榮。天邊八桂行驅馬，徼外三江好計程。富良、宣光、沱江，交州三江也。郡縣舊歸都統使，版圖原接鬱林城。潢池真荷天王力，此日西南已罷兵。"（其二）"翠旗裊裊指遐隅，雜佩吳鈎玉轆轤。敢與伏波爲後進，真同司馬有前驅。千重野水飛鳶鳥，一路春山響鷓鴣。盛世不聞勤遠略，何勞更進《諒山圖》。"（其三）"昌江舊事太紛紛，翻覆何堪侈策勳。不見陳黎屬都護，徒勞沐柳拜將軍。叩關夷獠幡然至，下瀨戈鋌久不聞。最喜春風花滿道，征車安穩向南雲。"（其四）"異域風光取次探，何妨懷古駐征驂。五溪水過青天北，萬里人經赤日南。椰酒連宵聽瘴雨，蕉花繞屋倚晴嵐。歸來更向山翁道，親見炎洲有八蠶。"（《黃湄詩選》卷八《披垣集》）

　　按：周燦出使時間，《聖祖實録》卷一〇七記爲："（康熙二十二癸亥　正月）己巳……先是安南王黎維禧故，因廣西用兵，未經遣祭。……遣翰林院侍讀烏赫爲正使，禮部郎中周燦爲副使，前往諭祭。""己巳"爲二十七日。《東華録》卷三十一有類似記載。《清史稿》卷五二七《列傳三百十四》"屬國二"記載説法有異，其中云："二十二年四月，遣翰林院侍讀明圖、翰林院編修孫卓册封黎維正爲安南國王，御書'忠孝守邦'四字賜之。同時遣翰林院侍讀鄥黑、禮部郎中周燦諭祭故王維禧、維裎。"詩中"千重野水飛鳶鳥，一路春山響鷓鴣""最喜春風花滿道"是對出使征途景象的想象，則作詩時當爲早春。王士禎《輓孫予立編

修因懷愚山侍讀》中云"昔送君行社燕過"(《帶經堂集》卷三十八《漁
洋續詩十六》),則孫卓(予立)、周燦等人出使時當春社(每年春分
二月十五前後)間也,與《聖祖實録》等所記不差。

　　現存送行周燦出使安南的詩(序文)尚有:徐嘉炎《送周星
公儀部諭祭安南》(《抱經齋詩集》卷十一)、嚴繩孫《送周渭公禮部使
安南》(《秋水集》卷六)、顏光敏《送周星公使安南》(《樂圃集》卷五)、
嚴我斯《送周儀部奉使安南》(《尺五堂詩删初刻》卷三)、王士禛《送
孫予立編修周星公禮部奉使安南二十四韻》(《帶經堂集》卷三十八
《漁洋續詩十六》"癸亥稿")、王熙《送周星公儀部出使安南》(《王文靖
公集》卷八)、潘耒《送孫予立編修周星公儀曹奉使安南》(《遂初堂
集・詩集》卷五)、汪懋麟《送孫編修同周儀部奉使安南》(《百尺梧桐
閣遺稿》卷五)、邵長蘅《送孫編修使安南》(《邵子湘全集・青門麓稿》卷
一)、邵長蘅《送孫太史周儀部出使安南序代》(《邵子湘全集・青門旅
稿》卷三)、彭孫遹《送周星公使安南》(《松桂堂全集》卷二十三)、徐元
文《送周星公使安南吊祭》(《含經堂集》卷三)、潘江《送周澹園儀部
奉使安南》(《龍眠風雅續集》卷二十三)、金德嘉《送周儀部星公使安
南》(《居業齋詩鈔》卷四)、王岱《贈周星公禮部》(《了庵詩文集・詩集》
卷十五)、王岱《送周星公使安南序》(《了庵詩文集・文集》卷六)、施閏
章《周星公使安南》(《學餘堂詩文集・詩集》卷四十二)、毛奇齡《送周
儀曹奉使安南册吊一十四韻》(《西河合集》卷一百五十三)、方象瑛
《送周澹園儀部奉使安南》(《健松齋集・展臺詩鈔》卷十九)、李念慈
《武昌奉送周澹園儀部出使安南……》(《谷口山房集》卷二十六)、王
嗣槐《送周祠部星公奉使册吊安南》(《桂山堂詩文選・文選》卷十
二)、洪昇《送周星公儀部奉使諭祭安南》(《稗畦集》卷五十七)、李霦
《送周儀部諭祭安南》(《心遠堂詩二集》卷四)等。

王嗣槐將歸錢塘,有詩送別。

　　《送仲昭歸錢唐兼懷孟舉二首》：（其一）"長貧人事迫，垂老世途難。忽憶雷峰下，清秋水一竿。灘聲鳴野岸，山氣没林端。此際難爲別，離堂燭淚殘。"（其二）"征途寧觸熱，湖上好登樓。五月蘋花合，涼風似素秋。徑穿瀛海樹，帆穩浙江流。問訊山中客，輕橈艤秀州。"（《黃湄詩選》卷八《披垣集》）

　　按："仲昭"指王嗣槐，字仲昭。屈大均《屢得友朋書劄感賦》其二云："好是新安與武林，扶晨心似仲昭心。平生知已雖無數，二子聰明最賞音。扶晨，新安汪士鋐也。仲昭，武林王嗣槐也。扶晨別十四年，書來不斷。仲昭別三十餘年，今始有書。"（《翁山詩外》卷十四"七言絕句"）其中"武林"亦指浙江杭州。王嗣槐《放歌行呈阮亭大司成兼示幼華給諫六十六韻》《讀幼華給諫黃湄集歌以贈之》（《桂山堂詩文選‧詩選》卷十一）二詩也是二人交遊的明證。施閏章《送王仲昭舍人》（《學餘堂詩文集‧詩集》卷四十一"七言律"）、《送王仲昭還武林時以吾友宋荔裳難後書至》（《學餘堂詩文集‧詩集》卷四十三"五言排律"）、馮溥《送王仲昭之江南》（《佳山堂詩集》卷三"七言古詩"）、張英《送王仲昭還錢塘》（存誠堂詩集》卷十五）、陸棻《送王仲昭中翰南還》（《雅坪詩集》卷三十三）、徐釚《送王仲昭南歸二首》（《南洲草堂集》卷六），應爲同時之同題材之作。陳廷敬《送王仲昭還武林二首》（其一）云"眼中一勺西湖水，橫海難爲跋浪遊"（《午亭文編》卷十三"今體詩"），與王又旦《送仲昭歸錢唐兼懷孟舉二首》（其一）所云"忽憶雷鋒下，清秋水一竿"，似有關聯之處，二詩或爲同時之作。吳雯《送王仲昭歸錢塘三首》（其一）"酒力貧尤壯"（《蓮洋詩鈔》卷三），與王又旦詩其一"長貧人事迫，垂老世途難"，或有聯繫，其中又云"一夜黃梅雨"，與王又旦詩中"五月蘋花合，涼風似素秋"所言季節相合，抑二者亦作於同時。

　　王嗣槐，字仲昭，號桂山，馮溥門人，浙江錢塘（今浙江杭

州)人。性慷慨,善談論,無書不窺。康熙元年,與葉燮同在汪
琬幕中。十三年,序徐釚《衍波詞》。十八年(1679),與孫枝蔚、
鄧漢儀、王昊、申維翰等同薦舉博學鴻詞,名列老不與試者(阮葵
生《茶餘客話》卷十一則載:“己未宏詞科,施愚山以奸韻降等,錢塘王嗣槐以
失韻黜落,而鈍翁、稼堂皆有錯處。”),授內閣中書舍人銜以歸。次年,
序其師馮溥《佳山堂詩集》,赴蘭陵守幕(陳維崧《送王仲昭舍人赴蘭
陵郡守幕》,《湖海樓詩集》卷七“庚申”)。甲子(1684)寓居京師時,與
洪昇、吳雯、沈季友、閻若璩、黃虞稷、周在浚、佟世恩等往來唱
和。三十年,曾與洪昇赴處州訪劉廷璣。三十五年前後尚在世
(約在本年,王嗣槐曾序顧貞觀編選《積書巖宋詩刪》)。與王丹麓、陸葇
思、徐昇璜並稱“北門四子”,與毛奇齡、洪若皋、方象瑛、丁澎、
王晫合稱“西湖六君子”,與吳慶百、吳志伊、徐寶名、毛際可、陳
其年同列益都馮溥“佳山堂六子”。與馮溥、魏禧、陸嘉淑、陸
進、顧永年、龐塏、沈荃、徐釚、丁耀亢等交遊唱和。詩與陸繁弨
並推,爲清初廣陵詞派詞人之一,駢文創作亦頗見稱於時,毛際
可《王仲昭駢體序》評曰“空蒼排奡,在廬陵、眉山間,絕無闌入
六朝語”(《安序堂文鈔》卷六)。著有《桂山堂詩選》二卷《文選》十
卷、《太極圖說論》十四卷、《西山遊記》一卷、《嘯石齋詞》一卷(載
陸進編選《西陵詞選》中;《瑤華集》作《錦帶連珠》)、《桂山堂偶存》等。其
生平見方象瑛《王仲昭賦序》(《健松齋集》卷三)、《己未詞科錄》卷
四、《國朝杭郡詩輯》卷四、《國朝耆獻類徵》卷四百六十二、《文
獻徵存錄》卷四“嚴繩孫”附“王嗣槐”、吳慶坻等纂《(民國)杭州
府志》卷一百四十五等記載。

　　吳之振(1640—1717),字孟舉,號柳丁,別號竹洲居士、竹
外外史,又號橙齋,晚號黃葉老人、黃葉村農、補衲庵主,浙江石
門洲泉(今嘉興桐鄉市洲泉鎮)人。少孤,流離避亂,奉母至孝。

幼即聰穎過人，文才雋秀，樂善好施。順治十年，以十四歲應童子試，與呂留良定交，試後又與黃宗羲兄弟交往並從師於黃宗羲。康熙二年，與呂留良、吳自牧合編《宋詩鈔》(初集)一百六卷(實際完成九十四卷)。十年，浙中大旱，賑濟災民無數，官府給予表彰；就在本年仲秋，《宋詩鈔》刊行於世。因此前兩次省試皆以失敗告終，此時吳之振帶着《宋詩鈔》北上京城，欲結交王公大臣，希求援引；不想僅授官居七品的中書舍人，遂不受，歸鄉建"黃葉村莊"。家居語溪時，作《種菜詩》，一時名流和其作者高達數十人，汪琬、黃宗羲、黃宗炎、呂留良、王士禛、尤侗、汪森、曹寅、吳自牧(之振侄)、梅清、勞之辨、顧湄、鄭梁等皆名列其中，後編輯成《種菜詩唱和詩冊》。與查慎行、朱載震、曾燦等交遊唱和。其《黃葉村莊圖》，文壇耆宿題詠殆遍。又選時人施閏章、宋琬、王士禛、王士祿、陳廷敬、沈荃、程可則、曹爾堪八人詩爲《八家詩選》，刊刻行世。著有《黃葉村莊詩集》十卷(《初集》八卷《後集》一卷《續集》一卷"附"《種藥詩》《送行詩》各一卷)、《尋暢樓雜著》一卷、《延陵吳氏家藏書目》一卷、《重訂瀛奎律髓》等。參訂汪天榮輯《德音堂琴譜》十卷。《宋詩鈔》編成后，有感於當時詩壇學宋流弊日甚一日，吳遂有編選唐詩之舉，後其事未竟。吳之振爲清初詩壇尊宋派的代表性人物，學宋人不專一家，與梅堯臣、黃庭堅最爲吻合。其生平見清人顧楷仁《吳孟舉墓誌銘》(《黃葉村莊詩集》卷首)、葉燮《黃葉邨莊詩集》(《己畦文集》卷八)、《國朝詩人徵略》卷十四、《文獻徵存錄》卷十《馮廷櫆》附《吳之振》、《清畫家詩史·乙上》"吳之振"條、葉衍蘭等《清代學者象傳》(第一集)、《藏書紀事詩》卷四"吳之振孟舉"、《清史列傳》卷七十一《文苑傳二》、《清詩紀事初編》卷七《丙編浙江》等記載。

春日，周燦出使安南前，曾有留別詩與王又旦、王承祖等。

周燦《出都門留别王嶽生王幼華家遜齋三給諫房慎庵衛禹濤侍御霍郃室經歷》:“爲郎廿載嘆沉淪,復捧天書慰九真。詔下日南歌聖澤,花飛薊北别同人。離情共對樽中酒,行驛寧辭陌上塵。今夜郵亭應有夢,來朝懷抱向誰陳。”(《願學堂詩集·下》卷二十“癸亥”)

按:依“詔下日南歌聖澤,花飛薊北别同人”句語意,時當春日。“王嶽生”,指王承祖,字嶽生。“家遜齋”,周姓,生平不詳。“房慎庵”,指房廷楨,號慎庵。“衛禹濤侍御”,指衛執蒲,字禹濤。陝西韓城人,父衛楨固,官至雲南道監察御史;順治十四年舉人,十八年進士,知新樂縣,尋遷户部主事,擢兩浙巡鹽御史,累官至左副都御史。嘗跋而刻其父衛楨固《真定奏疏》。生平見《國朝耆獻類徵》卷四百一十六、《四庫全書總目》卷五十六、《(雍正)陝西通志》卷六十等。“霍郃室經歷”,生平不詳,吴懷清《關中三李年譜·天生》“康熙二十一年壬戌”中《霍憲曹郃室齋中賦海棠一首》注云:“郃室,名無考。”

夏,有《庭樹》詩,寄王士禛。

《庭樹呈阮亭十一兄》:“蒨蒨庭前樹,枝葉疏以散。七尺欲近茅,六株方布繖。低亞受風披,緑净宜雨澣。當暑坐其偏,涼氣入裼袒。居室雜廛市,種植異鄙鄼。一枝良難得,敢問涼燠館。幽賞隨地愜,持此用吾短。春華與夏陰,寄我縱而誕。夕卧翳空床,晨櫛亂清盥。哲兄期須來,吾門可屢款。”(《黄湄詩選》卷八《掖垣集》)

按:依“當暑坐其偏,涼氣入裼袒”語意,時當盛夏。

夏,蔣景祁離京歸鄉,有詩留别王又旦、王士禛、宋犖、洪昇等。

蔣景祁《出都别王黄門黄湄》:“黄門憂世思,託興風雅篇。肆意追正始,骨力何蒼堅。生長秦隴間,浩氣難比肩。獨有純至性,與古爲周旋。祁也負俗累,少困雕蟲編。學劍既未就,讀書患拘牽。側身望龍門,次且不能前。反顧謝塵鞅,振策思南還。迫暮苦刺促,長者車轍闌。西窗燭待剪,相對猶惘然。男兒重德功,立言其次焉。富貴曷足羨,身世爲之緣。三十尚貧賤,何以報高賢。"(孫鋐輯評《皇清詩選》卷五"五言古")

按:洪昇本年詳細行蹤,見章培恒《洪昇年譜》"康熙二十二年癸亥 一六八〇 三十六歲"條相關記載。宋犖本年四月,即赴任通永僉事任(據賈光《宋犖事跡徵略》"康熙二十二年"條及劉萬華《宋犖文學考論·宋犖文學編年》)。二人皆爲蔣景祁離京留別對象。趙秀紅《蔣景祁年譜》"康熙二十二年"載:"是年春末夏初,蔣景祁離京師,歸宜興,友人相送,作《出都留別》七章。"(《〈瑶華集〉與清初詞壇》"附録")其說是。

蔣景祁(1646—1695),字京少,一作荊少,江蘇宜興人。以歲貢生至府同知。康熙間曾舉博學鴻詞,未遇,隨父蔣永修(湖廣督學)遊學湖北,協父料理公務,選拔才士,品評文章,楚地文風爲之一變。常年遊食,半生落魄。多與陳維崧唱和,並追步其詞風,自稱"陽羨後學",頗受王士禛、朱彝尊賞識。有詞集《東舍集》五卷、《梧月亭詞》二卷、《罨畫溪詞》一卷(載《瑶華集》卷二十二)等著作傳世。搜羅順治、康熙間詞作精華成《瑶華集》二十二卷"附"二卷。生平見今人趙秀紅《蔣景祁年譜》(《〈瑶華集〉與清初詞壇》"附録")等。

有《銅鼓詩》與孫蕙。

《銅鼓詩與孫笠山垣長》:"快劍割綠水,徑尺生寒漪。藹藹几席間,鬱鬱盤蛟螭。軍鼓起何年,錞于有遺規。花文雖剝落,仿佛辨工倕。制作本武鄉,光彩發火維。昂價易千犉,流傳來九絲。百聞願一見,使我舒肝脾。豈知按圖牒,竟如合分支。

是時日在柳，炎官行朱曦。一擊簸玄雲，簷角風颼颼。意氣忽騰越，如衝飈疾馳。誰能臥茅檐，還復執其雌。征蠻憶漢年，深入天南陲。從容御巾扇，談笑輕凶危。五溪何毒淫，百鳥慘不窺。瘴烟迷大荒，嘑霧羅四垂。此物與刁斗，提攜雜軍麾。大星墮西南，零落將何之？沈埋都市中，無由見瓌奇。黃門雅好古，座列鼎與彝。購之娛耳目，不肯違餔醊。類從感昔言，物性固有宜。狷鶴與蟲沙，異域甘相隨。玩好豈所願？寧歸帳下兒。志士無功老，棄置良如斯。太息且拋却，吾欲焚栖椎。《志》稱：銅鼓用栖木椎擊之，聲極圓潤。"（《黃湄詩選》卷八《袚垣集》）

　　按：詩中有"是時日在柳，炎官行朱曦"語，則時當盛夏。"孫笠山垣長"，指孫蕙，號笠山。汪懋麟有同題材詩《銅鼓歌爲樹百給事作》（《百尺梧桐閣遺稿》卷五"癸亥"），"樹百給事"，指孫蕙，時任户科掌印給事中。

秋夜難寐，感而賦詩。

　　《秋感七首》：（其一）"金氣澄夜光，晃朗搖天闕。幽人獨不寐，白露濕短髮。高城鐘漏斷，暗壁蘭膏歇。壯心日夜銷，何似下弦月。"（其二）"轣轆九重門，圍此十里天。城中沸車馬，擾擾徒相煎。有如海中濤，簸蕩龍與鱣。朝來秋氣下，涼風浩無邊。筍輿穿槐街，低昂見西山。城頭來片碧，過眼何連娟。不知結駟客，何如靜者便？迷途復不遠，君子憂未然。"（其三）"秋花共春花，揚芬散林坰。終歲不相見，譬彼尹與邢。秋花更可憐，泫然風露零。西郊殊瀟灑，吾目近未經。請謁勞人事，大道填輜軿。幽嗜蟠積懷，安能待晨星。早過右安門，騎馬眺紫冥。何異齊孟嘗，竊出峭函扃。萬木受微霜，綴枝間紅青。願得五力士，斸此移前庭。"（其四）"靡靡潤底草，柔姿本不芳。紉爲貴人席，施之黃金床。豈無松與楠，枯死千仞岡。盛年能幾時，颯然鬂毛蒼。朝來視汝口,舌在齒已亡。世情重委蛇,志士懷剛腸。
鬱鬱何足道,三歎不成章。"(其五)"走險有兼贏,小人惡坦途。
生無馳騁志,安能勉其愚。明河湛清夜,渺渺如江湖。疏茅通
纖月,顥氣侵肌膚。始知古達士,大隱良非迂。"(其六)"鸚鵡本
言鳥,翩翩翠其衿。所言殊草草,豈關升與沈? 朱門連大道,繡
户一何深。香稻豢玉粒,雕寵餂黃金。虛名寡厚實,不如秋蟬
瘖。會當反關隴,置之高樹林。雲烟天路闊,雪霜晚歲侵。棲
棲定何益? 惻惻違寸心。"(其七)"少負獨行志,讀書處東澗。
抗懷遠名利,奚翅鵬與鷃? 澆俗不可居,頗慮嬰憂患。醉尉或
見凌,孔、郗輒相嫚。側身入君門,舉室寄薄宦。郡邑多流冗,
道路走彪虓。自慙疏劣姿,豈合居臺諫? 矢口學蛙鳴,閣閣響
葭荻。循分欲投劾,內顧終戀棧。宿昔有微尚,將老異角卯。
冉冉秋又深,飄風送朔雁。"(《黃湄詩選》卷八《掖垣集》)

　　按:詩中有"金氣澄夜光""白露濕短髮"語,則時當秋涼時。

約本年早秋時節,與陳廷敬皆患病,陳有詩表達問候。

　　陳廷敬《問王給事病》:"昨夜眠多少,思君落月時。高齋聞
雁蚤,秋圃見花遲。省披稀蓑草,安危有鬂絲。連朝同寂寞,吾
病亦搘离。"(《午亭文編》卷十一)

　　按:詩之作年不詳,依其在集中的編排順序,繫年於此。 由
"高齋聞雁蚤,秋圃見花遲"可知,時當早秋。

十月,遊郊外,作詩寄王颿昌。

　　《出郊寄子言兄宮詹》:"十月寒輕霜氣微,西郊騁目窮烟
扉。出門新翠近如染,騎馬軟紅低不飛。拙宦豈堪滯宛、洛,故
人此日趨庭闈。三山亭上海濤白,憶爾登臨時振衣。"(《黃湄詩
選》卷八《掖垣集》)

　　按:"子言兄",指王颿昌(1628—1693),字子言,明末清初

高密東隅(今山東濰坊高密市境内)人。順治丁酉科鄉試中舉，戊戌科進士(列三甲第二十一名)，與李念慈等同科，選翰林院庶吉士。歷官詹事，康熙二十六年官至禮部左侍郎兼翰林院侍讀學士，三十一年以病免。著有《宗伯集》四卷、《子言先生詩集》、《積德堂詩稿》等。與趙執信、孫光祀、魏象樞、邑文士夏疇等交遊唱和。清初人郭棻有《和王子言宮詹奉詔觀湯泉八首》(《學源堂詩集》卷五"七言律")、《王子言少詹祭告高陽顓頊宋金元明諸陵》(《學源堂詩集》卷六"七言律")、《和王子言白髮詩》(《學源堂詩集》卷六"七言律")，梁清標有《送王子言少詹祭告畿内諸陵》(《蕉林詩集》下卷"七言律四")，施閏章有《王子言檢討頻過寺寓不值》(《學餘堂詩文集·詩集》卷二十七"五言律")，李霨有《送子言祭畿内陵寢》(《心遠堂詩二集》卷一《披垣集》)。

深秋，有《題畫石》詩，贈王士禛。

　　《題畫石呈阮亭十一兄》："開卷何泠然，涼颸生兩腋。日午紙窗明，仿佛見遥碧。蒼炎翳空曲，青天際潮汐。定知市塵中，無此一片石。"(《黃湄詩選》卷八《披垣集》)

　　按："涼颸生兩腋"語，言時已深秋。

冬日清晨下直，作詩紀之。

　　《下直二首》：(其一)"匹馬蕭然下直廬，雪晴風暖午窗虛。地偏畫省客誰到？心净雲堂僧不如。計日唯支三品料，經年不上一封書。金門避世真成懶，鵷鷺行中學索居。"(其二)"朝回無事岸烏巾，青帳紅燈酒數巡。真信龍逢非俊物，争教犀首作閒人。分曹八舍君恩重，挂笏千山客興新。此際行藏渾不定，風光雖好更傷神。"(《黃湄詩選》卷八《披垣集》)

　　按：詩中有"雪晴風暖午窗虛"語，可知是冬日清晨。"畫省"，漢魏以後尚書台、尚書省之別稱；因漢尚書奏事於明光殿，殿壁畫有古烈士而得稱。"烏巾",即烏角巾,多爲古時隱居不仕者佩戴。"龍逢",指夏末賢臣關龍逢;"犀首",指戰國著名策士公孫衍,與張儀做對。"八舍",宋時門下省侍中、給事中的別稱。

十一月二十八日夜,不寐,賦詩感懷。

《十一月二十八日夜不寐出戶有感賦詩遣懷》:"青燈漸黳火銷籌,永夜何堪戀布裯。開卷有心追范、蔡,佩刀無計快恩讐。曙星磊磊生孤嶠,細月纖纖露兩頭。獨立空階天欲曉,北風吹裂木棉裘。"(《黄湄詩選》卷八《袚垣集》)

按:"范、蔡",指戰國著名策士范睢、蔡澤,二人在東方六國時皆"白首無所遇",爾後西入秦國受到重用,相繼取相,建功立名。

冬至前五日,與友人至王士禛寓齋賞菊,作詩紀之。

《冬至前五日阮亭十一兄寓齋看菊二首》:(其一)"日出卯南急景過,北風夜吼山石破。垂黄綴紫侵書帷,柔枝不怕雪花大。秋來三十五名姝,《古菊譜》三十五品。誰識風塵羅繡襦。買得華陽一斗酒,長向花前人有無。"(其二)"城南花事入冬寡,縹瓷盆中頗瀟灑。可憐世少愛花人,采花何必東籬下。鳲鵲觀前雪意豪,地爐處處傾春醪。想像先生下鈴閣,一枝弄月霜風高。"(《黄湄詩選》卷八《袚垣集》)

按:與王又旦、王士禛一起賞菊飲酒者,尚有曹貞吉(字升六)以及王士禛稱爲舍人侄的王姓某人。王士禛有詩《幼華升六過予書舟同舍人侄菊下小飲》:"獵圍行炙錦腰裹,樺燭傳觴金罍駞。何似茅齋風雪夜,一杯殘菊影婆娑。"(《帶經堂集》卷三十八《漁洋續詩十六》"癸亥稿")

"鳲鵲觀",西漢甘泉宮中樓觀名。"華陽一斗酒","華陽",

指南朝梁著名道士陶弘景，號華陽先生、華陽真人，在《神農本草經集注》中，總結制定了包括丸、散、膏、丹、湯、酒的製作規程及配方標準。

曹貞吉（1634—1698），字升六，又字升階、迪清，號實庵，山東安丘縣城東關人，名列"金臺十子"，詞人曹申吉之兄。高祖曹一麟，明嘉靖丙辰進士，官吳江知縣。曾祖曹應埰，太學生，爲遵化縣丞。祖父曹銓，太學生，曾任光禄寺署丞。父曹復植爲諸生，早卒。外祖劉正宗，崇禎元年進士，入清後官至文華殿大學士，能詩。貞吉因幼年喪父，從外祖父學詩，早有聲譽。康熙二年中鄉試解元，次年以三甲第八十三名成進士，六年後授中書舍人，旋出爲徽州府同知。十二年三藩之亂發生，時任貴州巡撫的曹申吉被部下裹脅出任僞職，後因向朝廷傳報機密被吳三桂殺害，曹貞吉遂陷入巨大的精神壓力和哭弟的哀痛之中。至二十四得以升轉外任，後任户部員外郎、禮部郎中等職，以疾辭湖廣學政，歸里卒。爲官頗有善政，代理今安徽祁門縣令時，廢除苛捐雜税，百姓作《却金歌》稱頌。離任後，新縣令上任，不聽其勸戒，引起民變；百姓圍署罷市，新縣令被縊死，郡太守請求上官，答復"非曹某不能定此亂"。貞吉一到，苛政立除，民憤遂息。與施閏章、宋犖、田雯等交遊唱和，與施閏章尤爲相得。嗜書，工詩文，與嘉善詩人曹爾堪並稱爲"南北二曹"，詞尤有名，被譽爲清初詞壇上"最爲大雅"（陳廷焯《白雨齋詞話》卷三）的詞家。詩歌清新俊逸，尤工近體。王士禛、宋犖、黄宗羲對其詩皆讚譽有加。鄧之誠《清詩紀事初編》卷六中評其七古"悲歌慷慨，自是才人""與弟申吉可稱二難"。著有《珂雪集》一卷《二集》一卷、《朝天集》一卷、《鴻爪集》一卷、《黄山紀遊詩》一卷，《珂雪詞》二卷《遺集》一卷等。生平見曹廉《曹貞吉夫婦行狀》

（載《安丘曹氏家乘》）、《國朝詩人徵略》卷七、《國朝先正事略》卷三
十七"文苑　宋先生琬"附、《清代學者象傳》（第二集）、《清史列
傳》卷七十《文苑傳一·顏光敏傳》附、《清詩紀事初編》卷六《乙
編山東》等記載。

約於年末，作詩《一綫》《早起》。

《一綫》："一綫光陰造化功，那堪心事類枯蓬。睡消短日黃
紬內，坐轉明河綠酒中。志士可憐悲老驥，壯夫終悔學雕蟲。
燈前不覺增慷慨，夜久籌爐火似紅。"（《黃湄詩選》卷八《掖垣集》）

按：詩中有"夜久籌爐火似紅"語，則時已深冬。

《早起》："回風薄雪晚淒淒，燈暗天街路欲迷。籠餅一盤充
早飯，唐人謂饅頭爲籠餅。筍輿五里聽晨雞。雲中群逐螭頭入，門
下誰將紙尾題？却慕鄰翁貪睡美，床敷溫暖篆烟低。"（《黃湄詩
選》卷八《掖垣集》）

按：詩中"回風薄雪晚淒淒，燈暗天街路欲迷"，是深冬
景象。

爲姜宸英《洗硯圖》題詩。

《洗硯圖詩爲姜西溟作》："流水出山波渺然，松陰覆地清且
妍。舉确疑入大蓬路，此中可以長高眠。趺坐者葛巾野服，用
心乃在羲皇前。臨流兩手挾鳳味，墨花照水生雲烟。四明先生
寡長物，蠻箋綠石耕爲田。偶寫卷軸持示我，幽意都向圖中傳。
先生史筆健無敵，獨擁鼓鐸居中堅。中書堂上每動色，謂與龍
門爭後先。五年衮衮旅塵動，入市不博青銅錢。丈夫書成告萬
世，山骨磨盡殊可憐。如何攜此入東海，風林沙鳥相周旋。濯
足直拂珊瑚樹，坐看雲物銷殘年。"（《黃湄詩選》卷八《掖垣集》）

按：詩中"先生史筆健無敵，獨擁鼓鐸居中堅。中書堂上每
動色，謂與龍門爭後先。五年衮衮旅塵動，入市不博青銅錢"

語，言姜康熙十八年入《明史》館，至本年正好五年。"四明先生""先生"，皆指姜宸英。"龍門"，指司馬遷，因其家鄉地近龍門，故稱。"濯足直拂珊瑚樹"，蓋言石崇、王愷用珊瑚樹鬥富事。"雲物"，景物，景色。

顧景星爲王又旦亡姊王玉《王烈女墓表》題詩。

　　顧景星《郿陽王烈女墓表歌有序》"序"："郿陽王給諫幼旦寄《王烈女墓表》，唐金紫光禄大夫撿校刑部尚書、上柱國、魯郡開國公顏真卿書。據給諫稱亡姊，豈若李北海、蔡少霞魂書邪？幅末長安王巖撰文、新安汪濚集字；濚欲傳烈女，故借臨摹耳。上下筆勢、珠貫繩引，亦奇物也。""梁山群盜寇郿陽，夜鞭怒馬馱鮮妝。王家女子名新玉，十六未嫁深閨藏。百良堡西百尺井，鑑光照心徹骨冷。一顆珠還龍女宮，半泓泉浸姮娥影。天都布衣殊好奇，掀髯起寫顏公碑。初驚古冢出斷碣，旋疑北海書雲麾。我聞鐵石摸逸少，興嗣綴文頗稱妙。顏公碑版重當時，不得其書稱不孝。顏公意氣凌秋霜，汪生下筆須戟張。悲來欲作《招魂》賦，蔡州碧血飛南岡。"（《白茅堂集》卷二十三"癸亥康熙二十二年"）

　　按："李北海"，指唐代著名書法家李邕，曾任北海太守，故稱。"魂書"，與以下兩個典故有關。宋王象之《輿地紀勝》卷十二《兩浙東路・碑記・補闕・處州碑記》"追魂碑"條載："（追魂碑）在松陽永寧觀，唐故有道先生葉公碑，李邕撰並書，法善之祖也。世傳法善求邕書不可得，夜追其魂書之，俗謂之追魂碑。""蔡少霞"，據唐薛用弱《集異記》卷一載："蔡少霞者，陳留人也。性情恬和，幼而奉道。……少霞靡知所謂，復爲鹿幘之人引至東廊，止於石碑之側。謂少霞曰：'召君書此，賀遇良因。'少霞素不工書，即極辭讓，鹿幘人曰：'但按文而録，胡乃據

違?'俄有二青僮目北而至,一捧牙箱,内有兩幅紫絹文書,一齎
筆硯,即付少霞曰:'法此而寫。'少霞凝神搦管,頃刻而畢,因覽
讀之,已記於心矣。……於是少霞方更周視,遂爲鹿幘人促之,
怱遽而返,醒然遂悟,急命紙筆,登即紀録。""《招魂》賦",相傳
爲屈原的楚辭名作。"蔡州碧血",典出元關漢卿的雜劇名作
《竇娥冤》。

歲末,作詩懷出使琉球的汪楫。

　　《懷汪二檢討二首》:(其一)"霜氣稜稜景易遒,汪郎曾否返
琉球? 日經南至長風發,水自東來大舸流。波面樓臺辭海若,
山頭旗鼓認閩州。福州,山左鼓右旗。還朝勝事人爭説,詩卷應輕
萬户侯。"(其二)"身在彭湖東復東,水天萬里對空濛。波濤真
見千山雪,廣莫唯須七日風。諸部螺江初罷戰,將軍麟閣正論
功。況逢臘盡春回日,野戌花開一路紅。"(《黃湄詩選》卷八《掖
垣集》)

　　按:"汪二檢討""汪郎",指汪楫,行二,其兄汪玠居長;出使
琉球時官居翰林院檢討。"霜氣稜稜景易遒,汪郎曾否返琉
球",言關河阻隔,此時王又旦尚不清楚汪楫出使琉球的情形。
汪楫歸國,在下一年春,汪懋麟有《得舟次二兄琉球使還消息寄
懷時有陟岵之痛兼奉慰》(《百尺梧桐閣集遺稿》卷六"甲子稿")詩。
"陟岵之痛"云云,指汪楫父汪汝藩之喪。吳嘉紀有《哭汪生伯
先生》(《吳嘉紀詩箋校》卷十一),其二中云"露水白秋草",其四中云
"秋風吹斷蓬",則汪汝藩卒於本年秋。

　　"螺江",又名螺女江,位於今福建福州閩侯縣西北處。"閩
州",唐睿宗景雲二年(711),改泉州(今福建福州)爲閩州都督
府,治今福建福州閩縣。開元十三年(725),閩州都督府改爲福
州都督府。

閏六月十三日,施閏章卒。

本年,清廷收復臺灣。

清聖祖康熙二十三年　甲子(1684)　　四十九歲

在户科給事中任上,六月動身赴廣州主持鄉試。

三月,與王士禛、吳雯、朱載震等諸友雨中過善果寺看桃花,四人皆有詩紀其事。

《家阮亭邀同諸公雨中遊善果寺》:"結伴城西隅,一徑入花宫。逍遥深樹下,愛此林間風。零雨清塵路,香界浮空濛。遂覺喧寂别,乃知龍象功。春雲明復翳,天際變衆容。遲迴度高閣,漸與霄漢通。須臾分霽色,西山斂半紅。九成與鳲鵲,參差暮煙中。人生雖異趣,所期愜深衷。何當脱塵鞅,永與静者同。"(《黄湄詩選》卷八《掖垣集》)

按:王士禛《甲子暮春邀修來幼華升六千仞伸符天章悔人過善果寺看桃花二絶句》:(其一)"古寺尋春已後期,東風猶爲絳桃遲。禪扉静掩殘春雨,細逐茶煙嬝鬢絲。"(其二)"章華宫裏細腰身,移入招提又幾春。一樹夭斜忒無賴,也須著莫白頭人。"(《帶經堂集》卷五十七《蠶尾詩三》)

顔光敏,字修來;曹貞吉,字升六;謝重輝,字千仞,三人與王又旦皆名列"金臺十子"。趙執信,字伸符,王士禛從甥婿。吳雯,字天章;朱載震,字悔人。

謝重輝(1644—1711),字千仞,號方山,又號匏齋,德州城南關街人。父謝升,明萬曆三十五年進士,官至吏部尚書、建極殿大學士,入清後復任原職。順治二年父親去世。後以父恩蔭,授七品中書舍人。先後從遊就學於明末遺老盧世㴶、程先貞、趙繼鼎，清代進士李源、李浹、李濤等門下，"清初三大家"之一的顧炎武對其影響尤大。史書記載，謝重輝出仕時，身上即揣着顧炎武寫給顏光敏求其照拂的手書。出仕不久，即結識王士禛，後田雯亦因其引薦而從學王士禛門下，二人遂成爲王士禛神韻説堅定的擁護者和踐行者。康熙八年赴吏部領職，後歷官刑部主事（時王士禛任刑部尚書）、刑部員外郎、刑部郎中。三十四年，因王士禛致仕，引疾歸里，隱居於城南杏村別墅（位於今德州市德城區黃河涯鎮謝家墳村），整日以詩酒爲樂。四十一年（1702）至四十七年，與王士禛多次聚會於杏村別墅。博學好古，善寫詩。康熙中，王士禛選《金臺十子詩》，謝居其中。王士禛謂其詩"去膚存骨，去枝存老幹，真賞甚稀，存之篋中，以待元次山、杜清碧，其人定相賞於弦指之外，傾倒至矣"（《清詩別裁集》卷十三引），可謂的評。居官清廉，以清節著稱。與田雯、吳雯、陳廷敬等多有交遊。田雯次女嫁其子謝粲。著有《杏村詩集》七卷，行於世，另有《德州先賢傳》，似不傳。其生平見張忻《內院大學士謚清義謝公墓誌銘》、《鄉園憶舊録》卷二、《國朝詩人徵略》卷十三、《國朝先正事略》卷三十七"文苑 宋先生琬"附等記載。

趙執信（1662—1744），字伸符，號秋谷，晚號飴山老人、知如老人，青州府益都縣顏神鎮（今屬山東淄博博山區）人。九歲時所作《海棠賦》，"以奇語驚其長老"；"長老"者，蓋指吏部尚書孫廷銓。孫由此對其倍加稱道，認爲日後必成大器。孫廷銓長子孫寶仍（其妻爲王士禛從妹），後來成爲趙執信的岳父。據黃叔琳《趙執信墓表》記載："九歲里中諸名士會文，先生徑造焉。衆輕之曰：'孺子何爲者？'及受題，先生立成數藝，語語名雋，一座皆驚。"（《（乾隆）續修博山縣志》卷十四《藝文》）康熙十三年中秀才，

十六年中舉（主考官爲翰林院編修翁叔元，對趙頗爲看重，"以
得人自慶"，後其子翁海光從學於趙執信門下），次年中進士，後
任右春坊右贊善兼翰林院檢討。二十八歲時，因佟皇后喪葬期
間觀看洪昇所作《長生殿》劇，被劾革職。此後五十年間徜徉林
壑，終身不仕。趙執信爲王士禛從甥婿，然論詩與其異趣，強調
文"以意爲主，以言語爲役"（《金史》卷一二六《列傳第六十四·周昂傳》
引周昂語）。所作詩文深沉峭拔，不乏反映民生疾苦的篇目。乾
隆間，劉執玉選趙執信與宋琬、施閏章、朱彝尊、王士禛、查慎行
五家詩作而成《國朝六家詩鈔》。著《飴山詩集》二十卷《文集》
十二卷《附錄》一卷、《海鷗小譜》一卷、《談龍錄》一卷等。其生
平見汪由敦《文林郎前右春坊右贊善兼翰林院檢討趙先生執信
墓誌銘》（《松泉文集》卷十八）、《國朝詩人徵略》卷九、《文獻徵存錄》
卷十、《國朝先正事略》卷三十八《文苑·趙先生執信》、《國朝書
人輯略》卷二、《清代學者象傳》（第二集）、《清史列傳》卷七十一
《文苑傳二·洪昇傳》附、《清代七百名人傳》（第五編）"藝事
文學"、《書林藻鑑》卷十二"清"、李森文《趙執信年譜》等相關
記載。

　　諸人善果寺看桃花，現存作品除王又旦、王士禛詩外，尚有
吳雯詩、朱載震《王阮亭先生招同諸公集善果寺分韻得處字》
（《東浦詩鈔》卷三）詩。茲錄吳雯詩如下。《暮春雨中阮亭先生招
同諸公集善果寺得曲字》："古寺城西隅，寺路直還曲。幽人此
來往，漸與山僧熟。煮茗石幢下，石鼎輕烟覆。一花餘春榮，衆
陰長夏綠。松深鶴唳静，竹動鳥飛速。人生一世間，光景如轉
燭。宇宙曠無垠，何爲自刺促。勝侶欣招邀，佳時值休沐。名
香風過院，仙梵雨垂屋。向晚孤霞明，白雲傍簷宿。蒼蒼林月
上，世界明金粟。歸途重回首，遥山寄遐矚。"（《蓮洋詩鈔》卷一；《篋

衍集》卷二"五言古詩")

轉户科給事中。五月十七日,朝廷下詔典試廣東,任主考官。

　　《清聖祖實録》卷一百一十五:"(康熙二十三年甲子　五月
　　壬午)以……户科給事中王又旦爲廣東鄉試正考官,工部主
　　事劉長發爲副考官。"

　　汪懋麟《王氏祠堂記》:"今年五月,(黄湄)奉命主廣東鄉
　　試,其政事文章,赫然中外。"(《百尺梧桐閣文集》卷三"記")

　　姜宸英《〈嶺海集〉序》:"甲子歲大比,(黄湄)給事奉命典試
　　粤東。"

　　姜宸英《户科掌印給事中黄湄王公墓表》:"(黄湄)改户科
　　掌印,典試粤東。"

　　朱彝尊《儒林郎户科給事中郃陽王君墓誌銘》:"(王君)轉
　　户科掌印給事中,典廣東鄉試。"

　　《(雍正)陝西通志》卷五十七下《人物三·廉能下》"本朝":
　　"(王又旦)擢給事中,歷吏、户二垣,尋典廣東鄉試。"

　　《(乾隆)郃陽縣全志》卷三《人物》"國朝":"二十三年,(王
　　又旦)擢户科都給事中,典試廣東。"

　　《文獻徵存録》卷十:"及除,(王又旦)補吏科給事中,轉户
　　科掌印。典廣東試。"

　　《(道光)廣東通志》卷七十八:"康熙二十三年:正考官給事
　　中王又旦,陝西郃陽人,順治己亥進士。"

**奉旨典試廣東,六月中旬啓程,作《出郭》詩。沿途所作詩篇,收入
《嶺海集》。**

　　《出郭》:"出郭西風急,離亭六月寒。長橋飛暮雨,數騎度
　　桑乾。槐子黄初墮,楊枝緑未殘。此行真萬里,何日返長安。"
　　(《黄湄詩選》卷九《嶺海集》)

　　姜宸英《嶺海集序》："甲子歲大比,給事奉命典試粵東。……乃專歸郃陽《嶺海集》者,其奉使往返時所作也。"

　　按:詩中有"離亭六月寒"句,吳雯《送王黃湄都諫使嶺南》中有"懷君六月半",知王又旦六月中旬啓程。"桑乾",指桑乾河,一名蘆溝河,俗名渾河,爲永定河上游,清聖祖時賜名永定河。

　　王又旦典試粵東,京師友朋多有送別者,今存吳雯《送王黃湄都諫使嶺南》(《蓮洋集》卷三)、吳苑《送王黃湄給諫典試粵東》(《北黔山人詩》卷五《花底和鳴集》)、高士奇《送王又旦給諫典試粵東》(《高士奇集·苑西集》卷五"今體詩")等作品。

　　吳雯《送王黃湄都諫使嶺南》："渺渺五羊城,坎坎津亭鼓。懷君六月半,已過南康府。匡廬好山色,那得留行部。陟嶺瘴花明,近海島帆聚。使院忽相思,桄榔夜深雨。"

　　吳苑《送王黃湄給諫典試粵東》："帝曰闢四門,山海羅佳彦。緬茲百越地,梗柟盡充選。黃門夔、龍比,承命過蠻縣。薦納矢公慎,鐵網珊瑚胃。閒情愛山水,梅花村一見。題詩鷓鴣峰,縱酒菖蒲澗。歸來貢璠璵,價重瑤林殿。知人受上賞,台斗日當踐。"

　　高士奇《送王又旦給諫典試粵東》:(其一)"大嶺橫雲峻,香輈暑後過。簾開秋爽近,院鎖月明多。匣劍騰爭躍,帷燈費揣摩。炎洲叢桂好,不復減菁莪。"(其二)"甲乙論文富,珠輝七郡聯。奇觀藏蜃閣,秀色映花田。鐵網重淵澈,冰壺碧漢懸。迴瀾真有力,把酒賀南天。"

出城不久,郭外遇其弟又喬(稺喬)趕來送別。

　　《途中遇舍弟稺喬賦此爲別》："訊汝來期未可憑,那知郭外駐行縢。驅車遠道人難別,判袂離堂怨易增。日暮長橋尋酒

幔，夜深零雨剪孤燈。西風滿地吹官柳，惆悵盧溝即灞陵。"(《黃湄詩選》卷九《嶺海集》)

經白溝河時，遇暴雨。

《次白溝河暴雨》："神蜧盤空黑，金蛇奪眼明。纔聞循雷下，忽詫與階平。氣壓蓮花渚，聲吞細柳城。書生常萬慮，不爲阻遏征。"(《黃湄詩選》卷九《嶺海集》)

按："白溝河"，拒馬河支流，又名大石河，位於河北省中部。有二源，西源出自今北京房山區與易縣之間分拒馬河之水，南至涿州市匯合北源。北源大石河，源出房山區大窪尖。二水匯合後，南經新城縣，在容城縣白溝鎮注入幹流。

時值盛夏，雨中發德州，有詩寄好友張貞。

《雨發德州寄張杞園》："古驛荒風草欲枯，衛河朝雨淨征途。何來白鶴橫空下，不覺青林入看無。大野水雲連海嶠，炎天道路向番禺。故人饒有幽居樂，想像茶烟出瓦鱸。"(《黃湄詩選》卷九《嶺海集》)

按：詩中有"炎天道路向番禺"語，則時值盛夏。"衛河"，發源於山西境內的太行山南端與河南省輝縣市蘇門山百泉，上游有三源：淇水、湯水、洹水，在輝縣合河村匯流後稱衛河。向東流經豫、冀、魯三省十四个市、縣，匯合安陽河和漳河，在河南和山東交界進入南運河，最終匯入海河。

過東阿，有詩哭友人劉沛先都諫。

《東阿哭劉棠溪都諫劉蜀人舊東阿令引疾不能歸里遂家東阿》："八舍賓初散，三巴道最長。人猶思栗里，天欲葬桐鄉。静夜聞蛩語，高空斷雁行。哭君向何處，微月下青楊。"(《黃湄詩選》卷九《嶺海集》)

按：劉沛先(？—1684)，字棠溪，四川閬中人，後因疾寓居山東東阿。清順治十一年(1654)甲午科舉人。十四年任東阿縣令,後擢刑科給事中。康熙十三年任兵科掌印給事中時,與同僚李宗孔舉薦傅山應博學鴻詞試。同時代的王澤弘有詩《過東阿訪劉棠谿都諫》(《鶴嶺山人詩集》"壬戌年稿"),其中云"向過披垣頻覿見,三秋別來不相見",庚戌逆推三年,爲己未年(1679),時尚在給事任上。任兵科掌印給事時,條陳蜀中轉運情形,言及蜀疆無匱乏之虞、秦民省轉輸之苦;聖祖嘉納之;後以目疾歸東阿。爲人性沉默寡言笑。康熙三年至四年間監修《東阿縣志》十二卷,孫桐生選輯《國朝全蜀詩鈔》卷四録其《湖上》詩一首。

"三巴",指東漢析巴郡設置之巴郡、巴東郡、巴西郡。三郡分治前,劉沛先家鄉閬中隸屬巴郡,分治後成爲巴西郡(原巴郡)治所所在地。"栗里",東晉著名詩人陶淵明家鄉,在今江西九江廬山市境内。"葬桐鄉",用西漢循吏朱異事:"初,(朱)異病且死,屬其子曰:'我故爲桐鄉吏,其民愛我,必葬我桐鄉,後世子孫奉嘗我,不如桐鄉民。'及死,其子葬之桐鄉西郭外,民果然共爲邑起冢立祠,歲時祠祭,至今不絶。"(《漢書·循吏傳》)

遊嶽雲樓,有詩懷王士禛。

《嶽雲樓寄懷阮亭十一兄》:"道傍看名嶽,愛此嶽頂雲。中夜登南樓,靈籟忽已聞。曉河墮西嶺,高空澹星文。半規擘水來,翠巖絶遊氛。英英白一點,皎皎日氣薰。須臾滿谿谺,徐、泗鬱不分。對之若有得,慨然懷所欣。終當謝龜組,永與鸞鶴群。"(《黃湄詩選》卷九《嶺海集》)

按:"嶽雲樓",在山東滋陽縣治(今山東濟寧兗州市)東南。段幹木主編《中外地名大辭典》"嶽雲樓"條云:"本兗州古城樓。唐杜甫登此,賦詩云:'浮雲連海岱。'故稱嶽雲樓。後毀,人呼其地爲‘少陵臺’。”“徐、泗”：指徐州、泗州，二地接壤；泗州今分屬安徽、江蘇兩省。

故人吳嘉紀卒，年六十七。王又旦此時尚未得到消息。

汪懋麟《吳處士傳》：“處士既卒之明年，幼華以都給事中典廣東鄉試，返命紆道揚州，哭之，留金其家。時舟次亦以翰林奉使海外憂歸，爲經紀其喪，遠近義之。”（《百尺梧桐閣文集》卷五）

按：王又旦典試廣東歸途經過廣陵，在下一年年初，見下文。則吳嘉紀卒於本年。

過鄒城，遇雨。

《望嶧山》：“出郭眼忽明，輕風生杖屨。空翠落天南，仿佛嶧陽樹。雲葉時出海，石華半侵路。何處謝埃氛，騶堂葆幽素。”（《黃湄詩選》卷九《嶺海集》）

按：“嶧山”，位於山東鄒縣（今濟寧鄒城市）境内。“騶堂”，指孟子授徒講學之地。“騶”，戰國時諸侯國名，春秋時稱“邾”，亦作“鄒”，轄境當今山東濟寧鄒城市東南一帶。

《鄒縣雨》：“默默野豆花嫵爛，我行日暮穿青山。名勝夙昔愛梟嶧，居然眼底羅烟鬟。馬首欲轉白塔外，雨脚忽落青林間。翻盆之勢殊可畏，野田到處聽淙潺。雷火明見蛟龍隊，太陰黑擁群靈班。須臾霽華照十里，高槐夾道近市闤。却思所歷俱惝恍，萬象過眼隨除删。咫尺孟廟不敢謁，繚垣古柏高難攀。半生學道苦未得，神靈惡我風塵顔。秦相頌德有遺筆，亂峰深處鐫堅頑。世人爭欲尋斷碣，棄置瑶草珍茅菅。騶堂漏下起嘆息，坐待素月高柴關。明朝上馬過溪去，弱雲狼藉流溪灣。”（《黃湄詩選》卷九《嶺海集》）

按：“咫尺孟廟不敢謁”，“孟廟”，又稱亞聖廟，始建於北宋景祐四年（1037）。

遊濠梁驛，有題壁詩。

　　《題濠梁驛壁二首》：(其一)"浪遊曾記此停驂，景物重來已不堪。短李亭前風送雨，暮蟬聲裏過淮南。"(其二)"亂水浮天一問津，西風矗碧作魚鱗。傷心空有含桃閣，無復樽前舊主人。"(《黃湄詩選》卷九《嶺海集》)

　　　　按："濠梁驛"，位於安徽滁州鳳陽縣境內。"浪遊曾記此停驂，景物重來已不堪"，蓋指漫遊江南時曾遊歷此地。"短李亭"，語出蘇軾《四望亭》詩其二"頹垣破礎沒柴荆，故老猶言短李亭"；詩題下有注云："太和中刺史劉嗣之立，李紳以太子賓客分司東都，過濠爲作記。記今存而亭廢者數年矣。"(李之亮箋注《蘇軾文集編年箋注》附録一《蘇軾詩集》卷三)"短李"，指中唐詩人李紳，《新唐書》卷一百八十一《李紳列傳》載："李紳字公垂，中書令敬玄曾孫。……爲人短小精悍，於詩最有名，時號'短李'。""淮南"，指揚州，唐太宗貞觀元年，分全國爲十道，揚州分屬淮南道。

雨後，路過徐州時，與劉元勛會面。

　　《對酒與劉漢臣》："大澤新雨收，喬木秋花落。微風引夜涼，可以命杯杓。月出百步洪，近映彭城郭。聊乘物象清，一洗中懷惡。汴、泗無盡流，野氣亙叢薄。袞袞昔時人，一往不可作。志士多感激，達人有寄託。願假百畝田，養此雲龍鶴。"(《黃湄詩選》卷九《嶺海集》)

　　　　按："劉漢臣"，名元勛，康熙二十年始任淮徐道徐州知州。"彭城"，今江蘇徐州古稱。"百丈洪"，北宋蘇軾元豐八年(1085)任徐州知州，與友人參寥子曾遊玩其間，作《百丈洪二首》詩。

　　　　劉元勛(1623—1695)，字漢臣，號介庵，清初人，劉輔字長子。順治十二年甲午（1655）科舉人，己亥年（1659）中進士（清嚴長明等纂《（乾隆）西安府志》卷四十二“選舉志”），與徐元文、葉方藹、彭孫遹、周燦、曹玉珂等爲同年，本年九月除庶吉士。康熙十九年，以戶部郎中職任福建鄉試主考，二十六年分守冀寧道，累官廣東按察使。與王士禛、丁煒、周燦、屈大均、金堡、陳恭尹、董以寧、廖燕、何鞏道等有交往，著有《鶴雪堂詩文集》若干卷等，主修《（康熙）續徐州志》。生平見王弘撰《廣東提刑按察使司按察使劉介庵墓表》（《西歸日劄》）、余國柱《誥贈奉直大夫戶部廣東清吏司員外郎前贈徵仕郎翰林院庶吉士輔宇劉公配誥封太宜人李氏合葬墓誌銘》（收入《渭城文物志》“石雕　碑誌”中）、《（雍正）陝西通志》卷五十七下《人物三·廉能下》“本朝”、嚴長明纂《（乾隆）西安府志》卷三十五《人物志》、臧應桐纂修《（乾隆）咸陽縣志》卷十二《忠良》“皇清”、《嘉慶一統志》卷二百三十一等記載。王士禛《分甘餘話》卷二中記載：“余在九卿時，舉薦人才甚多，率不令其人知之；……如孟世泰、李濤、鞠宸咨、莊揖、衛臺瑛、劉元勛之屬，蓋不下十餘人。”丁煒有詩《懷劉介庵》《送劉介庵請告終養歸里》。周燦有《贈劉介庵憲副》《秋日同劉介庵登毗廬山閣》《送劉介庵戶部還朝》《劉介庵詩序》《送劉介庵歸養序》《祭劉介庵伯母》等詩文。屈大均《翁山詩外》卷八收《贈杜陵劉漢臣》詩。金堡《徧行堂續集·文》卷十二存《與劉介庵舊友》。陳恭尹《獨漉堂詩文集》“詩集”卷十三收《答劉漢臣見寄》。彭孫遹《松桂堂全集》卷十四收《送劉介庵》。

至滁州，有詩題醉翁亭。至定遠縣，在樹下納涼。

《寄題醉翁亭蘇公書醉翁亭記與歐陽公手植梅今皆存》：“小小南徐醉騎馬，瑯琊西澗獨幽尋。尚留殘碣雨滋蘚，半死老梅風過林。曉汲釀泉白茭合，暮歸山店紅燈深。經過咫尺不復見，怊

恨鍾離一夜吟。"(《黄湄詩選》卷九《嶺海集》)

　　按:"醉翁亭",位於安徽滁州,因北宋文學家歐陽修而得名,亦因其《醉翁亭記》而聞名。"南徐",南朝宋設南徐州,治所在京口(今江蘇鎮江)。"瑯琊西澗獨幽尋",瑯琊山位於今安徽滁州西南,東晉時瑯琊王司馬睿曾寄居於此,故而得名;中唐著名詩人韋應物建中二年(781)任滁州刺史時,作《滁州西澗》(《韋刺史詩集》卷八)詩,其中有句"獨憐幽草澗邊生"。

　　《納涼定遠縣南樹下》:"荒原獨樹亦蕭蕭,立馬城南石徑遥。嵐氣欲隨孤鶩落,火雲猶挾太陽驕。溪清坐對鯈魚水,秋至行看烏鵲橋。我向淮南覓叢桂,小山深處試絺蕉。"(《黄湄詩選》卷九《嶺海集》)

　　按:"定遠縣",位於安徽東部滁州轄境内,長江以北,淮河南岸,東與滁州市區相連。

遊歷小吏港,有詩紀之。

　　《小吏港》:"曲港蘋花泛夕暉,廬江往事總沾衣。教坊翻盡絲桐譜,忍見《孔雀東南飛》。"(《黄湄詩選》卷九《嶺海集》)

　　按:"小吏港",又名小市港、焦吏港,位於安徽安慶懷寧縣、小市鎮境内,與潛山市隔江相望,是漢末建安中劉蘭芝與焦仲卿愛情悲劇的發生地,"廬江往事總沾衣"即指此。"小吏",指焦仲卿,樂府名篇《古詩爲焦仲卿妻作》中的男主人公,詩序云:"漢末建安中,廬江府小吏焦仲卿妻劉氏,爲仲卿母所遣,自誓不嫁,其家逼之,乃投水而死。仲卿聞之,亦自縊於庭樹。時人傷之,爲詩云爾。"(《玉臺新詠》卷一)

經安徽桐城龍眠道,作懷古詩。夜宿吕亭驛。

　　《龍眠道中懷古》:"野浦生秋色,村墟下晚烟。三江聞雁過,一徑入龍眠。山靜雨初散,泉鳴風乍傳。參軍今寂寞,宰樹

正蒼然。"(《黃湄詩選》卷九《嶺海集》)

　　按:"龍眠道",位於安徽安慶桐城市東北。桐城境内的龍眠山,爲北宋著名畫家李公麟元符三年(1100)辭官隱居之地,李亦自號龍眠山人或龍眠居士。

　　《吕亭晚作》:"石路折層岑,杉松晚更深。蒼烟澹斜日,白鳥没西林。三李名猶在,雙蓮寺可尋。振吾斑竹杖,從此遍江潯。"(《黃湄詩選》卷九《嶺海集》)

　　按:"吕亭驛",位於安徽安慶桐城市境内。"雙蓮寺",位於今安徽懷寧縣境内,號稱懷寧第一寺院,始建於宋末元初。"三李",即所謂的"龍眠三李",李公麟字伯時,弟公寅字仲謨(一字亮工),從弟元中字沖元,三人同時中進士,其最早記録見黃庭堅《跋净照禪師真贊》:"龍眠,蓋廬江李伯時;頃與其弟德素、同郡李元中,求志於龍眠山,淮南號爲'龍眠三李'者也。"(《山谷别集》卷十二)

曉發梅心驛,夜到樅陽城。

　　《梅心驛》:"路入群峰去,籃輿曉正涼。水分盧子國,山拔皖公鄉。日出洞猶黑,雲來松轉蒼。喜聞天柱近,今夜到樅陽。"(《黃湄詩選》卷九《嶺海集》)

　　按:"梅心驛",位於安徽中部六安舒城縣境内。"樅陽",位於安徽中南部銅陵轄境内。"天柱",指天柱山,位於安慶潛山市西部,又名潛山、皖山、皖公山、萬歲山、萬山,係大别山山脈東延餘脈,與黃山、九華山並稱安徽三大名山,漢武帝時曾封爲南嶽。"盧子國",古國名,廬山的得名,有説法即與之相關。"皖公(山)",又名皖山,與潛山、天柱山相連,三峰鼎峙;或並作一山,而以三名混稱,位於今安徽潛山市境内。

六月二十六日,過皖山,作懷古詩。

　　《望皖山有序》“序”：“予少時讀太白《皖山詩》，稱其靈異，無
由得見。甲子六月二十六日經其地，四山無雲，唯一峰，鬱鬱不
開心，知其爲皖山也。肩輿行二十里，竊謂韓公衡山、蘇公廬山
已事能再值乎？忽雲掃山出，凜凜逼人。約行五里許，雲復合，
至晚不復見。次晨視之亦然。殊可異也。”“我過皖山下，天宇
何清妍。巉巉衆峰中，愛此高且寒。雲師挾片絮，鬱鬱踞崇巓。
便如周護軍，旌斾雄江關。默禱固有應，敢望追前賢。神靈愜
人意，未肯慳良緣。須臾排劍出，柏檜亦森然。青冥何遥翠，氣
象忽萬千。馬上顧淮甸，秋色塡通川。諸巓若奔濤，俯伏趨龍
眠。朗詠太白詩，投迹是何年？回首巖扉合，變滅隨蒼煙。”（《黄
湄詩選》卷九《嶺海集》）

　　按：“皖山”，古名霍山、衡山，漢武帝南巡時，敕封其爲“南
嶽”，隋文帝時廢其封號，人稱“古南嶽”；隋唐時期爲國内五大
鎮山之“中鎮”。“李白《皖山詩》”云云，指其《江上望皖公山宿
松》詩，其中云：“奇峰出奇雲，秀木含秀氣。青冥皖公山，巉
絕稱人意。……但愛兹嶺高，何由討靈異。”（《李太白集》卷十九）

　　《潛山懷古》：“遥遥天柱度龍旂，漢帝何年入翠微。東郡已
驅河伯去，樅陽還聽海潮歸。月臨帳殿明千里，樹隱靈壇十大
圍。典禮猶將誇萬世，長楊宮裏肯垂衣。”（《黄湄詩選》卷九《嶺
海集》）

　　按：“漢帝”，指漢武帝劉徹，曾封潛山（天柱山）爲南嶽。
“長楊宮”，秦漢行宮名，故址在今陝西西安周至縣東南。

赴黄梅道中，有詩懷顧景星。至黄梅，買舟渡江。

　　《懷顧黄公》：“不畏窮愁只著書，幽棲風物近何如？斷雲疏
雨吳王峴，竹瓦臨江十尺廬。”（《黄湄詩選》卷九《嶺海集》）

　　按：“吳王峴”，在武昌西山九曲亭下。蘇軾《記樊山》云：

"孫仲謀泛江,遇大風,柂師請所之,仲謀欲往盧洲,其僕谷利以刀擬柂師,使泊樊口,遂自樊口鑿山通路歸武昌。今猶謂之'吳王峴'。"（孔凡禮點校《蘇軾文集》卷七十一《題跋·遊行》）蘇軾《過江夜行武昌山上聞黃州鼓角》中云:"清風弄水月衔山,幽人夜渡吳王峴。黃州鼓角亦多情,送我南來不辭遠。"（《蘇軾文集編年箋注》附錄一《蘇軾詩集》卷二十六）

《黃梅縣阻水買舟穿林中抵江上作》:"近郭忽滔滔,扁舟泝怒濤。天垂湖草合,風入浪花高。背屋千竿竹,防家七尺篙。穿林不辭遠,江口隔煙舠。"（《黃湄詩選》卷九《嶺海集》）

停泊江邊樹下,有詩寄周燦。

《泊江口樹下寄周澹園》:"長川望不極,渡口問吳艒。白鶴起高樹,青山陰半江。秋花垂屋角,水荇落船窗。爲報南康好,殷勤鯉一雙。"（《黃湄詩選》卷九《嶺海集》）

按:"周澹園",指時任南康知府的周燦。周燦,字紺林,號星公,一號澹園,臨潼（今陝西西安臨潼區）人。順治己丑進士,選庶吉士,改光禄寺主事。康熙二十二年正月,以禮部員外郎之身奉使安南。任南康知府期間,其地臨湖多水患,設救生船以拯溺;講學白鹿書院,造士多所成就;具體負責白鹿書院的維修事宜,爲歷代南康知府爲書院贈書最多的一位,達一百七十本（部）。後官至四川提學道副使。與王士禎、張英、毛奇齡、吳雯、嚴繩孫、毛際可、潘江、潘耒、嚴我斯、顏光敏、梁清標、李顒、熊賜履、曹爾堪、王熙、徐嘉炎、洪昇、劉元勛、王鑨等交遊唱和。平生淡泊名利,落拓不羈,孫枝蔚《贈周星公光禄》（其二）云:"長安裘馬地,古道似君稀。薄俸每沽酒,寒天曾解衣。狂名吾自厭,拙計衆相譏。"（《溉堂續集》卷五）其爲人可見一斑。詩格宏敞,頗勝於文;然規橅唐音,浮聲多而切響少,猶襲北地之舊調

者也。著有《願學堂文集》十八卷《詩集》二卷等，附王又旦多條
評語。合著《使交紀事四種》（分別爲《使交紀事》《使交吟》《安南世系
略》《南交好音》各一卷，係輯錄十位安南官員投贈之作而成書）。生平見趙
于京纂修《（康熙）臨潼縣志》卷五《人物志》、《（雍正）陝西通志》
卷五十七下《人物三·廉能下》"本朝"、《國朝詩人徵略》卷六、
《清詩紀事初編》卷八《丁編陝西》等。

**至江西九江，遊琵琶亭。雨中拜望東林寺，夜宿圓通寺。清晨自
圓通寺啓程，途中有詩。**

　　《琵琶亭同劉水部》："城西同上野航遊，溢口西風古渡頭。
空有詩篇傷往日，到今蘆荻不勝秋。山雲隱見諸峰異，水氣蒼
茫九派流。如此風光良不惡，謾將紅淚灑江州。"（《黃湄詩選》卷九
《嶺海集》）

　　按："琵琶亭"，位於江西九江，面臨長江，背倚琵琶湖。中
唐憲宗元和十年（851），白居易由太子左贊善大夫貶任江州司
馬。翌年秋天，送客於潯陽江頭，舟中有夜彈琵琶者，自訴身
世，詩人同病相憐，觸景生情而作《琵琶行》贈之，亭名因此而
來。"溢口"，一名溢城，故址在今江西九江境内，以地當溢水入
長江口得名。"江州"，治今江西九江。

　　"劉水部"，指劉長發（？—1688），字存永。其先河津人，後
徙江都。康熙丁未科進士，由中書歷虞衡司主事。二十三年
（1684）副王又旦典試廣東（法式善《清秘述聞》卷二"鄉試考官類二　康
熙二十三年甲子科鄉試"載："廣東考官：户科給事中王又旦，字幼華，陝西郃
陽人，己亥進士；工部主事劉長發，字永存，江南江都人，丁未進士。"亦見《聖
祖仁皇帝實錄》卷一百一十五"［康熙二十三年甲子　五月］壬午"條），釐正
文體，號稱得人。其卒年據王仲儒《輓劉存永虞部》（《西齋集》"西
齋戊辰集"）推定，集中其前一首爲《輓汪蛟門比部》，劉長發離世

時間與汪懋麟應在同一年。典試廣東期間，屈大均有《賦贈粵東典試劉工部》(《翁山詩外》卷八"五言律")、《送典試劉工部》(《翁山詩外》卷十"七言律")等與其有關的詩作。與梁清標、汪懋麟、劉謙吉等人交遊。梁有詩《新秋龍眠方邵村毗陵楊亭玉廣陵劉存永汪蛟門石城張黃美集余秋碧堂索飲太和春爲賦長歌》詩(《蕉林詩集》"七言古三")。其人蓋又字祥其，汪懋麟有《除夕同劉玉少祥其韓熊師旅社對酒》詩(《百尺梧桐閣詩集》卷一"癸卯")；劉謙吉《春暮懷友詩三十七首》詩其三十四注云："家祥其長發。"(《雪作鬢眉詩鈔》卷八)生平見《(乾隆)江都縣志》卷二十等記載。

《雨過東林寺》："曉陰度曾坂，山行雨亦快。聲響雜石泉，灇灇入溝澮。谷虛疑地拆，霧埋覺路隘。東林夙所欽，訪古披蒲稗。嶂角似參差，松濤亦澎湃。藹藹香爐峰，雲物苦摧壞。琳宮浮木杪，晨鐘散天界。路掩頗訝窮，巖迴俄已屆。溪上虎跡深，池中蓮葉敗。欲得遠公龕，先下柴桑拜。雪竇未遑參，王事方行邁。何當凌高頂，微茫辨江派。"(《黃湄詩選》卷九《嶺海集》)

按："東林寺"，位於江西九江廬山西麓。始建於東晉大元九年(384)，由名僧慧遠主持修建，爲佛教净土宗(又稱蓮宗)的發源地。因地處西林寺以東，故名。詩中的"遠公"，即指慧遠。"香爐峰"，廬山北部名峰，因形而得名。"柴桑"，陶淵明隱居地，位於江西九江縣(今九江柴桑區)境内，地處長江中游南岸、廬山西麓，南鄰九江廬山市。"雪竇"，指浙江奉化市雪竇山，有"奉化廬山"之稱，這裏代稱東林寺。蘇軾《圓通禪院先君舊游也四月二十四日晚至宿焉明日先君忌日也乃手寫寶積獻蓋頌佛一偈以贈長老僊公僊拊掌笑曰昨夜夢寶蓋飛下著處輒出火豈此祥乎乃作是詩院有蜀僧宣逮事訥長老識先君云》中有句云"此生初飲廬山水，他日徒參雪竇禪"(王文誥輯注《蘇軾詩集》卷二十四）；王詩用典，蓋源於此。

《雨中宿圓通禪院示呆庵上人寺爲坡公舊遊地》："石耳峰頭雲葉香，階前萬壑雨浪浪。蒼藤翠柏風先到，玉室金庭夢亦長。自許三生識初地，要扶一杖遍潯陽。煩君小構蘇公跡，待我題名寶蓋堂。"（《黃湄詩選》卷九《嶺海集》）

按："圓通禪院"，位於廬山之陰石耳峰下，創建於南唐後主李煜時。南宋周必大《廬山圓通寺佛殿記》中載："江州廬山之陰、石耳峰之下，當國朝乾德、開寶間，江南李後主及昭惠周后創觀音圓通道場以奉瑞像，命道濟禪師緣德主之，今號崇勝禪寺，東坡蘇公嘗留詩頌，最爲名刹。"（《文忠集》卷八十《平園續稿》卷四十）《（雍正）江西通志》卷一百一十三《寺觀三·九江府》"圓通寺"條云："在德化縣廬山石耳峰下，南唐李後主建，元燬。明洪武四年重建，寺有香火田。""呆庵上人"，廬山圓通寺住持，與陳大章同鄉（陳大章有詩《宿圓通寺呆上人出阮亭黃湄兩先生詩及聲山諸君墨跡觀之戲書奉呈呆公予郡人也》，載《玉照亭詩鈔》卷十一《巢雲集下》）。約生於明崇禎九年（1636）前後，查慎行有詩《舟發南康不及遇圓通寺聞老訥呆庵年八十餘精力尚如故以詩寄之》（《敬業堂詩續集》卷一）；查詩作於康熙五十（庚子）年，逆推八十餘年即其生年。王士禎出使南海北歸時，亦有詩《圓通寺示呆庵禪人》（《帶經堂集》卷五十六《鼉尾續詩二·南海集上》）。康熙三十一年查慎行遊廬山時，作《圓通方丈與呆庵長老夜話》《月下步入鄰庵同呆公》《尋夜話亭一翁二季亭故址皆不得戲示呆公》（《敬業堂詩集》卷十五）等與呆庵有關的詩。此外，李紱亦有《過圓通寺呆庵和尚出史耕巖前輩贈詩見示輒和一章》（《穆堂類稿·初稿》卷十二）詩。

"煩君小構蘇公跡，待我題名寶蓋堂"，典出蘇軾《圓通禪院先君舊遊也四月二十四日晚至宿焉明日先君忌日也乃手寫寶積獻蓋頌佛一偈以贈長老儇公儇抈掌笑曰昨夜夢寶蓋飛下著處輒出火豈此祥乎乃作是詩……》。

《曉發圓通院途中作》：“山雨宿固佳，山晴行亦好。曲折出深林，餘滴猶浩浩。匹馬臨長衢，回頭望窈窕。但見石壁間，百靈曳輕縞。鬱鬱蟠巖角，霏霏露林杪。乃知七尺軀，夜臥松雲表。氣象果何物，變幻疾飛鳥。會須倚清冥，雲中問五老。”（《黃湄詩選》卷九《嶺海集》）

按：“五老”，指廬山之北的五老峰。東晉張僧鑒《潯陽記》中載：“（五老峰）形勢如河中府虞鄉縣之五老山。”（《（雍正）江西通志》卷十二《山川》及《（同治）南康府志》卷二《地理二》引錄）北宋李昉等纂《太平御覽》卷四十一《地部六》“廬山”載：“（廬）山北有五峰，於廬山最爲峻極，其形迥如（河）中虞鄉縣前五老之形，故名之。”

至南昌，作詩三首。夜行船，至市汊。

《南昌偶作三首》：（其一）“一曲清江繞郡門，東湖陂上日初暾。讀書三十餘年夢，親到南州孺子村。”（其二）“閣上翩翩劍佩遲，太原珠樹玉爲枝。千秋縱使宮亭竭，不沒長天秋水詞。”（其三）“辛苦何勞煉藥丸，真人官府法原寬。求仙本不離婚嫁，我愛雲英與彩鸞。”（《黃湄詩選》卷九《嶺海集》）

按：“孺子村”，得名於東漢時豫章郡（今江西南昌）著名隱士徐稚，字孺子，今南昌尚存孺子亭公園；陳蕃作郡守時，禮讓其人，兩人成爲好友；初唐王勃《滕王閣序》中“人傑地靈，陳蕃下孺子之榻”，即指其事。“太原珠樹玉爲枝”，指王勃，太原爲王姓郡望之一，此處蓋指王勃以“落霞與孤鶩齊飛，秋水共長天一色”而馳名後世，以應詩中“不沒長天秋水詞”一句。“辛苦何勞煉藥丸”四句，典出晚唐裴鉶《傳奇》中的《裴航》（《太平廣記》卷五十《神仙五十》引錄）及《文簫》（《歲時廣記》卷三十三引錄，原題《入仙壇》)篇。《裴航》敘中唐長慶年間,秀才裴航於藍橋驛路遇雲英而一見鍾情,欲娶雲英爲妻,就得滿足其長壽之願。裴航不辭辛勞,費盡心力得到搗靈丹之玉杵臼,奮力搗藥,最終感動月宮中的玉兔,經百日之久,丹藥煉製成功,娶得雲英並成仙。《文簫》載書生文簫客居鍾陵(今江西南昌),中秋夜遊西山時,遇彩鸞於歌舞場中,心悦之,約與同歸。文簫生性柔弱,拙於生計,貧而不能自養。彩鸞遂每日書小楷孫緬《唐韻》一篇,鬻之得五千錢,如是度日歷十年。後略爲人知,二人潛奔鍾陵附近新吳縣(今江西宜春奉新縣)之越王山,竟不知所終,傳皆乘虎而成仙。《傳奇》記載中,"雲英"與"彩鸞"原本皆爲女仙而流落人間。

《市汊》:"漁村深樹泊行舟,細月弦中見亂流。柔艣數聲驚客卧,天明已報過洪州。"(《黄湄詩選》卷九《嶺海集》)

按:"洪州",南昌別名。

七夕,夜行船,三更時抵樟樹清江鎮,遇大雨,宿河埠。

《七夕冒險舟行抵清江鎮時漏下三鼓》:"湍急雲昏歎路窮,那堪黑夜倚孤篷。魂銷落月千江外,命寄長年百丈中。波底蛟黿深有窟,天邊烏鵲遠無功。水村兒女陳瓜果,仿佛楓林一炬紅。"(《黄湄詩選》卷九《嶺海集》)

按:"清江鎮",此處指所應位於今江西撫州樟樹市(舊名清江縣)境内。《黄湄詩選》卷九《急雨》詩中有"化梭亭畔橘三株"句,劉松纂《(隆慶)臨江府志》卷十三《雜志·古跡》"清江縣"載:"化梭亭在縣東北三十里清江鎮。"明清兩代,清江縣隸屬袁瑞臨鹽法道臨江府。

《清江暮雨是日宿河埠》:"紫淦遥遥新漲生,蕭灘一帶白波明。兩峰雨脚從天下,萬里風帆特地輕。雲絮漸迷紅樹色,水

花高助畫船聲。棕櫚林下鸕鷀鳥，對爾悠然最有情。"(《黄湄詩選》卷九《嶺海集》)

《河埠》："灘聲鳴野岸，霽色下亭皋。今夜停舟處，松林水半篙。紅泥尋寺閣，青旆認村醪。到處耽幽興，篷窗月脚高。"(《黄湄詩選》卷九《嶺海集》)

初九日，泊峽江縣。

《七月初九日泊峽江縣》："坐久秋河斜，素月生西嶺。峽束一江明，摇漾中夜景。梅溪漲未消，蘋末風乍冷。小舫横一床，高眠雜笭箵。"(《黄湄詩選》卷九《嶺海集》)

按："峽江縣"，位於今江西中部吉安市境内。

《發峽江》："地拔山千疊，天懸水一支。中宵魂頗怯，將曙看尤奇。漁火明茶甑，江烟亂艛枝。波平帆正穩，狂殺弄潮兒。"(《黄湄詩選》卷九《嶺海集》)

至廬陵縣，有詩紀之。

《廬陵縣》："白舫青簾趁曉開，藤梢橘刺碧成堆。一峰近見螺文合，幾派遥從吉字迴。遷客每爲憂國計，諸公誰是濟川才。千秋獨憶胡忠簡，特到香城山下來。"(《黄湄詩選》卷九《嶺海集》)

按："廬陵縣"，今江西吉安市區。"香城山"，位於今江西吉安青原區境内。王士禛《南來志》"(康熙二十四年正月)十七日"載："廬陵城外多塹壘。……過張家渡，東南望，見香城山，宋胡忠簡公冢於此。""胡忠簡"，指南宋初著名政治家胡銓，謚忠簡。

泊蜀口。抵達萬安縣，遇雨。自惶恐灘登陸，經萬安諸山，抵烏兜驛。

《蜀口》："輕舟艤蜀口，落落恣野眺。松林延暮色，半壁隱微照。幽討苦無暇，王事有明詔。躑躅石瀧間，却思追風驃。

頗聞里人傳，冠蓋出藜藋。龍洲與金魚，地氣自感召。西江山
水窟，自古尊曾、廖。後人失遺法，無由失奧突。嗟哉夸毗子，
援古肆譏誚。譬之甘北味，不知南烹妙。我讀山陵狀，喟然領
其要。賦詩遣我懷，聊用資一笑。"（《黄湄詩選》卷九《嶺海集》）

按："蜀口"，位於江西吉安泰和縣境内。"夸毗子"，指卑躬
屈膝的諂佞之徒，語出《詩經·大雅·板》："無爲方僑，無爲
夸毗。"

《萬安縣北風暴》："秋令行煩暑，鬱鬱妨坐眠。十里磨九
瀧，中流歎迴遭。近岸樹木寂，過午雲物鮮。忽翻萬頃墨，翳此
西南天。暴風振大野，跳浪潑客船。金牛與五馬，俱萬安西南山
名。苦被蛟龍纏。即境駭耳目，聊喜清江壩。披襟納新涼，使我
輕欲仙。黄昏四山静，漁市散瞑烟。明月上雲海，露氣方浩
然。"（《黄湄詩選》卷九《嶺海集》）

按："萬安縣"，隸今江西吉安，位於吉安與贛州之間。

《自惶恐灘登陸經萬安諸山抵烏兜驛寄吴天章洪昉思朱悔
人》："朝辭萬安灘，陟危紆以篝。兩竿青筠杖，駕我越荒茸。幽
臨千尺溪，險垂二分踵。草密奔飛狖，日高響亂蜇。地訝贛石
裂，水從南部湧。試問陸行人，何恃不惶恐。渡河指西南，山勢
紛若擁。潛竇竹鞭出，陰巘松毛氄。雲過失長林，徑迴得稻壠。
隨意憩清樾，寧論把與拱。愁顏忽已開，怡情聊自奉。題詩寄
故人，何似王陽勇。"（《黄湄詩選》卷九《嶺海集》）

按："惶恐灘"，位於江西吉安府萬安縣境内，係贛江上游最
後一個鎖口，江水湍急，暗礁林立。"烏兜驛"，位於今江西贛州
贛縣區境内。"吴天章"，指吴雯；"朱悔人"，指朱載震；"洪昉
思"，指洪昇。

洪昇（1645—1704），字昉思，號稗畦，又號稗村、南屏樵者，

錢塘（今浙江杭州）人，清代著名劇作家，與《桃花扇》作者孔尚任並稱"南洪北孔"。外祖父黃機，康熙時官至文華殿大學士兼吏部尚書。早年曾受業於陸繁弨、毛先舒、朱之京等，頗受師輩遺民思想的薰染。康熙三年，與黃機孫女黃蘭次結婚。七年北京國子監肄業，鬱鬱而歸，此後二十年均科舉不第，四處奔波，布衣終身。十年，遭"天倫之變"的家難，不容於父母（繼母錢氏），離家別居，貧而至於斷炊。十二年冬，再次前往京師謀生，爲王士禎和李天馥諸名流所賞識和揄揚，詩名大震。然不滿現實、恃才傲物如故，"交遊宴集，每白眼踞坐，指古摘今"（徐麟《長生殿序》，亦見查爲仁《蓮坡詩話》）。十四年暮春，不得已離京返鄉，編成《嘯月樓集》，秋復返京，因李天馥之薦，入王士禎門下。次年春天南返，落戶武康。十七年朝廷開博學鴻詞科，舉家返京，不想"未膺薦舉"，迫於生計，賣文爲生。十八年冬，其父以事被誣遣戍，洪昇輾轉於王公大人之間，多方奔走周旋，此後奉侍父母北行，半途遇赦得免。二十七年，舊作《舞霓裳》傳奇改編爲《長生殿》完成，引起很大的轟動。次年七月，因於孝懿皇后忌日期間演出《長生殿》，被劾下獄，革去監生功名，諸多好友亦受牽連。兩年後返歸錢塘，生活窮困潦倒。三十六年江蘇巡撫宋犖命人排演《長生殿》，觀者如堵，極一時之盛，此後演出不絕如縷。四十三年，江寧織造曹寅在金陵排演全本《長生殿》，洪昇應邀前往觀賞，事畢歸鄉途中，於烏鎮酒醉後失足落水而死。與毛際可、王澤弘、孫枝蔚、徐乾學、姜宸英、陳維崧、朱彝尊、宋犖、方象瑛、余國柱、高士奇、毛玉斯、吳雯、王晫、金埴、方渭仁、徐嘉炎、朱溶、戴普茹等交遊唱和。著有《稗畦集》六卷《續集》一卷、《嘯月樓集》七卷、《詩騷韻注》、雜劇《四嬋娟》；傳奇除《長生殿》外，尚有《回文錦》《回龍記》等。生平見《國朝詩人徵略》

卷十四、章培恒《洪昇年譜》、曾永義《清洪昉思先生昇年譜》等。

王又旦去世後,康熙二十七年,洪昇作《將入都門途中憶房慎庵僉憲王黃眉都諫吳志伊檢討顏修來考功相次淪没喬石林侍讀顏澹園錢庸亭二編修龐雪崖張雲子徐電發毛允大四檢討汪季用主事俱讁調歸里愴然感懷》詩。

將至贛州時,有詩寄丁煒。過南康縣,作詩紀之。

《將至贛寄丁雁水僉事二首》:(其一)"入望迢迢紫翠開,逢人先問鬱孤臺。贛南地主風流甚,八境中間任往來。"(其二)"酒盡壺傾君莫沽,清詩一首世應無。欲尋南部誅茅地,木客山中種木奴。"(《黃湄詩選》卷九《嶺海集》)

按:"丁雁水僉事"指丁煒,時在贛州任分巡贛南道(轄江西贛州、南安二府及寧都州地,治今贛州贛縣區)僉事。丁煒(1627—1696),字澹汝,號問山,又號雁水,福建晉江人,明尚書丁啓浚孫。順治十二年,詔命漳州舉薦人才,恩貢名列第一,以人才舉授漳平教諭,不久投大將軍濟度幕下。改魯山丞,遷獻縣令。擢戶部主事,歷兵部員外郎。康熙十九年出守贛南道,二十六年陞湖廣按察使,以目疾歸。二十九年因事左遷雲南姚安守,旋復臬職。累官江西布政使,卒於官。與王士禛、朱彝尊、施閏章、顧景星、林堯英、宋犖、梁佩蘭、吳綺、徐釚、劉漢臣、張英、魏禧、張三異、龔翔麟等交遊唱和。煒詩力追唐宋諸家,論詩主張抒發真性情,《問山詩集自序》云:"詩道,性情者也。性情之所發,怫者不可使愉;忻者不可使戚。"王士禛亟稱之,名列"金臺十子"。著有《紫雲詞》一卷、《涉江集》一卷、《問山詩文集》十八卷(文八卷、詩十卷)。生平事跡見顧景星《丁澹汝詩文集序》(《白茅堂集》卷三十四)、張汝瑚《問山文集序》(《問山文集》卷首)、陳毅《攝山志》卷三"人物"、《(乾隆)泉州府志》卷五十五《文苑·國朝文苑一》及卷七十五《拾遺下》、《國朝詩人徵略》卷十三、《清史稿》卷四八四《文苑一》、《清史列傳》卷七十、《陳埭汾江毅齋丁公宗祠祭祀譜》"拾遺"等記載。丁煒《次韻酬林澹亭十月初雪過訪愚齋兼懷修來幼華千仞之作》亦爲二人交往的明證。

"鬱孤臺",位於江西贛州城區西北部賀蘭山頂,始建於唐。以山勢高阜、鬱然孤峙得名。"誅茅",喻結廬安居。

《南康縣》:"多少豪賢客,南遷此往還。魚龍屯極浦,魑魅語空山。鐵柱沈無益,黃茅淚有斑。傷心何處甚,缺月下梅關。"(《黃湄詩選》卷九《嶺海集》)

按:"南康縣",清屬贛南道南安府,爲贛南道署衙所在地,轄境約當今江西贛州南康區。

至大庾,遊東山寺,翻越梅嶺,有詩與南雄太守党居易,亦有詩懷汪楫、汪懋麟。遊嶺上掛角寺,進入粤省。

《登南安東山寺》:"夕上東山寺,橫江帶晚嵐。星團關樹北,天逼嶺雲南。野靜豺狼窟,燈明彌勒龕。炎洲紛驛使,談笑稅征驂。"(《黃湄詩選》卷九《嶺海集》)

按:"南安",指南安府,明代江西境内設置的行政區,清代沿置,治大庾縣(今贛州大余縣)。《明史》卷四十三《志第十九·地理四》"江西　南安府":"太祖乙巳年(1389)爲府。領縣四(大庾、南康、上猶、崇義)。"

《過嶺》:"壇外仙茅綠乍匀,朱方從此度嶙峋。帷褰海嶠思中土,地盡瓊、儋泣遠人。瘴氣已隨青草没,東風還發柚花新。山川清絶番州路,何負當年放逐臣。"(《黃湄詩選》卷九《嶺海集》)

《嶺上懷古寄舟次季甪》:"橫浦蕭蕭遍綠苔,關雲嶺樹倚崔嵬。空聞漢室將軍去,尚憶英州司寇回。南斗漸高知海近,百

蠻遥控見天開。緘書遠報同心友，親向梅花國裏來。_{相傳英州司}
_{寇之女過嶺植梅三十株，題詩而去。}"（《黃湄詩選》卷九《嶺海集》）

按："舟次"，指汪楫；"季角"，指汪懋麟。

《嶺上與南雄太守》："斷崖猶見一株斜，近傍關頭老嫗家。
煩汝更添三百本，春前春後看梅花。"（《黃湄詩選》卷九《嶺海集》）

按：此處"嶺上"指梅嶺之上，詩中有云"煩汝更添三百本，
春前春後看梅花"。"南雄太守"指党居易，字子庸，陝西寶雞
（今陳倉區蟠龍山）人，清順治間大學士党崇雅之孫，康熙十二
年知湖廣均州，參與編修《均州志》，二十二年至三十年任廣東
南雄知府（余保純等編纂《直隸南雄州志》卷四），主持編修《南雄府府
志》，三十一年始任廣東按察使副使分巡雷瓊道。其生平見周
方烱纂《（乾隆）重修鳳翔府志》卷七《人物·宦績》、宋伯魯編纂
《續修陝西通志稿》卷八十一《人物八》、强振志纂《（民國）寶雞
縣志》卷八《人物》等記載。

《挂角寺》："戍樓吹角護梅關，古寺高臨萬仞山。夜雨乍收
天氣潤，雄州渾在白雲間。"（《黃湄詩選》卷九《嶺海集》）

九月七日，陳廷敬有詩呈李天馥，兼懷王又旦。

陳廷敬《磨勘宿省中呈容齋兼懷黃糜給諫》："殿廊槐棘晚
森森，斜日清烟紫禁深。把卷幾回同笑語，憐才終是共沉吟。
露寒桂子三秋色，風落梧桐一夜陰。舊日鎖廳人好在，白頭蕭
颯映華簪。"（《午亭文編》卷十三"今體詩六"）

按："磨勘宿省中"，指複覈順天府鄉試卷（據《陳廷敬史實年志》
"康熙二十三年"記載）。"磨勘"，科考用語，指對鄉試、會試試卷進
行複覈。馬齊等監修總裁《聖祖仁皇帝實錄》"康熙二十三年
九月"中載："（戊寅）禮部題：磨勘順天鄉試卷。"本年九月戊寅
爲九月七日。其中所記時間，與"露寒桂子三秋色，風落梧桐一

夜陰"所言時令相合。陳廷敬時任職吏部左侍郎兼管右侍郎
事、兼經筵講官、翰林院學士。

至廣東始興,夜泊水邊有詩。

《夜作》:"螺子峰前月色新,黃牛石外水盈津。道逢佳樹皆
知己,邑有名山似故人。百尺郡樓遥作館,千竿岸竹借爲鄰。
崎嶇萬里君恩重,敢怨瀧頭一葉身。"(《黃湄詩選》卷九《嶺海集》)

按:"黃牛石",今江西贛州龍南縣境内九連山最高峰,處龍
南縣、廣東河源連平縣、廣東韶關始興縣之間。

抵達廣東韶關曲江。

《舟中望韶石》:"天上雲迎棹,沙頭鳥送人。三瀧若無路,
百折忽通津。石訝生鏞列,林疑羽騎陳。聖君真得道,原不諱
南巡。"(《黃湄詩選》卷九《嶺海集》)

按:"韶石",今存最早記載見於《水經注》卷三十八"溱水"
條,《元和郡縣志》卷三十八中載:"隋開皇元年平陳,改東衡州
爲韶州,取州東北韶石爲名。"(類似記載亦見初唐梁載言《十道志》卷下
"嶺南道"中;《十道志》卷數著録有十卷和十三卷兩種,後散佚,今傳兩卷本爲
清人王謨輯佚的結果,收入其輯録之《漢唐地理叢鈔》中)"聖君",指五帝
之一的虞舜,《山海經》卷十六《大荒西經》中載:"天西南海之
外,赤水之南,流沙之西,有人珥兩青蛇,乘兩龍,名曰夏后
開。……得始歌《九招》樂。""《九招》",即《九韶》,據《山海經》
記載,《九韶》始於夏啓,蓋至戰國時期,《韶樂》記載與虞舜有了
聯繫,如《竹書紀年》等記載,故而《吕氏春秋‧仲夏記》中纔有
了"舜帝乃令質修《九招》《六列》《六英》,以明帝德"。因《(九)
韶》樂承載詮釋了人們對美好境界的向往和憧憬;後世遂成爲
音樂的統稱,明張自烈編,清廖文英補《正字通‧音部》中"韶"
條即云:"夏、商樂皆有《韶》名。《韶》者,樂之通名也。"韶州得

名源於舜奏《韶》樂的説法，最早見於李昉等編纂《太平御覽》卷一百七十二《州郡部十八·嶺南道》"韶州"引《郡國志》中記載："昔舜游登此石，奏韶樂，因以名之。"

《曲江》："奇絶湞江路，千盤鬱不開。韶山飛欲去，江水挽還來。世已無金鑑，人猶拜鐵胎。最憐唐相國，祠廟遍蒼苔。"（《黄湄詩選》卷九《嶺海集》）

按："曲江"，指廣東韶關曲江縣，清代廣東韶州府治所，今韶關市曲江區，爲盛唐玄宗時開元賢相張九齡家鄉。"唐相國"，指盛唐著名政治家、文學家、廣東曲江人張九齡（678—740），唐玄宗開元二十一年至二十四年任宰相。"湞江"，北江上游河段的别稱；又名湞水，别名東河，位於韶關市東部，源於江西信豐縣石溪灣；沿大庾嶺南麓，自東北向西南流經廣東南雄、始興、曲江等縣境，至韶關市區南端的沙洲尾與武江匯合後，始稱北江。

遊海幢寺，作詩懷南海、英德、石城諸友，表達謝意。

《海幢寺閣書懷與南海英德石城感恩諸公》："閣傍湞江武水流，近臨烟火俯番州。鮫人室外栭榔黑，蜑子船邊浦潊秋。世路十年添白髮，鄉心萬里付滄洲。諸公勉立清時業，我愛當年馬少遊。"（《黄湄詩選》卷九《嶺海集》）

按："海幢寺"，位於廣州海珠區同福中路和南華中路之間，始建於南漢，原名千秋寺，清初大規模擴建，遂成爲廣州"四大叢林"之冠。依詩中"閣傍湞江武水流，近臨烟火俯番州"所寫，時作者依然應在韶州境内，該地是否另有一海幢寺，俟考。"南海"，指廣州府南海縣（今佛山南海區）。"英德"，指韶州府英德縣（今清遠英德市）。"石城"，清代其所指有二，一爲今廣東茂名廉江市；一爲今江西贛州石城縣。考王又旦典試廣東行蹤，似與石城無關，待考。"番州"，唐時設置，後改爲東衡州、韶州，即今廣東韶關曲江區。

至廣州，遊南海廟、浴日亭，遊亭時有詩與屈大均。

《南海廟二首》：（其一）"古廟依山出，朱方秩望存。紫溟開曙色，黃木散秋暾。一氣連龍窟，千帆撼虎門。木棉深樹裏，曲徑下雲根。"（其二）"波蘿清蔭好，藹藹玉爲枝。門對三山島，潮通陸賈祠。祝融行海氣，西顥净炎曦。風雨精靈合，飄飄引桂旗。"（《黃湄詩選》卷九《嶺海集》）

按："南海廟"，位於今廣東廣州黃埔區廟頭附近，面臨扶胥江（珠江一段，亦名波羅江，爲珠江至南海神廟之一段），南接黃埔港，東望獅子洋。"虎門"，地名，位於今廣東東莞境内，爲珠江東岸要塞。

《浴日亭》："徑出叢祠外，登臨白露初。石華侵檻澀，木葉倚天疏。絳氣生溟渤，霓旌引太虚。混茫雲水色，一攬上扶胥。"（《黃湄詩選》卷九《嶺海集》）

按："浴日亭"，位於南海神廟西南側之章丘崗上。"扶胥"，曾昭璇《廣州歷史地理》中解釋如下："'扶'，即人……'胥'，即溪邊。"

《亭上呈翁山》："坦步章丘上，苔華處處斑。青林紅幾葉，九月下黃灣。天坼禹東地，潮吞海上山。故人家在此，開卷對屍顔。"（《黃湄詩選》卷九《嶺海集》）

按："亭"，指"浴日亭"。"黃灣"，位於今廣州黃浦區東，韓愈《南海神廟碑》中云："在廣州治之東南，海道八十里，扶胥之口，黃木之灣。""故人"，指屈大均，其家鄉番禺沙亭，地近浴日亭。

典試廣東畢，於九月二十七日開始，與屈大均、陳恭尹、蔣伊等同

遊羅浮山一帶勝跡；遊蹤所至，有梅花村、花首臺、黄龍洞、卓錫泉、洗藥池、東坡故居、竹篙嶺、見日臺等。

《九月二十七日同蔣莘田屈翁山入羅浮山宿泊頭鎮以下二十五首遊羅浮詩》自注：“紹聖元年九月二十七日，東坡遊羅浮，艤舟泊頭鎮。予與諸公於是日宿泊頭，若故爲期者，亦可異也。”“一路菱歌好扣舷，東官東下破寒烟。撰期豈謂同蘇子，訪道端因覓稚川。笋竹林中西崦日，刺桐花外晚秋天。來朝便躡飛雲磴，四百奇峰落眼前。”（《黃湄詩選》卷十《嶺海集》）

按：“蔣莘田”指蔣伊，時任廣東糧儲參議；“屈翁山”指屈大均。屈大均有詩《登羅浮絕頂奉同蔣王二大夫作蔣少參莘田王給諫黃眉》（《翁山詩外》卷二“五言古”）。當時同遊羅浮山者，除屈、王、蔣三人外，尚有陳恭尹等人。“羅浮山”，又名東樵山，位於今廣東博羅縣西部，因葛洪（字稚川）晚年在此修道煉丹，行醫采藥，被譽爲“道教第七洞天”“嶺南第一山”“百粵群山之祖”，名列“廣東四大名山”。

蔣伊（1631—1687），字渭公，號莘田，江蘇常熟港口（今蘇州張家港市鳳凰鎮）人。明禮部主事蔣棻子，《明史》總裁及《佩文韻府》《康熙字典》《古今圖書集成》等典籍總纂官蔣廷錫之父。少肆力於學。爲諸生時，即負經世志。年十四補博士弟子。康熙丙午（五年）舉於鄉，十二年，登進士第。上所著《玉衡》《臣鑒》二録，奉旨留覽，改翰林院庶吉士。十五年移疾歸里，其間曾繪《難民妻女圖》等十二幅畫，反映民間疾苦。十八年，補廣西道監察御史，甫一入朝即進獻此前所繪《難民妻女圖》等圖畫，並上疏言及社會弊端和百姓苦壯，康熙“爲動容嗟歎”（《國朝先正事略》卷十三《名臣》“蔣文肅公事略”）。彈劾亦無所撓避。累遷廣東糧儲參議，革除弊政，建設學校，民感其德。薦遷河南按察副使、提督學政,稱公明第一。試開封,得疾卒。工詩文,善繪事。與吳梅村、馮溥、屈大均、陳恭尹、葉燮、葉方藹、沈荃等交遊。著有《莘田文集》十八卷《補遺》一卷、《條陳疏稿》一卷、《蔣氏家訓》一卷、《臣鑒錄》二十卷、《萬世玉衡錄》四卷、《經驗良方》等。其生平見熊賜履《河南督學道蔣君莘田墓誌銘》(《經義齋集》卷八)、王士俊《蔣伊傳》(《(雍正)河南通志》卷五十四)、《(雍正)昭文縣志》卷六《列傳》、《(道光)廣東通志》卷二百五十六、《清史列傳》卷七十、《清代七百名人傳》(第一編)"政治　政事"中的有關記載。

　　屈大均《登羅浮絕頂奉同蔣王二大夫作蔣少參莘田王給諫黃眉》:"霓霓太古雲,至今未開闢。山氣日洶湧,隨風灑精液。觸石生洪波,微茫在咫尺。登山若浮海,舟航即輕策。浮山復浮去,與羅萬里隔。僅餘玉女峰,娟娟在肘腋。蓬萊無根蒂,左股長爲客。鐵橋苦拘繫,峰峰合體魄。一氣膠漆之,洞天在肝膈。雷風吐噏時,氤氳相損益。羍羍在虛無,遝踏難留跡。如何太華山,乃爲巨靈擘。便道通句曲,大天有阡陌。玉笥一南竅,日月暗相射。朱明本火府,草木多純赤。朱竹含葳蕤,紅翠美毛翮。南禺亦丹穴,鳳族以千百。口銜芙蓮花,紛紛墮瑤席。珠尾若揚麾,往來拂巾舄。麻姑何秀崛,散髮至腰脊。上下飛峰間,不肯相扶掖。筋力盡青冥,漸與空天迫。微軀若鴻毛,順風思一擲。衫袖即飆車,不用浮丘伯。神明自鼓舞,鸞鶴惟所擇。便攜二大夫,八極恣揮斥。神仙雖惝恍,此中有窅宅。真道苦無言,與天日相索。聰明乃塵垢,陶鑄有微責。雖復遊無窮,亦自悲人役。神山有離合,依依且朝夕。鰲首或浮沉,廣大日以積。彌縫費造化,隨波恐流易。分水一泉源,與海相潮汐。天雞一咿喔,扶桑已半白。海日長三丈,玄黃始一隙。光明未麗

天,外體已赫赫。搖蕩二石樓,燒空如琥珀。生長暘谷傍,鬱儀
日親炙。中夜已寅賓,導引成肥碩。咸池灼欲焦,滄涼吾自適。
一下曜真臺,人間愁跼蹐。百慮生黃埃,世務嬰繁劇。三山居
水下,船交苦風逆。齎去童男女,三千良可惜。羅浮即方丈,甘
心自古昔。南嶽一佐命,仙卿此注籍。大夫代天工,於此宜區
畫;雖無封禪書,名山望潤澤。"(《翁山詩外》卷二"五言古")

　　按:"浮山復浮去,與羅萬里隔",指位於廣東博羅縣境内的
羅浮山,爲羅山與浮山的複合體。《後漢書》卷一百一十三《志
第二十三·郡國五·交州·南海郡》"博羅"條,南朝梁劉昭注:
"有羅浮山自會稽浮往博(羅)山。""麻姑",指麻姑峰,羅浮山山
峰之一,位於沖虛觀西南。

　　《梅花村》:"蠻村小舍低茅簷,陂水照户蒲爲簾。南枝北枝
香已斷,剪伐可惜隨刀鐮。唯有青碧萬竿玉,間以荔子分濃纖。
當門紫翠差可喜,恨無酒肆摇青簾。蓬萊宫中賣酒客,西來指
爪何摻摻。身駕仙山自東海,兩山欲合浮圖尖。特設幻境茂林
下,霜寒日暮衣輕縑。冰魂宛轉乍離合,天雞一叫橫星蟾。男
兒生世有幽夢,瀟灑真欲追羲炎。亦知麻姑故相戲,有情未免
如銜箝。四百三十二峰裏,玉女一笑三年淹。歌罷漸入綵雲軒
名去,海風吹雨空霤霮。"(《黄湄詩選》卷十《嶺海集》)

　　按:"梅花村",清宋廣業輯纂《羅浮山志會編》卷首《圖説》
中云:"水簾洞口即梅花村,多梅樹。"

　　《宿花首臺》:"亂石夾奔湍,我行隨意深。選勝崎嶇間,幽
人多苦心。雲墮竹篙嶺,流影松樹林。葱蘢翳山翠,不知西日
沉。取徑行木杪,花宫在層岑。細泉天上來,苔階有清音。夜
氣湛虛明,真源疑可尋。泠然不成寐,高風吹短襟。"(《黄湄詩選》
卷十《嶺海集》)

　　按："花首臺"，元勃蘭肹等著《元一統志》卷九"惠州路_{領縣}四　古跡　花首臺"引《羅浮記》云："洞中常有五百花首真人遊會。唐開元二十六年敕建此臺，名花首。"

　　《黃龍洞_{南漢主劉鋹天華宮故址}》："少小愛靈境，讀書厭凡碌。美人與名山，相須娛耳目。南漢昔繁華，築宮夾雙瀑。甘露與羽蓋，萬瓦縈森木。海月皎夜光，冶服在虛谷。林間散聲歌，巖際響琴筑。鑿江雖未成，豪舉良所獨。絕勝西陵臺，清漳環平陸。我來問遺蹤，蒼涼留樸樕。風珮似翩翩，變滅隨孤鶩。"(《黃湄詩選》卷十《嶺海集》)

　　按："黃龍洞"，又名金沙洞，與白石漓、白水門三處，為羅浮山瀑布最為奇觀之地，位於玉女峰下。"天華宮"，清吳任臣《十國春秋》卷六〇《南漢後主本紀》載："後主名鋹，初名繼興，封衛王，中宗長子也。乾和十六年八月辛巳襲位，更今名，改是年為大寶元年，帝時年十六。是歲，建天華宮於羅浮山。初，帝夢神人指羅浮山之西，去延祥寺西北，有兩岸相疊，一洞對流，可以為宮。及訪其地，則金沙洞也，遂築宮焉。已又夢金龍起於宮所，復改名曰黃龍洞。""南漢"，五代十國時期十國之一，轄今廣東、廣西、越南北部一帶。後唐貞明三年(917)，南海王劉龑在番禺(今廣東廣州)稱帝，廣州改為興王府，次年十一月改國號漢，史稱南漢。宋太祖開寶四年(971)為宋所滅。

　　《景泰禪師卓錫泉二首》：(其一)"石罅泠泠不受塵，木棉樹底蔭清新。入山先去登中閣，要試紅囊顧渚春。"(其二)"名泉南北冠江涯，直上高峰好鬥茶。一夜天香來不斷，西風吹入貝多花。_{泉畔貝多樹開花甚繁。}"(《黃湄詩選》卷十《嶺海集》)

　　按："卓錫泉"，位於羅浮山寶積寺旁。"景泰禪師卓錫泉"，宋唐庚《卓錫泉記》載："吾遊羅浮至寶積寺，飲泉而甘，寺僧曰：

此卓錫泉也。昔梁景泰禪師居此山，其徒以無水難之，師笑而不答。已而庵成，師卓錫於地，泉湧數尺，自是得井。山中迄今賴之。知水者以爲甲於嶠南，而自梁以來未有記其事者。夫師之爲人，誠不可得之。"（黃鵬編著《唐庚集編年校注》"編年文"）

《寶積寺》："東行玩垠堮，得此嘉樹林。坦步中閣道，蕭然寄遠心。厓寺雲蘿古，幽磴叢篠深。老梅不記年，門外茭繁陰。微茫循州郭，藹藹江之潯。霞明海水立，三山忽浮沉。延祥會須復，此地堪投簪。安能緇塵裏，歲歲嗟滯淫。"（《黃湄詩選》卷十《嶺海集》）

　　按："寶積寺"，位於羅浮山羅漢巖下，爲盛唐高僧懷迪譯佛經而創建；初名中閣禪院，宋仁宗慶曆初年，寺僧德堅上京朝闕，仁宗趙禎賜額"寶積寺"，延續至今。

《洗藥池》："水氣生微涼，嵌竇下叢薄。一樹葉初紅，時向清池落。石路引空虛，雲華散寥廓。吾與二三子，入山方采藥。"（《黃湄詩選》卷十《嶺海集》）

　　按："洗藥池"，位於羅浮山上沖虛觀內東坡亭與稚川丹竈旁；相傳爲西晉葛洪與妻子鮑姑平日洗製採集中草藥之所。

《望水簾洞》："老人峰下路，亂瀑對清秋。小憩雲中樹，遙看石上流。風聲傳海嶠，雨腳下循州。從此捫蘿去，青天倚二樓。"（《黃湄詩選》卷十《嶺海集》）

　　按："循州"，隋文帝開皇十年（590）置，明洪武二年（1369）併入惠州府。

《尋東坡故居》："白首南遷客，寥陽殿名有姓名。海雲秋不落，洞日夜還明。莫問青精飯，長懷玉糝羹。參天蒲稗裏，辛苦謁先生。"（《黃湄詩選》卷十《嶺海集》）

　　按："東坡故居"，即蘇軾寓居惠州時的白鶴峰居所，北臨東江,位於今廣東惠州惠城區(原橋東區)嘉祐寺西側,建成於宋哲宗紹聖四年(1097)二月十四日。

《沖虛觀》:"我尋鮑公履,因之登翠微。仙人不可見,海燕西南飛。灌木蟠長根,清樾當門扉。洞中自昏晝,日月安所歸。巑岏四百峰,高下相因依。元氣結重雲,山雲溮相圍。服食寧所願,庶免爲人犧。徘徊暝色下,冷露沾裳衣。"(《黃湄詩選》卷十《嶺海集》)

按:"沖虛觀",位於羅浮山北麓朱明洞南,原址爲葛洪所建四庵之一的南庵,名都虛。晉安帝義熙初(405),改建爲葛洪祠。唐玄宗天寶年間擴建葛仙祠。宋哲宗元祐二年(1087),賜名"沖虛觀"。

《自花首臺登竹篙嶺憩寶塔峰》:"清晨振輕策,陟遠尋勝概。用心紫翠中,放眼谽谺內。東嶺生微陽,松林破蒼靄。耽幽不辭遥,履險寧思退。顥氣入冥漠,雲物忽霢霂。奔騰駟馬驚,浩蕩千波匯。石上憩斯須,林間還萬態。坤軸合鴻濛,諸峰自顯晦。杜鵑花猶香,浮圖名尚在。乍覺石樓開,遥與玉女對。坦步轉巖角,軒舉借鵬背。從兹涉崇顛,天風搖雜佩。"(《黃湄詩選》卷十《嶺海集》)

按:"竹篙嶺",位於花首臺臺西溪上。

《登見日臺》:"孤石鬱峥嶸,下瞰滇海湄。獨踞青林間,颯颯生涼飈。傳聞夜將半,羲和馭雲螭。萬里跳赤波,千峰蕩寒曦。我欲煉精魂,嚼景當有時。會待天雞叫,手弄扶桑枝。"(《黃湄詩選》卷十《嶺海集》)

按:"見日臺",明郭子章《西樵山記》"臺院亭閣"中載:"見日臺,在大科峰。雞鳴見日,日初出彩雲燦爛,海天一色,最爲奇觀。"(明郭棐編撰,王元林校注《嶺海名勝記校注》卷十三)

《阿耨池》:"山雲鬱不飛,雲葉化奇石。合沓蔽泉源,泠泠瀉千尺。古苔封樹杪,清露滴靈液。何處澹塵心,仙璈起將夕。"(《黃湄詩選》卷十《嶺海集》)

按:"阿耨池",亦稱阿耨達池,佛家觀念中無熱、無煩惱的清涼世界,此處指羅浮山勝跡名。

《憩見日庵》:"晻曖微光猶未曛,起看峰頂總絪縕。林間茶沸墮花雨,巖際鳥飛穿亂雲。天路清虛疑過半,真入洞府已中分。歸來勝事無人識,萬頃松濤漲帽裙。"(《黃湄詩選》卷十《嶺海集》)

《登飛雲峰頂》:"雲飈晦天地,精靈出洞穴。置身重雲間,山雲皆奇絕。神液灑虛無,元氣自蓄洩。竟如泛溟海,那知登嵽嵲。足底餘一綫,渺渺辨木蘗。左股復浮去,混茫萬景滅。三峰迷舊痕,六鰲無留轍。頗疑眾仙真,空際紛羅列。萬里馭風馬,衣袖想高揭。便欲偕諸君,直上駕虹蜺。誰能走埃氛,步步愁躄蹎。南海有雙燕,吾將追往哲。"(《黃湄詩選》卷十《嶺海集》)

按:"飛雲峰",羅浮山最高峰,又名飛去頂,因其上常常雲霧繚繞、若彩雲飛渡而得名。

《下山三首》:(其一)"欲下飛雲徑,難拋見日臺。風聲同積氣,空際響奔雷。綠嶂望猶隱,青林時復開。不須浮海去,身已到蓬萊。"(其二)"海嶠無根蒂,浮歸大可虞。瀛洲真浩蕩,日月異朝晡。瑤草終期拾,丹砂豈浪圖。主恩猶未報,不敢去蓬壺。"(其三)"下山常坦步,幽事亦堪論。樹老龍鱗出,天晴鳳子翻。斷雲流石臼,落月下梅村。錦繡峰前路,從今入夢魂。"(《黃湄詩選》卷十《嶺海集》)

《再宿花首臺》:"桑下寧無戀,香臺最有情。亂峰當戶出,落日半林明。殿閣搖苔色,齋厨走澗聲。來朝長嘯去,回首萬

綠輕。"(《黄湄詩選》卷十《嶺海集》)

《與莘田翁山飲梅花村竹樹下望玉女峰麻姑臺》:"名山屭藥已盈束,攜手下山玩山曲。不辭空翠滴衣裳,頗愛墟烟散紅綠。紅綠藹藹入平沙,近傍仙人賣酒家。里俗但傳東嶺背,居人誰問南枝花?林中列坐藉泉石,竹爲四壁石爲席。千嶂猶埋霧氣深,二樓忽漾日光赤。起看秀色何嬋娟,繚繞雙峰絶壁前。眼明如過清虛府,身輕欲踏蒼浪天。百楹縱横待夜静,環珮珊珊下高嶺。不辨麻姑與鮑姑,滿天風露青筠冷。"(《黄湄詩選》卷十《嶺海集》)

《歸自羅浮舟中望鷓鴣峰呈翁山》:"四百高峰一杖扶,歸來艇子指番禺。海流萬里翔朱鳥,雲斂雙峰見鷓鴣。已覺塵心還寂寞,終思仙嶠入虛無。他年應撰《羅浮志》,紀勝無慚陸大夫。"(《黄湄詩選》卷十《嶺海集》)

按:"陸大夫",指西漢初期政治家、文學家、思想家陸賈(前240—前170),漢高祖十一年,奉詔出使南越(今廣東、廣西、越南北部一帶),歸來擢升爲太中大夫;其《南越行記》中曾提到羅浮山。

時值十月,遊覽黄牛逕時,有詩寄家中諸弟。

《黄牛逕寄諸弟》:"地是猺人聚,疏籬有斷烟。青筠三四畝,開户近紅泉。吾里黄河曲,清霜十月天。那知石樓下,不用一銖棉。"(《黄湄詩選》卷十《嶺海集》)

按:"黄牛逕",位於羅浮山麓黄龍洞口附近,往南出山即爲平原地帶。"猺人",舊時對瑶族的稱呼。

王又旦遊羅浮詩,屈大均曾爲其作跋。

屈大均《書羅浮詩後》:"羅浮之名,自陸賈始言之謂:'山頂有湖,環以嘉植楊梅、山桃之屬,可往食,不得攜取。'豈陸賈當時曾與越王佗往遊耶？司馬遷言：'羅浮佐命南嶽，天下十大名山之一。'不知何據？豈亦本之賈耶！古使臣至粵，莫先陸賈。番禺二山之下，錦石、端溪之間多有其跡。使以賈之才，於《南中行紀》之外，復有詩歌數十章。於山川之雄奇，草木鳥獸之怪異，多所表揚，豈非南武之幸事乎哉。歲甲子秋，給諫王先生來典鄉試，事甫竣，遂予上羅浮，造其絶巘，至二山分合之處，求所謂鐵橋、大小石樓者，一一觀之，而雲氣晦冥，至午不散；視浮山滅没，若尚在大海之中漂流未定，風輒引之而去，若與羅山漠然不相顧者。以爲此即三神山，秦皇、漢武求之不得，初望之如雲，既至，反居水下者也。先生尚有《登太華詩》一卷，與'蒼龍''落雁'爭其奇險。兹上羅浮，復得詩二十餘篇，陸賈所不能者，先生能之。嗚呼，亦可以驕視大中大夫也哉！"（《翁山文外》卷九"跋"；亦見《（民國）博羅縣志》卷六《藝文三　文徵二　羅浮文徵》）

典試廣東期間，與屈大均等多有交往，頗有詩文往來。屈大均、陳恭尹爲其《烏絲紅袖圖》題詩。

　　屈大均《贈王給事》：（其一）"君家臨大河，龍門僅數武。生長飛浮山，耕牧安瘠土。西河溯遺風，詠歌三百五。小《序》乃國史，得失於焉取。《周南》本根地，厥惟夏陽古。太姒窈窕姿，宮人所歌舞。洋洋《雎鳩》篇，房中以爲祖。君詩兼風雅，哀樂有規矩。后妃與琴瑟，文王與鐘鼓。父母墟墓存，再拜以依怙。"（其二）"郃陽詩大宗，蘇武開其始。西京《十九篇》，麗則同芳軌。文質何相宣，漢風此盡美。君如清廟瑟，唱嘆得遺旨。太音在朱絃，神明所張弛。五言變風雅，樂府亦驅使。河華氣所生，子卿共鄉里。元精得太素，剛屬嶽靈似。神胡一蠃鱺，洪流爲披靡。手盪龍門開，二山忽分峙。太華以四方，削成苦如砥。君從白帝求，混茫得斯理。"（其三）"讀書芝陽山，子長祠在

側。土高風淳樸，大文以爲則。灝氣接周秦，含弘復金德。治
水臨沱潛，七年蠲寝食。憂旱索鬼神，五行哀失職。奉圭祀孔
虔，孳孳以稼穡。漢江與争命，蛟龍戢其翼。身爲淇園楗，決口
於焉塞。上帝憫精誠，胅胅爲溝洫。微官免爲魚，成功告禹、
稷。平生《河渠書》，至此得盡力。"（其四）"治行以循良，厥爲天
下最。徵拜居黄門，直言無内外。奉使日南來，咨詢惟利害。
執轡當市門，殷勤駐旌旆。求賢得彼姝，片言若龜貝。下問何
温恭，小心事耆艾。好學以無倦，所書溢縹帶。富有非文章，日
新乃光大。持節還承明，喉舌帝所賴。北斗一斟酌，元氣以滂
沛。"（《翁山詩外》卷二"五言古"；《屈翁山詩集》卷一）

　　按："奉使日南來，咨詢惟利害"云云，言明其時王又旦已奉
使至粤。詩中對其道德文章稱譽不已，言詩歌創作，則"君詩兼
風雅，哀樂有規矩""五言變風雅，樂府亦驅使。河華氣所生，子
卿共鄉里。元精得太素，剛屬嶽靈似""土高風淳樸，大文以爲
則。灝氣接周秦，含弘復金德"；言治行爲人，則"治水臨沱潛，
七年蠲寝食。憂旱索鬼神，五行哀失職。奉圭祀孔虔，孳孳以
稼穡。漢江與争命，蛟龍戢其翼。身爲淇園楗，決口於焉塞。
上帝憫精誠，胅胅爲溝洫。微官免爲魚，成功告禹稷""治行以
循良，厥爲天下最。徵拜居黄門，直言無内外。奉使日南來，咨
詢惟利害。執轡當市門，殷勤駐旌旆。求賢得彼姝，片言若龜
貝。下問何温恭，小心事耆艾"。蓋王又旦一生相得者，除了孫
枝蔚等"五子"外，王士禛、汪楫、顧景星、屈大均等最爲知音。

　　屈大均《方硯銘爲王黄湄作》："有美一卷，文明所寄。直内以
誠，方外以義。得自羭芊，水巖之次。氣本黄虹，化爲玉粹。宜
君用之，爲天廟器。硯中有黄文。"（《翁山文外》卷十一）

　　屈大均《賦得蝴蝶繭贈王黄門幼華》："羅浮蝴蝶有洞穴，天

蛾吐絲白如雪。千絲萬絲作一繭，仙胎只爲鳳車結。終日纏綿如有情，變化一一通神明。繭中久蟄經霜雪，雌雄之雷不能驚。枝間厚裹烏柏葉，山人采得盈筐篋。四百峰邊大小村，家家皆有大蝴蝶。黃門近自京華來，邀我共上麻姑臺。不愛紛紛五色鳥，不求朵朵同心梅。只憐鳳子多香繭，神物人間知者鮮。攜歸置在梧桐間，明歲車輪雙翅展。仙人驥驥最相宜，莊得其雄老得雌。雲霞衣服誰能似，日月精華德在茲。君亦當年勾漏令，自入羅浮多嘯詠。鮑靚丹爐造未能，袁宏山疏題初竟。千金何物作裝還，蝴蝶之繭徒斑斑。已擲沉香教作浦，更抛錦石使成山。"（《道援堂詩集》卷四；《廣東新語》卷二十四"蟲語　大蝴蝶"）

屈大均《題王給諫烏絲紅袖圖王郤陽人》：（其一）"芙蓉無數水中開，化作鴛鴦七十來。爭愛夕郎辭賦好，持箋一一向琴臺。"（其二）"太華仙人魯女生，三千玉女不知名。何如少華黃門客，解和詩篇有麗英。"（其三）"西從西嶽至羅浮，詩滿天邊二石樓。五色仙禽多狡獪，麻姑教向使君求。"（其四）"斑騅攜得素馨花，陸賈風流映漢家。一片羅陽歌舞石，看君飛滿筆端霞。"（《道援堂詩集》卷十二；《翁山詩外》卷十四；《屈翁山詩集》卷八）

按：依屈詩（其三）內容，詩應作於王又旦典試期間遊歷羅浮山之後。"夕郎"，唐代給事中的別稱。"二石樓"，指大小石樓，位於羅浮山上，屈大均《羅浮》中載："鐵橋一石也，其形如鞍，橫亘倒垂，從二石樓間登之，高五十餘步，兩端有石柱二，色如鐵，名曰'鐵柱'。"（《廣東新語》卷三）清陳阿平《水簾洞眺大小石樓瑤石臺》中有云："昔持九節杖，三度登羅浮。不用羽翼生，飛上二石樓。水簾何玲瓏，青天垂玉勾。長嘯瑤石臺，西望崑崙丘。"（載陳訓廷主編《惠州詩詞選編》"第六卷　清代"）"麻姑"，羅浮山之南有麻姑峰（玉女峰），其前有麻姑臺，在今廣東惠州西北；王又旦有詩《與莘田翁山飲梅花村竹樹下望玉女峰麻姑臺》(《黃湄詩選》卷十《嶺海集》)。

陳恭尹《題烏絲紅袖圖爲王黃湄都諫三首》:(其一)"花雨林煙自暮朝,清溪流水入紅橋。蠻箋捧出纖纖手,如此詩人未寂寥。"(其二)"榛苓常有美人思,今日披圖若見之。孤鳳自鳴天上疏,一陽陰管卷中詩。"(其三)"北仕燕都西住秦,南來使節動星辰。多年已作羅浮夢,滿眼梅花樹底人。"(《獨漉堂詩文集·詩集》卷九《唱和集》)

按:陳詩(其三)中有"多年已作羅浮夢,滿眼梅花樹底人"語,應作於王又旦本年典試粵東期間。"蠻箋",唐時本指四川出產的彩色箋紙,後用以指製作精美的紙箋。"榛苓常有美人思",語出《詩·邶風·簡兮》:"山有榛,隰有苓;云誰之思? 西方美人。""榛苓",本指榛木與苓草,後喻指賢者各得其所的盛世。"孤鳳自鳴天上疏",典出中唐韓愈《聽穎師彈琴》:"喧啾百鳥群,忽見孤鳳凰。躋攀分寸不可上,失勢一落千丈強。"(《韓昌黎詩繫年集釋》卷九"元和十年")

黃河澂《呈典試王給諫》:"使星皎皎夜,冉冉步雲衢。占星察分野,乃次古番禺。番禺大海傍,窟宅蛟龍居。飛者爲大人,潛者爲巨儒。夫子其猶龍,變化屬須臾。五色曜文明,黼黻神皇廬。吐納渾滄溟,九有仰甘澍。大鳴應鈞天,小鳴葉地驅。截竹吹難似,噭噭爲笙竽。驪龍挾奇寶,南海產明珠。珠胎孕蠙蚌,與月比盈虛。洞光黔似墨,火齊赤勝朱。弭災爲國寶,採捋殆無餘。波師懷善賈,私藏刃肉膚。精芒潛不見,安得綴華裾。願剖鮫人臂,還將獻坐隅。"(《葵村詩集》卷三"五言古詩",載《南開大學圖書館藏稀見清人別集叢刊》影印康熙癸西刻本)

按:黃河澂(1643—?),字葵之,一字葵村,廣東南海(今江門新會市)人。少逢時亂,十二歲方入私塾。潦倒名場,清貧終生。與嶺南著名詩人屈大均、陳恭尹、梁佩蘭、大汕和尚、表弟李蒼水(疑名李俊)、王煐(字紫銓)等交遊,與弟黃河圖(攝之)及以上諸人同爲大汕和尚"白社"成員。其詩以言情見長。著有《葵村詩集》十二卷、《葵村詩話》等。生平見黃登編選《嶺南五朝詩選》卷九、凌揚藻編《國朝嶺海詩鈔》卷五、溫汝能編《粤東詩海》卷七十一、張維屛編《國朝詩人徵略》卷十四、張維屛《談藝錄》卷下。"古番禺",指清代的廣州地區;秦始皇三十三年(前214)平南越後,在嶺南的廣州及周邊地區設置南海郡,含今廣東大部,郡治番禺(即今廣州一帶),爲廣州歷史上最早的行政建置。"九有",九州,《詩・商頌・玄鳥》:"方命厥後,奄有九有。""甘澍",甘霖。

羅浮山之遊結束後,又興端州(今廣東肇慶)、清遠之遊,所經之地有羚羊峽、七星巖、三仙觀、飛來寺等。

《經羚羊峽二首》:(其一)"地湧三江下,山窮一綫開。亂峰吟木葉,遥夜宿崧臺。村僻鮫人雜,林昏越鳥來。炎方留滯久,鼓枻幾時回。"(其二)"佳石傳三種,千秋此最良。蠻江浸鸍鵒,蜑雨洗羚羊。月上痕全白,潮來色更蒼。老夫攜鳳咮,親自水雲鄉。"(《黃湄詩選》卷十《嶺海集》)

按:"羚羊峽",位於廣東肇慶東南,由羚羊山(一名"高峽山")與爛柯山夾西江而成。

《遊七星巖登三仙觀經銜珠逕達霄關呈同遊諸公》:"山雨作復止,雲際露清暉。我行曲磴間,雜樹皆十圍。小憩仙人觀,四望窮烟扉。瀝湖半篙綠,演漾入巖扉。危石忽已合,好鳥時一飛。束折取微徑,瑶草間青緋。置身珠斗間,群峰羅璇璣。亂木下蒼梧,端州在漁磯。烟火十萬户,一髮遥相依。願言攜

伴侶，長此不復違。"(《黄湄詩選》卷十《嶺海集》)

　　按："七星巖"，位於肇慶北約四公里處，自古即以"峰險、石
異、洞奇、廟古"而著稱。景區主要包括星湖和七座山峰，諸峰
並峙，似北斗七星散落湖中，因而得名。"三仙觀"，位於七星巖
之玉屏巖山腰、玉皇殿之下，又名大覺寺，始建於明萬曆十八
年，觀内從左至右供奉"八仙"中的鐵拐李、鍾離漢、吕洞賓，
故名。

　　《石室》："巖洞依沉寥，流雲時復起。石氣結成嵐，雲英散
爲水。是時予正閑，坐卧流雲裏。"(《黄湄詩選》卷十《嶺海集》)

　　《尋端溪同藥亭》："捨舟尋山徑，披荆佇立久。循麓不見
溪，沿岸唯生莠。潛寶穿羊峽，洞天類魚笱。地底藏浩瀉，人間
僅户牖。想像水府開，惝怳蛟螭走。三江下牂牁，萬里浸瓊玖。
寒陰不記年，斧鑿一時剖。洪波散巖脚，紫雲落吾手。奇賞豈
在多，兹遊良亦偶。暮山爛明霞，繫纜江門柳。"(《黄湄詩選》卷十
《嶺海集》)

　　按："端溪"，在今廣東肇慶高要區東南、爛柯山西麓，係久
負盛名的端硯産地，肇慶古名端州亦緣於此。"藥亭"，指梁佩
蘭，字藥亭。

　　《峽山飛來寺定心泉與覺滿長老》："長竹駕泉蟠籜龍，穿雲
細瀉青蘿峰。誰其導者禪所宗，蔭以雜樹松與榕。帝子祠前猘
洞側，日鑄鮮芽惜不得。鄱陽縹瓷瑩且清，爲予滿注瑯玕色。"
(《黄湄詩選》卷十《嶺海集》)

　　按："峽山飛來寺"，峽山位於廣東清遠城北二十三公里處，
峽口有飛來寺，始建於南朝梁武帝時。"覺滿長老"，不詳其人。
"帝子祠"，據沈延芳撰《(乾隆)廣州府志》卷九《古跡·清遠縣》
"讀書臺"條載："在峽山寺左，相傳黄帝二子長大禹、次仲陽□

居南海,與其臣曰初曰武□□隱此。大禹居峽南,仲陽居峽北,故山名曰'二禹'。上有二帝子祠,下有讀書臺,右爲山暉堂,祀二禹臣。"

十月十五日,典試事畢,動身返京。

　　王士禎《粤遊三志・南來志》"康熙二十三年"載:"十月二十二日,遇都諫黃湄弟紀綱之僕,知以十月望日發廣州。"

過南海花山,奏請設縣。

　　《請立花縣疏康熙二十三年》:"題爲嶺南之積盜,甫清善後之良圖宜計。即臣見聞所及,上瀆以佐萬年寧謐之治事:切惟粤東地處嶺南,峒賊出没,嘯聚無常,番禺、從化、清遠三縣之間,悉皆崇山峻嶺,喬木茂林,焚劫時聞。水陸交困,兵來賊遁,兵去賊來,剿撫無功,良非一日;兼之孼藩庇護,肆毒更甚。我皇天威遠播,赫怒削平。近來於花山設營防禦,百姓始寧享生全之福。臣奉命典試兹地,博採輿情,細察民隱,知花山雖屬一隅,而中通數省,盤立五十八峒,鳥道四達,爲南方最險之區。其中三扶田、白鵝逕、正逕等數十餘處,皆匪類倡聚之所。比時雖各就撫,而根株未清,誠恐法久漸弛,厝火復然。莫若於三縣交界之地,設立縣治,得地方官與營將互相彈壓,庶蠻性可以漸馴。約略言之,其便有三:番、清、從三縣之界,賊黨踞巢,而負嵎之徒,每每藉盜通糧,今設一縣而前弊除矣,其便一;峒中田畝,既爲賊踞,盡屬報荒,有一縣令導化之,賣劍買牛,田畝日墾,税賦日增,其便二;營將之守禦以制其力,而縣令之撫字以革其心,叵測漸消,久而弭固,其便三。至於營建城池、衙舍諸費,該督撫細心設法勸輸,不致有虧。正項地方之人,昔受剥膚之害,未有不欣樂趨者。臣察康熙二十一年,廣撫臣李士楨亦曾以設縣上請,部議未允。在部臣不過謂置役設官,易滋煩費,而不知土拓户繁,實益國課。臣於撤棘之後,見彼地士民,諄諄以一勞永逸之計相告,臣思諮詢利害入告,臣職分當然,所以不敢緘默也。伏乞皇上敕部確議,利於民即便於國,南天永弭難化之患矣。"(引自《(乾隆)番禺縣志》卷十九)

按:姜宸英《户科掌印給事中黃湄王公墓表》:"(黃湄)典試粤東還,過南海花山,建議於其地設縣治,奪盜淵藪,旨又報:'可。'君之盡心於所職,雖去不忘其民,雖其暫時經歷之地,猶欲爲國家計久遠如是。"

朱彝尊《儒林郎户科給事中郃陽王君墓誌銘》:"花山接峒人壤,土寇結連出没,劫商旅。(王)君疏請建縣治、設官吏,廣州四縣交賴以安。"

《(雍正)陝西通志》卷五十七下《人物三·廉能下》"本朝":"(王又旦)典廣東鄉試還,過花山,建議設縣置官,以成控扼之勢,盜藪一清。"

《(乾隆)郃陽縣全志》卷三《人物》"國朝":"花山者,界接番禺、清遠、從化三縣,崇山密箐,鳥道深阻,中通四省。賊窟盤占十八峒諸險,時時出没剽劫,爲患滋蔓,將不可圖。(黃湄王)公復命白其事,請建縣治,設官吏,奪蠻荒險遠之恃。使奸宄有所彈壓,而不敢爲亂。上允其請,粤人賴之。"

陳昌齊等纂《(道光)廣東通志》卷一百二十五《建置·花縣》:"王又旦《請立花縣疏》曰:'花山雖屬一隅,而中通數邑,盤立五十八峒,鳥道四達,爲南方最險之區。其中三扶田、白鵝逕、正逕等數十餘處,皆匪類倡聚之所。'"

王又旦於南海花山設立縣治的建議,第二年即奏效。《清聖祖實錄》卷一百二十"(康熙二十四年四月)二十七日"載:"命廣東花山地方設立縣治。從户科給事中王又旦請也。"

朱彝尊《嶺外歸舟雜詩十六首》（其九）："新開花縣壓層巒，群盜停探赤白丸。不是邵陽王給事又旦，滇陽行旅至今難。"（《曝書亭集》卷一十六"古今詩"）詩所詠即花縣設立之事。

《（乾隆）番禺縣志》卷十九《藝文三》載："康熙二十四年乙丑，乃析南海、番禺、清遠、三水、從化五縣地，置立花縣。"

周壽昌《廣東花縣》："廣東花山與峒人接壤，土寇結連出没，劫商旅。王黄湄又旦於康熙甲子歲以户科給事中典廣東鄉試，比還朝，疏請建縣治，設官吏，廣州四縣交賴以安。"（《思益堂日札》卷九）

康熙二十年十月二十二日，原江西巡撫李士楨（李煦之父）調任廣東巡撫，第二年夏天到任，至二十六年十一月按慣例休致。在任期間，亦曾有設立花山縣之請（巡撫都察院右副都侍御史李士楨《題請設立花縣疏》，《（康熙）南海縣志》卷十七）。朝廷允准後，又拿出自己的俸銀倡建花山縣城。詳情可參見氏著《撫粵政略》。

過滇陽峽時，有詩寄英德知縣陸榮登。

《滇陽峽寄陸明府》："滇江百折泝歸舟，力盡亭皋指上游。大地鑱來成怪石，亂雲截破見奔流。雙厓高下看紅樹，十月風烟似素秋。期與故人遊碧落，榕陰白塔是英州。"（《黄湄詩選》卷十《嶺海集》）

按："滇陽峽"，位於廣東北江中游，是北江流經波羅坑至連江口的一段狹窄河道，由泊山、英山夾岸對峙而成。"陸明府"，指浙江嘉善人陸榮登，字揆哉，書法家，康熙九年庚戌科進士，與徐乾學（探花）、李光地、趙申喬、王士祐、汪蚖、王原祁、葉燮、陳夢雷等同科。二十三年至二十五年任英德知縣，二十六年至二十九年任雲南雲州知州，三十六年至三十八年任四川提學使。著有《武塘耆舊傳》等。本年王又旦典試廣東時，陸榮登任

《春秋》房考官(見清蕭立《鐵霽石先生傳》的相關記載,載《興寧文史》第 33 輯"興寧先賢叢書選録二")中,二人或因此得以相識。王士禎出使南海北歸,"過英德縣,陸令榮登揆裁遺英石數枚"(《粤行三志·北歸志》"康熙二十四年四月十六日"條)。陸榮登出任雲州知府時,屈大均作詩《送英德陸明府》。"英州",指廣東英德市,五代十國時南漢建置。

過始興縣,遊鼻天子墓。

《鼻天子墓》:"立仗銅人事不虛,九重泉下儼宸居。五陵可歎無全塚,市上公然賣玉魚。"(《黃湄詩選》卷十《嶺海集》)

按:屈大均《廣東新語》卷十九:"始興縣南二十里有鼻天子冢,或以爲象,然象之稱天子何也?……其曰鼻天子墓者,或越王子孫死葬始興,因稱墓,曰皋天子不可知。'鼻'者,'皋'字之訛也。曰天子者,勾踐大霸稱王,其子孫因僭稱天子也。"

十月,過墨江,有詩寄叔命南。

《墨江寄家叔季鴻》:"南越秋來嘆鬱蒸,蠻烟蜑雨苦相仍。喜歸墨水三瀧岸,却憶黃河十月冰。客路綿綿隨雁陣,鄉心渺渺寄魚罾。山亭此日會知己,已掛蒲帆過始興。"(《黃湄詩選》卷十《嶺海集》)

按:"墨江",北江支流,源於始興縣隘子鎮棉地坑頂,於上江口注入湞江。

過贛江十八灘。

《下十八灘》:"稜稜霜氣下遥空,渺渺輕舟疾斷鴻。撼地江聲趨蜀口,鑱天石脉走崆峒。置身萬丈蛟龍窟,放眼千山虎豹叢。世路崎嶇應過此,最憐華髮倚孤篷。"(《黃湄詩選》卷十《嶺海集》)

按:"十八灘",指贛江從贛州城下流至萬安縣域段。其間

河道曲折，河面時窄時寬，河床中多處怪石交錯，古有二十四險
灘之稱；宋代以後多次疏導，猶以十八險灘著於世。

自萬安赴吉州道中，有詩懷古。

　　《吉州道中懷古》："魚梁城外日初升，螺子山前水正澄。百
轉白波辭灘石，兩崖黃柳下廬陵。世家前後多功伐，文獻淒涼
有廢興。我欲停橈尋舊跡，龍舟寒浪隱漁燈。"（《黃湄詩選》卷十《嶺
海集》）

　　按："魚梁城"，在江西萬安縣南五里；南朝梁末李遷仕遣其
將杜平虜入贛石魚梁作城，即此，地近惶恐灘。"螺子山"，又名
螺山，俗稱螺子山，住於江西吉安縣北十里處，東臨贛江，南接
螺川。"吉州""廬陵"，皆指今江西吉安。

船行至臨江時，有詩二首。

　　《臨江舟中二首》：（其一）"不避三瀧水，歸看萬石洲。浦雲
分閣皂，江樹辨巴丘。宛粥香聞寺，林柑色映樓。征驂如可駐，
南市買漁舟。紫陽詩："征驂聊駐近江樓，南市津頭問買舟。'"（其二）
"放、敵人中傑，筠州屬世家。是非傳慶曆，兄弟重清華。碧玉
千峰立，黃金一澗斜。墨莊何可問？風雨長蒲芽。劉原父、貢父兄
弟，有《公是（集）》《公非集》。"（《黃湄詩選》卷十《嶺海集》）

　　按："臨江"，指臨江府；宋太宗淳化三年，分割袁州、吉州、
筠州設置臨江軍，治所在清江縣（今江西省樟樹市臨江鎮），下
轄清江、新淦、新喻三縣，包括今江西省樟樹市、峽江縣、新幹
縣、新餘市等地；元世祖至元年間改爲臨江路，明洪武年間改爲
臨江府，清沿明制。"三瀧水"，北江支流，亦稱武水、武江，古稱
武溪、四水、瀧水、三瀧水、虎水、樂昌水，發源於湖南臨武縣三
峰嶺，於廣東樂昌三溪附近流入廣東境內，經樂昌、乳源、曲江
等縣，在韶關沙洲尾注入北江。"萬石洲"，位於臨江府清江縣

（今江西撫州樟樹市）境内，地近宜春高安市。"閤皂"，指閤皂山，位於今樟樹市東，道教七十二福地之一。"紫陽"，指南宋著名理學家朱熹，別稱紫陽。閤皂山山麓之紫陽書院（又名道德宮），因朱熹兩度於此講學，故名。"征驂聊駐近江樓"兩句出自朱熹《臨江泛舟》（《晦庵先生朱文公文集》卷五）詩。"放、敞"，指北宋學者劉放（字原父）、劉敞（字貢父），江西筠州（治今江西高安市）人。

夜泊樟樹營，早發赴南昌。

《泊樟樹營》："西風蘆管暮江頭，客正思歸水正流。野黑雲昏漁火亂，三更待月下洪州。"（《黃湄詩選》卷十《嶺海集》）

按："洪州"，今江西南昌。

《早發》："江上柴門蔽深竹，撥剌沙頭飛屬玉。曙星磊落催歸人，短橈劈斷玻瓈綠。"（《黃湄詩選》卷十《嶺海集》）

赴南昌途中。過豐城時，得友人汪楫書，知老友吳嘉紀已卒，哭以詩。

《次豐城得汪檢討書知吳野人已卒以詩哭之二首》：（其一）"颶母盪迅飈，茫茫暗斥鹵。結交苦難合，夫子竟貧窶。藜羹寡一斟，力盡皋橋廡。吁嗟王侯門，不易海陵土。平生獨往心，百夫挽強弩。唯餘五株梅，色映青苔古。淒涼五男兒，與梅守環堵。客子下南州，蘆叢聽柔艣。鳴雁有哀音，淚盡洪都府。"（其二）"地暖君亦寒，歲豐君亦飢。耕作苦無地，西城寧有時。海日上柴門，清暉羅四垂。滌彼齋中硯，供此八口炊。五字追黃初，流播江之涯。長貧復何憾，造物若爾私。傷哉志士心，終埋蒿與藜。嶐然三尺墓，高與狼山齊。"（《黃湄詩選》卷十《嶺海集》）

按："豐城"，今江西宜春豐城市。"汪檢討"，指汪楫。"吳野人"，指吳嘉紀，已於上一年離世。

冬日曉雪，陳廷敬有詩表達思念之情。

　　陳廷敬《曉雪懷王幼華都諫》：“淅瀝疏更外，霏微小雪時。映窗何曙蚤，著樹欲銷遲。寒重花兼出，霑輕葉蔓隨。坐殘鵁鶄影，先遣掖垣知。”（《午亭文編》卷十三“今體詩”）

至吳城時，有詩寄鄉友周燦。過鄱陽湖，有《過湖》詩。

　　《吳城寄周澹園太守》：“晴波渺渺正揚舲，遙指松門問落星。初日千厓搖瀑布，西風萬派匯宮亭。洞天漸入真人府，雲錦高張刺史廳。五老當年成六老，何妨同去坐青冥。”（《黃湄詩選》卷十《嶺海集》）

　　按：“吳城”，鎮名，位於今江西宜春永修縣境內，當贛江、修水入鄱陽湖口。“周澹園太守”，指時任南康太守的周燦。“五老”，宋人李綱《五老峰》（《梁溪集》卷十七）詩中有“五峰秀出如五老，鬒髮蒼然長美好。問之不肯道姓字，儼若子房從四皓”句，蓋言廬山五老峰得名之來歷。“六老”，就“五老”加上周燦而言；南康府治地近廬山，故云。“五老當年成六老”兩句，明王守仁《白鹿洞獨對亭》詩中云：“五老隔青冥，尋常不易見。”（吳光等編校《王陽明全集》卷二十《外集二·詩·江西詩一百二十首》）

　　《過湖》：“半生豪舉在南康，十日芙蓉九疊傍。好挂西風蒲百尺，滿船歌吹下鄱陽。”（《黃湄詩選》卷十《嶺海集》）

　　按：“半生豪舉在南康，十日芙蓉九疊傍”，詠南宋著名理學家朱熹（1130—1200）事。宋孝宗淳熙六年（1179），朱熹知南康軍；此後的三年裏，致力於白鹿洞書院的修復，制定被後世奉爲圭臬和準繩的《白鹿洞書院教條》，豐富書院典藏，並親自授課，使南康一時成爲學術重鎮。白鹿洞書院位於五老峰南麓，李白《望廬山五老峰》詩中云：“廬山東南五老峰，青天削出金芙蓉。”（《李太白集》卷十九）王又旦友人周燦知南康時，於白鹿洞書院的維修復興亦多貢獻。

赴歸宗寺途中，經錢家湖，作詩二首。入山，作《憶兩兒》詩。

　　《循五老峰西南經錢家湖道中作二首》：（其一）"奇絕錢湖路，青天翠作堆。白藤蟠地脉，瑶草入山隈。溪静魚刀亂，冬晴蚌甲開。萬松香界出，仿佛見宗雷。"（其二）"曲曲穿青磴，遥遥望紫冥。山開天子障，地出老人星。碉狹堪扶杖，林迴試叩扃。右軍宅何在？吾欲訪金庭。"（《黄湄詩選》卷十《嶺海集》）

　　按：此詩題下注："以下十七首《遊匡廬詩》。""錢家湖"，《（同治）南康府志》卷二《地理二·山川一》"星子縣"條載："錢家湖，在城西南十里。宋太守錢聞詩居此。""天子障"，《山海經》卷十三《海内東經》"廬江出三天子都"條云："廬江出三天子都。入江，彭澤西。一曰天子鄣。""山開天子障"，《太平寰宇記》卷一百一十一《江南西道九·江州》"德化縣"條載："廬山，在江州南。……山海經所謂'三天子都，亦曰天子鄣'也。"（此處文字據中華書局 2007 年王文楚等點校本《太平寰宇記》引録）"老人星"，亦稱"南極星""南極老人星"，爲天南半球最亮之星，長江流域以南比較常見，江北地區僅秋夜在地平綫附近偶能看到。"右軍宅何在？吾欲訪金庭"，典出王羲之鎮守江州時事跡，南朝宋王縝之《尋陽記》載："（羲之）往來尋陽，愛廬山多松，可以製墨。每曰'紙取東陽魚卵，墨取廬阜煙煤，皆極選也'。時有梵僧耶舍尊者，一名達磨多羅，來自西域，羲之雅與遊。及殷浩遺書，强起爲右軍將軍、會稽内史，乃施宅爲寺，以奉耶舍。今歸宗寺，有墨池、鵝池，皆遺跡也。"（《永樂大典》卷六八三〇"十八陽"。相傳爲東晉衛鑠永和四年所作的《筆陣圖》中即有以下表述："其墨取廬山之松煙，代郡之鹿角膠，十年以上强如石者爲之。紙取東陽魚卵虛柔滑净者。"衛鑠即世傳之衛夫人，王羲之少時從其學書；《筆陣圖》見録於晚唐張彦遠輯《法書要錄》卷一）。"金庭"，本指金庭觀，位於浙江紹興嵊州區東南金庭鎮金庭山山麓。唐裴通《金庭觀晉右軍書樓墨池記》中云："越中山水奇麗，剡爲最；剡中山水奇麗，金庭洞天爲最。洞在縣東南，循山趾右去凡七十里，得小香爐峰，峰則洞天北門也。有晉代六龍失馭、五馬渡江；中朝衣冠，盡寄南國。是以瑯琊王羲之領右軍將軍家於此山，書樓墨池，舊制猶在。至南齊永元三年，道士褚伯玉仍思幽絶，勤求上元，啓高宗明皇帝，於此山置金庭觀，正當右軍之家。書樓在觀之西北，維一間而四顧徘徊，高可二丈；墨池在殿之東北，維方而斜，廣輪可五十尺。池樓相去東西差值纔可五十餘步。"（引自宋高似孫《剡録》卷五）此處以"金庭"指代《尋陽記》中提到的"歸宗寺"。

　　《憶兩兒》："嶺外風煙驛路遲，歸從左蠡望京師。栗梨特覓柴桑里，垢膩常懷鄜時兒。入谷看松貪徑曲，登山須杖覺年衰。將來或赴東林社，想像籃輿賴汝時。"（《黃湄詩選》卷十《嶺海集》）

　　按："兩兒"，指王鵜和王鳩。"左蠡"，鎮名，古稱"左里"，位於今江西九江都昌縣左蠡山下鄱陽湖東岸。"栗梨"，陶淵明《責子》詩中有云："通子垂九齡，但覓梨與栗。"（龔斌校箋《陶淵明集校箋》卷三"詩五言"）"柴桑"，位於今江西九江西南潯陽區境内，晉時爲尋陽郡郡治所在，係陶淵明辭官後隱居之地。"垢膩常懷鄜時兒"，杜甫在作於至德二年（757）四月的《北征》（《杜詩詳注》卷五）詩中云："平生所嬌兒，顏色白勝雪。見爺背面啼，垢膩脚不襪。""鄜時"，今陝西延安富縣一帶；唐玄宗天寶十五年（756）六月，安禄山叛軍攻陷潼關後，玄宗率文武百官、皇親國戚倉皇西逃，杜甫亦舉家北逃；八月，身處鄜州的詩人得知太子李亨在靈武即位，遂暫時安家於此，即刻啓程赴肅宗行在。"東林社"，亦稱"蓮社""白蓮社""西方社（源於修西方净土之教，故名）"，佚名《東林蓮社十八高賢傳·不入社諸賢傳》"謝靈運"條中載：
"（謝靈運）至廬山，一見遠公，肅然心服，乃即（東林）寺築臺，翻
《涅槃經》，鑿池種白蓮。時遠公諸賢同修淨土之業，因號白蓮
社。"（載南宋釋志磐《佛祖統紀》卷二十六。以上文字亦收入明佚名輯《魏晉
百家小說·雜傳家》之《東林蓮社十八高賢傳》中，題作"晉　亡名氏"，則係誤
記或作偽）"想象籃輿賴汝時"，典出沈約《宋書》卷九十三《列傳五
十三·隱逸·陶潛傳》："（王）弘令潛故人龐通之齎酒具於半
道，栗里要之。潛有腳疾，使一門生二兒舉籃輿。既至，欣然便
共飲酌。俄頃弘至，亦無忤也。"（類似記載亦見題東晉佚名《東林蓮社
十八高賢傳·不入社諸賢傳》[載《說郛》卷五十七下]："嘗往來廬山，使一
門生二兒舁籃輿以行，時遠法師與諸賢結蓮社，以書招淵明。淵明曰：'若許
飲，則往。'許之。遂造焉，忽攢眉而去。"）金元好問《贈答普安師》：
"種蓮結社風流在，會向籃輿認後身。"（《遺山集》卷十）"籃輿"，
古人乘坐的交通工具，形制多樣，類似後世的轎子，多以人力
擡着前行。

至歸宗寺，望金輪峰，作詩詠其事。到金輪峰下，有詩詠玉簾瀑布。

　　《歸宗寺看金輪峰》："山陰解郡南遊日，曾占金輪第一峰。
雲際石橫埋虎豹，寺門松偃見蛟龍。茫茫浩劫經千載，漠漠江
烟護幾重。獨喜蠡雲禪院在，長廊西畔看芙蓉。"（《黃湄詩選》卷十
《嶺海集》）

　　按："歸宗寺"，又名瞻雲寺，爲廬山"五大叢林"之一，位於
九江廬山市温泉鎮境内；取"金輪開山，繼主歸宗"（明憨山德清《歸
宗寺志》卷一·《開創古跡第二》"歸宗寺"）之意；相傳係東晉王羲之於咸
康六年（340）捨宅而建，其説緣於北宋陳舜俞《廬山記》卷二的
以下記載："自栗里三里，至承天歸宗禪院。晉咸康六年，寧遠
將軍、江州刺史王羲之置，以處梵僧那連耶舍尊者，一名達摩多

羅。"據唐釋道宣《續高僧傳》卷二《譯經篇二》"隋西京大興善寺北天竺沙門那連耶舍傳"中言："（那連耶舍於北齊）天保七年屆於京鄴，文宣皇帝極見殊禮，偏異恒倫。"則其生平時代與王羲之殊有不合之處，"王羲之置"云云，不可盡信（查慎行《廬山紀遊》中云："考《晉書》，王羲之初以征東長史遷江州刺史，繼拜護軍將軍，終於會稽內史。《本傳》中載其在會稽與許邁同遊事甚詳，並無卜宅廬山事，不知捨宅之説何從而來。聞極上人《通志》謂'羲之自爲書歸宗寺額'，此語尤無據。"文載張玉亮、辜豔紅點校《查慎行全集》）。"山陰解郡南遊日，曾占金輪第一峰"即言傳説中王羲之昔日江州事。"山陰"，古又稱會稽，今浙江紹興一帶，此處指王羲之，晉穆帝永和七年至十一年曾任會稽內史（據劉占召《王羲之傳》附録《王羲之年譜》），故有"山陰解郡"云云。"金輪峰"，位於上霄峰南，距歸宗寺約五公里；宋陳舜俞《廬山記》卷三《敍山南篇第三》中有云："金輪峰、上霄峰，正居其後，左右磅礴，面勢平遠。"周必大《泛舟遊山録》卷一"乾道丁亥三月"中載："（丁未）秉燭入寺，寺在金輪峰下。金輪、上霄相接。"黃宗羲《匡廬山遊録》中載："乙酉，從歸宗後上金輪峰，相去十里。"（凌毅點校《黃宗羲全集》第二冊《歷史學·地理學》）

《玉簾瀑布》："絕壑橫奇石，檀欒竹最幽。烟霄無路到，星漢近人流。一縷妨青翠，千峰出斗牛。從今有清夢，夜夜繞江州。"（《黃湄詩選》卷十《嶺海集》）

按："玉簾瀑布"，亦名玉簾泉，位於歸宗寺後金輪峰下，瀑布自四十米高崖飛瀉而下，狀若玉簾，故名。瀑布下方有一寬度僅容一人側身而入的花崗岩石洞，名"羲之洞"，其内有石室一間，傳爲當日王羲之養鵝的地方，民間俗稱"放鵝洞"。"斗牛"，本指天上星宿名，後引入分野領域，所指因時代不同而有差異。南朝宋雷次宗《豫章記》中載："吳未亡，恒有紫氣見牛斗之間，占者以爲吳方興，唯張（華）以爲不然。及平，此氣愈明。張華聞雷孔章妙達緯象，乃要宿，屏人問天文、將來、吉凶。孔章曰：'無他，象唯牛斗之間有異氣，是寶物之精，上徹於天耳。……今在何郡？'曰：'在豫章豐城。'"（《太平御覽》卷三百四十四《兵部七十五・劍下》引）王勃《滕王閣詩序》中"龍光射牛斗之墟"，即以"斗牛之墟"指稱當時的洪州（洪都），亦稱豫章郡，唐代二者交替設置。廬山所在地，兩漢時期隸豫章郡，屬"牛斗之間"，故云"千峰出斗牛"。

過招隱橋，有詩贈同行的南康太守周燦。登李主讀書臺舊址，有詩二首詠嘆其事。於萬竹軒中觀竹，作詩與僧顓庵大師。

《招隱橋與周澹園》："下馬玩密綠，山靜聞激湍。與子坐石橋，風入青琅玕。是時望鶴鳴峰名，虧蔽松林端。初日上左蠡，氣勢高且寒。古人恥束帶，鴻毛視一官。遺徽傳千古，忼慨誠爲難。吾謂守不固，一出良足嘆。故里有名勝，何事他盤桓？金庭鬱參差，雲氣張綃丸。他年著書畢，直去驂青鸞。"（《黃湄詩選》卷十《嶺海集》）

按："招隱橋"，位於江西廬山市西十五里廬山南麓古開先寺（今名秀峰寺。康熙四十六年，帝南巡至廬山，愛其風物秀美，遂改開先寺爲今名）前約五十步處，李白《望廬山瀑布》中所云"瀑布"，即位於該寺附近香爐峰的東面；明王禕《開先寺觀瀑布記》中載："一公（按：指開先寺主僧志一）間爲余言：'開先'者，舊傳梁昭明太子之所棲隱。南唐元宗（中主李璟）在潛邸，亦嘗讀書於此，招隱橋其所造也。後歸踐尊位，乃即此造寺，故以開先名。"（《王忠文公集》卷五，載《北京圖書館古籍珍本叢刊》）"鶴鳴"，峰名，位於開先寺上方；徐霞客《遊廬山日記江西九江府》"（戊午八月）二十二日"中云："出（方廣）寺，南渡溪，抵犁頭尖之陽。蓋廬山形勢，犁頭尖居中而少遜，棲賢寺實中處焉。五老左突，下即白鹿洞；右峙者，則鶴鳴峰也，開先寺當其前。於是西向循山，橫過白鹿、棲賢之大道十五里，經萬杉寺，陟一嶺而下，山寺巍然南向者，則開先寺也。”（《徐霞客遊記》卷一）“與子坐石橋”，則表明“周澹園”時與王又旦同行。“驂青鸞”，謂駕馭青鸞雲遊仙界，江淹《別賦》云：“駕鶴上漢，驂鸞騰天。”唐人呂向注曰：“御鸞鶴而升天漢。”（《六臣注文選》卷十六“哀傷”）

　　《李主讀書臺故址二首》：（其一）“松陰花院晚飀飀，欲訪書臺恨未休。佳句可憐終不滅，一江春水向東流。‘一江春水向東流’，李主句也。”（其二）“風流直欲領南唐，鹵簿何年入豫章。惆悵詞人銷歇盡，松杉滿地蘚侵廊。”（《黃湄詩選》卷十《嶺海集》）

　　按：“李主讀書臺”，指南唐中主李璟十五歲時於廬山上所築讀書堂。馮延已於保大九年所作《開先寺記》中云：“皇帝即位之九年，詔以廬山書堂舊基爲寺。寺成，會昭義（‘義’，當作‘武’）軍節度使馮延已肆覲於京師。上賜從容於便殿，語及往事，顧謂曰：‘廬山書堂已爲寺矣，朕書堂之本意，卿亦預知，頗記憶否？’”（載清李澄輯《增定廬山志》卷五《藝文》；亦見《全唐文》卷八百七十六，題作《開先禪院碑記》）“風流直欲領南唐”，北宋馬令《南唐書》卷四《嗣主書》引徐鉉語曰：“嗣主（中主李璟）工筆劄，善騎射，賓禮大臣，敦睦九族。……少有至性，仍懷高世之量。始出閣，即命於廬山瀑布前構書齋，爲他日終焉之計。及迫於紹襲，遂捨爲開先精舍。”“鹵簿何年入豫章”，指中主李璟迫於後周軍事壓力，被迫徙都豫章事。“鹵簿”，古代東亞國家帝王出行時的儀仗。《南唐書》卷四《嗣主書》中記載：“國主因營緝諸城，謀遷都於洪州。曰：‘建康與敵境隔江而已，又在下流，敵兵若至，閉門自守。借使外諸侯能救國難，即爲劉裕、陳霸先爾。今吾徙豫章,據上流而制根本,上策也。'群臣多不懲,惟樞密使唐鎬贊成之。"王又旦詩中,對"李主讀書臺"中"李主"所指理解有誤;其一中有注云:"'一江春水向東流',李主句也。""一江春水向東流"爲南唐後主李煜《虞美人》中名句,非中主李璟作。

《萬竹軒看竹與顥庵大師》:"秀色正娟娟,寒聲萬壑傳。天池通曉翠,彭蠡散朝烟。峽轉鳴青玉,亭幽布綠錢。山人應愛惜,春雨好行鞭。"(《黃湄詩選》卷十《嶺海集》)

按:"萬竹軒",位於廬山南麓李主讀書臺西北半山腰上。查慎行《廬山紀遊》中云:"(壬申八月己卯)自萬杉西行二里許,至鶴鳴峰之麓,開先寺在焉。寺前有招隱橋。……殿後石勢隆起,爲南唐中主讀書臺故址,俗傳昭明書堂者訛,詳見馮延巳、黃山谷二《記》中。臺下水一泓,石刻'洗墨池'三字,無可考。……登磴北上,石壁橫開,中刻黃山谷手書'七佛偈',東刻陽明先生正德庚辰《紀功題名》。……從《紀功》碑西北行叢篁中,過萬竹軒,宋僧若愚鑿大石槽,承以石柱,連絡數百丈,引瀑入庖湢。"(張玉亮、辜豔紅點校《查慎行全集》)"天池",位於廬山牯嶺鎮西北方向,爲廬山之北最高處,有大、小之分,大天池峰頂有相傳爲東晉高僧慧遠創立的天池寺(舊名峰頂寺,宋代更名天池院)。"彭蠡",鄱陽湖舊稱,亦名彭蠡湖、彭蠡澤、彭澤等。

西行至青玉峽,於文殊塔上觀馬尾瀑。有詩紀其事。

《青玉峽》:"路出雙峰劍,流分九疊屏。瀉空隨霧雨,觸石集雷霆。衰白唯行藥,生涯媿采苓。龍潭三尺雪,竹下誦《黃庭》。"(《黃湄詩選》卷十《嶺海集》)

按:"青玉峽",位於廬山開先寺西北方向。"雙峰劍",指位於青玉峽上方的雙劍峰。"龍潭三尺雪",馬尾瀑水自雙劍、文殊二峰間流出,中途與名"廬山瀑布"者匯合,出峽後瀉入龍潭。

　　《文殊塔看瀑布》："浮屠含翠色，山氣自絪縕。青玉橫高峽，黃巖瀉亂雲。湖光乍疑合，天路欲平分。今古溢城口，奔雷萬壑聞。"(《黃湄詩選》卷十《嶺海集》)

　　按："文殊塔"，位於文殊峰上的文殊臺中，對面即雙劍峰。"溢城"，今江西瑞昌市古稱，得名源於城西南清溢山，其間有井曰溢水，城曰溢城，南朝梁時爲僑縣汝南縣治所在，隋改汝南爲溢城。

下山途中，憩於黃巖寺；至開先寺，與釋顥庵告別。過慶雲寺。

　　《憩黃巖寺寄澹園》："汝坐招隱橋，我上黃巖寺。獨挾七尺藤，千峰度遥翠。白塔俯飛流，顥氣如奔馹。快意忽性命，險阻頗輕試。松門對急湍，寶樹鳴朔吹。却疑崎嶇間，或有笙鶴至。竹林本杳茫，可望不可寄。仙籍苦無名，何以樂吾志。採菊與種蓮，寂寞原無異。不如賦《歸來》，浩歌振天地。"(《黃湄詩選》卷十《嶺海集》)

　　按："黃巖寺"，位於文殊臺下方，距開先寺十餘里。"汝坐招隱橋，我上黃巖寺。獨挾七尺藤，千峰度遥翠"，言遊蹤至招隱橋後，周燦並未隨行，王又旦獨自繼續登山。"《歸來》"，指東晉詩人陶淵明的《歸去來兮辭》。"採菊"，出自陶淵明《飲酒二十首並序》第五首："採菊東籬下，悠然見南山。"(龔斌《陶淵明集箋注》卷三"詩五言")"種蓮"，其典與廬山有關者來源有三：一說相傳北宋周敦頤家於廬山蓮池，种蓮並寫下千古名作《愛蓮說》，不可信，兹不贅；一說與東晉高僧慧遠有關，較早記載爲金人元好問(1190—1257)《贈答普安師》中"種蓮結社風流在，會向籃輿認後身"，其中"種蓮結社"一句以慧遠事喻"普安師"，後一句自擬陶淵明；另一說與詩人謝靈運有關，較早見於南宋釋志磐《(蓮社)不入社諸賢傳》"謝靈運"條："(謝靈運)一見遠公，蕭然

心服,乃即寺築臺,翻《涅槃經》,鑿池種白蓮。時遠公諸賢同修
净土之業,因號'白蓮社'。或云東西二池。"自明代王守仁《又次邵
二泉韻》"種蓮栽菊兩荒涼,慧遠陶潛骨同朽"(吳光等編校《王陽明
全集·外集》卷二十《外集二·詩·江西詩一百二十首》)兩句開始流播
後,則慧遠"種蓮"説大爲流行。王又旦詩中的"種蓮",應典出
謝靈運事。

《別顒公》:"風入雲堂樹色交,棲林終羨一枝巢。他時春雨
遥相憶,滿地清陰竹放梢。"(《黃湄詩選》卷十《嶺海集》)

《萬杉寺》:"藹藹松林夕照銜,慶雲峰下碧巉巖。已悲徵士
無栽柳,却問高僧有種杉。荳葉明霞搖雜佩,苔花積雪依長鑱。
無緣久住聞清梵,悵絶分風浦一帆。"(《黃湄詩選》卷十《嶺海集》)

按:"萬杉寺",位於廬山南麓慶雲峰下,西距開先寺一公
里,始建於南朝梁代,名慶雲庵,唐時改爲慶雲寺,北宋仁宗天
聖年間改今名。"徵士",本指不接受朝廷徵辟之士,此處特指
陶淵明;沈約《宋書》卷九十三《列傳五十三·隱逸·陶潛》中
載:"(劉宋)義熙末,徵著作佐郎,不就。"陶之同代人顏延之即
有《陶徵士誄》(《昭明文選·誄》)。"栽柳",陶淵明《五柳先生傳》
中云:"先生不知何許人也,亦不詳其姓字。宅邊有五柳樹,因
以爲號焉。閑静少言,不慕榮利。"(龔斌校箋《陶淵明集校箋》卷六"紀
傳贊述")"高僧有種杉",蘇轍《萬杉寺》詩中"萬木青杉一手栽,滿
堂白佛九天來"兩句夾注云:"仁宗初年,有僧手種萬杉,特爲建
此寺,仍以禁中佛賜之。"(陳宏天等點校《欒城集》卷十)南宋王象之
《輿地紀勝》卷二十五《江南東路·南康軍景物》"萬杉院"條有
云:"在廬山。僧大超植杉萬本。仁宗賜御篆'金仙寶殿'額,及
揭於殿。"

大雪日,同周燦宿樓賢寺;回望五老峰心生慨嘆;分別作詩紀之。

《大雪同周澹園太守宿樓賢寺寄天然大師》:"暮入僧厨粥鼓催,高風一夜雪成堆。近尋栗里先生地,特共潯陽太守來。三宿林中人尚臥,七賢堂下客空回。欲穿祇樹同君語,石溜冰涯苦未開。"(《黄湄詩選》卷十《嶺海集》)

按:"周澹園太守"指周燦,號澹園,康熙二十二年始任南康太守。"樓賢寺",位於南康府境内廬山東南五老峰下樓賢谷中,南齊永明七年(489)參軍張希之始建,初名寶慶寺,後因唐代詩人李渤曾讀書於此,故改今名。康熙六年僧石鑑募資重建。"天然大師",指清初著名高僧函昰(1608—1685),俗姓曾,名起莘,字宅師,廣東番禺慕德里迠逕村人。幼穎悟,頗負才名,十三歲時入私塾,十七歲補諸生,與里人梁朝鐘、黎遂球、羅賓王等交遊,諸人縱談時事,以兼濟天下爲己任。崇禎六年中舉,九年詔舉賢良方正,得兩廣總督熊文燦舉薦,有"名孝廉"之稱。十年上京應試途中,舟次南康,入廬山歸宗寺,求道於獨上人,削髮爲僧,法名函昰,字麗中,號天然,後遂以號行,爲羅浮華首臺空隱大師法嗣。明清易代之際,作爲嶺南遺民的精神領袖,名播四方。著有《瞎堂詩集》二十卷、《名刹語録》、《楞伽疏》、《楞嚴疏》、《金剛疏》、《禪醉焚》等。生平見宋廣葉《羅浮山志會編》卷五"釋　天然禪師"條、九龍真逸(陳伯陶)《羅浮指南》、汪宗衍《明末天然和尚年譜》(載王雲五主編《新編中國名人年譜集成·第二十輯》中;亦載《北京圖書館藏珍本年譜叢刊》中)等記載。"潯陽太守",本指東晉人王弘,與陶淵明相交,這裏借指周燦。

《獨樹亭》:"天寒人跡少,林静雲華結。獨立枕流橋,長松墮殘雪。"(《黄湄詩選》卷十《嶺海集》)

按:"獨樹亭""枕流橋",皆位於樓賢寺院外。

《雪中望五老峰呈周太守》:"枯枝落松徑,僧堂增蕭槭。出門觀物變,野氣橫潮汐。回首尋五峰,杳忽萬里隔。明滅換衆容,混茫唯虛白。嗟哉古達人,萬化藏肝膈。三宿已云多,雲水聊自適。不有千古懷,名山復何益。與君俱靜者,偶爲星渚客。林間不題名,無人識行跡。"(《黃湄詩選》卷十《嶺海集》)

按:姜宸英《户科掌印給事中黄湄王公墓表》:"(黄湄)還泊彭蠡,躡匡廬,眺望五老峰下,久之乃去,皆有詩數十首紀其事。其意方自快極其,耳目所未經,有飄然遺脫塵埃之想,而視世之一切建功立名者,若不足爲。"

朱彝尊《儒林郎户科給事中郃陽王君墓誌銘》:"(王君)既出嶺,復登匡廬。""匡廬",指江西廬山,相傳殷周之際有匡俗兄弟七人結廬於此,故稱。南朝釋慧遠《廬山記略》載:"有匡俗先生者,出殷周之際,隱遁潛居其下,受道於仙人而共嶺,時謂所止爲仙人之廬而命焉。"

冬,聞王士禛奉使祀南海,有詩紀之。

《聞阮亭宮詹兄奉使祀南海》:"乘傳南荒我近過,黄灣祠廟倚嵯峨。韓公碑上蒼苔合,蜑子船邊荔樹多。鮫室雲深搖瀚海,虎門天盡下牂牁。使星一道青冥外,想見遥空净白波。"(《黄湄詩選》卷十《嶺海集》)

按:姜宸英《嶺海集序》:"甲子歲大比,給事奉命典試粤東,事甫竣而新城(按:指王士禛)復使祀南海。兩人所過山程水驛、登臨宴賞酬和之作,落筆都爲人傳誦,廣南遠近詫爲盛事。"

王士禛奉祀南海事,可參閱王士禛《甲子冬奉使粤東次蘆溝橋却寄祖道諸子》(《帶經堂集》卷五十六《蠶尾續詩二》)、查慎行《送少詹王阮亭先生祭告南海》(《敬業堂詩集》卷五《踰淮集》)、徐乾學《送王阮亭奉使南海序》(《憺園文集》卷二十三)、張雲章《送王少詹阮亭先生祭告南海序》(《樸村文集》卷七)、朱彝尊《送少詹王先生士

禎代祀南海兼懷梁孝廉佩蘭屈處士大均陳處士恭尹》(《曝書亭集》卷
十二"古今詩十一")等相關記載。

過南康。

《發南康》:"平明峭帆去,長嘯出林端。夜静雪千嶂,朝晴
雲一灘。浪花衝岸落,山翠撲舟寒。惜竹軒前路,遥遥入渺
漫。"(《黄湄詩選》卷十《嶺海集》)

按:"南康",清代府名,時隸江西布政司,治星子縣(今江西
九江廬山市),轄星子、都昌(今江西都昌縣)二縣和建昌州(今
江西宜春永修縣)。

船過彭澤附近澎浪磯時爲江風所阻,有詩答友人劉楷。

《澎浪阻風答劉子端舍人》:"遠遊下五嶺,看山苦不厭。褊
性頗自知,愛深無由砭。大化若我私,三日滯江店。迅颴鼓怒
濤,魚龍走天塹。既不懷征途,稍稍事鉛槧。静夜啓篷窗,煙浦
月灔灔。小姑對面立,雙鬟玉無玷。置身紫翠中,即事愜深念。
與子期青霄,雲中望排劍。"(《黄湄詩選》卷十《嶺海集》)

按:"澎浪",指澎浪磯,俗稱"彭郎磯";"小姑",指小孤山,
俗稱"小姑山";位於江西九江彭澤縣西北與安徽安慶宿松縣復
興鎮之間。歐陽修《歸田録》卷二中載:"世俗傳訛,惟祠廟之名
爲甚。……江南有大、小孤山,在江水中嶷然獨立,而世俗轉
'孤'爲'姑';江側有一石磯,謂之'澎浪磯',遂轉爲'彭郎磯';
云'彭郎者,小姑婿也'。余嘗過小孤山廟,像乃一婦人,而敕額
爲'聖母廟',豈止俚俗之繆哉?"蘇軾《李思訓畫長江絶島圖》中
云:"舟中賈客莫漫狂,小姑前年嫁彭郎。"(《施注蘇詩》卷十五)陸游
《入蜀記》卷三中載:"(乾道六年)八月一日……過澎浪磯、小孤
山。二山東西相望,小孤屬舒州宿松縣,有戍兵。凡江中獨山,
如金山、焦山、落星之類,皆名天下。然峭拔秀麗,皆不可與小

孤比。……又有別祠在澎浪磯，屬江州彭澤縣；三面臨江，倒影水中，亦占一山之勝。舟過磯，雖無風亦浪湧，蓋以此得名也。昔人詩有'舟中估客莫漫狂，小姑前年嫁彭郎'之句，傳者因謂小孤廟有彭郎像；澎浪廟有小姑像，實不然也。"

"劉子端舍人"，指時任中書科中書舍人的劉楷，前一年五月壬午，詔令副翰林院侍講王頊齡主持福建鄉試。王又旦作詩時，劉楷亦應在歸京途中。劉楷（1644—1715），字子端，號蘧庵，安徽南陵人，明江西按察史劉有源曾孫，明末縣庠生劉臺瑞子。少孤。康熙癸卯（二年）科舉人；十八年中進士（與歸允肅、陳夢雷、陸修祖爲同年），授中書科中書舍人兼侍講。典福建鄉試，號稱得人。擢刑科、戶科給事中。二十七年任通政司右參議，轉鴻臚寺卿；十二月，奉命祭告陝西黃帝以下諸陵；因愛惜民力，辦事高效，頗受稱賞，歸任通政司右通政轉光祿寺卿。致政歸里後，專心著述，奉母至孝，於地方事務，亦多善舉。身後入鄉賢祠。與顧炎武、王士禎、施閏章、汪懋麟、魏象樞、查慎行、吳惟閭、曹聖臣、趙吉士等交遊唱和。著有《慕園集》、《俯察要覽》、《使秦日記》(載《東溪劉氏宗譜》)、《蘭義》(收入《南陵八大家著作》)等。生平見汪越等編纂《（雍正）南陵縣志》卷八《人物志·名臣》"國朝"、黃之雋等編纂《（乾隆）江南通志》卷一百四十八《人物志·宦績十·寧國府》"國朝"、洪亮吉等編纂《（嘉慶）寧國府志》卷二十六《人物志·名臣》、徐乃昌編纂《（民國）南陵縣志》卷二十五《人物志·名臣》等記載。其女劉運福，嫁宣城詩書畫名士梅庚子梅琢成，亦能詩。

過皖城時，有詩呈友人劉楷。

《皖城守風再呈劉舍人》："艇子下皖口，風濤七日隔。坐看上流船，雲中爭挂席。長年誇輕儇，意氣凌崩湍。如何與夫子，

鬱鬱江城客。吹澇走蛟鰐，浩溢夜氣白。參旗轉中央，獨寤千
慮迫。宵柝聽分明，何計閱今夕。雖無《白紵歌》，對飲亦中策。
萬事逆覩難，孤蹤託風伯。"（《黃湄詩選》卷十《嶺海集》）

　　按："皖城"，唐武德五年（622）析懷寧縣置，屬舒州，治所在
今安徽潛山市北；七年廢。北宋樂史《太平寰宇記》卷一百二十
五"懷寧縣"條載："（皖城）其城居皖水之北，遂號爲皖城。""再
呈"云云，因此前王又旦有《澎浪阻風答劉子端舍人》詩，故云。
"劉舍人"，指劉楷。"如何與夫子，鬱鬱江城客"，則劉楷時歸程
亦至皖城。

過當塗有詩詠懷；至采石磯，有詩吊吳周。

　　《姑孰道中作》：（其一）"白紵山頭《白紵詞》，東風散入碧玻
璨。行人莫上齊雲望，蘆管臨江處處吹。"（其二）"春遊風物盡
南徐，黃犢青氈郭外車。苦憶江南梅雨後，謝公山下賣鰣魚。"
（其三）"西江牛渚水波澄，吊罷叢祠意氣增。我亦錦袍歸上苑，
滿天涼月下金陵。太白着錦袍與崔宗之乘月醉飲處。"（其四）"姑
浦當年偶一遊，青山終古屬宣州。可憐六代無家業，《玉樹歌》殘總
是愁。"（《黃湄詩選》卷十《嶺海集》）

　　按："姑孰"，指姑孰城，爲安徽馬鞍山當塗縣的古稱，因城
南姑孰溪而名；姑孰溪，一名姑溪，又稱姑浦。"謝公山"，一稱
青山（青林山），位於安徽當塗縣境內；相傳南朝著名詩人謝朓
曾築室山南，故稱（見《太平寰宇記》卷一〇五《太平州》；亦見北宋郭祥正
《青山記》，載孔凡禮點校《郭祥正集·輯佚》卷三引自曹守謙纂《（康熙）太平
縣志》卷三十六），盛唐天寶年間改今名，李白墓位於其前。"白紵
山頭《白紵詞》"，《太平寰宇記》卷一〇五《江南西道三·太平
州·當塗》"白紵山"條載："在安徽當塗縣東五里。本名楚山，
桓溫領妓遊山爲樂，好爲《白紵》之歌，因改今名。""我亦錦袍歸

上苑”云云，據歐陽修等《新唐書》卷二○二《列傳第一百二十七·文藝中》“李白”條載：“（李）白浮遊四方，嘗乘月與崔宗之自采石至金陵，著宮錦袍，坐舟中，旁若無人。”後世因此稱李白爲“錦袍仙”。“宣州”，古亦稱宛陵、寧國府，治宣城（今安徽宣州宣城區），此處代指詩人謝朓。“青山終古屬宣州”，李白卒後，始葬當塗龍山，後友人范傳正爲滿足其“悦謝家青山，有終焉之志”（范傳正《唐左拾遺翰林學士李公新墓碑並序》，載清王琦注《李太白全集》卷三十一《附録》中）的生前願望，徙其墓至青山。“《玉樹歌》”，本指民間情歌曲子《玉樹後庭花》（又名《後庭花》），因南朝亡國之君陳後主爲其填入了香艷綺靡的宮體詩作取樂享受最終導致亡國，而成爲亡國之音的代稱；晚唐許渾《金陵懷古》：“玉樹歌殘王氣終，景陽兵合戍樓空。”（《丁卯集》卷上）

　　《舟過采石磯吊吳後莊》：“危磯俯江渚，吊古憶吳郎。五字存吾道，千秋獨汝狂。松聲隨浩渺，山氣入微茫。宿草生何處？吟魂水一方。後莊名周，歙人。歲乙巳，予見其《登采石謁太白祠》並《月夜聞鵑》二詩奇甚，因定交焉。貧賤早死，世無知者，可悼也。”（《黄湄詩選》卷十《嶺海集》）

　　按：“采石磯”，又名牛渚磯，位於安徽當塗縣境内（今馬鞍山西南之長江東岸），南接蕪湖，北接南京。吳周，歙（今安徽黄山歙縣一帶）人，字後莊，終生布衣，卒於康熙己酉（1669）。孫枝蔚有《哭吳後莊》詩（載《溉堂續集》卷二“五言古詩　己酉”）。王士禎《黄湄詩選序》曰：“吳周者，貧士也，嘗賦《杜鵑行》，幼華見之驚歎，與定交杵白間。在潛江聞周死，序刻其遺詩傳之。”與吳嘉紀、孫枝蔚、汪楫等多有往來，吳有詩《得吳後莊書》《送吳後莊歸灣沚》《晏溪送汪虚中兼懷吳後莊》《待吳後莊》等，汪有詩《贈吳後莊》等。吳周身後，王又旦任潛江令時，輯刻其遺詩爲

《豐溪草堂遺集》。王士禛編選《感舊集》卷八録其詩四首。

臘月二十八日，至金陵，於弘濟寺有詩懷孫枝蔚。

　　《臘月二十八日弘濟寺寄豹人》："驛國微茫問渡遲，艤舟磯畔怨篙師。潮來風浦水平岸，雪落雲堂松亞枝。華髮又憐看曆盡，春盤堪笑與僧期。蕉窗濁酒消寒夜，憶汝高齋守歲時。"（《黃湄詩選》卷十《嶺海集》）

　　按："弘濟寺"，又名觀音閣，位於江蘇南京燕子磯附近。"豹人"，指孫枝蔚，時居家廣陵。考其行跡，康熙甲子有《六月一日到家詩》（《溉堂後集》"七言律詩　甲子"），約歲末之際有《贈江都明府劉友山》，其中曰："農歡雪滿謝公墅，賓醉月明蕭統樓"（《溉堂後集》"七言律詩　甲子"）詩；乙丑春有蘇州之遊，《虎丘謁萊陽二姜先生祠》中有云：（其一）"竹柏色濃花鳥裏"、（其二）"橋下停舟日已施，堂前松竹翠如斯。"（《溉堂後集》"七言律詩　乙丑"）

除日，大雪中登燕子磯。

　　《除日大雪登燕子磯二首》：（其一）"野梅香入寺門烟，雪落亭皋正渺然。敢恨新年羈水國，誰能元日看江天。千尋翠壁迷僧舍，三尺銀花擁畫船。篋裏紅囊茶尚在，夜深活火手親煎。"（其二）"江湖一艇下新林，七日盲風感歲深。西浦久邀漁父話，東臺長繫使臣心。波濤白鷺聲初落，殿閣青山影半沈。此地朝天知不遠，危磯曾是翠華臨。"（《黃湄詩選》卷十《嶺海集》）

　　按："燕子磯"，位於南京棲霞區長江南岸觀音門外的幕府山東北方向，爲長江三大名磯之首，因形似展翅欲飛的燕子而得名，亦因清人潘耒《燕子磯》詩句"臨江峭壁不知數，第一玲瓏燕子磯"（《遂初堂詩集》卷七《嶺遊草》）而有"萬里長江第一磯"之稱；附近有弘濟寺、梳妝臺（傳說得名與明太祖馬皇后有關）等歷史遺跡。"盲風"，《禮記疏》卷十六鄭玄注："'盲風'，疾風也。""此地朝天知不遠，危磯曾是翠華臨”，指明初四十多年金陵曾作爲帝都；燕子磯也留下了明太祖的若干遺蹤，頭臺洞外有其親題一筆“壽”墨跡，詩作《燕子磯》亦長久流傳。“危磯”，指燕子磯。“翠華”，本指天子儀仗中以翠羽爲飾的旗幟或車蓋，後指代御駕或帝王。

本年，王又旦出使粵東前，高士奇作《題王黃湄給諫五子論文圖即以爲贈》。

　　　高士奇《題王黃湄給諫五子論文圖即以爲贈》（已見前引）。

　　　按：高士奇詩中有“平生願交二十載，朝夕愛讀《黃湄詩》”（《高士奇集·苑西集》卷五），逆推二十年，則二人相識於康熙四年。

汪懋麟因王又旦之請，爲其作《王氏祠堂記》。

　　　汪懋麟《王氏祠堂記》中有云：“今年五月，（黃湄）奉命主廣東鄉試，其政事文章，赫然中外。嗚呼！孝惠先生之積光遠矣，因記而詩之曰：……。”

宋犖、朱載震作詩懷思出使粵東的王士禛、王又旦。

　　　宋犖《除夜懷王阮亭少詹黃湄黃門奉使嶺南用青藜依園讌集韻》：“空階雪氣逼簾清，又聽他鄉爆竹聲。鬭箸冰魚當燭晃，浮蛆湏酒入脣輕。興余湖海慚初服，醉逐兒童鬭晚晴。惆悵故人趨嶺表，梅花香裏是王程。”（《西陂類稿》卷七《漫堂草·漫堂倡和詩》）

　　　按：宋犖（1634—1713），字牧仲，號西陂，又號漫堂、綿津山人，晚號西陂老人、西陂放鴨翁、白馬客裔，河南商丘人。清初順天巡撫、國史院大學士宋權子，曾伯祖父明萬曆時官至禮部尚書。順治四年宋犖十四歲時，“應詔以大臣子列（三等）侍衛”。康熙三年，授湖廣黃州通判。十六年，授理藩院院判，次年遷刑部貴州司員外郎、刑部福建司郎中。二十二年，授直隸通永道僉事，二十六年，遷山東按察使，再遷江蘇布政使。翌年，奉特旨升任右副都御史，擢江西巡撫；三十一年，調江蘇巡撫。四十四年，轉官吏部尚書。四十七年，以老乞罷，康熙作詩爲之送行。五十二年春，至京慶祝康熙萬壽，加太子少師，同年九月卒於鄉。爲官“持大體，愛黎民”，朝廷曾譽之“清廉爲天下巡撫第一”（見《漫堂年譜》“［康熙三十六年］十二月”條）。與陳廷敬、毛際可、陳維崧、施閏章、劉體仁、吳綺、謝重輝、袁啓旭、宋琬、韓菼、張英、董以寧、孔尚任、計東、董俞、杜濬、陳允衡、吳兆騫、吳之振、熊伯龍、王崇簡、孫承澤、張仁熙、王熙等交遊唱和。宋犖早慧，曾從鄉先輩侯朝宗、賈開宗等習詩文，三人與徐作肅、徐世琛、徐鄰唐等并稱“雪苑六子”。平生致力於詩歌創作，王士禛編選《十子詩略》，名列第一。宋犖撫蘇時，其幕下詩人邵長蘅編選其詩與王士禛詩歌成《漁洋綿津合刻》（又名《二家詩鈔》《王宋二家詩》）。曾合刻侯朝宗、魏禧、汪琬三家文爲《國朝三家文鈔》，影響深遠。《四庫全書總目》卷一百七十三評其創作曰：“詩文亦爲當代所推，名亞於新城王士禛。”論詩尊杜，創作上多宗蘇軾，工近體，亦長於歌行。宋犖富收藏，精於鑒賞，藏書達萬册之多，有“江南第一收藏大家”之稱。著有《西陂類稿》五十卷、《綿津山人詩集》二十四卷《文集》八卷、《嘉禾堂詩集》六卷、《楓香詞》一卷、《筠廊偶筆》二卷《二筆》二卷、《迎鑾日記》三卷、《商丘宋氏西陂藏書目》一卷、《滄浪小志》二卷、《漫堂墨品》一卷、《怪石贊》一卷、《古銅瓷器考》一卷、《頻羅庵書畫跋》一卷、《漫堂説詩》一卷、《漫堂漫録》一卷、《尚友録》一卷、《皇清太子太保内翰林國史院大學士贈少保兼太子太保光禄大夫謚文康府君年譜》一卷、《如山于公年譜》二卷、《豫章祀紀》四卷、傳奇《滄浪亭》等，編纂《商丘宋氏家乘》十四卷、《商丘宋氏三世遺集》四卷附《文康公年譜》一卷等。選輯《江左十五家詩選》,示後學以作詩門徑。輯録《朱絃集》四卷、《三家文鈔》三十二卷。批選《吴風》二卷。宋犖平生著述,劉萬華輯校《宋犖全集》堪稱完備。生平見自編《漫堂年譜》四卷(《西陂類稿》卷四十七;亦載《清初名儒年譜》)、劉榛《奉政大夫工部虞衡司郎中宋公墓誌銘》(《虚直堂文集》卷十四)、朱軾《皇清敕授儒林郎提督浙江學政翰林院編修山言宋君暨元配劉安人合葬墓誌銘》(宋筠重修《商丘宋氏家乘》卷十六)、計東《贈宋牧仲序》(《改亭文集》卷五)、宋至等《少師公行狀》(載宋筠纂修《商丘宋氏家乘》卷十五、《國朝詩人徵略》卷十三、《清史稿》卷二七四《列傳六十一·宋犖傳》、《清代大學士部院大臣總督巡撫全録》"部院大臣　吏部　吏部尚書""巡撫　江蘇巡撫"、葉衍蘭等《清代學者象傳》(第一集)"宋犖"條、《本朝名家詩鈔》卷二"西陂詩鈔小傳"、《清史列傳》卷九《大臣畫一傳檔正編六》、《清畫家詩史·甲下》"宋犖"條、《清代七百名人傳》(第一編)"政治　財務"、《清代名人傳略》"宋犖"、劉萬華《宋犖年譜》(載氏著《宋犖文學考論》)等。

"初服",未出仕時的衣着,典出屈原《離騷》:"進不入以離尤兮,退將復修吾初服。"

朱載震《和前韻兼懷阮亭黄湄兩先生》:"早梅香發入筵清,風送街頭臘鼓聲。盤點熊肪和釀滑,爐燔松火覺寒輕。關心別歲聽宵漏,極目朝正問曉晴。最憶海南奇勝地,二王名紀往來程。"(《西陂類稿》卷七《漫堂草·漫堂倡和詩》"附")

按:"二王",指王士禛、王又旦。

沈荃卒。傅山卒。吴兆騫卒。

清聖祖康熙二十四年　乙丑(1685)　　五十歲

典粵東試畢,歸京途中。

正月初一立春日,時在揚州,有詩紀之。

《元日立春》:(其一)"斗柄纔從半夜迴,橫塘淑氣一時催。歲朝豈借東皇力,便遣千花次第開。"(其二)"林際依稀太乙靈,春盤花下擁鞲韝。江南多少垂楊樹,一夜長條犯雪青。"(《黃湄詩選》卷十《嶺海集》)

初七,與諸好友登康山。

《再登康山呈同遊諸公》:"人日霽雪融春光,春花初上籬間黃。青絲小騎臨深巷,東風齊送高丘傍。沂東氣節夙所敬,與我同出枌榆鄉。檀槽指下寄騷屑,至今樂府傳康、王。竹西市上諳舊跡,疾步徑去升中堂。白石翠篠誰位置,臺閣高下窮修廊。二十年前此吊古,賓朋累月傾壺觴。浩歌西望發遙嘅,武功三百青天長。重來頗覺懷抱惡,對酒不復能清狂。座客當時半襁褓,無怪老友多消亡。他年再至豈可必,自憐日夜朱顏蒼。長淮袞袞下瓜步,風颭遠近雲低昂。考鐘伐鼓放豪縱,且索花底銀瓶嘗。"(《黃湄詩選》卷十《嶺海集》)

按:詩中有"人日霽雪融春光"句,"人日",指正月初七。"沂東"指康海,係其歸田後居處所在;"武功",亦指康海,因其係陝西武功人。"康、王",指明代"前七子"之康海、王九思;康山之得名,傳說與康海有關;"樂府傳康、王",指康、王二人的散曲創作。"長淮",指長江、淮河。"瓜步",一為山名,亦作"瓜埠",在今江蘇南京六合區東南,亦名桃葉山;水際謂之"步",古時此山南臨大江,又相傳吳人賣瓜於江畔,因以為名;"瓜步"亦指瓜洲,在江蘇揚州南,本為江中沙洲,唐大曆後與北岸陸地逐漸相連,後訛變爲瓜步洲;王又旦詩中,即用"瓜步"指代瓜洲。

正月初九,曾燦自廣州北歸,有詩贈別王士禛兼寄王又旦。

曾燦《長歌贈別王阮亭宮詹兼寄黃湄給諫》:"吾聞青宮本爲國之表,郅治成康貴有道。乾坤以後即屯蒙,欲養聖功須在早。當日杜夸樂隱居,太子執經就參考。爲霖爲楫就股肱,古人所以重師保。前代風流久已無,典型誰復問更老。先生博洽貫天人,典墳邱索恣採討。川嶽雄文發異光,日星彩筆挾奇藻。圍橋觀者如堵墻,列坐春風殊浩浩。但開絳帳集諸生,不識笙簫有何好。金鐘大鏞懸西清,宛琰天球列朱鳥。至今側席正求賢,紫谷含英年何少。寶嬰貴戚寧足論,卜壺風裁庶可紹。臺築黃金日就荒,觀徵白虎望誰造。長安卿相喚八騶,杜門却客客如掃。不聞逢掖起謳歌,恐有屠沽坐昏曉。誰似先生愛客深,每逢佳士輒傾倒。官貧常自典鸕鶿,家食止知茹荼蓼。如子頭白困天涯,亦得上君芙蓉沼。竟日開尊注爛蠡,滿堂盡醉失晴昊。譙鼓隆隆打二更,他鄉不覺開懷抱。鳴珂道上有故人,滅刺無由見面新。肯念王孫供一飯,天涯歲晏衣如鶉。西風淅瀝刮人骨,嚴裝起視星河没。海水闌天吹玉虹,思君不見落華髮。我欲跨鶴去求仙,貧賤富貴我何有?胡爲空向人乞憐,邂逅先生十四年,滄海幾變爲桑田。先生宅揆任方專,廊廟名與日月懸。嗟予落拓江湖邊,依人謀食學苟全。何時乞得買山錢,著書空老翠微巔。金精十二峰名。新詩惠我千百篇,高歌山澗聲潺湲。聞君奉使出南海,圭璧元纁來告虔。一朝兄弟相後先,王黃湄給諫典試粤東。暑雨炎風萬里船,恨不逢之同周旋。"(《六松堂詩集》卷三"七古")

按:曾燦(1625—1688),初名傳燦,字青藜,號止山、止庵,自號六松老人,江西寧都人,"易堂九子"之一,終身未仕。其先輩多顯貴,父應遴明末官至工科給事。與兄畹、弟炤俱有詩文名,海內稱之"三曾"。少有詩名。順治二年,隨父投身南明唐王朱聿鍵軍中。第二年,父病卒。四年,爲避"殺身之禍",於天界寺祝髮爲僧(法號滴投),遊閩、浙、兩廣,十年還俗。此後僑居吳下二十年左右。康熙九年,客遊京師時,結識王士禛。十二年,於吳門輯選《過日集》,自刻《曾青藜詩》八卷。晚歲寓居京師至終老。與錢謙益、龔鼎孳、魏禧、魏禮、錢澄之、孫枝蔚、杜濬、閻爾梅、曹爾堪、方文、方以智、曹溶、汪懋麟、王岱、姜宸英、宋犖、吳雯、姜實節、徐元文、徐乾學、程可則、毛際可、洪昇、王源、徐釚、唐甄、朱載震、張潮、丁澎、張穆、大汕和尚等交遊唱和。工詩詞古文,於理學研究頗有造詣。著有《曾青藜初集》一卷、《曾止山文》一卷、《壬癸集》一卷、《甲子集》一卷、《三度嶺南詩》一卷、《六松堂詩文集》十四卷(《詩集》十卷《詩餘》一卷《文集》二卷《尺牘》一卷)、《金石堂詩集》六卷(附《過日集》卷末)、《西崦草堂詩集》、《曾青藜詩》八卷(係曾侃編《寧都三曾詩》之一種)等。嘗選海內名家詩爲《過日集》二十卷《名媛》一卷"附詩四種",選編《諸體評論》一卷,與徐行共同輯選《依園七子詩選》七卷。生平見彭任《墓碑文》(《草亭文集》)、楊賓《曾青藜姜奉世合傳》"曾青藜"(《楊大瓢先生雜文殘稿》)、《皇明遺民傳》卷四、《國朝先正事略》卷三十七"文苑　魏先生禧"附"曾燦"、《國朝耆獻類徵初編》卷四二五、《文獻徵存錄》卷六、《國朝詩人徵略》卷五、清陳田輯《明詩紀事・辛籤》卷二十八"曾燦"小傳條、《小腆紀傳・補遺》卷四《列傳・文苑》"魏禧"附、《清史稿》卷四八四《列傳第二百七十一》、《雪橋詩話初集、續集》卷一、《清儒學案小傳》卷三《寧都三魏學案》"附　曾燦"條、孫寰鏡《明遺民錄》卷二十七、《清史列傳》卷七十《文苑傳一・魏禧傳》附、《清詩紀事初編》卷二《前編下》、馬將偉《曾燦逃禪考略》(載氏著《易堂九子研究》)等。

　　王士禛《南來志》"康熙二十四年正月"："初九日,過鐵柱
宫。登舟,同年遲僉事煊默生……寧都故人曾燦青藜前後來。"
"鐵柱宫",位於江西南昌城内鐵柱井地區。王士禛祭告南海北
歸過南康時,曾燦曾過訪,王士禛《北歸志》"康熙二十四年四
月"條載："二十八日。……曾燦青藜初自廣州歸,過予舟。"

居留揚州時,曾祭奠吳嘉紀,並資助其家人。

　　汪懋麟《吳處士傳》："處士既卒之明年,幼華以都給事中典
廣東鄉試,返命紆道揚州,哭之,留金其家。"

初春,過邗江時,會友人楊蘭佩之子楊衡選。

　　楊衡選《王幼華給諫典試廣東便道過邗上》："舟迴東粤地,
山入畫圖看。春靄雲烟近,霜清曉日寒。柳條垂曲岸,花氣辨
崇蘭。知有登攀處,晴光映豸冠。"(王豫輯選《淮海英靈續集·庚集》
卷一)

　　按：詩中有"春靄雲烟近,霜清曉日寒。柳條垂曲岸,花氣
辨崇蘭"語,則當早春時。"邗上",指江蘇揚州。楊衡選,字聖
藻,陝西涇陽人,江都貢生,與魏禧、孫枝蔚、張潮等交情深厚。
著有《披香文集》;《幽夢影》中録其評語多條。張潮《幽夢影》録
其《記盜》一文,頗有影響。

正月十五,過江至鎮江,有詩寄汪楫。

　　《江上寄汪舟次檢討》："二十年前學浪遊,春城社鼓滿邗
溝。酒樓曉出銅盤鱠,歌院宵馳玉踠騮。往事迢遥思縈纏,故
人書札望歸舟。欲從元日過元夕,已下真州到潤州。"(《黄湄詩
選》卷十《嶺海集》)

　　按：詩中有"欲從元日過元夕"語,知詩作於上元節時。"汪
舟次檢討",指汪楫。"邗溝",指邗江,春秋時吳王夫差出於北

上伐齊和稱霸之需，在古邗城下開掘的連通長江和淮河的深溝，隋開皇十八年設邗江縣（轄境約當今揚州邗江區），位於今揚州市東南方向。“故人”，指汪楫。“欲從元日過元夕”，表明元日時，已身處廣陵。“真州”，指今江蘇儀徵市。“潤州”，指今江蘇鎮江。先一年春天，汪楫生父汪生伯卒；同年，母閔氏卒，時汪楫居家爲雙親守制。

二月，王士禛於使院中賦詩，寄懷王又旦。

　　王士禛《使院懷幼華都諫項以典試使粵亦居此院》：“春半炎州苦煩熱，清晨初試葛衣涼。懷人二月小寒食，照眼一枝紅佛桑。定有新詩千首富，都無寶劍百金裝。我來君去如瓜代，極目天南少雁行。”（《帶經堂集》卷五十七《鬸尾續詩三·南海集下》）

　　按：依“懷人二月小寒食，照眼一枝紅佛桑”句意，可知作詩之節令。“小寒食”，明王嗣奭《杜臆》卷十《小寒食舟中作》詩尾注有云：“‘小寒食’，注謂寒食前一日，誤，蓋寒食次日也。”

春日，王士禛祭告南海事畢，陳恭尹有詩送行，兼寄王又旦諸人。

　　陳恭尹《扶胥歌送王阮亭宮詹祭告南海事竣還都兼柬徐健庵彭羨門王黃湄朱竹垞諸公》：“扶胥之口水所歸，青山浮出如無依。長波際天不可極，白日夜半揚其暉。東風吹上木棉樹，片片盡作紅霞飛。南海之神綏冕古，瓊樓玉殿開朱扉。前駕赤虬後文螭，左驅天吳右馮夷。虹蜺架道雨師灑，蛟龍夾轂瞻旌麾。九重秩禮來南紀，誰持玉節漁洋子。天上連宵動使星，世間久矣傳詩史。歸舟暫泊珠江南，問奇訪古多所探。都將十載相思夢，並作江城半月談。唐詩三變猶堪把，明詩三變風斯下。落落乾坤得數公，盡掃榛蕪歸大雅。羨門子，竹垞生，與君意氣遙相傾。徐公淵博能下士，黃湄慷慨多秦聲。我抱區區君所察，來時更枉群公札。山陽叔夜懶何堪，吳下阿蒙目猶刮。送

君有作兼群公，鳳凰今已飛梧桐。和鳴律吕賴公等，且放野鶴
閒雲中。"（《獨漉堂詩文集·詩集》卷四《江村集詠》）

　　按：詩中"東風吹上木棉樹，片片盡作紅霞飛"，可知時當春
天。"王阮亭宫詹""漁洋子"，指王士禎。"徐健庵""徐公"，指
徐乾學。"彭羨門""羨門子"，指彭孫遹。"朱竹垞""竹垞生"，
指朱彝尊。"王黃湄""黃湄"，指王又旦。

抵達丹徒，有詩寄弟竺來。

　　《作家書述途中所歷寄舍弟竺來七首》：（其一）"藤葉檳榔
性未諳，朱方青草瘴難堪。怡情獨有仙山色，緑荔林中鎖蔚
藍。"（其二）"桃笻東去訪羅浮，萬里風烟雨屢收。阿耨池邊茶
沸鼎，斷無人似此風流。"（其三）"山色縱横盡倒飛，英州新翠撲
人衣。南江夜煮琅玕水，月下斜看彈子磯。"（其四）"嶺南嶺北
水分流，不似西征度隴頭。只道横江灘路惡，峭帆七日到南
州。"（其五）"錦雲葉葉護僧堂，不分緇流住混茫。九疊芙蓉終
有約，百年轊櫝葬南康。"（其六）"皖口東西是畏途，洪州大舸涉
江湖。中流正賴東風惡，香霧雲鬟認小姑。"（其七）"繫馬淮南
枯樹枝，夜中客起飫茅茨。故鄉春事關心甚，緑酒青葅二月
時。"（《黃湄詩選》卷十《嶺海集》）

　　按：第一首寫眼前實景。"朱方青草瘴難堪"句中，"朱方"
爲春秋吴邑名，即今江蘇鎮江東南丹徒區一帶。"横江"，又名
横水，位於江西大庾縣（今大余縣）小梅關南，爲流經廣東南雄
市境内之南山水的上游。"南州"，指羅浮山所在地區，唐高祖
武德四年（621）置南州，治今廣東惠州博白縣，六年改南州爲白
州。其五中"九疊芙蓉"，指廬山，《太平寰宇記》卷一百一十一
《江南西道九·江州》"德化縣"條載："廬山，在江州南。……其
山九疊，川亦九派。"德化縣五代十國時改唐潯陽縣置，轄境約

當今九江潯陽區。唐釋栖一《懷廬山舊隱》(《貫華堂選批唐才子詩・甲集》卷八下"七言律")詩中有"九疊芙蓉峭到天,悔隨瀑水下寒煙"句。"百年轊櫝葬南康",北宋理學名家周敦頤晚年因廬山山水的吸引,築室廬山蓮花峰下,卒後亦葬於附近之栗樹嶺。"南康",此處指廬山所在的江西南康府。"小姑",指小姑山,亦名小孤山,位於安徽宿松縣城東南六十公里的長江中,孤峰聳立,故名孤山,山頂呈圓形如椎髻,舊亦稱髻山。"淮南",指今江蘇揚州。唐太宗貞觀元年(627)、宋太宗淳化四年(993),分天下爲十道,揚州地屬淮南道;太宗至道三年(997),分全國爲十五路,揚州屬淮南路;宋神宗熙寧五年(1072),分淮南路爲東、西兩路,揚州屬淮南西路。

過徐州北,因黃河泛濫,受阻。

《徐州河北阻水》:"野水泛通川,青驄没錦韉。浮空初辨岸,激浪欲生烟。曉日沛豐樹,春雲徐泗天。衝泥殊不惡,貪看打漁船。"(《黃湄詩選》卷十《嶺海集》)

按:"河北",指黃河以北。清咸豐五年六月十九日,黃河在河南蘭考境内北岸銅瓦廂決口,河水先流向西北;後改東北走向,在山東境内借濟水(又名大清河)入渤海。此前,黃河下游流經路綫,大體上經過今河南滎陽、鄭州、原陽、延津、封丘、中牟、開封、蘭考,後經山東曹縣、單縣,再經安徽碭山、蕭縣,最後入江蘇豐縣、沛縣、徐州、邳州、睢寧、宿遷、泗陽、淮安、漣水、阜寧、濱海,然後入黃海。詩中"沛豐""徐泗",皆黃河改道前經過之地,位於今江蘇徐州境内。

過東郡,有詩懷屈大均、陳恭尹。

《東郡道中懷翁山元孝諸子》:"東郡寒猶重,南天雁未歸。野風纔掠面,林雪忽霑衣。道路銷前業,生涯悟昨非。故人花

繞閣，開卷送春暉。"(《黃湄詩選》卷十《嶺海集》)

　　按："東郡"，郡名，秦王嬴政五年(前 242)置，治濮陽(今河南濮陽東北部一帶)，漢因之；約當今河南東北部和山東西部部分地區。晉初，東郡省劃分爲淮陽國、濟北國、東平國、平原國、陽平郡。"翁山"，指屈大均。"元孝"，指陳恭尹(1631—1700)，字元孝，初號半峰，晚號獨漉子，自號羅浮布衣，廣州順德人。十五歲喪母。順治四年九月，其父陳邦彥與二弟陳馨尹同時殉國難，邦彥贈尚書。曾受永曆朝世襲錦衣衛指揮僉事之職。七年冬，清軍攻陷廣州，恭尹逃匿西樵山中，從事反清活動長達十餘年，與鄭成功和張煌言皆有結連。習聞忠孝大節。與陶窳、梁無技及何衡、衡弟絳相砥礪，世稱"北田五子"。後因恢復無望，攜眷回到順德羊額，此後七年一直過着隱居生活。何絳《贈陳元孝新翁》中"何能畢志願，聊得賦《閒居》。舊業龍山口，春來好荷鋤"(《不去廬集》卷六)諸語，道出了其日常情狀和心態。康熙十七年秋，官府疑其與三藩反叛事件有瓜葛，被拘禁入獄二百多天之久。至此陳恭尹心存畏懼，明哲自保。二十三年，築室廣州小禺山(越秀區今禺山路附近)，日夕以詩酒酬世，直至謝世。恭尹修髯偉貌，氣幹沉深；博學工詩，爲詩激昂頓挫，足以發其哀怨之思。"自言平生文辭多取諸胸臆，僕僕道塗，稽古未遑也"(《清史稿》卷四八四《本傳》)。與屈大均、梁佩蘭同稱"嶺南三大家"。亦工書法，時稱"廣東第一隸書高手"。著《獨漉堂集》三十卷(《詩集》十五卷《文集》十五卷)等。王準取恭尹詩，合屈大均、梁佩蘭詩共刻之爲《嶺南三家集》。生平見《皇明遺民傳》卷五、錢林《文獻徵存錄》卷十"陳恭尹"條、《國朝詩人徵略》卷五、羅學鵬輯刻《廣東文獻》卷十九《國初七子集・姓氏》、《國朝先正事略》卷三十八《文苑》"陳先生元孝"條、《小腆紀傳》卷五十

五《列傳第四十八·文苑》"屈大均"附、《明詩紀事·辛籤》卷十
一、《清史稿》卷四八四《列傳二百七十一·文苑一》、《清代學者
象傳》(第一集)、《碑傳集補》卷三十五、《國朝書人輯略》卷一、
近人温肅編《陳獨漉先生年譜》(載《清初名儒年譜》)、《明遺民録》卷
二十五、《清史列傳》卷七十《文苑傳一》、《清代七百名人傳》(第
五編)"藝事　文學"、《清代名人傳略》"陳恭尹"條、《清詩紀事
初編》卷二《前編下》等記載。陳恭尹有《題烏絲紅袖圖爲王黄
湄都諫三首》等與王又旦相關的作品。

四月二十七日,因其請,廣東始設花縣。

　　《清聖祖實録》卷一百二十:"(康熙二十四年乙丑　四月)
丙辰,命廣東花山地方設立縣治,從户科給事中王又旦請也。"

五月三十日,詞人納蘭性德卒,年三十一歲。作輓詩四首。

　　《輓詩四首》:(其一)"家承公輔貴,班列近臣高。閒氣標千
古,清聲徹九皋。玉樓飛藻繢,仙藥奏雲璈。何遽觀齊物,丁年
自解骹。"(其二)"於今推大雅,能不念修文。泛愛無遺物,高懷
自軼群。緑尊空玉露,縹帙散香雲。竟掩宣尼袂,傷心處處
聞。"(其三)"宇宙堪長歎,雄才更有誰?星精原久照,石火欻相
移。甲第榮三策,勳名邁貳師。獨來賓館客,想像動餘悲。"(其
四)"夙昔頻相許,神交託此心。春風迷紫陌,夜月杳青岑。舊
榻琴聲冷,新松劍氣陰。淒涼蒿里餞,援筆有哀吟。"(納蘭性德《通
志堂集》卷二十"附録")

　　按:詩題爲筆者所加。四詩亦未收入《黄湄詩選》。

　　納蘭性德(1655—1685),生於順治十一年(1654)臘月十二
日(公曆 1655 年 1 月 19 日),姓納喇氏,初名成德,以避皇太子
允礽嫌名改今名,字容若,號飲水、楞伽山人,因生於臘月,幼時
稱冬郎,滿洲正黄旗人,大學士明珠長子,其母係英親王阿濟格

第五女。十三歲起，從學董訥，學業大進。十七歲補諸生，貢太學，時國子監祭酒徐元文賞其才，深器重之，並推薦成德從學於其兄徐乾學，學問因而日益長進。康熙十一年應順天鄉試中舉，時與韓菼（狀元）、曹寅、翁叔元、王鴻緒（榜名度心）、徐倬同榜，副考官爲徐乾學。第二年三月會試中式，三月因寒疾未與廷試。次年中二甲第七名進士，聖祖以其世家子，授三等侍衛；令賦乾清門應制詩，譯御制《松賦》，皆稱旨。同年娶兩廣總督盧興祖之女，納妾顏氏。十五年，作《爲王阮亭題戴務旃畫》。十六年四月末，盧氏生子海亮，産後患病，五月三十日卒，海亮亦夭折。二十三年，晉升一等侍衛。俄疾作，上將出塞避暑，遣中官將御醫視疾，命以疾增減告。逮卒，年止三十一。多與嚴繩孫、顧貞觀、吳綺、姜宸英、秦松齡、馬雲翎、張純修等交遊唱和。性德篤於友情，以“一日心期千劫在”（納蘭性德《金縷曲·紅窗月》，《通志堂集》卷七）爲原則結交，爲人排憂解難，“謀必竭其肺腑”（徐乾學《通議大夫一等侍衛進士納蘭君神道碑文》）之事，屢見不鮮。摯友顧貞觀之友吳兆騫，坐科場案遣戍寧古塔苦寒之地長達二十年，賴性德主動請之於父明珠爲其周旋，旋得釋還，“生館死葬”，其重諾仗義之舉，稱譽士林。性德鄉試出徐乾學門，與從研討學術，嘗裒刻宋、元人説經諸書，書爲之序，以自撰《禮記陳氏集説補正》附焉，合爲《通志堂經解》。性德善詩，尤長倚聲；遍涉南唐、北宋諸家，窮極要眇。其詞以“自然與真實”取勝，天生麗質，富於情致，擅長小令，有“清代李後主”和“國初第一詞手”（況周頤《蕙風詞話》卷五“飲水詩”）的美稱，與朱彝尊、陳維崧並稱“清初三大家”。曹寅有“家家爭唱《飲水詞》”（《題棟亭夜話圖》，《棟亭詩鈔》卷二）的稱頌，其詞流傳之廣，可見一斑。近人王國維《人間詞話》中更是高度讚譽其“八百年來，一人而已”。著《側帽詞》一卷、《飲水詞》一卷、《渌水亭雜識》四卷、《合訂大易集義粹言》八十卷、《通志堂經解》一千七百六十九卷等。與顧貞觀合編《今詞初集》。其生平資料見徐乾學《通議大夫一等侍衛進士納蘭君墓誌銘》(《憺園文集》卷三十一)、徐乾學《通議大夫一等侍衛進士納蘭君神道碑文》(《憺園文集》卷三十一)、姜宸英《通議大夫一等侍衛進士納臘君墓表》(《湛園藏稿》卷三"墓表"，亦見《姜先生全集》卷十八)、姜宸英《祭容若侍中文》(《湛園藏稿》卷四"祭文"，亦見《姜先生全集》卷十九)、《國朝詩人徵略》卷九、《清代學者象傳》(第二集)、《清史稿》卷四八四《列傳二百七十一·文苑一》、《清史列傳》卷七十一《文苑傳二·姜宸英傳》附、《國朝書人輯略》卷二"成德"條、《清代七百名人傳》(第五編)"藝事　文學"、《清代名人傳略》"性德"、《書林藻鑑》卷十二"清　納蘭成德"、《清詩紀事初編》卷六《丙編直隸》、張任政《清納蘭容若先生性德年譜》(載王雲五主編《新編中國名人年譜集成·第三十輯》)等記載。

蓋歸京不久，朱彝尊、宋犖爲其《過嶺詩集》題詩。吳雯亦有詩題其詩集。

　　朱彝尊《題王給事又旦過嶺詩集》："郃陽王郎娖群雅，掖垣退食吟最工。關西作者僂指數，比於二李檢討因篤、明府念茲誰趁雄。昨年使車踰嶺表，《笙歌》《鹿鳴》聽乍終。滿城象犀總不顧，迎潮直渡東官東。循州洞天福地兩，羅浮近與泉源通。晴峰四百三十二，一一捧出青蓮蓬。砂床泥融坐啞虎，竹葉篆古書秋蟲。千年鹿跑草淺淺，五色雀舞花濛濛。盤游飯罷石樓去，群仙或請銘新宮。偕行況有屈道士大均，留題肯使苺牆空。此鄉寶玉人所羨，珠圓貝紫珊瑚紅。王郎歸裝乏長物，僅束詩卷藏䍐筒。解船下瀧指湖口，餘興復入匡山中。僧房五百恣登歷，短筇輕屐隨樵童。三條石梁貫員闕，一匹瀑布拖長虹。王

郎得句轉清越，墨花漬壁磨鉛銅。攜來都亭曾幾日，傳抄奠莦
十數公。要知能事久服習，矢人之矢弓人弓。邇來詩格乖正
始，學宋體製嗤唐風。江西宗派各流別，吾先無取黃涪翁。比
聞王郎意亦爾，助我張目振凡聾。覽茲《過嶺集》百過，豈有瘢
垢堪芟蓊？往時屈道士遊越，山行水泛酬和同。自從判袂廣武
北，十載夢寐懸江楓。沖虛觀前斗壇在，可有鄧嶽留葛洪。投
詩王郎並寄屈，惜無萬里南飛鴻。"（《曝書亭集》卷十三，亦見《騰笑集》
卷二）

　　按：《過嶺詩集》，即今收入《黃湄詩選》卷九、卷十的《嶺海
集》詩作的最早雛形。朱詩之作時，據"昨年使車踰嶺表，《笙
歌》《鹿鳴》聽乍終""王郎得句轉清越，墨花漬壁磨鉛銅。攜來
都亭曾幾日，傳抄奠莦十數公"幾句推知。

　　"郃陽王郎""王郎"，皆指王又旦。"二李"，指關中作家李
因篤、李念慈（"念慈"，朱詩原注作"念茲"）。李因篤（1632—1692），
字子德，陝西富平人。康熙己未以布衣召試博學鴻詞，授官翰
林院檢討，以母老衰殘病上疏乞求歸養，諭旨准其請。著有《壽
祺堂詩集》三十五卷《壽祺堂文集》八卷（《初集》四卷《續集》四卷）
等。李念慈（1628—？），一名念茲，字屺瞻，號劬庵，陝西涇陽
人。順治十五年（1658）進士，官景陵知縣，著有《谷口山房集》。
有說以盩厔（今陝西西安周至縣）李顒、李因篤、李念慈為"關中
三李"者。"東官"，郡名，東晉咸和元年（326），析南海郡東部置
東官郡，轄今廣東深圳、惠州、潮州、汕頭一帶。"循州"，隋開皇
十年置，治歸善縣（今廣東惠州惠城區）。"湖口"，指鄱陽湖入
長江之口。"匡山"，亦稱"匡廬""匡阜""匡俗山"，指江西廬山，
傳說殷周時，匡俗兄弟七人結廬隱居於此，故名。"邇來詩格乖
正始，學宋體製嗤唐風"約略道出王又旦當時詩歌創作的好尚。

“正始”，三國魏齊王曹芳的年號，南宋末年的嚴羽在《滄浪詩話•詩體》提出“正始體”的説法，並注解説：“魏年號，嵇、阮諸公之詩。”即以嵇康、阮籍的詩歌創作爲“正始之音”。“黄涪翁”，指北宋詩人黄庭堅，江西詩派的開山始祖，“一祖三宗”的其中一宗，號涪翁。“江西宗派各流別，吾先無取黄涪翁。比聞王郎意亦爾，助我張目振凡聾”，大致反映了王又旦對宋詩接受的態度。“學宋”而“無取黄涪翁”，與朱彝尊的好尚有相似之處。朱之去取，宋犖《跋朱竹垞和論畫絶句》中所説“先生平日論詩，頗不滿涪翁；今諸什大段學杜，而高老生硬之致，正得涪翁三昧”(《西陂類稿》卷二十八)，可作爲“無取黄涪翁”的最佳注脚。明裏反對而身不由己地受其影響，看來詩壇風氣的扭轉已有勢不可擋的趨向。“惜無萬里南飛鴻”云云，此時朱彝尊身居京師，其所針對爲“並寄屈”而言。“判袂”，指離別。

宋犖《題王黄湄都諫過嶺集即用集中惶恐灘寄悔人韻》：“黄門千載人，詩骨太華聳。獨操三寸管，藝苑闢荒茸。銜命嶺嶠遊，雙江接余踵。鷦鴰增旅懷，況復聞秋蜜。贛石虎牙撑，偏鬭驚湍湧。三板泊危灘，即境堪惶恐。羨君賦《停雲》，岸幘旌麑擁。奇思鈇腎肝，刻畫‘松毛艵’。“陰巘松毛艵”，黄湄句也。縱橫其誰敵？所向鏟坡壟。牛腰傳卷軸，心折手還拱。周旋愧莒邾，願以敦盤奉。霄雲鵬鶚姿，斯事乃餘勇。”(《綿津山人詩集》卷十七《漫堂草》)

按：“嶺嶠”，五嶺的別稱。《停雲》，東晉詩人陶淵明詩作名，其自序稱“停雲，思親友也”(龔斌校箋《陶淵明集校箋》卷一“詩四言”)，後世多用作思念親友的代稱。

宋至《題王黄糜先生嶺海集》：(其一)“羅浮山色逼天青，幾載相思恨未經。詩卷乍開心一喜，波濤萬里接南溟。”(其二)

“嶺外奇禽是處多,木棉盧橘更交柯。風流輸與王夫子,落日空
山取次哦。”(其三)“浴日亭邊海色深,振衣長嘯慊幽尋。廣州
耆舊梁鴻在,謂藥亭。椰酒香清好共斟。”(其四)“大雅于今屬二
王,星槎來往足相羊。春風驛路題應徧,瘴雨蠻煙句子香。時阮
亭先生亦奉使祭告南海。”(《緯蕭草堂詩》卷一)

　　按:“王夫子”,指王又旦。“二王”,指王士禛、王又旦。“相
羊”,徘徊,盤桓。

　　宋至(1656—1725),字山言,晚號方庵,河南商丘人,宋犖
子。康熙四十二年(1703),授翰林編修。五十年官至浙江提學
使。工詩詞,性嗜古。建有藏書樓名“緯蕭草堂”。著有《緯蕭
草堂詩》六卷等。

　　吳雯《題黃湄都諫詩卷二首》:(其一)“十九首詩驚碧落,一
千年調記煙鬟。少陵無語昌黎醉,只許黃門到華山。”(其二)
“茫茫大雅失清真,愛爾新詩盡有神。不是青蓮輕讓善,果然小
謝最驚人。”(《四部備要》本《蓮洋集》卷十)

　　按:“十九首詩”云云,指收入《黃湄詩選》卷一《山中集》中
諸詩,題下注云“以下十九首遊華山詩”。“少陵”,指杜甫,自稱
少陵野老;“昌黎”,指韓愈,昌黎爲其郡望,故稱;二人皆有以西
嶽華山爲題材的詩作。“青蓮”,指李白,號青蓮居士。“小謝”,
指謝朓,後人因其與謝靈運同以詩歌創作出名,稱謝靈運爲大
謝,謝朓爲小謝,並稱而言。

六月,陸嘉淑爲《掖垣集》作序。

　　陸嘉淑《掖垣集序》:“阮亭學士,今之善言詩者也,序郃陽
《山中》《涉江》詩集,亦舉韓、孟、蘇、黃諸家,其欲位置之數子間
歟?夫郃陽之學,含漱百家,根柢六藝,於數子不求爲同,亦未
嘗或異。……郃陽起家百里,旋侍直青璅,刻其新詩曰‘掖垣

集'，而屬余序之。余之淺劣，何足以知邰陽？昨新城使粵北
還，以數行抵余曰：'吾家黃湄，姑射之仙人也。聞與先生定交
杵臼之間，爲之喜甚。'"

按：《漁洋山人自撰年譜》卷上"康熙二十四年乙丑"條載：
"山人於夏六月歸自粵。"陸《序》中有"昨新城使粵北還"云云，
可知其作時。

陸嘉淑（1620—1689），字子柔，後改字冰修，號辛齋、射山、
射山衰鳳，唐代著名宰相陸贄之後，係出海寧洛塘陸氏支，父陸
鈺。陸嘉淑係查慎行岳翁。明諸生。生有異稟，數歲能作徑尺
大字。長益博覽群書，詩文清麗，援筆數千言立就。以父歿，於
亂棄諸生不應。爲人方正樸茂，鄉黨宗之。多與同邑查繼松
（查慎行之父）、查容、辛思齊、魏坤、潘廷章、陸圻及王士禛、宋
犖、邵長蘅、吳雯、朱載震、陳大章、呂留良、黃周星、陳祚明等交
遊。康熙己未年薦博學宏詞，力辭不就。此後客居京城數載，
與王士禛、陳維崧、邵長蘅、施閏章居所毗鄰，同爲宣南士子交
遊圈成員，詩酒之會，往來唱和，名動京師，極盛一時。陸嘉淑
能詩工詞，與弟宏定（號繪山）有"冰繪二陸"之稱。著有《射山
詩鈔》一卷附《詩餘》一卷、《燕臺剩稿》、《辛齋遺稿》二十卷、《問
豫堂文鈔》、《詩雅》、《辛齋詩餘》、《辛齋詩話》、《北遊日記》等，
亦有傳奇《四喜記》《茜帕記》《後千金》三種；今存《辛齋遺稿》
《射山詩鈔》《燕臺剩稿》等，餘大多散佚。曾參與評閱《宋詩鈔》
（陸氏批點本今藏上海圖書館），此外尚有《唐文粹評》殘卷（二十九卷）
存世。生平見清王簡可編、崔以學補《陸辛齋先生年譜擬稿》、
《兩浙輶軒錄》卷一、清蕭穆《記海寧陸辛齋處士遺事》（《敬孚類
稿》卷六）、《國朝詩人徵略》卷五、（朝鮮）成海龍《皇明遺民傳》卷
五、《明詩紀事·辛籤》卷二十二、《清畫家詩史·甲下》"陸嘉

淑”條、《國朝書人輯略》卷二等記載。陸嘉淑今存《掖垣集序》、《題王黃湄又旦烏絲紅袖圖》詩,爲其與王又旦交往之明證。

本年夏、秋之間,姜宸英爲《嶺海集》作序。

  姜宸英《嶺海集序》:“今京師以詩名家者,稱兩王先生:其一爲新城阮亭少詹,而一爲郃陽黃湄給事也。……甲子歲大比,給事奉命典試粵東,事甫竣,而新城復使祀南海。兩人所過山程水驛,登臨宴賞酬和之作,落筆都爲人傳頌,廣南遠近詫爲盛事。比新城北還,旋予告歸省,而都下之言詩者,乃專歸郃陽。《嶺海集》者,其奉使往返時所作也。……新城前示余粵遊諸詠,予覽其大意,粗不相遠;而給事諫官也,故予於是編尤致意焉。”

  按:依姜《序》,其作時應在王士禎使祀南海北歸不久。據《漁洋山人自撰年譜》卷下“康熙二十四年乙丑”條載:“山人於夏六月歸自粵,便道過里起居。……因從容言,報命後當請假覲省,匡廬不許,力命趣裝,山人意殊愴然。九月,復命後一日,即循例乞假還歸,而匡廬已先十日捐館。”“新城前示予粵遊諸詠”云云,必在其返京後至“乞假還歸”離京期間。

九月,王士禎循例請假歸鄉;時吳雯亦將有歸隱中條之舉,遂賦詩言其事並留別王又旦。

  吳雯《送阮翁後遂亦將歸中條留別黃湄都諫》:“大雅久淪落,繁聲涸朱絃。犀提_{阮翁別號}抗逸志,霞想紛連蜷。夙昔辨淄澠,念載勤周旋。問字常載酒,賡廡邀割氊。憶昔丁戊間,奉召羅群賢。公與陵州謝,望我登雲天。才薄愧璠璵,蓬藋遭棄捐。歸來大河側,玉井挹晴蓮。側聞洛之陽,清風彌八埏。藉藉傳秀句,漁洋相後先。望而不可見,結想雲泥懸。重過金馬門,幸得邀執鞭。肅穆增道氣,切直明貞堅。見余潦倒姿,有似夔憐眩。王、謝重契闊，夫子哀顛連。扶奬入太學，使側符郭前。新城忽言歸，家園侍春筵。同調遂寂寥，夫子猶纏綿。近聞泣童烏，愴惻驚秋眠。萬事信悠悠，大化原推遷。苟必自倚着，無乃成拘攣。清霜戒行李，將稅河濱田。有時王官谷，絶壁藤蘿緣。咫尺南峰月，飛入山窗圓。矯首望京洛，威鳳方高騫。努力勖大業，不負千秋傳。"（《吴雯先生蓮洋集》卷四）

　　按：詩之編年，參《漁洋山人自撰年譜》（上）"康熙二十四年乙丑"條及降新寬《吴雯及其詩歌研究》（福建師範大學 2010 年碩士論文）"吴、王交遊歷程"中相關内容。詩歌創作之節令，"清霜戒行李，將稅河濱田"亦可推知。"阮翁"、"羼提"、"公與陵州謝"之"公"、"漁洋"、"王、謝重契闊"之"王"、"新城"皆指王士禛。"黄湄都諫""洽之陽""夫子"，皆指王又旦。"公與陵州謝"之"陵州謝"、"王、謝重契闊"之"謝"，皆指山東德州籍作家謝重輝，元代改稱德州爲陵州（參清顧祖禹《讀史方輿紀要》卷三十一《濟南府》），故稱"陵州謝"。"公與陵州謝，望我登雲天。才薄愧璠璵，蓬藋遭棄捐"，指康熙十八年特試博學宏詞科於保和殿，吴雯因謝重輝之薦，應試未中，友朋之中，感到最爲遺憾的當是其師王士禛和薦舉者謝重輝。"丁戊"，指康熙丁巳、戊午年。"顛連"，指困頓不堪的人。"春筵"，古代民間流行的送春儀式；春天將盡時，親朋好友或在家，或出門乘舟聚會，設宴飲酒。"近聞泣童烏，愴惻驚秋眠"，指王又旦本年遭受稚子王儵夭傷之痛；"童烏"，西漢揚雄子之名，九歲助父著《太玄》，不幸早夭，事見《法言·問神》，後因以指早慧而早夭者。"王官谷"，位於山西永濟市以東二十餘公里的中條山麓，爲吴雯隱居之所在。

冬日時分，顧景星與陶季相聚蘄州，離別酣飲之際，託陶澂帶信給王又旦。

　　顧景星《酒間託季深寄王幼華》:"昔與王司諫,論文庾亮樓。江聲連夜起,月照萬山秋。鶴去書難寄,人來轄欲投。可能令陶季,再得到蘄州。"(《白茅堂集》卷二十五》"乙丑")

　　按:《白茅堂集》中《酒間託季深寄王幼華》詩,其前一首《病中長至喜季深自荊州歸寶應停舟見訪》中云:"冬至夜長天滿霜,明星爛爛華燭光。"後一首《別季深後》有云:"饑鳥啼客路,征雁先行舟。"(皆見《白茅堂集》卷二十五"乙丑康熙二十四年")則時已至冬日。陶季《再過蘄州別赤方》(《舟車前集》卷十二"古今體詩")爲同時作。二人本次會面始末,陶季《往來尋陽記》中云:"越十有八年癸亥冬,荊州觀察使束帛見招。過其山(按:指廬山),紅葉青岑,夾岸參錯,真出於圖畫之外。而舟子遄征利涉,不肯半日滯留,乃又咫尺失之矣。又明年乙丑冬至,余再過蘄州,謂可與赤方踐濮被入深山之約必矣,而赤方中寒臥病,不過匆匆數言,握手與別。此又不可捨之獨往。"(《廣陵思古編》卷二十五"寶應縣")"明年乙丑冬至"云云,"明年"有誤,應作"後二年";一者據《病中長至喜季深自荊州歸寶應停舟見訪》之編年,二者陶文中"余再過蘄州"事在"乙丑"。"與赤方踐濮被入深山之約",顧景星作於"癸亥康熙二十二年"的《上冬二十七日喜故人陶季深至》中云:"歸帆拂滄浪,更期廬山約。"(《白茅堂集》卷二十三)陶季的造訪,緣於上一年(戊午)收到了顧景星的邀約,其詩《戊午秋喜顧赤方書至》中有云:"蘄陽顧子我執友,癸巳別之踰二紀。前年涉江爲住帆,僅一登堂視諸子。今年寄我武昌書,錯落秋蠅忽滿紙。"(《舟車集》"古今體詩　起己未春至壬午冬十一月";"壬午",原文如此,應作"戊午")顧景星"甲子康熙二十三年"的詩作《書陶季深詩集》中云:"命駕期玄度,匡廬約遠公。摩崖須健筆,並勒紫霄東。季與予約。"(《白茅堂集》卷二十四)次年春天,顧有詩《暮雨懷季

深幼鐵有約不至》,其中云:"野岸齊烟艇,東風轉灑旗。所思仍
不至,迢遞失前期。"(《白茅堂集》卷二十五)"迢遞失前期",蓋三人
此前有約,是否與"匡廬約遠公"有關,不得而知。同年冬,陶季
過蘄,本想偕顧景星同登匡廬,不想友人生病而最終未能踐約。
觀《舟車集》二人分手後的作品,陶季離蘄後似直接歸鄉,顧景
星"託季深寄王幼華"之願云云,似已無從實現。顧景星大概是
考慮到王又旦北歸途中會繞道揚州祭拜吳嘉紀,陶季歸鄉途中
或歸鄉後有可能碰到王,豈不知因音訊不暢,此時王又旦已返
回京城。當然還有另一種可能,就是陶季或有再遊京師之舉,
不過不管是否成行,顧景星所託之事已無從談起,原因是二人
離別後不久的第二年春天,王又旦就離世了。"王司諫",指王
又旦;"司諫",職同給事,唐垂拱元年(685)置補闕,北宋端拱元
年(998)改名司諫,元廢。"庾亮樓",亦名庾公樓、玩月樓,原爲
三國時吳主孫權之端門,位於湖北鄂州鄂城區古樓街北段,民
間俗稱"鼓樓"或"古樓",又因其在古武昌縣治之南,亦稱南樓。
庾亮在此遺事的記載,最早見《世說新語·容止》中。

　　"季深",指陶季(1616—1701),本名介,字昭萬,後改澂,字
季深,以字行,復去"深"稱"季",號括庵,又號括堂、墾園、補庵、
念堂等,江蘇寶應人。早負異才,潛心經史。明亡後棄舉子業,
醉心詩文創作。性耽遊覽,北抵燕趙,南浮湘沅,西逾太行,東
歷海岱。與布衣萊陽董樵友善,二人嘗同至京師,適逢朝廷徵
試博學鴻詞,力辭不就。工詩,與同里朱克生、陳鈺並稱"寶應
三詩人"。平生所作詩歌,多於舟車中得之,其詩集因之曰《舟
車集》。與顧景星、王士禛、汪懋麟、沈荃等交遊唱和,王士禛曾
刪定其滇南、閩中遊歷之作。《清詩別裁集》卷七"陶澂"條評其
詩曰:"英偉沉摯。感時傷亂之作,以詩爲史,直欲上溯杜陵。"

著有《舟車集》二十卷《後集》十卷、《湖邊草堂集》、《集唐詩》、《長江名勝志》等。生平見《廣陵思古編》卷二十五"寶應縣　陶澂季深'附傳'"、《皇明遺民傳》卷四、《明詩紀事·辛籤》卷十五、《國朝詩人徵略》卷五、《清史稿》卷四八四《列傳二百八十七·文苑一·吳雯傳》"附"、《清史列傳》卷七十一《文苑傳二》"吳嘉紀"附、閔爾昌纂輯《碑傳集補》卷三十六、《雪橋詩話續集》卷一《餘集》卷一、《清詩紀事初編》卷一《前編上》等記載。

十二月，時任安徽按察使，負責下河工程的于成龍就治河提出異議，認爲下游應當拓寬出海口而不能築高堤。靳輔、于成龍二人入朝廷辯，王又旦從于成龍議。

　　　　鄂爾泰等纂《八旗通志》卷一百九十《人物志》"靳輔"條載："大學士、九卿從（靳）輔議，通政使參議成其範、給事中王又旦、御史錢鄒從于成龍議。"

大約此時，因與王士禎出使廣東途中歌詠之作流傳頗廣，京師詩壇遂有"二王先生"的美譽。

　　　　姜宸英《嶺海集序》："今京師以詩名家者，稱'兩王先生'：其一爲新城阮亭少詹，而一爲郃陽黃湄給事中也。"

本年，梁佩蘭、吳雯、張雲章、查慎行、陳大章、陸嘉淑爲其《紅袖烏絲圖》題詩。

　　　　梁佩蘭《題王黃湄給諫紅袖烏絲圖五首》：（其一）"琅琊兄弟聲名重，今日風流見郃陽。手裏一枝斑竹管，堂前七十二鴛鴦。"（其二）"誰捧吳綾自雪皚，龍文虎脊候君裁。驚看太華垂天下，疑是黃河伏地來。"（其三）"朝回無事愛高吟，豈有青衣解用心？幽是梅花豔桃蕊，一時香氣滿南林。"（其四）"使粵歸來無一物，清風贏得滿朝聞。侍兒重索羅浮蘭，學製麻姑蛺蝶裙。"（其五）"洛浦何妨賦《洛神》，琵琶相喚即相親。憑將一幅

《烏絲》卷,識得黃門萬古人。"(《六瑩堂集》卷八"七言絶句")

　　按:詩中有"使粵歸來無一物,清風贏得滿朝聞",則詩作於王又旦使粵歸來之後。約本年三月,王又旦回到京城。本年九月,梁佩蘭離京南歸(吕國光《梁佩蘭年譜》"清康熙二十四年乙丑")。則詩應作於三月至九月間。"瑯琊兄弟",指王士禎兄弟。

　　吳雯《題黃湄給諫紅袖烏絲卷三首》:(其一)"白玉闌干翡翠床,林風吹動綺羅香。黃門搦管妖姬侍,仍是君家寶繪堂。"(其二)"纖指玲瓏楮墨芬,花前來往石榴裙。蕺山扇子誰將去,不解風流是右軍。"(其三)"梅花賦就擘長箋,七十駕鴦畫裏傳。比似扶風真託興,後堂原未聒彭宣。"(《蓮洋集》卷十一;《蓮洋詩鈔》卷七)

　　按:據孟肇詠《新修訂蓮洋吳徵君年譜》(載《運城學院學報》2010年第1期)中載,吳雯此時飄居津門(今天津一帶)。"黃門",指王又旦。"寶繪堂",北宋著名畫家王詵爲"收藏古今法書名畫","築堂曰寶繪"(明朱謀垔《畫史會要》卷二);熙寧十年,蘇軾在徐州作《寶繪堂記》。"蕺山扇子誰將去,不解風流是右軍",《晉書》卷八十《列傳第五十·王羲之》中載:"(羲之)又嘗在蕺山見一老姥持六角竹扇賣之。羲之書其扇,各爲五字,姥初有慍色,因謂姥曰:'但言是王右軍書,以求百錢邪?'姥如其言,人競買之。他日姥又持扇來,羲之笑而不答。其書爲世所重,皆此類也。""蕺山",位於浙江紹興城内,爲境内三大文化名山之一,因山中盛産蕺草而得名。"右軍",指東晉著名書法家王羲之。"比似扶風真託興",似用李白《扶風豪士歌》典:"扶風豪士天下奇,意氣相傾山可移。作人不倚將軍勢,飲酒豈顧尚書期。雕盤綺食會衆客,吳歌趙舞香風吹。"(宋本《李太白集》卷六)後文引陳大章同題材詩中有"風流爭似扶風帳,應有彭宣到後堂",則"扶風真託興"或用東漢馬融絳帳授徒事典,待考。"後堂原未聒彭宣",班固《漢書》卷七十一《列傳第四十一·彭宣本傳》載:"彭宣字子佩,淮陽陽夏人也。治《易》事張禹,舉爲博士,遷東平太傅。禹以帝師見尊信,薦宣經明有威重,可任政事,繇是入爲右扶風。"同書卷八十一《列傳第五十一·張禹本傳》:"(張)禹性習知音聲,内奢淫,身居大第,後堂理絲竹筦弦。禹成就弟子尤著者,淮陽彭宣至大司空,沛郡戴崇至少府九卿。宣爲人恭儉有法度,而崇愷弟多智,二人異行。禹心親愛崇,敬宣而疏之。崇每候禹,常責師宜置酒設樂與弟子相娱。禹將崇入後堂飲食,婦女相對,優人筦弦鏗鏘極樂,昏夜乃罷。而宣之來也,禹見之於便坐,講論經義,日晏賜食,不過一肉卮酒相對。宣未嘗得至後堂。及兩人皆聞知,各自得也。"

張雲章《題王幼華給諫紅袖烏絲圖》:(其一)"公名十載動螭頭,鳴鳳高崗願得酬。又見琅玕披諫草,排雲真切廟廊憂。"(其二)"那有鴛鴦三十六,盡傳消息到王昌。應知鐵石心長在,暫賦梅花墨亦香。"(其三)"讀公詩似麻姑爪,癢處須教一一搔。乞與《霓裳》補新曲,群仙齊向管中調。"(其四)"韋郎筆札自紛紛,五朵箋飛五采雲。信是群姬劇《才調》,牙籤分掌鬭方聞。"(其五)"公家文正儉而清,内使傳呼覓麗英。亦爲花籃煩直省,未妨上相説咸平。事見《龍川志》。"(《樸村詩集》卷五"律詩")

按:"那有鴛鴦三十六,盡傳消息到王昌",梁武帝蕭衍《河中之水歌》中云:"洛陽女兒名莫愁。……十五嫁爲盧家婦。……人生富貴何所望,恨不早嫁東家王。"(宋郭茂倩編撰《樂府詩集》卷八十六《雜曲謠辭三》)初唐上官儀《和太尉戲贈高陽公》中有云:"南國自然勝掌上,東家復是憶王昌。"(清彭定求等編纂《全唐詩》卷四十)晚唐李商隱《代應》詩曰:"本來銀漢是紅牆,隔得盧家

白玉堂。誰與王昌報消息,盡知三十六鴛鴦。"(《李義山詩集》卷六,
《四部叢刊》景印明嘉靖刻本)"韋郎筆札自紛紛"云云,指晚唐人韋縠
編選《才調集》事,其《序》中有云:"韻高而桂魄爭光,詞麗而春
色鬥美。""公家文正儉而清"四句,用典北宋真宗時著名政治家
王旦事,蘇轍《龍川別志》卷上載:"王文正公性儉約,初無姬侍。
其家以二直省官治錢,上使内東門司呼二人者,責限爲相公買
妾,仍賜銀三千兩。二人歸以告公,公不樂,然難逆上旨,遂聽
之。蓋公自是始衰,數歲而捐館。初,沈倫家破,其子孫鬻銀
器,皆錢塘錢氏昔以遺中朝將相者;花藍、火桶之類,非家人所
有。直省官與沈氏議,止以銀易之。具白於公。公戚然曰:'吾
家安用此?'其後姬妾既具,乃呼二人,問昔沈氏什器尚在可求
否。二人謝曰:'向私以銀易之,今見在也。'公喜,用之如素有。
聲色之移人者,有如此乎。張公安道守金陵,二直省官有一人
自南方替還,具爲公道此。"(引録文字據中華書局 1982 年俞宗憲點校
本;類似文字收入《永樂大典》卷二千九百九十九中,署以"聲色移人"的標
題。)"公家文正"指王旦(957—1017),北宋大名府莘縣(今屬山
東)人,字子明。景德三年(1006),官拜宰相。"内使",古時負
責傳達皇帝詔令的内監。"上相",對宰相的尊稱。"咸平",宋
真宗年號(998—1007)。

　　張雲章(1648—1726),清代學者,"嘉定六君子"之一。字
漢瞻,號偉庵,又號樸村,人稱"端文先生",江南嘉定(今屬上
海)人,國子監生。嘗從陸隴其遊,爲學得自然自適之趣。客遊
京師時,投身徐乾學家,校勘《宋元經解》。後應興化李柟之請,
校補其父李清撰著之《南北史合注》。吏部尚書湯右曾以孝廉
方正薦於朝,赴京與修《尚書彙纂》;書成,議敘知縣,不謁選。
晚年主持直隸通州潞河書院。著有《樸村文集》二十四卷《詩

集》十三卷等。與查慎行康熙二十九年唱和之作,由查編爲《橘社倡和集》。生平見《清儒學案小傳》卷一《陸隴奇三魚學案》附"張雲章"條、吳新雷《曹寅、張雲章事跡繫年》(載吳新雷等著《曹雪芹江南家世叢考》中)等記載。

查慎行《題黃湄給諫紅袖烏絲圖》:(其一)"十級丹梯百媚城,小欄高下得芳情。美人一笑花齊放,爲報毫端鍊句成。"(其二)"橫幅看題幼婦辭,箇中多識背時宜。只除一事曾瞞却,諫草焚來不遣知。"(《敬業堂詩集》卷六)

按:查慎行(1650—1727),本名嗣璉,字夏重,浙江海寧市袁花鎮人。康熙二十八年,受洪昇《長生殿》國恤張樂事件牽涉,與趙執信同受吏議,驅逐回籍;遂改名慎行,字悔餘,號他山,又號查田,籍貫改作錢塘。晚年因居於初白庵,亦稱查初白。賜號"煙波釣徒"。幼穎異,五歲能詩,十歲時作《武侯論》,見者驚爲"曠世才"。弱冠補童生。早年受經史於黃宗羲,受詩法於錢澄之,聲名頗著。康熙二十三年,始至納蘭明珠府中教授其幼子揆敘。三十二年舉順天鄉試。四十一年,康熙南巡,因大學士陳廷敬等推薦,奉詔隨帝入京師,入直南書房。四十二年賜進士出身,選庶吉士,散館授編修,入值內廷,曾爲康熙代筆寫文章。旋乞歸葬親。四十七年歸京,重新入直南書房,充武英殿纂述總裁。第二年四月,與同年錢名世(字亮工)共同編撰《佩文韻府》。五十一年正月,奉旨停免內直,赴翰林院供職。五十二年,引疾歸里,築初白庵以居,不與世情,登臨嘯歌,潛心著書,樂此不疲。雍正五年(1726),因弟查嗣庭訕謗案牽連,以家長失教罪被捕入京。皇帝知其端謹,第二年特許其歸返田里,不久後離世。詩學宋人,尤重蘇軾、陸游。詩歌創作方面,與王士禛、朱彝尊、施閏章、宋琬、趙執信並稱"清初六家"。

時人許汝霖謂其"平生所作,不下萬首"(《敬業堂詩集序》)。朱彝尊去世後,爲東南詩壇領袖。趙翼評其詩"故梅村後欲舉一家列唐宋諸公之後者,實難其人,唯查初白才氣開展,工力純熟,鄙意欲以繼諸賢之後"(《甌北詩話》卷十"查初白詩"),雖不無偏頗之處,其影響却不容忽略。著有《補注東坡編年詩》(又名《蘇詩補注》)五十卷、《敬業堂詩集》五十卷《續集》六卷《詞集》兩卷《文集》一卷、《周易玩辭集解》十卷、《易説》一卷、《人海記》二卷、《壬申紀遊》《廬山紀遊》《陪獵筆記》《南齋記》各一卷、《聊以備忘》四卷、《得樹樓雜鈔》十五卷、《讀吕子筆記》、《陰陽判傳奇》二卷、《初白庵詩話》三卷、《廬山志》八卷、《初白庵藏珍記》一卷等。主纂《(康熙)西江志》二〇六卷《圖》一卷,纂輯《鵝湖書院志》二卷、《漁洋山人精華録選鈔》一卷等。其著作,以范道濟點校《查慎行全集》(中華書局2017年版)收録最全。生平見《國朝詩人徵略》卷十九、《國朝先正事略》卷三十九《文苑·查先生慎行》、《國朝學案小識》卷十二《經學學案》"查初白先生"、清陳敬璋編《查他山先生年譜》(范道濟點校《查慎行全集》第二十册"附録一",亦載《清初名儒年譜》)、《清代學者象傳》(第一集)、《清史列傳》卷七十一《文苑傳二》、《清代七百名人傳》(第五編)"藝事　文學"、《清代名人傳略》"查慎行"、《清詩紀事初編》卷七《丙編浙江》等。

陳大章《題黄湄給諫紅袖烏絲圖》:(其一)"百尺桐陰青黛光,牙籤玉軸總琳瑯。風流争似扶風帳,應有彭宣到後堂。"(其二)"撚香潑墨鬭茶鐺,朶朶棃雲擁百城。料得孤懷彭澤老,不妨偶寄是《閒情》。"(《玉照亭詩鈔》卷二《輶軒集》"乙丑丙寅")

按:"扶風帳",《後漢書》卷六十《馬融列傳》第五十上載:"馬融,字季長,扶風茂陵人也。……(馬融)才高博洽,爲世通儒,教養諸生,常有千數。涿郡盧植、北海鄭玄,皆其徒也。善鼓琴,好吹笛,達生任性,不拘儒者之節。居宇器服,多存侈飾。常坐高堂,施絳紗帳,前授生徒,後列女樂,弟子以次相傳,鮮有入其室者。""彭澤老",指東晉詩人陶淵明,曾以叔父陶逵介紹任彭澤令,因不願束帶迎接督郵,任職僅八十一天辭官歸鄉,十三年的仕宦生涯遂告結束。"《閒情》",指陶淵明辭官歸隱後所作的《閒情賦》。

　　陸嘉淑《題王黃湄又旦烏絲紅袖圖四首存一》:"鳳舞鸞歌遍女床,滿庭蘭麝和芸香。靈真册府瑤池鑰,爭似人間白玉堂。"(《辛齋遺稿》卷十八,亦見《射山詩鈔》)

本年,張孺人所育之子儵夭亡。

　　姜宸英《户科掌印給事中黃湄王公墓表》:"君前年自嶺南歸,喪其七歲子儵,以此積傷致損。"(《湛園未定稿》卷六)

　　按:《户科掌印給事中黃湄王公墓表》中亦云:"户科掌印給事中黃湄王君,以今年三月日卒官於京師。"則文作於王又旦離世之本年。從"君前年自嶺南歸"推斷,儵於本年夭亡。"前年自嶺南歸"云云,似有誤,依王又旦卒年推算,"自嶺南歸"應在本年(即作文時的"去年"),而非前年。"喪其七歲子儵"云云,疑誤,儵生於康熙十九年,至本年六歲,非七歲。

清聖祖康熙二十五年　丙寅(1686)　　五十一歲

三月,以疾卒於京都寓所。金德嘉、高士奇等有輓詩。

　　姜宸英《户科掌印給事中黃湄王公墓表》:"户科掌印給事中黃湄王君,以今年三月日卒。……君前年自嶺南歸,喪其七歲子儵,以此積傷致損。而鳩今纔五歲,君没年亦止五十有一。"

　　朱彝尊《儒林郎户科給事中郃陽王君墓誌銘》:"卒之前十日,(王君)語其弟子朱載震曰:'吾年五十一爾,精力早衰,慮不久人世。'"

　　按:上引兩條記載皆僅提及卒年爲五十一歲,未提及生年。《黃湄詩選》卷四《甯克振同年推余禄命戲呈一首》:"偶與東坡同丙子,曾官南楚怕庚寅。"注曰"余生丙子年庚寅日也";《黃湄詩選》卷八《壬戌七月醉歌柬顧黃公》中亦有"異代風流不可追,我亦行年四十七",後注曰"余丙子生也";依此推斷,其應生於崇禎九年丙子年。曹貞吉作於康熙二十六年之《答朱立山》詩中云:"前年滄亭殁,去歲黃湄死。"(《鴻爪集》)可知其卒於康熙二十五年(1686),逆推也可知其生於崇禎九年(1636)。

　　金德嘉《王黃門幼華輓詩》:"給事西莊奄逝後,黃湄幾卷枕中詩。老摩蜿海文公碣,生傍龍門太史祠。囊筆竟羞封禪草,拾遺曾荷聖明知。詞場苦憶前高會,斗轉星斜客散遲。黃湄嘗大會海內名士,分韻賦詩。"(《居業齋詩鈔》卷八《續江湑集》)

　　按:金德嘉(1630—1707),字會公,號蔚齋、豫齋,湖北廣濟(今黃岡武穴市)人。五歲而孤,事母至孝。順治十七年庚子科舉人,授安陸府學教授,康熙二十一年壬戌科會元,授翰林院檢討,與修《明史》《大清一統志》《禮記講義》《通鑑講章》等。二十六年,任貴州鄉試副考官;後任翰林院庶吉士、翰林院侍讀等職。因與徐乾學關係密切,被翰林院掌院學士李光地劾罷,歸鄉閉門著述近二十年,同時講學龍坪江漢書院,私謚貞孝先生。與王士禎、陳廷敬、姜宸英、曾燦、顧景星、王岱、彭定求、孫洤等交遊唱和。工詩能文,爲文主韓、歐;其詩"力鑄三唐而出之渾脱"(清廖元度《楚詩紀》卷十一"國朝"),深得陳維崧讚賞。詩歌與湖北籍學林名士劉子壯、熊伯龍齊名,亦與顧景星齊名。著有《居

業齋詩鈔》二十二卷《文集》二十卷《別集》十卷、《續纂元明名臣
言行錄》等。生平見陳詩《湖北舊聞錄》卷四十二《文獻九》"金
德嘉"條、《清史列傳》卷七十一《文苑傳二》、張維屏《國朝詩人
徵略》卷十五、《國朝先正事略》卷三十七"文苑　熊先生伯龍"
附"金德嘉"、丁宿章《湖北詩徵傳略》卷二十、朱汝珍《詞林輯
略》卷二等。

　　高士奇《續哀詩·王都諫黃湄諱又旦陝西郃陽人》："當代論詩
伯,黃門大曆班。登壇把健幟,警句動天關。不秘《粵遊草》,丹
黃相往還。風雅既絕俗,幹略亦具閒。方期展雲翅,致身皋、夔
間。遽騎赤鯉魚,白板歸秦山。有兒不勝哀,有妾但風鬟。詩
筒從此罷,西望淚潺潺。"(《高士奇集·苑西集》卷九)

四月,仲弟王又維自關中奔喪,扶樞回鄉。

　　姜宸英《戶科掌印給事中黃湄王公墓表》："越月,而其仲弟
明經又維自關中奔喪,將以其孤奉柩還葬於郃陽之某原。"

　　朱彝尊《儒林郎戶科給事中郃陽王君墓誌銘》："其弟又維
聞君喪,重趼至京師。將扶君之柩以行。"

**朱彝尊爲其撰寫墓誌銘,姜宸英撰寫墓表,時王士禎正服喪家中,
聞其卒訃,哭之。**

　　王士禎《漁洋山人文略》卷三《東浦詩集序》："郃陽黃湄給
事之歿也,予方在黔塗,聞赴哭之慟。"

　　姜宸英《湛園集》卷九《戶科掌印始事中黃湄王公墓表》:
"越月,而其仲弟明經又維自關中奔喪。……過予請曰:'吾兄
行治,吾已謁竹垞檢討(朱彝尊)銘諸其幽矣。吾懼無以表諸
道,謹伐石爲謁,待子之辭。'予曰:'可哉,給事之於予厚也,是
惡得無言?'"

　　甘雲鵬《潛江舊聞錄》卷四"朱石泉篤師友之誼":"黃湄之

没也，石泉既經紀其喪，復致書黄湄所嘗往來者，請竹垞銘其阡，漁洋爲之傳。”

按：朱彝尊（1629—1709），字錫鬯，號竹垞，又號醧舫，晚號小長蘆釣魚師，又號金風亭長，在同支兄弟中排行第十，人稱“朱十”，秀水（今浙江嘉興）人，明亡後移居梅會里。明末武英殿大學士朱國祚曾孫，其母唐氏爲著名畫家董其昌外甥女。清初著名詞人、學者、藏書家。順治十四年，結交明遺民張家珍、陳子昇、陳恭尹、屈大均等，後因參與魏畊等人的反清活動，險遭牽累。康熙四年，投贈詩作給揚州司理王士禛。七年三月，聞黄培詩獄牽連，大儒顧炎武赴濟南自投監獄；朱彝尊聞信，迅速從北京奔赴濟南，居中多方斡旋，與李因篤等積極參與施救，終使顧炎武出獄獲得自由。九年，在宛平孫承澤京師的研山齋，與顧炎武一同詳訂孫氏所藏古碑刻。十二年，開始與納蘭成德有書信往來；第二年正月，結識納蘭成德。十八年（1679）舉博學鴻詞科，除檢討，參與纂修《明史》。二十年正月，升任日講起居官，四月充廷試讀卷官，七月，受命典江南鄉試。二十二年入直南書房。二十三年正月，因事謫官。二十九年，復職，補原官。三十一年，罷官歸鄉。三十五年，建曝書亭於竹垞荷花池南。與錢謙益、吳偉業、顧炎武、王介人、曹溶、姜宸英、施閏章、馮溥、張英、陳廷敬、徐乾學、徐元文、高士奇、尤侗、汪懋麟、秦松齡、毛際可、曹貞吉、李良年、李符、潘耒、魏禧、查慎行、陸嘉淑、毛奇齡、田雯、梅庚、徐釚、曹寅、孫承澤、祁理孫、祁班孫、杜濬、陸菜等交遊唱和。其學問人品，頗得清初大儒顧炎武好評，其《廣師》中有云：“文章爾雅，宅心和厚，吾不如朱錫鬯。”（《亭林詩文集》卷六）朱彝尊博洽多聞，勤於著述，於詩文創作、經義考訂，“事事皆工”。與王士禛爲清初詩壇南北兩大宗，稱“南朱北王"。其詩欲以杜甫爲宗，遠紹漢魏，近取韓愈、杜牧諸家之長，係清初詩歌由法唐轉向宗宋的代表性人物，風格清新雅健，自成一家，爲浙派始祖。其詞風格清麗，略近南宋姜夔、張炎，長於小令，爲浙西詞派的創始人之一，與陳維崧並稱"朱陳"。論詞推尊姜夔，崇尚醇雅，認爲詩詞有別，主張"詞至南宋始極其工，至宋季而極其變"（《詞綜·發凡》）。博通經史，蜚聲士林，精於金石考訂，爲清初著名藏書家之一。著有《曝書亭集》八十卷（收錄《賦》一卷、《詩》二十二卷、《詞》七卷[分別爲《江湖載酒集》三卷、《静志居琴趣》一卷、《茶煙閣體物集》二卷、《蕃錦集》一卷]、《文》五十卷，末附《葉兒樂府》一卷）、《曝書亭集外稿》八卷（《詩》五卷、《詞》[即《蕃錦集拾遺》]一卷、《文》兩卷）、《竹垞文類》二十六卷、《騰笑集》八卷、《經義考》三百卷、《日下舊聞》四十二卷（朱彝尊編撰，子昆田補遺）、《食憲鴻秘》兩卷等。編選《詞綜》三十卷。生平見潘耒《朱竹垞文集序》（《遂初堂文集》卷八）、張大受《祭竹垞先生文》（《匠門書屋集》卷二十九）、朱桂孫、朱稻孫《皇清欽授徵仕郎日講官起居注翰林院檢討祖考竹垞府君行述》、楊謙編《朱竹垞先生年譜》（載《清初名儒年譜》；亦載《北京圖書館藏珍本年譜叢刊》）、《國朝詩人徵略》卷十二、清錢林《文獻徵存錄》卷二"朱彝尊"條、《清史稿》卷四八四《列傳二百七十一·文苑一》、《本朝名家詩鈔小傳》卷一"《曝書亭詩鈔》小傳"、《清代學者象傳》（第一集）、《國朝書人輯略》卷二、《清畫家詩史·乙上》）、《清儒學案小傳》卷四《朱彝尊竹垞學案》、《清代七百名人傳》（第五編）"藝事　文學"、《清史列傳》卷七十一《文苑傳二》、《清代名人傳略》"朱彝尊"、張宗友《朱彝尊年譜》等資料記載。

後　　譜

清聖祖康熙二十七年　　戊辰（1688）　　卒後二年

顧景星爲其遺集題詩。

　　　　顧景星《書王黃湄遺集》：“斯人歸厚地，吾道失長城。把鏡
　　頭顧老，遺詩睫淚盈。百年纔強半，七卷畢生平。小別猶相怨，
　　其如永訣情。《黃湄詩》僅七卷，有《坐黃鶴樓待予不至》云：蘄州夫子吾所
　　敬，如何杖屨嘗相違。”（《白茅堂集》卷二十六“丁卯康熙二十六年”）

　　　　按：詩之作時，以其集中編年而定。

清聖祖康熙二十八年　　己巳（1689）　　卒後三年

**在昔日弟子朱載震的熱心倡議下，《掖垣集》一卷、《嶺海集》二卷
得以續刊，遂成今日流傳之《黃湄詩選》。**

　　　　王士禛《東浦詩集序》云：“郃陽黃湄給事之歿也，予方在黔
　　垩，聞赴哭之慟。已而朱君載震以書來告曰：‘郃陽師死矣！其
　　詩未刻者尚幾百篇。載震請於其家，謀刻梓以傳。又請翰林朱
　　先生銘其墓，徵君姜先生文其碑。先生與郃陽兄弟也，又以文
　　章道義相友愛，傳郃陽者非先生而誰？敢以請。’予攬書未竟，
　　嗚咽流涕。……康熙戊辰春，予再至京師，朱君已次第黃湄《嶺
　　海》諸集鏤版以行。”（《帶經堂集》卷四“漁洋文三”）

　　　　甘雲鵬《潛江舊聞録》卷四“朱石泉篤師友之誼”：“黃湄之
　　没也……（朱載震）又請於其家，搜其遺文，謀刻梓以傳，而黃湄
　　《嶺海》諸集遂得以次第襃著於世。”

正月，洪昇自江陰赴京。約晚春時節，將入都門之際，作詩悼懷亡

友王又旦、顏光敏、毛奇齡等人。

　　洪昇《將入都門途中憶房慎庵僉憲王黃眉都諫吳志伊檢討顏修來考功相次淪没喬石林侍讀顏澹園錢庸亭二編修龐雪崖張雲子徐電發毛允大四檢討汪季用主事俱謫調歸里愴然感懷》："兩年不上長安道，冠蓋交遊已半非。地下故人多寂寞，天涯逐客各分飛。孤村殘雨花空落，遠水長天雁自稀。底事依人頭漸白，征途吟望一沾衣。"（《稗畦集》"七言律詩"）

　　按：編年參章培恒《洪昇年譜》，頁二七七。"兩年不上長安道"云云，指康熙二十五年丙寅二月洪昇返鄉省親至作詩時。高士奇《送洪昉思省親》："陌上東風媚景遲，送君更醉酒盈卮。侵襟野草催行色，聒耳山禽怨別離。謀婦曾無經歲粟，娛親只有滿筒詩。杏花春雨江南路，好譜新聲寄雪兒。"（《高士奇集·苑西集》卷六"古今體詩"）"雪兒"，指鄧雪兒，洪昇侍妾名；康熙二十二年，洪昇以江蘇巡撫余國柱的千兩"饋贈"，買回年輕貌美、"歌喉曼妙"的昆腔小伶鄧雪兒爲侍妾。

　　"房慎庵僉憲"指房廷楨；"王黃眉都諫"指王又旦；"顏修來考功"指顏光敏；"喬石林侍讀"指喬萊，字石林；"顏澹園、錢庸亭二編修"，指顏光猷（顏光敏之兄，孔尚任親家，號澹園）、錢中諧（號庸亭）；"龐雪崖、張雲子、徐電發、毛允大四檢討"指龐塏（號雪崖）、張扔偉（字雲子，參王光伯輯《淮安河下志》卷六《園林志》"止園　梅花嶺"條及劉培元《淮濡小記》卷三）、徐釚（字電發）、毛升芳（字允大）；"汪季用主事"指汪懋麟，字季用。

春日，陳廷敬宿省中，晨起賦詩表達悼念之情。

　　陳廷敬《王黃麋在吏垣有文名没三年矣夜宿省中追悼之》："禁掖難勝感舊情，諫坡留得幾人名。夢醒月落朱顔在，宿草春來老淚傾。"（《午亭文編》卷十四"今體詩"）

　　按：詩之作年，據“没三年矣”推知。“吏垣”，吏科給事中、都給事中别稱；“垣”，官署代稱。“省中”，宮禁之中，東漢蔡邕《獨斷》卷上載：“‘禁中’者，門户有禁，非侍御者不得入，故曰禁中。孝元皇后父大司馬陽平侯名禁，當時避之，故曰‘省中’。”“諫坡”，唐稱諫議大夫爲“坡”。宋葉夢得《石林燕語》卷五中載：“諫議大夫亦稱‘坡’，此乃出唐人之語。諫議大夫班本在給舍上，其遷轉則諫議歲滿方遷給事中，自給事中遷舍人。故當時語云：‘饒道門上坡去，亦須却下坡來。’以諫議爲上坡，故因以爲稱，見李文正所記。”

清聖祖康熙三十四年　　乙亥（1695）　　　卒後九年

十月一日，張貞爲《雨發德州見寄詩》作跋。

　　張貞《跋王給事雨發德州見寄詩》：“康熙丙辰，余與郜陽王幼華先生定交都下，道義相許，情好日深。甲子夏，先生典試粤東，有途中見懷之作，未及却寄而先生下世。乙亥秋杪，余遊吴門，中丞漫堂宋公出此示余，披讀一過，不覺淚灑行間，怳然少陵《得高蜀州人日見憶》詩，情事亟録，便面以識知己，但恨無才追酬，有負亡友耳。牟山張貞十月一日雨中遊虎丘歸燈下書。”《杞田集》卷十四）

　　按：“中丞漫堂宋公”指宋犖，號漫堂，康熙二十七年任右副都御史，相當於明以前的御史中丞，故稱。宋犖康熙三十二年六月十七日調任江寧巡撫，八月四日到任，至康熙四十四年十二月十六日卸任，自揚州歸里（參《宋犖事跡徵略》相關記載）。江寧巡撫，順治二年設，署駐江蘇蘇州，轄江寧、蘇州、松江、常州、鎮江五府。"少陵《得高蜀州人日見憶》詩",指杜甫作於唐代宗大曆五年的《追酬故高蜀州人日見寄並序》(《杜詩詳注》卷二十三)詩。"牟山",位於山東安丘市西南十五里處,北魏酈道元《水經注》卷二十六載:"(安丘)城對牟山。"

清聖祖康熙三十八年　　己卯(1699)　　卒後十三年

陳大章遊廬山圓通寺,杲上人出示王又旦、王士禛詩,陳爲之賦詩。

　　陳大章《宿圓通寺杲上人出阮亭黃湄兩先生詩及聲山諸君墨跡觀之戲書奉呈杲公予郡人也》:"行盡廬山千萬峰,清寒梵唄孰如翁。'眉際清寒重,煙中梵唄深',漁洋贈句也。維摩雖老舌鋒在,試把譚犀敵謝公。"(其二)"海寧筆法華亭亞,五字漁洋替左司。傳得憨山真印在,尋常不是噉名兒。"(其三)"夢中寶蓋已無蹤,用東坡宿圓通事。更說黃州怪石供。一片白雲飛正急,問師今夜宿何峰。記坐間語也。"(《玉照亭詩鈔》卷十一《巢雲集下》)

　　按:"聲山",指查昇(1650—1707),字仲韋,號聲山,浙江海寧人,查嗣琪之子,查慎行族侄。康熙三十八年己卯典江西試事。

　　陳大章(1659—1727),字仲夔,號雨山,湖北黃岡(今武漢新洲區毛集街道六重屋)人。少侍父官粵地,結交梁佩蘭、陳恭尹等。工詩古文,兼擅書畫。康熙二十七年進士,授翰林院庶吉士,以母老乞歸,築室松湖,鍵户讀書,醉心著述、間課桑麻以自奉而終老。有《玉照亭詩鈔》二十卷、《詩傳名物集覽》十二卷、《抱節軒類記》、《北山文鈔》、《讀史隨筆》等。其生平見《國

朝耆獻類徵》卷一百二十一、《國朝詩人徵略》卷十五、《國朝先
正事略》卷二十八《胡石莊先生事略》附"陳大章"、《文獻徵存
錄》卷六"劉獻廷"附、《清史列傳》卷六十六《儒林傳上一•本
傳》、鄧之誠《清詩紀事初編》卷八《丁編湖廣》等。

　　"眉際清寒重，煙中梵唄深"，出自王士禛《圓通寺示杲庵禪
人》(《帶經堂集》卷五十五《蠶尾詩二•南海集上》)詩；"梵唄"，梵文音譯
略稱，含有止斷、止息、讚歎之意，借指佛徒用偈子讚頌佛和菩
薩。"維摩"，即維摩詰，梵語，意譯爲净名、無垢塵，指以潔净、
没有染污而著稱的居士，此處借指杲上人。"維摩雖老舌鋒在，
試把譚犀敵謝公"，用東晉、南朝劉宋之際名士謝靈運典，南朝
梁慧皎《高僧傳》卷六《義解三•慧遠一》載："陳郡謝靈運負才
傲俗，少所推崇，及(與慧遠)一相見，蕭然心服。""譚犀"，亦作
"談犀"，魏晉名士清談時，手持麈尾，以助談吐。麈尾柄有以犀
牛角製成的，故而以"談犀"代指清談。"海寧"，指查昇。"華
亭"，指陸機(261—303)，字士衡，西晉吳郡華亭(今上海松江
區)人；南朝梁庾肩吾《書品•論七》"中之下"中列"陸機士衡"，
並評曰"陸機以弘才掩跡"。"左司"，指唐代詩人韋應物，德宗
貞元四年任左司郎中，故稱；貞元元年至三年曾任江州刺史。
"五字漁洋替左司"，或就王士禛"眉際清寒重，煙中梵唄深"與
韋應物江州刺史任上所作《寄黄劉二尊師》(孫望《韋應物詩集繫年
校箋》卷八)詩中"清夜降真侣，焚香滿空虚"兩句而言，二者叙事
取景似有聯繫。"憨山"，明代四大高僧之一，俗名蔡德清
(1546—1623)，字澄印，號憨山，又稱憨山大師，全椒蔡淺(今安
徽和縣石楊鎮先鋒村)人。年十九剃度，法號澄印。二十八歲
時，雲遊山西五臺山之北臺時，慕憨山之秀峰，遂以爲號。平生
與廬山甚有淵緣。二十六歲時，與南京報恩寺同門師兄同遊廬

山。五十歲時與友人釋達觀相約作廬山之遊,因遭枉難失約,
時充軍廣東雷州,途中經韶陽府(治今廣東韶關)曹溪南華寺,
禮六祖肉身。七十一歲時三遊廬山,次年再返廬山,決定隱居
終老,在五乳峰下建法雲寺(又稱五乳寺)。七十七歲時,因韶
陽太守張翼幹之懇請,歸曹溪,翌年端坐而寂;尊其生前遺願,
遺骸歸葬廬山法雲寺。憨山留居廬山期間,足跡幾乎遍佈其間
寺院及名勝,並留下了大量詩作。

清聖祖康熙三十九年　　庚辰(1700)　　　卒後十四年

梁佩蘭與東莞籍文士陳阿平同遊羅浮山;有感於前《志》存在的缺憾,欲續編《羅浮志》,將王又旦等諸亡友撰作盡行補入,其事未果。

　　按:梁佩蘭《題陳獻孟遊羅浮詩序》(節錄):"予家南海,距
羅浮二百里。今年冬,赴錢蔗山使君之約,名山之願始遂。東
遊而訂予友陳獻孟與俱。獻孟固熟遊羅浮者也;年十九,即躡
屐登飛雲絕頂,歲以為常。……予為賦詩紀之,獻孟悉和之。
詩較載《缽山集》前時所遊之作更高渾,能刊落群言,妙思神理,
如有造化醞釀於其間。予詩不能及也。予閱《羅浮志》,見歷代
以來詩可傳者絕少,山圖峰巒、洞壑、泉源、寺觀臚列倒置,歎前
人於此未嘗留心。擬再入山,攜善丹青者一一經究,繪為全圖,
以正其訛。而以後人詩之可傳者,如予亡友屈翁山、陳元孝、秀
水朱子蓉、郃陽王黃湄諸作盡為補入,續成一志,以無負洞天名
勝。"(清宋廣業編《羅浮山志會編》卷十"序")

　　王又旦身後流傳之有關羅浮山記載的地志之作,未見其詩

歌作品收録,可見梁佩蘭欲續《羅浮志》之事未竟。梁文之作時,據呂永光《梁佩蘭年譜簡編》説,本年錢以堩始任東莞知縣。"錢蔗山使君",指王士禛門人錢以堩(1644—1732),字闇行,號蔗山,浙江嘉善人。康熙戊辰中三甲進士(梁佩蘭同年),授茂名知縣。三十九年任東莞知縣,四十三年九月遷隰州知州。四十八年遷刑部員外郎,轉刑科給事中。五十一年任刑科掌印給事中。五十九年,任太僕寺少卿。次年,遷順天府府丞。六十一年,任通政司右通政。雍正元年,轉通政司左通政;二月丙寅,奉詔致祭黄帝陵。二年四月,改詹事府少詹事,署日講起居注官;十二月轉都察院左副都御史。五年十月丙戌充武會試副考官,十二月擢禮部右侍郎。翌年二月,轉禮部左侍郎。八年升禮部尚書。九年十月丙午以年老請求致仕,命加太子少保衡。翌年十月卒,謚恭恪。與陳阿平、梁佩蘭、陳恭尹、屈大均、王準(蒲衣)、廖燕、顧貞觀、朱載震、孔尚任等交遊唱和。著有《研雲堂詩》六卷《續集》四卷、《羅浮外史》一卷《圖》一卷、《嶺海見聞》四卷等。纂輯《嘉善錢氏家傳》四卷《恩綸》三卷。參與編纂《(康熙)嘉興府志》十六卷,主修《(康熙)茂名縣志》四卷、《(康熙)隰州志》二十卷。其妻蔣紉蘭工於作詞。

"獻孟",指時人陳阿平(1651—1721),字獻孟,號愚溪,又號雲士、鉢山居士,東莞厚街鎮石下(今厚街鎮河田村)人。曾祖陳葆一、祖陳象明、父陳應光,三世忠烈。少有詩名,曾從師屈大均。康熙中歲貢生。雅慕羅浮,歲必一至。與陳恭尹、梁佩蘭、佟養鉅、王世琛、樊澤達等交遊唱和。晚耽佛老之道,日常來往但爲方外交。其詩歌創作,《四庫全書總目》卷一百八十三《集部三十六·別集類存目十》"鉢山堂詩集"條評曰:"古體勁直而少醖釀,五言律詩如'東風歸故國,孤燭對高樓''明

月又將滿，秋風吹別離'諸聯，頗有風味，惜不多得耳。"著有
《鉢山堂詩集》十九卷（似已散佚；民國年間，邑人陳伯陶輯其詩歌成
《陳獻孟遺詩》一卷首一卷《附録》一卷，刻入《聚星堂叢書》）、《愚溪詩略》
等。參與編纂《（康熙）番禺縣志》、二十四卷本《（康熙）開平縣
志》。曾輯刊《翁山詩外》十八卷。生平見《陳獻孟家傳》（《陳獻
孟遺詩》卷首）、黃時沛纂《（嘉慶）東莞縣志》卷三十《人物續下》、
張其淦編録《東莞詩録》卷二十八、陳伯陶纂《（民國）東莞縣
志》卷十六《人物略》、李君明編《東莞文人年表》"清世祖順治
八年　明昭宗永曆五年　明韓王定武六年　辛卯　一六五一
年"等記載。依陳伯陶《愚溪詩略小傳》中記載，王又旦似乎與
陳阿平有交往，其説頗有可疑之處。兹録相關文字並簡單考
辨如下。陳伯陶《愚溪詩略小傳》中載："嘗從梁藥亭佩蘭、屈
翁山大均、陳獨漉恭尹遊。一時官嶺南者，莫不折節下交。文
學使樊崑來澤達、主司王黄湄又旦、查查浦嗣璟後先入粵，咸相
推重。"（《陳獻孟遺詩》卷首）"主司王黄湄"云云，恐是對先前有關
文字記載的誤讀；依筆者愚見，可能與以下兩則記載有關。一
爲前引梁佩蘭《題陳獻孟遊羅浮詩序》中的相關文字，其中高
度評價了陳阿平的詩歌創作，又有"以後人詩之可傳者，如予
亡友屈翁山、陳元孝、秀水朱子蓉、郃陽王黄湄諸作盡爲補入，
續成一志，以無負洞天名勝"的記載。其中提到的屈大均（翁
山）、陳恭尹（元孝）、朱茂暭（秀水朱子蓉）皆與陳阿平交遊；揆
之常情，則王又旦無疑也與其交結，惜乎缺乏直接的、可考的
可靠文字材料作爲支撑的證據。第二個可能或與《東莞詩録》
卷二十八"陳阿平"小傳的以下記載有關："時嶺南三家屈（大
均）、梁（佩蘭）、陳（恭尹）以詩鳴，獻孟與之倡和。中丞佟養鉅
慕其才，邀之賦詠，賜衣一襲，曰：'弟，人爵耳；先生，天爵；勝

弟。'邑令錢以塏尤爲推挹,後官尚書,嘗寄書馳問曰:'兄,一
代作手,百粤中更無其兩。'吴江張尚瑗、長洲王世琛先後造
謁,嘗賦《鎮海樓玩月》詩,一時歎絶。雅慕羅浮,每歲必一遊。
其游羅浮詩,梁佩蘭自以爲不及也。學使樊澤達表其文行兼
優,邀之襄校。"筆者頗疑此段文字即爲上引《愚溪詩略小傳》
文字所本;或許誤"長洲王世琛"爲王又旦。需要説明的是,
《東莞詩録》封面題簽、卷首第一篇"原序"都是陳伯陶所作。
當然,以上兩點僅僅只是揣測,期待有新的資料面世以正其
是非。

　　"秀水朱子蓉",指朱彝尊同高祖之族叔朱茂晭(1626—
1690),字子蓉,號東溪,室名城南别墅、東溪草堂、鏡雲亭等。
祖朱國楨。其叔祖朱國祚(朱彝尊曾祖)明末光宗時拜東閣大
學士,卒謚文恪。與吴偉業、陳恭尹、梁佩蘭、吴兆騫、劉體仁、
查慎行等交遊唱和。明末縣學生。擅詩文,古風以豪爽俊朗見
長,專師太白。評者擬之以出水芙蓉。兼工書法。著《鏡雲亭
集》、《東溪草堂詩餘》一卷、《松溪唱和詩》等。

參考文獻

A. W. 恒慕義主編:《清代名人傳略》,中國人民大學清史研究所
　　《清代名人傳略》翻譯組譯,青海人民出版社 1990 年版。

北京圖書館出版社影印室輯:《清初名儒年譜》,北京圖書館出版
　　社 2008 年版。

蔡冠洛:《清代七百名人傳》,中國書店 1984 年影印世界書局 1937
　　年版。

(清)陳恭尹著,陳荊鴻箋釋,陳永正補訂,李永新點校:《陳恭尹詩
　　箋校》(《嶺南文庫》),廣東人民出版社 2016 年版。

(清)陳恭尹著,郭培忠點校:《陳恭尹集》(《明清別集叢刊》),人民
　　文學出版社 2018 年版。

陳鍇竑、姜龍、盧桂平主編:《揚州歷史文化大辭典》,廣陵書社
　　2017 年版。

(清)陳廷敬著,張建偉點校:《陳廷敬集》,三晉出版社 2015 年版。

(清)陳維崧著,江慶柏點校:《陳維崧詩》(《清名家詩叢刊初集》),
　　廣陵書社 2006 年版。

(清)陳維崧著,陳振鵬標點,李學穎校補:《陳維崧詩》(《中國古典
　　文學叢書》),上海古籍出版社 2010 年版。

鄧之誠輯:《清詩紀事初編》,上海古籍出版社 1965 年版。

杜光前編:《合陽詩文英華》,陝西人民出版社 2011 年版。

(清)甘鵬雲:《潛江書徵》,1936 年甘氏崇雅堂自印本。

（清）甘鵬雲原著，石洪運點校：《楚師儒傳》，湖北人民出版社 1999年版。

（清）甘鵬雲原著，吳勇點注：《潛江舊聞録》，湖北教育出版社 2002年版。

（清）國史館撰，王鍾翰點校：《清史列傳》，中華書局 1987 年版。

（清）國史館原編：《清史列傳》（載周駿富輯《清代傳記叢刊·傳記類》），明文書局 1985 年版。

胡春麗：《汪懋麟年譜》，復旦大學出版社 2014 年版。

蔣寅：《王漁洋事跡徵略》，人民文學出版社 2001 年版。

柯愈春：《清人詩文集總目提要》，北京古籍出版社 2001 年版。

（清）李登明等編纂：《（乾隆）曹州府志》，乾隆丙子刻本。

（清）李桓編纂：《國朝耆獻類徵》，江蘇廣陵古籍刻印社影印清光緒刻本。

李靈年、楊忠主編：《清人別集總目》，安徽教育出版社 2000 年版。

（清）李元度纂，易孟醇校點：《國朝先正事略》，岳麓書社 2008年版。

（清）梁佩蘭撰，吕永光校點補輯：《六瑩堂集》，中山大學出版社 1992 年版。

（清）劉體仁撰，王秋生校點：《七頌堂集》，黃山書社 2008 年版。

盧桂平主編：《揚州文庫》，廣陵書社 2015 年版。

馬大勇：《清初廟堂詩歌集群研究》，吉林人民出版社 2007 年版。

（清）馬齊等監修總裁：《聖祖仁皇帝實録》，中華書局 1986 年影印本。

馬亞中主編：《中國古代詩文名著提要·明清卷》，河北教育出版社 2009 年版。

歐初、王貴忱主編：《屈大均全集》，人民文學出版社 1996 年版。

（清）錢儀吉等編：《清碑傳合集》，上海書店 1988 年影印本。

（清）錢林、王藻編輯：《文獻徵存録》（載《近代中國史料叢刊三編》），文海出版社 1968 年影印清咸豐八年刻本。

（清）錢坫編纂：《（乾隆）韓城縣志》，乾隆甲辰刻本。

《清代詩文集彙編》編纂委員會編：《清代詩文集彙編》，上海古籍出版社 2010 年版。

（清）屈大均著，陳永正主編：《屈大均詩詞編年箋校》，中山大學出版社 2000 年版，上海古籍出版社 2017 年版。

上海書店出版社編：《叢書集成續編・集部》，上海書店出版社 1994 年版。

沈乃文主編：《明別集叢刊》，黄山書社 2015 年版。

（清）沈青崖等纂：《（雍正）陝西通志》，三秦出版社 2014 年版。

（清）施閏章著，吴家駒點校：《施閏章集》（《清名家詩叢刊初集》），廣陵書社 2006 年版。

（清）史致謨續纂：《（康熙）潛江縣志續》，成文出版社 1970 年版。

（清）孫景烈纂：《（乾隆）邰陽縣全志》，成文出版社 1969 年版。

（清）孫枝蔚：《溉堂集》，上海古籍出版社 1979 年影印清康熙刻本。

天津圖書館輯：《天津圖書館孤本秘籍叢書》，中華全國圖書館文獻縮微複製中心 1999 年版。

（清）汪懋麟：《百尺梧桐閣集》，上海古籍出版社 1980 年影印清康熙刻本。

汪世清：《汪世清藝苑查疑補證散考》，河北教育出版社 2009 年版。

（清）汪琬著，李聖華點校：《汪琬全集箋校》（《明清別集叢刊》），人民文學出版社 2010 年版。

（清）王士禛：《帶經堂集》，清康熙刻本。

（清）王士禛撰，孫言誠點校：《王士禛年譜》，中華書局 1992 年版。

（清）王士禛著，袁世碩主編：《王士禛全集》，齊魯書社 2016 年版。

（清）王又旦：《黄湄詩選》，清康熙刻本。

衛慶懷編著：《陳廷敬史實年志》，山西人民出版社 2009 年版。

（清）魏憲輯：《百名家詩選》（《續修四庫全書》），上海古籍出版社
　　2002 年影印清康熙枕江堂自刻本。

（清）吳嘉紀著，楊積慶箋校：《吳嘉紀詩箋校》，上海古籍出版社
　　1980 年版。

（清）吳泰來纂：《（乾隆）同州府志》，乾隆四十六年刻本。

（清）吳雯著，李豫等點校：《吳雯先生蓮洋集》，三晉出版社 2010 年
　　版。

（清）徐鼒著，徐承禮編訂補遺：《小腆紀傳》（載《臺灣文獻史料叢
　　刊》第 5 輯），臺灣大通書局 1987 版。

徐尚定標點：《康熙起居注》（標點全本），東方出版社 2014 年版。

徐世昌纂：《清儒學案小傳》（載《清代傳記叢刊·學林類》），明文
　　書局 1985 年影印 1938 年刻本。

《續修四庫全書總目提要》編輯委員會編：《續修四庫全書總目提
　　要·集部》，上海古籍出版社 2014 年版。

（清）顏光敏輯《顏氏家藏尺牘　附姓氏考》（《叢書集成初編》），中
　　華書局 1985 年版。

（清）葉衍蘭、葉恭綽編繪：《清代學者象傳合集》，上海古籍出版社
　　1989 年版。

（清）葉衍蘭、葉恭綽編，陳祖武校補：《清代學者象傳校補》，商務
　　印書館 2017 年版。

章培恒：《洪昇年譜》，上海古籍出版社 1979 年版。

（清）張維屏編撰，陳永正點校：《國朝詩人徵略》，中山大學出版社
　　2004 年版。

（清）趙爾巽等：《清史稿》，中華書局 1976 年版。

（清）鄭方坤：《本朝名家詩鈔小傳》（《叢書集成初編》），中華書局
　　1991 年版。

（清）周亮工著，朱天曙編校整理：《周亮工全集》，鳳凰出版社 2008
　　年版。

朱保炯、謝沛霖編：《明清進士題名碑録索引》，上海古籍出版社
　　1979 年新 1 版。

（清）朱載震纂：《（康熙）潛江縣志》（《故宮珍本叢刊》），海南出版
　　社 2001 年版。

（清）鄒祗謨、王士禛編：《倚聲初集》，清順治十七年刻本。

後　記

　　王又旦作爲清初關中詩壇的代表性人物，生平詩風多有變化，又因與當時詩壇領軍人物王士禛等多有交往，躋身"金臺十子"之列，詩歌創作頗有當世影響，受到王士禛、朱彝尊、姜宸英等名流的高度關注。然而，由於其享年不永，加上身後家道不振，嚴重影響到其人其詩的聲名與流播。勾稽探討其生平事跡與詩文創作的具體情形，有助於拓展清初文學創作的研究視野，從而更爲準確完整地把握清初詩歌創作實踐與詩歌創作理論的歷史原貌。本書選題，即緣於此。

　　《王又旦年譜》是在廣泛搜集檢討原始文獻的基礎上，對已有相關成果進行合理而創造性的取捨與借鑒，進一步加以豐富完善而最終形成的。在此，對相關成果的研究者表示誠摯的感謝！

　　書稿完成後，有幸得到"陝西師範大學中國語言文學'世界一流學科建設'"項目的大力資助，在此表示由衷的謝意！

　　本書的出版，離不開相關編輯人員的辛勤勞作與默默付出。責任編輯葛洪春先生，專業素養過硬，工作態度一絲不苟，在本書的修改過程中提出過不少中肯的富於操作性的建議與意見，在此表達真誠的感激之情！

　　清代存世文獻，數量浩瀚廣博。限於客觀條件，有關譜主生平的少數資料，筆者未曾寓目，不免留下遺憾；另外，文獻的釋讀解析與取捨選擇，受限於個人的認知水準與研究能力，疏漏欠妥之處在所難免，祈請大方之家不吝賜教與指正。

王作良

2023 年 8 月 31 日於陝西師範大學長安校區